近代台湾女性史

日本の植民統治と「新女性」の誕生

洪　郁如

keiso shobo

はしがき

日本の植民地統治は台湾社会に何をもたらしたのか。この問いに対する日本の論者の答えは、ともすれば近代化への貢献の強調に傾くか、あるいは逆に経済的搾取をもたらしたとする単純な図式を招来しがちである。植民地の女性に関連する従来からの書物でも、戦争と性の被害にウェイトを置いた歴史叙述のあり方が多くを占める。しかしながら、日本の植民地統治が台湾人の生活に残した痕跡は、われわれが想像する以上に根が深く、かつ複雑なものだったといえる。だからこそ、「加害」や「被害」の実態究明のレベルに議論を止めるのではなく、台湾人一人一人がかつて辿った軌跡というものを、外からではなく植民地社会の内側から解読しようとする発想への転換が必要な時期に来ていると思う。日本人読者に向けて本書を送るにあたっての願いは、植民統治の善悪の評価を越えたところで、まずそうした痕跡の重さと深さをありのままに感じ取ってほしいということである。読者の皆さんがこうした内在的文脈を理解し、想像力を鍛えるための一助となることができれば、本書の目的は達成されたことになる。

前述のような点を明確にするために、本書は「近代台湾女性史」をタイトルに掲げながらも、女性に関わる個別事象を時系列的に拾いあげながら「通史」を描くスタイルは採っていない。そうではなく、植民地に生きた女性たちを、統治権力の論理と家族論理の交錯するなかに位置づけることに主眼をおいた。台湾人社会側の主体性すなわち「家族戦略」と、植民地権力の統治戦略とのせめぎあいのなかに「新女性」の存在を析出し、一貫した視角により植民地台湾社会の一断面を描き出そうとしたことが、本書の最大の特色であるといえよう。

ここでいう「新女性」とは、一九二〇年前後に台湾社会に現れてきた女性たちに与えられた呼称であり、纏足の旧慣から脱し、日本による新式教育を受けた人々、主として高等女学校卒業生で構成される人々を指している。彼女たちは、解纏足運動および女子教育の実施という二つの出来事を通じて、二〇世紀初頭より、狭小な家庭の世界から植民地的時間に結びつけられ、また公共的空間に引き出されることになった。それゆえに、彼女らを観察の焦点とすることは植民地社会の変容を考えるうえで重要な意味を持っている。のみならず、「新女性」の位相、その文化の植民地性および階層性は、戦後の台湾社会の家族と両性関係のあり方にも密接に絡んでいる。

以上の意味合いで、本書がたんなる台湾の「女性史」として表題からストレートに読まれるのではなく、これまでの日本で、本当の意味ではほとんど顧みられることのなかった「台湾社会論」として読まれることになれば、私にとっては望外の喜びである。

近代台湾女性史／目　次

II 「新女性」の位相

凡例

一　資料の引用に際しては、次のような基準にしたがった。

（1）人名を含め旧体字の漢字は、原則として現行の字体に改めた。

（2）読みやすさを考慮して、適宜句読点を加えた。

（3）仮名の清濁、平仮名と片仮名の表記については、両者が混用される場合を含めて原文通りとした。

（4）中略は「……」で表した。

（5）明白な誤字・脱字の類は修正し、判読不能のものは□□で示した。

（6）抹消・伏せ字は××で示した。

（7）原文にない言葉やルビを補ったものは［　］で示した。原文に（　）が付されている場合はそのままとした。

（8）中国語の引用に際しては、必要に応じ、原文が文言文のときは〔文〕、白話文のときは〔白〕と記した。

二　台湾人女性の人名について、戦前の慣習では姓と名の間に「氏」の字を加え、既婚の場合は本来の姓の前に養婚家の姓を新たに加えるのが通例であった。本書では原文を直接引用する場合、および通称としてすでに定着していると思われる人物名を除き、現在の呼称法にしたがって「氏」または養婚家の姓を省略した。

三　引用文献の表記：戦前の文献については本文に（1）（2）などの注で示し、文献は巻末注に、著者、書名、出版社、刊行年、頁数の順で表記した。

戦後の文献については本文中に（洪［1999］）などとしてソシオロゴス方式に従って示し、当該する文献は巻末の参考文献に掲載した。

序　章　台湾女性史の再構築

1　問題の所在

本書は、日本による台湾統治の社会史的意味について、女性の変容を通じて問いなおそうとする試みである。具体的には「新女性」という一つの世代の誕生過程とその社会的な位相を対象として考察を行う。

九〇年代に入ってから、アジアの女性、とりわけ日本の旧植民地の女性への関心が徐々に高まってきている。周知のように、こうした関心の高さは、実は慰安婦問題を直接的な契機として起こってきたものである。学界において女性の問題にいち早く反応を示したのは、日本女性史研究の領域であった。上野千鶴子によれば、八〇年代以降の日本女性史において「国民国家」と「ジェンダー」という変数が「発見」され、歴史の中でのたんなる受動的な存在から歴史をつくり出す「主体」としての女性へ向けて、女性史のパラダイム・チェンジが行われた。ここから、歴史を創り出す主体としての女性を認めるのであれば、同時に彼女らの歴史に対する責任をも見逃すことができず、日本女性の戦争加担、戦争責任の追及、「被害者史観」から「加害者史観」への転換もまたみられたという〔上野［1998：30］〕。

ともあれ、慰安婦問題をめぐって日本と旧植民地の女性との間には初めて接点が生まれることになった。慰安婦問題の強いインパクトを受け、植民地統治と性との関係に着眼した歴史研究が多く現れた。幕末の遊廓から植民地における遊廓設置まで、あるいは明治期の「からゆきさん」から二次大戦期の慰安婦の出現など、「国家」による性管理の歴史的系譜に最も多くの関心が集まった。そのせいか、日本の植民統治と植民地女性との関係についても、ほとんどが日本国家の植民地女性に対する「性」の動員、言いかえれば日本国家の性管理の論理がいかに他民族の女性に押しつけられたかの一点に関心が集中した。研究対象時期として第二次大戦期前後、対象地域としては被害の大きかった韓国の事例が多くとりあげられるのは、こうした問題意識と出発点にかかわっている(1)。

しかしながら、戦争の「性」問題の議論をきっかけとした女性研究の展開が、もしもそのまま戦争と「性」というトピックにとらわれつづけるとしたら、統治状況全体を規定するものとしての植民地権力とジェンダーとの関係という、より大きな問題の解明にはつながらない。とくに台湾という地域を対象とする場合、植民国家による「性」の管理や動員のみに着眼する傾向は、全体的構造の理解という目的に対してはあまり意味をなさない。また植民者の「国家」が、被植民者の「女性」の性をいかなる形で利用し、迫害したのかという「植民地女性の受難史」を、戦争という高揚期に限らず植民統治史の全般にわたって丹念に描き出そうとする試みも、植民地統治におけるジェンダー構造の解明という課題にとっては必ずしも有益なものとはなるまい。

そもそも植民地のジェンダーに関わるアクターは、統治者側の「国家」と被統治者側の「女性」だけではない。外部からの植民政治権力の他に、旧来から植民地社会を規定してきたジェンダー関係がある。近年、慰安婦問題に関連して、植民地社会側のジェンダーが上野千鶴子によって初めて問題にされた。上野は、ジェンダーがいかにして国民国家を越え得るかという問題を提示している。そこでは韓国の女性運動の経験と反省が評価され、慰安婦問題が民族主義的な言説として構築されることへの危険性が指摘された。すなわち、「家父長制パラダイムが女性を客体化することで〈強姦〉を男性の財産権の侵害と捉えるとすれば、民族言説は女性を〈国民主体〉化することで〈強姦〉を〈民族の蹂躙〉と捉えるが、どちらも〈国民〉の範型を〈男性主体〉に置いている点で、そして女性の利害を男性の利害に合わせて同一化している点は変わりない」（上野［1998：131］）のである。

慰安婦問題をめぐる議論は、植民地と女性との関係は民族、性などの単一要素で捉えきれないという重要な視点を提供することになった。従来の「男性中心史観、自国中心的な一国史観、あるいはその裏返しの普遍主義などを越える」（上野［1998：138］）ために、ジェンダー、民族、階級など諸変数を総合的に分析枠組みの中に取り入れていくことが必要なのである。

ところが、台湾を対象地域とした日本植民地研究のなかにあって、「女性」関連の先行研究は管見の限り皆無である。既往の日本植民統治史研究に常に見られる「支配─被支配」の図式に即してみても、男性主体の統治者像が一方にあり、他方の被統治者像も同じく男性を想定したものである。さらに、女性の存在は統治者側あるいは被統治者側のそれぞれに取り込まれ、女性の利害は所属集団の男性の利害と同一視されてきた。近年来、「支配─被支配」という対立図式が疑問視されはじめ、植民地研究の新しい方法的模索のなかで、「抑圧─被抑圧」の構図の下での一元的な被統治者像ではなく、より緻密に個人の選択が内包されたものとしての社会構造の解明が要求されはじめた(2)。こうして台湾社会における社会階層あるいはエスニック・グループの要因が新たに変数に加わってきたが、ジェンダーの変数についてはまだほとんど考慮の外に置かれている。

こうして本書の考察を裏側から支える問題意識は、植民地社会の権力構造にジェンダーの分析概念を導入することで、その「支配—被支配」図式の単純な自明性を問い直し、多様な変数を取り入れることで、より精緻なものに発展させせようとするものである。被支配民族の行動選択の主体性に新たに着目しつつ、同時にこうした主体性を制約している支配構造、植民地支配のあり方にも配慮した複合的なアプローチがここでは必要とされよう。被統治者像の再構築作業は、台湾人男性を植民統治下の「抑圧される者」、台湾人女性を、「さらに抑圧される者」という「抑圧の程度」に基づく差別図式をいかにして克服しうるのかにも関わっている。そうして植民地社会の権力構造に関わる諸変数を総合的に把握することにより、植民地と台湾人についてのより有効な分析枠組みを提示することが必要である。

2　台湾女性史研究のアプローチ

台湾の研究者が「女性」という対象にスポットを当てはじめたのは、八〇年代末から九〇年代初頭にかけてであり、比較的最近の動きであるといえる。

八〇年代後半、とくに九〇年代以降の民主化と自由化を契機に台湾社会が自らのアイデンティティを模索するなかで、歴史にその手がかりが求められ、「台湾史」は初めて一つの新しい研究領域としてアカデミズムで市民権を得ると同時に、台湾史の研究者も、歴史の方法論において直面する課題の重大さに気づくことになった。二〇世紀末に至り、歴史叙述と権力の関係性は、議論の蓄積の下でほぼ共通の認識となってきた。とくに国民国家批判とフェミニズム歴史学からの指摘は強烈であった。そこで歴史叙述において、第一に政治権力、第二にマイノリティについていかに対処するのかという問題が台湾史に突きつけられることになった。呉密察の言葉を借りれば、「台湾史記述は、このように外部要素（諸植民政権とその権力の源である帝国の中心）に目配りするとともに、内部要素（エスニック・グループ、性別、階級、地域）の差異をも処理しなければならない」のである。[3]

台湾の女性が歴史研究の対象となった経緯と時機は、台湾史の歩みとほぼ重なっていた。一九八七年、戒厳令解除の後に盛んになった女性運動の影響をうけ、台湾史研究者も歴史上の女性の存在に注目しはじめた。台湾「女性」に対する研究は主として以下に述べる三つの類型に分けることができる。

2・1　台湾女性史の開拓

まず、隠された女性の歴史を究明しようとするグループがある。男性を中心にして書かれた従来の台湾史に対し、女性を歴史叙述の直接的対象とする意図をもった研究である。日本統治時期の新式女子教育を受けた台湾女性を対象とする游鑑明の一連の業績[4]は、まさに台湾女性史研究の草分けの名に相応しい。彼女は、植民地女子教育システムの実証分析から、卒業後に女教師、女医、産婆などの職業に就いた台湾女性の足跡を追い、統治側の所有する大量の文献資料の中に散在する女性関連の記載を仔細に拾い出す一方で、健在であった女性当事者に対する聞き取りの記録を蓄積することによって、これまで知られることのなかった戦前の台湾人女性像を明らかにした。

台湾女性の植民地的営為の実態面の把握については、游による地道な歴史研究の貢献が大きい。ただしこうした作業は、女性の固有性を自明の前提とした、社会との有機的連関を欠落させた別個の「女性史」となる危険性がつきまとうことも確かである。

他方、曽秋美［1996］は「媳婦仔」（童養媳）について詳細な研究を行った。彼女は、「媳婦仔」という習俗の歴史的起源、変遷と消滅について、南崁地区を対象にし、一八四六年から一九七〇年にかけての台湾の社会的、経済的変化に関する叙述を行った。「媳婦仔」の習俗が消滅した原因について、曽は一九二〇年以降の台湾の社会、経済の発展がはたした役割が決定的であったとする。「台湾女性の生活史」に挑む著者の意図は十分に達成されたといえよう。特に学界から高く評価されたのは、同研究は聞き取り調査に加え、日本統治時期から戦後までの膨大な戸籍資料を駆使することにより、文献資料の欠乏という女性史にとっての最大の難関を克服し、厳密な実証研究を現実のものとしたことである。しかし、日本統治時期から戦後国民政府時期の一九七〇年代までの歴史背景について、第一に、それを単線的な「近代化」としてとらえることの妥当性、第二に、女性に深く関わる同習俗の変遷と社会的背景との関わりが明示されていないこと、第三に「媳婦仔」習俗を単なる女性への差別と迫害として解釈しているという意味での分析不足、などの問題が残されていることも確かである。

同じ時期に「台湾女性の生活史」の構築を企図した作品としては、江美芬［1996］の修士論文「台湾慰安婦之研究――慰安所経験及影響」と陳恵雯［1999］の『大稲埕査某人地図―婦女的生活空間近百年来的変遷』が挙げられる。江論文は台湾の学界では初めて慰安婦を主題としてとりあげた研究であり、その最大の特徴は、それまで慰安婦研究の中で主流を占めていた、歴史学と法学に偏向した視点を批判しようとする観点であった(5)。つまり慰安所制度以前の日本史的沿革や慰安所の管理実態の究明に重点を置く歴史学による研究、また戦争責任や賠償問題を重視する法学の観点とは異なり、江の研究は慰安婦となった女性の人生遍歴と心性史とを人類学的観点から解明することを通じ、日本統治時期という特殊な時代背景において台湾人女性がどのような問題に直面し、どのような女性役割が期待されていたのかを明らかにした。他方、陳の研究は大稲埕という台北市内の中心的な発展地域を対象に、都市空間内での異なる類型に属する女性たちの生活史を通じ、都市の史的変化の中における女性の位置づけを問うものである。女性の視点に基づく都市史の再構築は新しい研究領域を開拓したものであるが、解纏足運動や女子教育などに象徴される政治権力や女性の階層要素との関係性が考慮されておらず、また通時的な変化の側面が視野に含まれていないなどの問題点も存在していた。

2・2　主体性の強調――「女性解放」の文脈

第二の類型として、歴史における女性の主体性を明確にしようとする一連の研究がある。そのうち、台湾女性解放運動の起源を歴史の中に求めようとする研究が目立っている。例えば「台湾女性における近代的自覚」と題する陳菊芳の論文［1988］は、台湾社会の文脈に沿った歴史変化と植民統治がもたらした「文化摩擦」の二つの側面から日本統治時期の台湾女性像を捉え直そうとした。彼女は日本統治時期以前の台湾の移民社会的特徴と女性の関係を前史として提示し、さらに日本統治下の解纏足運動の展開、女子教育の確立から、社会運動への台湾女性の参加に至るまで、一八九五年から一九三〇年代の三五年間のスパンをもって概観した。同論文は、植民地社会において台湾女性に起こった変化を、通時的変化の中に位置づけたことにおいて非常に示唆に富む。けれども、女性の「近代的自覚」の存在を暗黙の前提としていること、および意識的・無意識的に「女性解放運動」を先験的概念として扱う姿勢や、女性の歴史にある種の「方向性」を暗示する傾向にかんしてはやはり問題が残るといえる。

類似の傾向は台湾の女性解放運動を研究対象とした森山昭郎の論文［1989］と楊翠の著書［1993］にも見られる。

まず第一に、分析に使う文献資料（主として『台湾民報』）について、それを女性解放運動をめぐる「言説」として扱うのか、あるいはそれらの言説自体がまさに「女性解放運動」なのかについて、先行研究の認識は相当に曖昧でかつ分岐したものであった。両者のうちのどちらの姿勢が選択される場合も、こうした重要な前提は自覚的に提示されることはなく、問題自体が疑問視されることなく取り残されることになった。

森山の観点は前者、つまり日本統治時期の台湾において女性解放運動の言論は存在したものの、運動そのものは存在しなかったというものである。彼の言葉を用いれば、「女性解放運動は言葉として語られることはあったにせよ、注目すべき活動としては見出しえなかった」（森山［1989：107］）。そうであるならば、知識青年たちによる女性解放運動の言論の存在は一体何を意味しているのか。言い換えれば、当時の知識青年たちにとって「女性解放」とは何を意味していたのか。この設問に対し森山は、台湾の青年たちの言論が当時の日本内地および中国において主張されてきたことと「同一内容」であったことから、これを一種の普遍的女性解放言論とみなし、第一次大戦後の世界思潮、日本の大正デモクラシーの、あるいは五四運動の洗礼を受けた青年たちの自然な反応であったと解釈している（森山［1989：107］）。「知識青年達にとっての『女性解放』は一体何を意味していたのか」という自らの発した問いに、森山は十分な答えを探しあてたとはいえない。男性を中心とする女性解放言論の出現は、その社会の歴史にとって必然性をもつ、「自然な成り行き」であったといえるのだろう。もちろん一種の思想の流行、模倣の要素が存在した可能性もあるが、ただそれだけの理由で歴史的現象を解釈するのは困難であると思われる。紙幅の限られた論考の中では議論しきれない部分もあろうが、今後において新たな考察を必要とする問題であろう。

他方、後者の認識を代表するのは楊翠の著作である。彼女は語られた「女性解放言説」そのものが「女性解放運動」であると見なしつつ、戦前の女性史のなかに台湾女性解放運動の根源を見出す作業に意欲的に取り組んだ。楊の主張は、まず台湾婦人解放運動を疑いのない前提としている点において、いわば超歴史的解釈であったともいえる。つまり、戦前台湾の「女性解放言論」は、確かに多数の「進歩的男性」と少数の「進歩的女性」によるものであり、しかも知識層の間の言論・認識にとどまっていた。しかし、前述の森山とは異なり、楊は運動面の不振から婦人解放言論を否定的にとらえる見方に対し、それを「歴史の成功や失敗に拘りすぎる。〈目標の提示〉そのものは理想的な青写真の提起であるが、理想が必ず実現されるわけではない」（楊翠［1993：16-17］）と反駁した。婦人解放言論としての問題提起の価値を肯定し、戦前から現在まで一貫した「台湾女性解放運動」の第一波として一九二〇年代を位置づけた。

第二に、女性解放運動の実態をつかむという点で、研究者は相当な困難に直面する。その結果、社会における女性の各種の活動、とくに社会運動に関わりのあるものは、ことごとく「女性解放運動」に類別されてしまうことになった。興味深いのは、研究者の側はこれらの女性の活動のほとんどが「女性解放」の理念に基づくものでもなく、また「女性解放」を達成するために行われたわけでもなかった点を相当に自覚していたにもかかわらず、「女性解放運動」の枠組みから抜け出すことができなかったことである。そのため、研究者たちはその枠組みを正当化するために多大の言辞を払わなければならなかった。

森山は、言論面では「女性解放」が語られる一方で、運動面においては実践が伴わなかったことを認めていた。にもかかわらず、彼にとって「女性解放」の命題は捨てがたいもののようであった。同論文はその約半分を台湾共産党の創立者である謝雪紅の活動の軌跡の記述に充てている。謝の行動について、「それはもはや婦人解放運動の枠内での行動に起因するとは考えられない」としながらも、「婦人を解放するためには植民地支配を打倒する他にない、そうした論理に立った急進的な反日的言動によると考えるべきではないか。とすれば、それは台湾が植民地であり、謝雪紅が植民地に生まれた女性だった、という点に逆上らねばなるまい。女性の政治活動を認めない当時の情勢の中で、それは一つの選択肢でありえたろう」（森山［1989：111］）と、彼女の人生を植民地台湾の「女性解放」の一つの表れとして解釈する。(6)

陳菊芳と楊翠においては、森山が評価を与えなかった社会運動の中の女性団体、女性運動家、さらに労働争議の中の女工などの活動を丹念にとりあげていったが、両者には違いも見られる。陳は一九〇〇―一九一五年の解纏足運動を「女性解放の第一歩」として位置づけ、その後二〇年代の女性の活動については「社会参与」ないし

「社会進出」と見て、女性の「近代的自覚」以上の結論を導くことはなかった。これに対し楊は、運動が不振であったのは事実としても、それはあらゆる解放運動の初期段階に見られる自然な傾向であると述べ、「婦女団体の挫折と虚弱体質から婦人解放運動の成敗を判断し」戦前の第一波の婦人解放運動を否定する観点を批判した。結論的には同時期を「一九三〇年代から約三〇年間にわたって中断した台湾婦人解放運動」の草創期とする見解を示した。

以上をまとめてみれば、台湾女性を対象とする「解放運動」アプローチには、普遍的な「女性解放運動」のあるべき発展モデルを前提とする傾向があったことがわかる。したがって、戦前の台湾女性解放運動(仮に運動を担う主体が存在したとすれば)を後づける中で、意識的か無意識にかを問わず、歴史の後知恵による運動の評価や、また同時代の立場から、解放運動の戦略的観点に立った検討も行われてきた。二〇、三〇年代の台湾知識人は、世界各国、具体的には日本内地と中国の女性解放運動を紹介し、これらと対照させながら台湾での女性の沈黙ぶりや、消極的態度を指摘し、女性の「無自覚」または植民地社会の構造的問題などの視点から批判を行ったのであり、したがって今日において同様の作業を繰り返すことに積極的な意味があるとは思われない。

とりあえず歴史研究に即して、そこに潜む二つの危険性を指摘しておきたい。一つは文献の解読の問題である。あらかじめ「女性解放運動」という枠を観念的に設けた結果、当時の言論、例えば『台湾民報』に掲載された婦人参政権、恋愛・結婚、女子教育、家庭改革などさまざまな「女性関連」の論稿を扱う際に、それらが一律に「女性解放運動」言論として分類され、また女性の各種の活動に関しても、最初から女性の自覚に関連づけられ、台湾の「女性解放運動」の実態を示す軌跡として位置づけられることになる。

もう一つは「二重、三重の差別」をめぐる問題である。「女性解放運動」アプローチによれば、結局のところ戦前台湾の「女性解放運動」は存在しなかった、あるいは後進的であったとするにせよ、「人並み」でなかったと考える点では一致している。その理由づけとしては、二〇、三〇年代の台湾知識人がそうしたのと同じように、研究者らもこれを性別と民族、あるいは階級の圧迫という植民地女性の「二重、三重」の差別構造を指摘する場合がほとんどであった。しかし「二重、三重の差別」が、歴史の前提であるとともに結論でもあるという議論では、実は何も説明したことにはならない。ジェンダー、民族と階級は、植民地を深く規定している構造的要素である以上、あくまで分析カテゴリーとして用いられなければならないだろう。

2・3　女性と政治――ジェンダーの視点から

アメリカ、ヨーロッパの学界でフェミニズム歴史学研究の方法論が試行錯誤の中で練り上げられてくるという潮流の中で、九〇年代後半、少数ながらジェンダーの視点による分析が台湾の学界にも見られるようになってきた。とくに、台湾の女性離婚権の成立をテーマとする陳昭如の研究［1997］が意欲的試みとして挙げられる。彼女は、フェミニズム歴史学とフェミニズム法律学研究の手法を結合し、「フェミニズム法律史」という新しいアプローチに挑戦した(7)。そのなかでは、日本統治時期の法律史において台湾女性の離婚権が確立されたことの重要性が指摘されると同時に、離婚自体が裁判と旧慣の認定を通じて国家管理の枠のなかに収められてしまうという「権利」の両面性が浮き彫りにされている。彼女の言葉で言えば、これはまさに「〈国家父権〉が〈家族父権〉から奪権を行った歴史」（陳昭如［1997：210］）である。

女性離婚権の確立を通じた「家族父権」から「国家父権」への移行にともない、日本国家が台湾の家父長制の位置にとってかわり、台湾社会のジェンダー秩序を規定する権力を手にした、という陳の指摘はきわめて重要なものであるが、そこでは普遍的な国家――家族の力関係における変化の方が強調される傾向がある分、個別的関係としての日本国家――台湾の家父長制をとらえる視点が弱い。それは「奪権」の過程が「とりわけ植民統治下で起こった」（陳昭如［1997：210］）という言い方にも現れている。日本の植民地政治権力と台湾社会のジェンダーとの関係性は、留意されてはいるものの十分に議論されているわけではない。

植民政治権力とジェンダーの関係に触れたもう一つの業績に、植民地における戦争と女性という視点から、一九三七―一九四五年の戦時体制下の女性動員を扱った楊雅慧［1994］の研究がある。彼女は、総督府の台湾人女性に対する教化と動員という二つの側面から検討を行っている。同論文の中で最も注目すべき点は、人力、物資の供出が急務であった戦争時期において、通常であれば植民地統治者と被統治者の間にはある程度の緊張関係が生ずることが予想される中で、台湾女性の場合は、その工業部門への労務動員は戦争末期に入ってもきわめて限られており、大部分の女性は従来通りの農業生産に従事していたという事実の指摘である。

楊は植民地政府の台湾女性に対する動員要請を「皇国婦女」「軍国の母」「産業戦士」の三つの女性の形象で分類している。だが同論文の関心は、「産業戦士」としての動員の度合いが低いことの原因の究明にではなく、全体としての「戦時中の台湾女性像」の構築の方に置かれているようにみえる(8)。それでは植民統治権力による女性の動員とはつまるところ何を意味するのか。彼女の見解を要約すれば、それは、①教化により台湾女性と家庭との関係を強化すること。つまり、台湾人の思想面と家計面の統制の必要性から、台湾人女性が家庭のなかで担うべき機能を確実なものにしようとした。②性の動員。具体的に言えば「母」としての生殖の奨励と、「慰安婦」としての性の提供という二つの側面である。楊の論文によって明らかにされた実態をみるかぎり、台湾女性については「動員」よりも「教化」の比重が大きかった点を見落としてはならない。

ここに植民地政治権力と台湾女性の関係を明らかにするための重大なヒントが示されている。楊は、総督府側が台湾女性を「皇国婦女」の方向に教化しようとした理由を次のように指摘している。すなわち、「日中戦争が勃発した後、台湾総督府は一連の運動を行った。皇民化運動による精神改造、経済的動員における物質供出、または物資統制の下での生活改善などの運動推進の過程で、植民地政府は〈教養薄弱〉の台湾女性の協力が必要であること、……教育に恵まれず、学校ルートを通じて注入されるイデオロギー的なものとはまったく無縁な大多数の〈教養薄弱〉の女性が、運動の障碍となることに気づいた」（楊雅慧［1994：8,24］）。

戦争動員に突出された台湾女性の〈教養薄弱〉の問題は、総督府にとってはそれまでの三五年間の「女性政策」（仮にそのようなものが存在したとすれば）の結果に他ならなかった。この点を理解することで、女生徒と卒業生を中心とした同窓会、女子青年団、子女団などがもっぱら動員対象とされたこと、またこれらの教化組織が動員の機能を兼ね備えたことの理由も了解されよう。

総じて言えば、ここまで概観してきた三つの類型の研究においては、植民地社会の権力構造とそれに規定される台湾人女性のあり方が時代を通じてどのように変化したのかという、台湾固有の文脈における通時的な変容についての議論は、十分に行われてきたとは言いがたい。個別具体的な研究対象に密接に関連している台湾女性史の構成要素、および社会と植民地政治権力との関係性に照準を定めた研究が必要となってこよう。

3　本書の課題と意義

以上の関連研究の整理を踏まえて、本書の課題を次のように設定する。

すなわち、一八九五―一九四五年の日本植民統治時期における「新女性」の形成を通じ、台湾社会の変容過程を考察することである。その際に本書は、台湾人女性のみを対象とした通史的な叙述を避け、むしろ新女性を軸にして展開された植民地社会の構造的変動の方を直接的な研究対象とする。従来の女性史研究と本書を差別化する最大のポイントはこの点にある。

3・1　新女性の定義

本書でいうところの「新女性」は、一九二〇年前後に、日本統治下の台湾に現れてきた女性たちに与えられた呼称である。彼女らは、纏足の旧慣から脱却し、日本による新式教育を受けた人々、主として高等女学校卒業生で構成される集団である。

近代日本において「新しい女」という言葉は、一九一〇年代に青鞜社を中心に家制度と良妻賢母主義へ反逆し、自我の追求と愛と性の自由を実践しようとした平塚らいてう等の女性たちを指したものであり（堀場［1988：50-52,68-71］）、女性解放運動に結びつくイメージが比較的強い。これに対し本書が対象とする「新女性」は、当時の台湾社会の一般的見方からすれば、①身体的区分としては纏足をやめ、かつ②日本教育を受けた女学生＝女子教育の学歴の所有者であるという、一つの世代または集団として認識されていた点が特徴である。狭義には高等女学校の在学生、卒業生をさしているが、広義には内地留学により高等教育を受けた者や、場合によって小・公学校出身者もその中に含まれる。本書の議論においては統一的に「新女性」という語を用いることにするが、当時の新聞・雑誌の紙面では内地で慣用されている日本語の「新しい女」や「新しい女性」の語が用いられ、中国語の文章では「新婦人」、「新女性」あるいは簡略に「新女」という語が使われた。また社会生活の中の日常的な局面では、これらの女性は「高女」や「有読日本書」という台湾語で形容されていた。「新女性」の対極に存在するのは、無教育の女性、あるいはごく一部だが伝統的漢学教育を受けた女性らである。

社会階層の視点からみれば、新女性と呼ばれる人々は、元纏足層でありかつ教育資源を享有できる集団、すなわちエリート層に属する女性たちであった。台湾社会のエリート構造について、「ローカル・エリート」または

「サブ・エリート」として定式化した呉文星の概念は、本書の分析にとり最も適合的であると考えられる。具体的に言えば、清朝時代には科挙の称号を有する士紳、科挙称号のない富商・地主・文士等、日本統治時期においては政治・経済・教育・文化など各分野で重要な地位や権力をもつ人々をさす（呉［1992：5］）。こうした男性エリートの妻や姉妹、あるいは娘や母親などエリート層の女性らが「新女性」の予備軍を構成した。

女性をめぐる問題に考察を限定するのは、本書の関心である植民地統治下の社会変動について、台湾人社会における家庭の領域と公共の空間とを区別した上で、なおかつその間の関係を提示するには、「新女性」という観察対象を用いることが最も適当と思われるためである。これらの展開はすべて後の章で取り扱われるが、解纏足運動および女子教育の実施という二つの出来事をめぐり、彼女たちは二〇世紀のはじめから早くも家庭生活の世界から植民地の時間に結びつけられ、また、公共の空間に引き出されることになった。

なお、新女性について語られた諸言説の扱い方には十分な注意が必要であると思われる。本書の作業目標の一つは、暗黙のうちに解放論的・近代化論的な方向性をはらませる記述法を意識的に避けながら、逆に言説の発信源であった統治権力側と台湾人男性が、女性に関連する言説を通じていかなる形の変化をジェンダー関係にもたらそうとしていたかという点の解明である。解纏足・教育・解放運動など台湾人女性に関するいくつかの先行研究を踏まえつつ、家族の視点から新女性の誕生をめぐる社会変動をとらえることは、植民地時期の台湾社会史研究の深化に向けた筆者なりの一つの試みである。

3・2　新女性をとりまく関係

「新女性」誕生の考察は女性のみの史的変化にとどまるのではなく、日本統治権力に規定された旧植民地の社会文化の深層構造に関わっていた。ここから、本書の議論は植民地政治権力と台湾人家族という二つの軸に沿って行われることになる。

第一に政治権力について、本書では分析概念としての「国民国家」を植民地に安易に転用する過ちを避けたい。そもそも帝国の周縁に位置する植民地において、「国民」の境界線をどこに引くのか、近代日本の国民国家の工事には植民地までもが包摂されていたのかどうかが近年来問題となっているところである。[9]したがって、明治以降の日本国家による家庭への干渉、または女子教育の成立は、最近の研究のなかでは常に近代化工事のプロセスから位置づけられたが、[10]植民地社会を考察の対象とする本書の場合、そこでの特殊な文脈をこそ洗い出し、植民地における国家権力自体の性格を把握した上で、それを基本的な変数として分析に用いることにしたい。

さらに、もう一つの軸である台湾人の家族について、次の二点に留意したい。第一に、清朝時期以来の台湾エリート層の基本的性格は、移民社会における政治情勢の変化および支配者の交代に対処しつつ家の存続と利権を確保するための「家族戦略」の存在によって特徴づけられる。[11]とくに支配者と被支配者の区分が明瞭であった植民地社会では、当局への協力、抵抗の姿勢の別を問わず、台湾人家族は植民地国家＝日本を他者としてより強烈に意識せざるをえなかったからである。こうした特徴は、近代日本の国家形成過程において国家の管理下におかれた内地の家族像と比較した際に特に顕著であった。第二に、支配される側の家族も、その内部を見れば決して一枚岩ではなかった。協力、抵抗に示される植民地支配への対応の仕方には、世代、性別による違いが見られ、そのような態度の違いが逆に従来の家族構成員の関係性に影響を与えていった。

以上の政治権力と家族という二つの変数の相互作用のもとに新女性が形成されてくることになる。このプロセスを明らかにするために、本書の具体的な観察対象を以下のように設定する。

新女性の誕生において、統治初期に台湾人女性を対象に繰り広げられた二大キャンペーン――一九〇〇年前後からの解纏足運動と女子教育――の具体的な事例を通じて分析する。言説面において統治側と台湾人側（主に男性エリートを中心とする）によって語られた女性観をめぐって、また実態面においては、解纏足運動と女子教育システム確立をめぐる両者の折衝の過程である。ここには、台湾の解纏足史や女子教育史を個別の事件として究明するよりも、この二つの変数を繰り入れながら一貫した視点で分析する作業が、植民統治下の家族と政治権力の双方により必要とされた台湾人女性の役割を明らかにするために必要であろう。

さらに、新女性を受け入れる器となった家族と社会の変容がもう一つの重要な観察の対象である。すなわち、統治論理と家族論理の折衝の間に生み出されたのが「新女性」であったとすれば、結果として彼女らの実態は両者の期待通りであったのかどうかが問題である。ここでの重要なポイントは、二〇年代を境として新女性と同様、日本の新式教育を受けた世代の男性らが、漢学世代の父兄の地位に取って替わったことである。家族の視点から見れば、新旧エリートの世代交代が、家の外側に位置する政治・経済社会の変動をもたらしただけではなく、内部での夫婦関係、親子関係などの家族関係の変化をもたらした側面も無視できない。

3・3　資料

なお、以上のような課題を遂行するために本書が用いる資料についても若干触れておきたい。ここでは戦前台湾で発行された各種の新聞雑誌などを主として使用するほか、九〇年代以降に相次いで出版された、戦前期の女子教育世代の回想録とインタビュー調査資料をも活用する。また従来の研究が用いてこなかったものとして、二・二八事件関連の聞き取り結果には、とくに大勢の被害者を出した台湾人エリート層の未亡人、遺族らによる夫婦関係や家族史に関する記述が多く含まれており、日本統治時代のエリート家庭と新女性の解明にとり非常に有用である。本書ではこうした資料をふんだんに利用する。

4　本書の構成

最後に、次章以下の本書の構成を簡単に示しておこう。これまで述べてきたような課題と視角に基づき、本文は「新女性」の誕生をとりあげた第Ⅰ部（第一章～第三章）、「新女性」の位相をとりあげた第Ⅱ部（第四章～第六章）とに分かれる。

第一章と第二章は、「新女性」への胎動として、解纏足運動と女子教育の展開過程に見られた諸問題を扱う。まず第一章では、女性の纏足が問題化され、社会改革のキャンペーンとして拡大されていくなかで、もともと家庭内の存在であった女性に対し、植民統治権力と台湾人エリート層が、どのような変化を求めていたのかを分析する。それにより、両サイドの相互作用のなかで生じた家族変容について明らかにする。次に第二章では、同じ構図を用いながら、解纏足とほぼ同時期に開始された台湾人女子教育の問題について論ずる。統治サイドの女子教育の政策的見地に関して、統治集団内部のズレに留意しながら考察する一方で、台湾人家庭の女子教育への期待と動機についても分析を行う。両者の姿勢の相違が女子教育の導入過程においていかなる形で現れていたのかが問題となる。内容面では日本色と在来色の消長、制度面では教育整備の問題とその制限について解明を試みる。そこで解纏足および教育を経験しつつあった女性に見られる生活全般と思考様式における変化を、一九二〇年代に入るまでの「新女性」への胎動として位置づける。

続く第三章は、主に二〇年代の女子教育にまつわる諸環境をとりあげ、島内・島外の政治変動に対応して「新女性」がどのように形成されたのかを論じる。一九二〇年前後は台湾の島内外の政治情勢が女子教育に反映された重要な転換期であり、さらにそれ以降に登場してきた「新女性」の体質は、この時期に行われた政策的調整と見解に大きく規定されていた。この認識に基づき、統治サイドでは植民地女子教育の位置づけに関する見直しと調整、台湾社会側では世代交代にともないエリート男性に生じた女性の家庭的役割に対する期待の変化を検討する。次に一九二〇年代以降、「新女性」と呼ばれた女子教育世代の誕生に焦点を当て、集団の規模と構成、ライフ・コース、文化の特質などいくつかの側面から分析する。

第II部の第四章から第六章までは、もっぱら植民地の家族と政治の間における新女性の位相が問題とされる。第一部がほぼ公共空間における事件を時系列に沿って考察するのに対し、第II部の各章は、主に家庭空間に視点を据えつつ、恋愛、結婚、家庭へという人生の諸段階に対応した問題を扱っている。

まず第四章では、一九二〇年代における恋愛結婚思潮の登場を事例として、両性関係の変容に着目する。婚姻様式の変化を、新女性の誕生との関連で論じ、さらに世代間の見解の異同を検討しながら、エリート層において形成されつつあった婚姻様式の実態を、出会い、交際、結婚相手の選択条件、結婚式の形態などに即して明らかにする。

第五章では、政治との関わりの側面に眼を転じ、植民統治下において新女性が社会活動を行うことが可能であった範囲について考察をめぐらす。とくに抗日的社会運動との関連において、統治側の対応だけではなく、女性解放への見解および政治的立場の相違をめぐるエリート層内部の新旧知識人の衝突が、どのように活動範囲を制限し規定したのかについて、具体的なケース（彰化婦女共励会、彰化恋愛事件など一連のスキャンダル）をとりあげ、解明することにする。

第六章は、新エリート家庭の形成を中心に考察する。まず日本の新式教育を受けた世代の青年男女の描く理想的家庭像について言説分析を通じ明らかにする。次にインタビュー資料等も利用しながら、実態面において新女性が担った妻・母・嫁役割をとくに植民地政治と女性の家庭内役割の関わりから検討し、エリート層における新しい家庭文化の特徴を整理する。
終章は、以上の議論を受けての総括である。

Ⅰ　「新女性」の形成

第一章　解纏足運動

本章では、解纏足運動の過程において誰が何を求めていたのかを、解纏足を裏から支えた台湾総督府、運動の主体となった台湾人士紳、自分あるいは娘の足を解いた女性たちという三つのアクターについて明らかにし、それぞれの期待の側面から台湾人女性像を検証する。

1　台湾における纏足状況

一九〇〇年、下関条約により日本の植民地となって五年が経過した台湾で、解纏足運動が開始された。この年に黄玉階を中心とする台湾人士紳による天然足会の結成を始点に、解纏足運動は台湾全島で大々的に展開していった。十数年間を経て若年層の台湾人女性の纏足者数は大幅に減少し、大きな成果をあげたことが一九一五年の臨時台湾戸口調査では明らかになった。同時期の中国大陸の解纏足運動がごく一部の知識人家庭にとどまり、全体的な成果をあげなかったのとは対照的に、台湾の成績には顕著なものがあったといえる。

こうした成功を可能にした要因として、従来から指摘されたのは、「同化」を意図した総督府サイドの助力と運動の主体であった台湾人サイドの近代化志向である（陳菊芳［1991］、呉［1992］）。つまり両者の思惑は異なりながらも、総督府の意向と相俟っての、台湾士紳階層の文明、進歩追求の願望が解纏足運動を成就せしめたとされる。また、その歴史的意義については、総督府という変数を認識した上で、実際に解纏足運動の主体となった台湾士紳階層の動向をメルクマールに、新しい規範と思考様式の受容を反映した植民地社会の文化変容として捉えられたのである。こうしてみれば、女性の解纏足というイシューにまつわる新しい規範と思考様式とは、まさに新しい女性観そのものを示していたのではなかろうか。纏足は女性の身体の側面のみならず、女性のあり方全体に関わる問題だからである。ここで解纏足運動に関する議論に入る前に、台湾における纏足の様態と特徴を把握しておく必要があろう。

女性の纏足は、漢民族の台湾移住にともない、対岸大陸の福建、広東から広がってきた。まず、以下の纏足風習の分布から台湾の位置を確認したい。

女性の纏足は中国では長い歴史を持っていた。宋代に端を発する纏足の慣習は、清朝時代に入り、全盛期を迎えた。しかし、纏足地域が拡大し、浸透が進んでいる時期であっても、地域によって普及する程度は異なっていた。例えば、辺境の少数民族は漢民族の女性に比べると纏足はきわめて少ない。南北の差異もかなり顕著であった。山西、河北、河南などの黄河流域の各省は纏足の慣習が最も根強かった。少し南の江蘇、浙江、江西、湖南などの省では、纏足の風習は北方の各省に及ばない。台湾とその対岸の福建、広東、または広西、海南の地域にあっては、これはもはや部分的な地域に限られるものであり、普遍的な風習ではなかった（高洪興［1995：30-37］）。

一九〇五年に台湾総督府が行った臨時台湾戸口調査によれば、当時の台湾の纏足者数は八〇〇、六一六人であり、本島人と在台「清国人」女性総人口（一、四〇六、二二四）の五六・九四％を占めた（表1-1）。その内訳をみれば、八〇〇、二六四人が漢族の本島人女性、二二四人が在台「清国人」女性、一二七人が「熟蕃」、一人が「生蕃」であった(1)。大陸からの移住民が台湾に入って来る以前、先住民族の女性には纏足の風習はなかった。纏足人口のほとんどは漢族の本島人女性であったと言ってもよい。

　纏足の習慣は、当時台湾の女性人口の大部分を占めた漢族の本島人の間に、どの程度の普遍性を持っていたのだろうか。同じ漢族の本島人でも福建系が台湾住民の多数を占め、広東系はその次であった。そのうち広東系（客家）の女性は労働を要するために先住民族の女性と同様、もともと纏足の習慣を持っていなかった。同調査によれば、福建系の女性の纏足率は六七・九九％、広東系は一・五一％であった(2)。

表１-１　種族別纏足状況（1905年）

種族			実数	女子百人に付比例
総数			800,616	56.94
本島人	総数		800,392	56.94
本島人	漢人	総数	800,264	58.48
本島人	漢人	福建	797,347	67.99
本島人	漢人	広東	2,881	1.51
本島人	漢人	その他	36	22.64
本島人	熟蕃		127	0.54
本島人	生蕃		1	0.01
清国人			224	50.22

出所：台湾総督府臨時台湾戸口調査部編〔1908：356〕

　中国大陸の纏足に関する研究では、社会階層間に存在する纏足の普及度の差異が指摘されている（高洪興［1995：30-37,100-111］）。つまり、行動の不便さ、労働の障碍となることから、纏足は、特に文人、士紳など上流階層に片寄ってみられる風習であった。すなわち有閑階層の女性に纏足が最も多く、逆に労働者層の女性には比較的少ない。これは、都市部と農村部の差異にも反映された。いくつかの省の纏足状況を見れば、農村部は都市部に比べ普及度が低いという特徴が示された。台湾の纏足状況も労働の必要の有無に関連する上述のような階層的特徴をもっていた。

　台湾移民の歴史背景に戻る。清代のはじめ、漢民族の台湾移民の初期段階においては、移民社会一般の風潮としては文教事業に比して経済事業が重視されていた。ところが清代の半ば以降、各地で形成された士紳階層が地方の公務と文教事業の主役へと成長し、地方の業務について大きな影響力を持つようになる。それ以降、従来の土豪、経済的有力者と並び、文教、政治、経済が三位一体となった中国本土と変わるところのない社会エリート層が出現した（呉［1992：11］）。

台湾社会における女性纏足の出現は、まさに台湾の移民社会から文治社会への移行と密接な関連を持っていた。文化・教養の程度を示すものとしての纏足が、こうした過程の中で、社会階層と有意味な相互関係を持ちはじめるのである。

一七世紀当初、台湾に移入していた漢民族はそのほとんどが男性であった。その後、一方で女性の台湾渡航が厳格に制限されたこと、もう一方で台湾への漢民族の移入は農業・漁業労働者が主体であり、女性労働力を実際に必要としていたため、纏足者の数はきわめて少なかった。陳菊芳［1991：7-8］は、台湾における纏足の定着と土豪・士紳階層の形成との関係性を強調している。彼女によれば、纏足は一七世紀末までの台湾ではまだ普及していなかった。その後、台湾社会が開拓から定着の段階に向かうにつれ、纏足の風習は土豪・士紳階層の形成とともに上から下へと徐々に広がるようになり、一九世紀半ばに至って、慣習としての纏足はほぼ根を下ろしたようである。

纏足女性と社会階層の関係については、纏足と職業の関係をみればいっそう明白である。一九〇五年の調査の中で明らかにされたように、労働を要する職業において纏足者が少なく、力役を比較的に必要としない職業においてその逆の傾向が見られる。表1-2の各業種の纏足率を見れば、本業者と従属者を含む農業従事者の五五・三％と雑役労働者の大多数が占める庶業の五四・九％は、商業の六五・三％と「重モニ其ノ収入ニ依リ生活スル者」と定義される「准有業」の六三・二％に比較して明らかに低い。また、同様に都市部と農村部の対比においては、「商業者及工業者等ヲ以テ住民ノ大部ヲ占ムル市街ニ於テハ諸般ノ事多ク華美ヲ衒ヒ纏足ノ風盛ナルモ住

表1－2　職業別纏足者の比率

職業	平均	本業者	従属者
平均	56.72	60.98	55.79
農業、牧畜、林業、漁業等	55.31	59.15	53.95
工業	63.49	81.85	58.57
商業及交通業	65.28	69.90	65.02
公務及自由業	58.70	71.95	58.46
其ノ他ノ有業者	54.88	59.83	54.01
重モニ其ノ収入ニ依リ生活スル者	63.17	83.31	60.88
無職業及職業ヲ申告セサル者	68.62	—	68.62

出所：台湾総督府臨時台湾戸口調査部編〔1908：368〕により作成

民ノ大部ハ農民タル村落ニ於テハ之ニ反スル」状況であった(3)。

こうして、日本による植民統治に入る前の台湾社会では、纏足は一種の社会階層標記の機能を備えるようになっていた。纏足は、特定の家において女性が労働から免れ得ることの経済的余裕を誇示する役割を持つ一方で、女性の纏足の有無がそのままその家の文化的気質と教養、子女の躾を物語るようなものでもあった。纏足の分布は、纏足者の集中する士紳階層において最も密であり、下にいくほど少なくなっていく構成を示していた。

2　統治サイドからみた解纏足

台湾人女性の纏足は、なぜ、どのように問題化されてきたのか。まず日本人統治者側から、おもに総督府の纏足問題に対する認識と方針とを検証していこう。

2・1　総督府の纏足認識

台湾人女性の纏足は、植民地領有の当初から、日本の台湾統治をめぐる言論の中にしばしば現れていた。植民地統治とは一見無関係なことにみえるが、当局はなぜ、台湾人女性の纏足を気に留めたのだろうか。どうやら統治側は台湾人の風習がもつ政治的意味への関心から、これを「問題視」

しはじめたと言えそうである。

一八九五年、台湾が日本帝国の版図に収められた当時の内地の言論界では、阿片、辮髪と纏足はつねに新領土の重大問題として挙げられていた。そこでは、纏足は独立した問題としてではなく、阿片、辮髪と並列される漢民族の「陋習」の一つであった。男性の辮髪と同様に女性の纏足という「陋習」は、明らかに「清国人」そのものの身体的装飾であり、「日本臣民」の名にふさわしくないという主張が現れはじめた。(4)

しかし総督府は、強行な政策による辮髪纏足の禁止措置は採用しなかった。全島のゲリラ活動を制圧する軍事行動が続くなかで、民政上の措置としては、台湾人の纏足や辮髪などの習俗に干渉しない方針が一八九五年七月、地方長官に伝達された。内地の世論とは異なり、植民地の現場にいる総督府側の立場は明白であった。まずは統治基盤の確立を大前提とし、台湾人に刺激を与えるような、すなわち「感情ヲ損ス」ような措置は意識的に回避されていたのである。(5)

一八九七年の国籍選択前後、纏足、辮髪が禁止されるという噂が台湾人の間に飛びかい、日本人に対する恐怖感が広まった。こうした不穏な雰囲気に対し、総督府は再びこれに干渉しない方針を決定した（陳菊芳［1991：13］）。この慎重な対応の背後には、「植民地戦争」を「平定」するまでに遭遇した台湾人の激しい抵抗と、初期にしばしば起こった台湾人「土匪」の「反乱」への警戒があった。

正面から対策を講じない総督府に、内地の言論界では不満の声が少なくなかった。そこでは男性の辮髪の方が疑いなく政治的意味が濃厚であると見られたため、批判の声はほとんど辮髪に集中した。他方、女性の纏足問題への見方は辮髪とやや異なり、身体的残害など理由から「人道上」の問題点が強調された。

しかし、台湾総督府の態度は決して「放任主義」ではなく、台湾人女性の纏足が男性の辮髪と同様に「陋習」であるという見解は、最初から一貫したものであった。いずれも改革する必要はあるのだが、性急にやめさせ、統治上の不都合をもたらすよりも、漸進的な対策が適当であると考えられたのである。

2・2 総督府の対策とその特徴

台湾総督府は、実際にはさまざまな工夫をし、積極的に台湾人の風習改変を働きかけていた。こうした台湾総督府の対策は、①内地観光の奨励、②日本の諸慈善団体および御用機関への協力援助の要請、③マスコミを利用しての中国での解纏足関連報道、④学校教育を通じての宣伝、⑤保甲制度を通じての柔軟な干渉という五項目が挙げられる（陳菊芳［1991：13-17］）。そのなかで、台湾人の解纏足風潮の高まりに乗じて、公権力で纏足禁止を行った最後の段階を除き、ほとんどが水面下で間接的に促進された事柄であったことに注目したい。その特徴は以下のように指摘できる。

纏足の「問題化」

纏足の「問題化」とは、社会一般において、当たり前のことと思われた風習を、「陋習」へと転換させることである。前代において賞賛された纏足の行為が、植民地時代に入ってからは公的に「陋習」あるいは「陋俗」と称されるようになっていった。つまりもともと問題ではなかった纏足は、ここで「問題」となった。

纏足の取締はしないが、纏足は弊習、という公的評価は変えず、「感情ヲ損ス」ような台湾人の風俗に関する言論を避けるよう各地官庁に注意を促しながらも、阿片、辮髪と並列される女性の纏足は「本島従来ノ悪弊風」[6]にあたるという認識は総督府においては終始一貫していた。この認識が表だって示されている例として、明治三八年および大正四年実施の臨時戸口調査のなかに不具者にかんする調査項目が設けられ、そこでは纏足も「特種の不具」「人工的不具」として収められたことが挙げられる。

「問題」であるが取締りは行わない。これは、植民地政府の台湾人に対する「仁政」の宣伝として常に用いられ、自画自賛の対象となった。取締りがなされなかったとは言え、日本統治側の纏足評価の明確化に対する台湾人側の不信感は取り除きがたく、明治三八年の戸口調査の際には、纏足者として統計されなければ、将来において纏足の権利を喪失すると憶測し、まだ纏足の年齢に達していない三、四歳の女児の足に布を巻き付け纏足者を装ったものもあった。あるいは逆にこれを纏足禁止ととらえ、申し出を拒否した者もあった[7]。

台湾人士紳を活動主体に

纏足問題に対する総督府の基本的態度は、台湾人士紳階層を対象として、その自発的行動を誘発することであった。外と接触する機会がほとんどない深窓の士紳階層女性本人ではなく、男性士紳の方に標的をしぼったのである。そのうえで士紳階層の解纏足を実行することにより、上から下へと解纏足の風潮が広がっていくことに期待した。

呉文星［1992：251,294］が明らかにしたように、台湾人士紳の自発的行動が現れ、その改革の意志を確認するまでの長い期間において、総督府は反発やトラブルを避けるために、表に出ることなく運動の背後にあって間接的にこれを左右した。その過程では、禁令の発布、強制的な取締は行わず、その代わりに学校に入った台湾人に解纏足を説き、新聞、雑誌、または内地観光を通じて宣伝することにより、そして台湾人士紳の解纏足運動を誘導していた。台湾人、とくに士紳階層の女性たちが主体となった解纏足団体が多く結成され、男性士紳からの法令上の纏足禁止の要請も現れてくる中で、一九一五年四月、台湾総督府はついに「保甲規約」のなかに纏足禁止の条例を加えるに至り、公権力による解纏足運動は成功を収めたのである。

誘導

それぞれの対策は強制ではなく、観念そのものを変化させる誘導の方式で纏足をやめさせようとするものであった。そこでは天然足の女性像の提示がとくに必要となる。さらに、こうしたモデルとなる女性像は、従来の天

図１－１　解纏足運動の動勢

1899年	1900年	1903年	1911年	1915年
第一次内地観光	天然足会（揚文会）	第二次内地観光（第五回大阪勧業博覧会）	断髪運動（女性の解纏足会）	保甲規約に規定

活発化 → 沈静化 →→ 活発化 →→→ 沈静化 →→→ 活発化 →→→→

然足保持者である下層の女性労働者と識別可能で、台湾士紳の承認を得られるものでなければならない。台湾総督府の誘導策の重要な特徴として、士紳たちの近代化志向と中国大陸への思いを利用したことがしばしば指摘される（陳菊芳［1991：12］）。内地観光の積極的な奨励を通じて纏足をしない日本人女性の生活を見聞させ、台湾人士紳の改革意欲をそそる一方で、新聞、雑誌を通じて対岸中国の解纏足の動きを迅速に報道した。「進歩的」な日本人女性を見学させることによって天然足のメリットを証明し、台湾人士紳にインパクトを与えると同時に、対岸中国の改革の動きによって女性纏足の弊害と変革の必要性、正当性を示し、共感を導き出すという形で運動は進められたのである。

３　士紳サイドからみた解纏足

３・１　解纏足運動の展開

前述のように、台湾の解纏足運動の過程においては、台湾総督府は意識的に表には現れず、運動の背後で誘導する役を演じたが、実際の行動の主体として運動を推進していったのは台湾人士紳であった。全体から見れば運動の過程はいくつかの起伏があった。ここではその各段階のタイミングに着目してみたい。

図１－１は、先行研究において明らかにされた解纏足運動の進展を、簡略化して示したものである。運動は一九〇〇年以前の内地観光経験者の個別的な行動と天然足会の設立を起点として展開されてきたが、その後、新聞紙面からは解纏足に関する消息はしばらく鳴りをひ

そめ、再び議論されはじめたのは、一九〇三年の第五回大阪勧業博覧会開催に合わせて第二次東遊がピークを迎えた時期のことであった。この時期に総督府の奨励によって内地に渡った台湾士紳は五〇〇余人にのぼった。日本女性の教育・生活状況を見学した士紳らは、同年八月より各地で女子教育および解纏足を大いに呼び掛けたが、その後長い沈静期を経、一九一一年の中国の辛亥革命の影響下での男性たちの断髪運動(8)に呼応する形で、解纏足運動も最も活発な段階に入っていく。最後は一九一五年の保甲規約による公的な禁止により終止符が打たれた。

解纏足運動がなぜ最初の社会変革の試みとして士紳らにより着手されたのかについて、彼ら自身の立論を対象として以下に検討していきたい。

3・2 「維新」としての解纏足

総督府は纏足を「文明」と「野蛮」の図式で問題化し、さまざまな手法で台湾士紳を解纏足の方向へと誘導した。内地観光という最大のイベントをきっかけとし、実利的、文明的な女性像へと台湾女性を「改造」していく過程のなかで、解纏足の意欲が徐々に湧いてきた。しかし、これは単に植民者による外部からの圧力により、提示された女性像を盲目的に追いかけた結果のものではなかった。ここで、改革につながる台湾社会みずからの文脈を理解しなければならないが、そのキーワードは「維新」であった。ここに語られた「維新」から、中国への思いと、総督府との応酬が複雑に交錯するなかでの台湾士紳の植民地的行動様式が見て取れる。

一九〇〇年三月一九日、揚文会が台北の淡水館で閉会したあと、全島から集合した約二〇〇名の名士・士紳は、翌日の天然足会の成立大会にも参加した。台南からの士紳蔡国琳は、発会式の祝辞のなかで中国の解纏足運動について以下のように触れた。

天然足会について言えば、支那の有識者たちはかつてこのような会を発起したこともあるが、纏足を頑固に守り反対する者が多かったため、実行する段階には至らなかった。その後、敗戦で条約を結ぶことになり、知識人が新法を研究して物事の移り変わりとその損益を知り、度々同志ともに家族をはじめ纏足を解かせるように自ら身をもって手本を示した〔文〕。

運動の起源を中国にたどり、中国でも同じ動きがあると確認し同調することによって、ある種の安堵感が得られたようである。蔡はさらに日本統治下の台湾では、逆に新しい政府の賛助の下で、新しい出発点からこの陋習改革、維新の事業を達成できる可能性があることを示した。つまり、一方で中国での解纏足運動の存在を前面に押し出して台湾の解纏足運動を正当化すると同時に、他方で中国の解纏足運動と異なり、中国の領土から日本の植民地へという環境の変化を余儀なくされた台湾では、異なる出発点から新しい改革を達成することが可能であるという。

況や我が台湾では時世がかわって以来、政府が陋習を革新し、維新を行い、こまごまと規定はしないものの、徐々に薫陶を受けてきた吾人は、自ら磨きをかけ、悪の部分を改革し、良好な部分を引き継ぐことによって人民、子孫の将来に無窮の福を遺すべきである。世の中が新しくなったことにより、新しい策を練ることもできるようになった。例えば、今回政府が揚文会を開催したことも、まさに新しい策を練る意思があるからである。茲に地元の名医黄玉階氏が四方奔走して天然足会の創立を提案したことに、遠近の名士の多くは賛同し、官民とも一致してこれを支持している。私たちは揚文会に赴く所でおりよく天然足会の発会式に出会った〔文〕。

祝詞の中には、参列した総督府高官たちを意識しての政治的配慮も当然あったであろうが、解纏足に進む時勢を利用し、改革を成功させようとする意欲もうかがわれる。彼は最後に次のように述べた。

列席の諸君に望むことは、現実の中に真理を追究し、きちんとけじめを付け、解纏足を勧めることに労を惜しまず、世間のそしりに志を妨げられないよう、いい加減にお茶を濁してこの盟約を失敗させないよう、徐々に感化の作用を起こして風俗を改めることだ。人を苦しみから救済し、弱い体質を改善する。物事の移り変わりと損益を斟酌するより大事なことはない。ただ国の習俗に従うためにこの挙を行うような言い方は、むしろ婦女子の見識に近いのではないか……(9)〔文〕。

解纏足は実際上の必要によるものであり、統治者に媚びるのではない、という最後のメッセージを送ることにより、蔡は予想された反論を退けることができた。

中国から日本の版図に入るという政治変動がもたらした好機をとり逃すことなく、台湾社会の弊習の改革を推進するという論理に基づく「維新」論は、天然足会の発起人でもあり中心人物であった黄玉階の祝詞の中にも、同様に援用されていた。

婦女の纏足ということは婦道に役に立たないうえ、自己の健康を損い婦道を全うできなくするが、数百年来の陋習なのでいまだにこれを剪除することができず、常に外部から嘲笑されるもとになっている。現在台湾はすでに日本帝国の版図に属しているが、日本政府は久しく維新の政を行っていることから、台湾人民も維新の民になるべきである。維新の民にして今なお旧慣悪習にこだわって改革できないことに、たとえ政府が寛容であっても、我々は反省して気が咎めないわけはあるまい。これが天然足会を創立する所以である〔文〕。(10)

台湾士紳たちは文明追求、近代化の夢を持ちながらも、実際に行動をとれば日本植民統治者と同じ旗を振っているように見られるのでは、というジレンマがあり、このため解纏足に正当性を与える思想としての「維新」と、現実上の優劣利害から纏足を廃止するのだという点がことさら強調されることになったのである。

3・3　解纏足と断髪の優先順位

初期の個人の散発的、自発的行動には解纏足と断髪との両方が見られたものの、その後の組織的な改革行動は、女子の解纏足から着手された。女子の解纏足と男子の断髪という「風俗改革」の二つの課題のうち、解纏足が断髪に先行した原因は何であろうか。

女性の解纏足が男性の断髪に優先するという台湾士紳たちによる取り組みの順序は、総督府が暗黙のうちに期待していたこととは異なっていた。台湾士紳によって解纏足運動が開始された一九〇〇年二月二日、『台湾日日新報』（以下『台日』と略記する）に「辮髪と纏足」と題する社説が掲載され、日本統治者側の見解がそこで述べられていた。すなわち、「陋俗」を改革し、実利を選択した台湾士紳たちの解纏足運動の発起を賞賛する一方で、「政治的意味」のない女子の纏足問題に熱を入れるよりも、「政治的意味」のある男子の辮髪から改革したらどうかという、台湾人男性への皮肉を込めた見解が提示されていた。

…辮髪は支那人が満州朝廷に対する服従の標章にして、政治的意味を有するも纏足は数百年来の汚習にして、全く政治的意味を有せざるが如し、故に我が威信の厚きを加ふると同時に、辮髪は自から廃止せらるへきも、纏足に至りては、容易に廃止を見る能はさるへし……然りと雖纏足の天理に背くを慨し、全島の婦女の為めに、此の陋俗を破らんとする紳士に向ひて、一言なき能はさるなり、試に諸氏の頭上を見よ、諸氏の祖先か満人に強制せられて、其の子孫に遺したる辮髪は、依然として屈従の標章となりて、諸氏の頭上に在り、我は敢て之を以て政治的意味あるものとなさすと雖、諸氏にして心あらは、日本帝国の版図になりたる今日に於て、世界各国人民の陋視せる「豚尾」を尊重するの理由、果して何れに存するを知らす、諸氏にして婦女の汚俗を矯正するの志あらは、何ろ先つ自家頭上の蠅を逐はさる、吾儕は実に満幅の精神を以て、天然足会の成立を賛すると同時に、辮髪を断つの快挙に出てんことを希はさるを得す。(11)

植民統治当局は、「政治的意味」のある男子の辮髪問題を解決した後に女子の纏足問題に進む、という順序を念頭に置いていた。「纏足を解くは人類の自然に出つると共に、婦女労働の実利を擧くるに在りて、辮髪に至りては存廃共に実際に利害なく、随て之を改むるの必要を認めす(12)」とした台湾士紳の間に支配的な態度を問題にしようとするものであった。とはいえ、まずは目下盛んとなっている解纏足運動の気勢を借り、いずれは男子自身に断髪運動の展開を任せるというのが、総督府の考えであったと判断できよう。

士紳階層の男性らによる解纏足が文明追求に加え、さらに現実面の性別上の利益に立脚していたことからみれば、彼らがなぜ自分自身の断髪より解纏足運動を先行させたかという問題に回答を与えることができる。台湾において解纏足と断髪の論理は本質的に異なっている。解纏足運動をめぐっては、漢民族のアイデンティティとして女性の纏足を守ろうとする言説は管見の限り存在しない。先の社説の中にも触れられたように、女性の纏足とは対照的に、男性の辮髪は本来的に「政治的意味」を帯びている。呉文星の研究によれば、伝統的「華夷観念」と儒家文化の価値観のもとに、国籍選択の後も台湾に留まった士紳たちは異民族政権に従わざるをえなかったが、政権に積極的に協力するよりは、消極的に応対する場合が多かったという。ただちに異民族政権に降伏するのは清朝への忠誠心に反する恥辱であると感じたようである。断髪を実行するのに相当の抵抗がともなったのは、このあたりの事情に関わっていたと思われる。[13]

実際には日本統治側の願望は言論のレベルにとどまり、思い通りの改革の順番ではなかったにせよ、ともかくも台湾士紳男性の利益に合致するところの解纏足運動の推進にあたって官民は手を組むことになったのである。

4　新女性像の見聞

総督府の陋習改革の誘導策として展開された最も大きなイベントは、統治初期に盛んになった台湾士紳の日本内地観光であった。内地観光の奨励は、台湾人士紳の中の有力者を抜擢し実際に日本社会を見聞させ、中国と日本の国力を比較させようとするものであり、こうした企画の立案そのものから、日本側の自信がうかがわれる。[14]内地社会の進歩によって台湾人士紳の日本観の転換を促し、その見聞を彼らの帰台後、さらにほかの士紳と民衆に対しても広めてゆくことを期待した（楊永彬［1996：67-68］）。こうした意味で、たんなる物見遊山の「観光」であるよりも、「見学」、「考察」そのものであった。

総督府が旅費補助を供出し、参加者の選考も行われた。それぞれの観光には、終始総督府関係者が付き添い、日本人の案内役や通訳が用意され、士紳の観光日程、見学する場所に至るまで事細かな計画が立てられた。以上から、日本の「文明」と「進歩」を誇示するために総督府側がいかに労を惜しまなかったかがわかる。

士紳の観光日程における重要な見学対象の一つは、学校や工場における日本人の女性であった。女子師範と授産場の参観が、ほとんど毎回のようにスケジュールのなかに組み込まれていたのはそのためである。当然ながら、台湾には内地からの日本人女性も居住していたが、統治初期に渡台したのは芸娼妓であった。その後、官僚の家族の渡台も徐々に増えてきたものの、一九〇〇年前後の時点ではまだきわめて少なかったという背景があった。

他方、台湾人士紳の側は、内地観光の対象として提示された日本人女性の姿に、どのように向き合い、理解していたのか。以下に士紳たちの視線に沿いながら検討しておきたい。なお、以下では便宜上、日本の植民地になってから揚文会、解纏足運動など大型の行事が行われた一九〇〇年までを一回目の内地観光ブーム、一九〇三年の大阪博覧会前後の渡日を第二次内地観光ブームとして区別する。

4・1　第一次内地観光

授産場と女子師範の見学には、文明的・進歩的な女性像を来客に披露する主催者側の意図がうかがえる。女性の工場労働と女子教育は実際に台湾人士紳の注目を引いたが、興味深いのは、台湾人士紳は、纏足をしていない女性像そのものを目新しく感じると同時に、その場の男女の接し方の秩序について非常に注意深く観察していたことである。

最も早い時期に日本内地観光に訪れた台北紳商の李春生は、一八九六年掲載の旅行記のなかで、欧米と同様に男女が同じ場所でともに働く光景について大いに感心したことを記していた。

最も賞賛すべきなのは、工場の会計室の中に女性十人以上が居る光景であった。みな若い女性であったため、あまりよその世界を知らない人間は、おそらくこれを怪しむと思うが、日本の風俗は欧米のそれと異なるところなく、女子と雖も男子と一室で仕事をする。だが、その挙止を観察すると、男子、女子を問わず礼儀正しく接している(15)〔文〕。

李の感銘の裏には、当時の台湾社会では中流以上の家庭の女性は外に出ず、外部の世界との接触はほとんどないという状況があった。ところが、目下の内地の状況は、性秩序の乱れを防ぐ「男女七歳不同席」の礼教、未婚男女の隔離の風習とはあまりにも異なり、家の外で活動するのみならず、さらに男性と一室で仕事をする場合もあった。にもかかわらず「礼儀正しく接している」という前提を確認してから、ひとまずこの異なる女性像を受け入れることができたと思われる。

一八九九年から台湾人の内地観光者数は増加し続けた。たとえば同年二月下旬には台北茶商公会幹事陳瑞星、呉文秀二名と同会副会長松平亀次郎、顧問大庭永成、通訳らが上京したのに続き、四月中旬には台中県紳士陳瑞昌、呉大星、林嘉興、湅鴻謨らが台中県属佐竹令信の随伴で内地渡航を果たした(16)。

一八九九年三月初から四月一一日までの約一カ月、鹿児島の九州沖縄聯合共進会を見学するために、台北の公学校教員林希張、新竹の葉文暉、景尾の許又銘の三人の士紳は農商課長の横山とともに内地に赴いた。帰台後、三人の旅行記は相前後して『台日』に掲載された(17)。

女子授産場内の機織場、裁縫講習所、巻煙草場、蚕糸講習室などを廻った際の見聞は、林希張の「東遊日記」のなかで次のように記されている(18)。

興産学校の女子授産場であった。九時にその機織場に到着した。そのなかで修業する女子は三五〇人。一二歳以上が入学する。入学後、毎日三時間勉強、三時間機織を学ぶ。四ヵ月で卒業する。その織機は非常に精巧であり、女子にも使いやすい。一人が一日で一匹の布を織ることができる。一匹の工銭は五〇銭である。次に裁縫講習所に行った。女教師が約八〇名の女生徒に裁縫を教えていた。その後、タバコ製造工場では約六〇名の女生徒が居た。彼女たちの葉巻の製作を見ると実は非常に簡単なことであり、一人一日三千枚を作ることができる〔文〕。

これを見た林は、「女子でさえ皆職業を持って利を生じるならば、男性はなおさら」と感嘆した。同行の許又銘もその「共進会日記」の中で次のように評した。

国が富み民が栄えるようになるためには、これらの考えも方法もはなはだ宜しい。蚕糸講習の会場で百名近くの若い女性が両わきに並んで座っており、母から娘に、あるいは姉から妹に紡績の技術を授けている。これは財を成すための道である。所謂女丈夫とは、まさにこのような女性たちのことをいうのではないか(19)〔文〕。

さらに彼らは、女工数、生産量、給料、使用する機械などについてこと細かく記録し、台湾でそれらを実行する可能性などについても具体的に考察していた(20)。

一方、教育関係の見学について、台湾士紳一行は三月二七日に女子高等師範学校を参観した。許又銘は、そのときの様子を次のように記している(21)。

その女子生徒数は三百余人であった。私たちが訪れた時には、ちょうど十数名の学生の卒業式が行われており、つづいて宴会が催された。教師と学生は皆集まってお酒を飲んだり歌を歌ったりした。在校生は紙で会場をとり飾っていた。これは本当にめでたく、喜ぶべきことだ。そこの女学生の学問について尋ねてみたら、天文、地理、山川、草木、禽獣すべてに通じている。

この日の見学について、許は「ああ、女子ですら広く古今の事に通じているとするなら、男子は推して知るべしだ」とコメントを付け、同行のほかのメンバー林希張も女性の勉学の状況を詳細に記したうえで、「このように教職をめざす沢山の女性を見れば、無学の女性がないことは推して知るべしだ」と感嘆した[22]。内地の女子教育の現場を目のあたりにして、女性に対する新しい理想像が彼らのなかに徐々に形作られようとしていた。日本で新たな女性像を見聞した士紳たちは、目を内に転じ、台湾女性を批判的に見つめるようになったのである。次は葉文暉の「東遊日記」の記載である。

内地の女子は幼いときから学校に入り詩書、禮義を勉強し、少し大きくなると書画、算法にも精通する。また刺繡も上手で奇抜なデザインを出している。各種の作品が陳列され、技工の巧みさは天然を凌ぐほどだ。将来嫁に行き、彼女たちの能力を持ってすれば、家政に対処するのは容易なことだ。商売をする場合には、一人前として総務と会計を掌理できる賢妻とも言えるのだろう。なかなか良いのではないか。台北の女子のように、家の中に引っ込んでめったには外出せず、甘やかして育てられていては、上品で弱々しく楽なことを好み労を厭うようになる。ただ一般の習慣に従い、朝起きて、その纏足ばかりに関心を持ち、三寸金蓮と呼ばれる小さい足になることに熱中し、将来、誰かの目に付いて玉の輿に乗り高い地位を得られると、女性同士の間で互いに見せびらかすようになる。あるいは勤勉忠実に衣装を何着か作ったり、花や木をいくらか刺繡したりする程度で、もう優れた手腕だと呼ばれる。ほかには長所はなし。その考えはあまりにも浅く、見聞も狭いのではないか(23)〔文〕。

詩書、禮義を勉強し、書画と算法にも精通しているうえに、刺繡も得手であるという、学校教育を受けた内地女性のイメージに比べ、家を唯一の生活空間とする身近な中流以上の家庭の台湾女性たちに、士紳たちは飽きたらなくなったようである。纏足の「三寸金蓮」、裁縫と刺繡の上手さが、女性を評定する基準として物足りなくなったことは明らかであろう。しかし、葉文暉の記述でわかるように、士紳はただちにこれらの伝統の基準を放棄、否定したわけではなかった。彼らにとって台湾女性をめぐる問題とはむしろ「ほかには長所はなし」という箇所にあったのではなかろうか。ここから「家政」にも「商売」にも対処できる「能力」と「見聞」の広さを、士紳たちは求めはじめたのである。

4・2　第二次内地観光

女子の纏足を解き、学校教育を受けさせようという士紳たちの願望は、それ以降、一九〇〇年の黄玉階の天然足会の発足をピークとして、迅速に台湾エリート層に広がりはじめた。一九〇三年の大阪博覧会参加を目的とした五〇〇人ほどの台湾士紳の大規模な内地観光は、新しい女性像の追求にさらに拍車をかけた。

観光の日程はこれまでの内容と変わりはなく、女子労働と女子教育は依然として多くの台湾士紳に強烈な印象を与え続けた。ただし、士紳たちの声はただ感嘆するのみにとどまらず、台湾人女性改造の意欲が、さらに表に現れるようになってきた。第二次内地観光後の感想を第一次のそれと比べてみるなら、女子教育について積極的に提言しようとする姿勢が強まった点も特徴的である。また、台湾女性の現状を指摘する際、纏足問題に言及する頻度も高くなってきた。

大阪博覧会の内地観光ブームのなかで、国語学校卒の士紳王名受は、母校の生徒に同行し、大阪博覧会の後、神戸、京都、そして東京に旅行した。東京では招待をうけ、女子高等師範学校を見学した。ここでの彼の観察は次の通りである。

まず裁縫の授業を見た。学生は布を裁るか、あるいは服を縫っていた。しばらくして休憩の時間に入ったが、先生も学生も一堂に集まって雅やかな様子であった。次は博物の教授を参観した。この日はちょうど鯉の解剖であった。二、三人組、または三、四人組で実験を行った。目で観察し、紙に記録し、また図を描いていた。引き続き、体操、化学、物理、自習など各教室を一回りした。その後、同校の附属学校に行き、高等科の美術、尋常科の作文を見学した。長々と見学し、感慨無量であった(24)〔文〕。

その感慨は、王の旅行記の末尾に次のように綴られた。

［台湾の］女児は幼い頃からいたずらに裁縫を教え、成人した後は、せいぜい食事の切り盛りしかできない。しかし本国［日本内地］の女児の場合、小さい頃から学校に入り、手芸と学芸がほどよく備わっている。大人になると、義と理を深く知り、婦道を執ることができる。夫唱婦随。百姓の夫婦も教員夫婦もそうであった。台湾の島内各地では女子の就学が現れてきたといっても、まだ数が少ない。慨嘆に堪えない。何で就学の必要性を見過ごして良かろうか。纏足も同じである。益がないのみならず、損も明らかである。身体へ

の残害は誰にでも一見してわかる。天然足の良さを知りながら、纏足を無理させるのはなぜか。歩行は困難である。これを見て溜息をつく〔文〕。

そこで王名受は、「風俗教化、文明進歩」のため、高見の見物をやめ、纏足を禁止する目的で三年前に設立された天然足会の主旨にただちに同調するように、士紳たちに積極的に呼び掛けた。(25)ほかに士林の士紳呉文藻一行は、博覧会見物の後、大阪清水谷高等女学校を参観した。呉の記述によれば、

授業の成績、施設、整頓のすべては、秩序整然としていた。参観客が到着したら、女生徒は全員起立して礼をした。一糸乱れない様であった。このような雅やかな挙止ができることから、教師による平素の訓練がうかがわれる。

数日後、一行は京都に移った。以下は西陣織についての観察である。

西陣は機織で有名である。機を二、三台置いている家もあり、七、八台の家もあった。総計二百余軒であった。年収は約四百万円に達している。ほとんどは婦人が従事するものである。

東京に移動する途中の田園風景も、見逃さなかった。

途中の田園を眺めて、男女ともに労働していた。まさに夫唱婦随といえよう。

新しい女性像を基準とすれば、従来の台湾人女性は次のように見えた。

この標準をもって台湾婦人を評定すれば、まさに陋習に固執し、いたずらに自分の足を小さくする。そして自ら美しいと思う。気高く深窓の中に暮らし、自ら尊貴に思う。極端に言えば、知識を持たず、物事の道理も分からない。上に対し夫を助け、家の運勢を繁栄させることができず、下に対し子を教育し志を立てさせることもできない。女性の重要な任務を捨てて、とるに足らぬ小さい事を求める。これはいかに自身を誤らせることであろう。これから徹底的に革新し、本国内地に匹敵するようになることを願っている。そのようになれば甚だ幸いである(26)〔文〕。

このように、台湾人士紳は女性の新たな可能性を知った。教育や纏足からの解放など、若干の条件を備えれば、台湾人女性がこれまで以上にもっと家庭内の役割を発揮できることが分かり、このような女性を娶ることを希求しはじめた。

士紳たちの心情の揺れは、同行の総督府関係者にも読みとることができた。第二次内地観光時に大阪で台湾士紳らを招待した日本人関係者の記録には、次のような逸話が記されている。

女子の立働振りが如何にも甲斐々々しく、そうして能く日常の実務に当ツて少しの差閊〔ママ〕もなく遣ッて除ける有様には、彼等も余程ありがたく感じたものと見ゆ、……その妙齢の女子が、さも甲斐々々しく客に接する、――直段の切り盛りをする、――帳面をつける――算盤をはじく――受取をかく――彼等がありがたく感じたのも無理はない、或日のことであッた十数人團欒しての坐談中、何れも口々に、それ台湾の査某［台湾語：女］は不中用［台湾語：役に立たない］であるだの、不識情理［台湾語：道理を分からない］であるのと言ッて居ッたが、其中に一人の壮者が口を切ッて「如何にせば内地の女子を娶り得べきか」の疑問を発した、余はこれに答へて「内地婦人を娶る工夫を考へんよりは、寧ろ、如何にせば台湾査某をして内地婦人の如くならしめ得べきかを思ふに如かず、台湾の父老、今尚旧弊を脱して新教化に向ふことを知らず、徒らに女児を室内に蟄居するを以て得たりとなす洵に惜むべきなり」と言ッた処が、坐にあッた二三の老紳士は頻りに「着咯」「着咯」［台湾語：そうだ、そうだ］をつゞけながら苦笑して居ッた。[27]（カタカナは原文のまま）

新たな女性像に憧れ、従来の台湾人女性のあり方に不満を覚えるという台湾人士紳の反応は、内地観光を企画した総督府の計算通りの効果であったといえるが、新女性への希求が「内地女性を娶る」という発想に結びつくとは、総督府にとっても予想外の展開であったろう。

内地観光者の中には全島各地の有力な士紳のほか、彼らが主宰する書房（伝統の漢学教育を行う）の生徒、または国語学校の学生もいた。年輩の士紳と異なり、若い世代にとっては、新しい女性像はただちに自分の理想の結婚相手に直結する現実性を帯びていたに違いない。前引の青年士紳は「内地女性を娶る方法」について質問していたが、彼が実際に娶ろうと意図したのは内地女性そのものではなく、帳面をつけ、算盤をはじき、受取をかくことのできる女であったろう。こうした感情に対し、総督府関係者の誘導の方向も明確であった。すなわち憧れの女性像を内地に求めるよりも、まず台湾女性を改造せよということであった。

5　改造作業

内地の女子教育と女子労働の状況は、台湾士紳の関心を集めていた。これはただ興味本位の段階で終わったわけではなかった。内地から帰還の後、積極的な士紳らはいち早く台湾女性の「改造」に着手したからである。

5・1　就学へ

女子教育について、一八九六年に内地観光に行った士紳李春生は、帰台後、一家の女性の纏足をやめさせ、孫娘を公学校へ入学させた(28)。その後、大規模に展開された第二次内地観光の士紳たちも、続々と娘の纏足をやめさせて公学校に入れるようになり、中には妻を公学校に入学させたケースもあった(29)。リーダー格にあたる深坑公学校学務委員の張建生は、帰台後に自らの娘の纏足を解いて通学させたのみならず、女児の就学の勧誘方法についてほかの観光参加者と討議を行い、地元の女子教育に積極的に取り組むようになった(30)。

興味深いことに、帰台した士紳の行動は、女子教育と解纏足をワンセットとして一回で断然と行った李春生のようなタイプの他、目的に直結させる形で、家族の女性成員を纏足のままで学校に行かせたタイプも多数いた。そのため、女子教育の初期段階に学校に通いはじめた女生徒のなかには、上述のように父兄の意志で纏足を免れて入学した者がいる一方で、纏足のままの女学生も少なくなかった。なかには、毎日家の下女に負ぶわれて公学校に通う女生徒も居た(31)。台湾人女性を対象とする最初の学校であった国語学校附属女学校の場合は、生徒のほぼ全員が纏足であった(32)。雨の日の女生徒の出席率の低さ、纏足の弱い足で登校することの苦しみは、多くの教員および女生徒本人によって語られている(33)。当時の国語学校長の田中敬一の回想によれば、彼が附属女学校の教場を巡視した際、堅く縛られた纏足の痛みで泣いていた女生徒もいた。しかし学校で勝手に足を緩めさせれば、帰宅後母親に叱られ、それ以上の苦痛を受けねばならなくなることから、教師も泣いている生徒を無視せざるを得なかった。(34)

初期においては、女子教育のメリットは理解されながら、解纏足の必要性はそれほど重視されていなかった点を物語っている。しかしながら、一九〇〇年の天然足会の発足により解纏足運動が個別行動から組織化された段階へと進むにつれ、一〇年間を経ずして纏足の女生徒の姿は学校の場から消失した。解纏足の女子教育と関連する部分については後の章節に譲る。

5・2　機織業の導入と挫折

内地の女子労働に対する士紳たちの関心は、大ざっぱに家事面と産業面に分けられる。家事面については、士紳は初めから自分の家族の女性成員を意識したのであるが、実際の労働は使用人に任せるため、むしろ主婦として家事を掌理する中上階層の女性については、士紳たちは、従来以上の家政能力を期待する側面が強かった。そのための新しい知識技能の習得を狙い、女子教育を重視しはじめた。

実利的な経営者でもある士紳の場合は、家事労働よりも女子労働の産業面に大いに関心を示した。代表的な事業は機織業の導入であり、新たな財源を発見した一部の台湾士紳は、帰台早々、新店をはじめ台北の東門街、新竹、台南各地で紡績事業（機織業）を実験的に推進していたのである。

帰台後間もない明治三二（一八九九）年一〇月頃、文山堡新店街長の許又銘は、日本内地観光の際に見学した女子の労働力を使用しての授産事業を台湾で発展させようと、地元の游世清、劉廷献、王受清、林乞来などの紳商らと相談の上、鹿児島の授産場に紡績機械の発注を行った。必要とされる女子労働力については、まず新店周辺の「豪農の婦女」を技術伝授の対象として召集し、漸次「貧家の女子」へ推し広めるという計画を立てた。また東京の授産学校の教員と織業に精通した在台日本人女性を招聘して本格的に織業伝習所の運営を始めた[35]。その後、学習に訪れた女性の数は四、五〇人に達し、以後必要な紡績機械の製造を台湾の工匠に頼んで現地調達するほどの活況を呈したことが報道された[36]。

台湾士紳たちの積極的な行動に対し、日本統治当局は非常な関心を示した。女子授産場の見学が内地観光のスケジュールの中で欠かせない日程となったことは前述の通りであるが、鹿児島から紡績機械を購入する際にも、許又銘等の紳商に対し補助金が与えられた。また県庁を通じての教員の招聘、度々県庁から派遣された主任技手による工場の視察などが行われたのみならず、完成品の買い手のつかない最悪の場合には、台北監獄によって買い上げを行うことまでが保障された[37]。このように、台湾士紳による機織業の導入は、総督府側の支援を得て、何ヵ所かで展開されることになった。

ところが、女子労働力がもたらす利益に着眼して開始されたこの事業は、まもなく困難に直面した。それは台湾人女性の労働力の質が需要に応じられないという難点であった。前述のように、「豪農の婦女」から漸次「貧家の女子」へ伝習する方針により、最初の段階で集められたのは、貧困家庭の女性ではなく市街地付近の、比較的経済的条件に恵まれた富農家庭の女性たちであった。彼女らは例外なく纏足者であったため、纏足を使って機械の踏み板を踏み、痛みをこらえながら講習を受ける状況であった[38]。最初、総督府側は「此の機織業にして漸次下層婦女の家業として執らしむる程に進歩せしめんか是れぞ台湾婦女に対する工業の最も便利なるもの」と楽観的に見ていた。しかし一九〇三年の時点になると、この「事業熱」について次のように憂慮を見せた。つまり「台島女子の現況にては第一纏足の慣習あること、第二教育の素養なきことの二点に於て到底労力の供給者たること能はず」という[39]。

こうして総督府側は内地観光後の台湾士紳の陋習改革への影響力に対し、大きな期待を寄せたのである。

本年大阪に開会せし第五回博覧会の観光者五百有餘名は概して中流以上の名望資産を有する者にて其着眼点も単に山紫水明の景色に止まらず風俗其の他文物をも現察したる結果沿道到る所の田園には女子も男子と同様耕作栽培に従事し又都市の工場には多数の女工が諸種の工業に従事するを目撃したると同時に一方には都市村落何れの地にても女子教育の旺盛なるを見聞してより頓に旧来の陋習を悟り帰来早々諸人に対し母国の文物風俗を談ずる者符節を合せたる如く第一女子の労力を為す習慣を養成すること、第二女子教育の忽諸に付すべからざることを説き聞かせたるより昨今各地方にては纏足廃止の方法等に就き考慮中のものも尠なからざる。(40)

留意したいのは、士紳らは女子教育と機織業に関心を持ったことは確かだが、それぞれの事業について士紳たちが対象として想定した「女性」の内容は同一ではないことである。前者は、妻や嫁など家庭内における女性の役割をよりよく果たすために役に立つ知識能力への要求であった。それは明らかに士紳たち自身の婚姻対象としての理想的な女性像であり、そこでは主に同じ社会階層に属する女性が想定されていた。後者は士紳（紳商）自身の工商業経営に関わっており、女性労働力を利用する機織業の導入により収益を挙げることがめざされており、ここでは自分の家族以外の、中下層の女性が対象とされていたのである。

さらに実際に行われた新しい女性像への「改造」の対象は、同階層の台湾女性に限定されることになった。女子教育に対する熱意の上昇が示したように、家族の女性成員の改変から着手し、とくに若年層を理想の女性像に接近させることが試みられたのに対し、産業面に関わる女子労働力の導入の場合は、進展の状況はスムーズではなかった。内地のやり方を型どおりに真似て、市街地近郊の富農家庭の女性を機織業に吸収しようとしたが、女性の纏足と無教育という、内地とは異なる台湾社会の現実に直面したためである。

女性労働力の質の改善は、すでに士紳の力の及ぶ範囲を越えていたであろう。解纏足運動にせよ女子教育の普及にせよ、（為政者の意欲は別として）問題はいずれも短い期間内では解決できないものであった。機織業が開始されて二、三年のうちに台湾人女子労働力の質の問題が浮上してきたわけだが、その後、機織業の進展に関わる報道は新聞紙面から全く見られなくなった。

この時点では、女性の纏足と無教育のデメリットが社会において再認識されたこと自体が、重要な意義を持っていたといえる。引き続き、解纏足運動の進展と内容に即して議論を続けたい。女子教育については、次章で詳しく論述する。

6　解纏足論の中の新女性像

以下に、一九〇〇年の天然足会の成立前後、および一九一四、一九一五年に解纏足運動が成果を収めたときの関連言説を分析の材料として、解纏足に取り組む士紳たちがイメージした女性像を検証する。

6・1　天然足会に描かれた女性像

天然足会は一九〇〇年に台北の漢方医の黄玉階によって創立された。一八九九年一二月五日、台北の紳商の集まる歩蘭亭で、黄玉階が纏足の風俗改革の話を持ち出し、紳商たちはそれに同感を表明、議論が進むうちに天然足会を組織する案が浮上した[41]。一九〇〇年二月六日には李春生、葉為圭等紳商十余名の発起による天然足会設立案が許可され、三月二〇日に大稲埕日新街普願社において発会式が挙行された。当日は台湾総督児玉源太郎、民政長官後藤新平、台北県知事村上義雄などの総督府の高官がみな臨席した。(42)

黄玉階が発会の辞の中で語った解纏足論は、士紳階層の新女性像を描くものであった。

則ち全島婦人と共に天賦の形質を保全するを得唯だに井臼を操り翁姑に事へ機織に従ふに種々の便益あるのみならず即ち学校に入りては国語を学び刺繡を習ひ或は作文算数より理財格致の専門を修め処世の材を以て男子の逮はざるを補ひ延いて国家を利すること将さに之より窮りなけんとす。(43)

ここでは「井臼を操り翁姑に事へ」としての従来の女性の家空間の中の役割が課せられながら、同時に「機織に従ふ」という新興の副業に従事する女性像が描かれている。さらに、労働の能率以上のものを女性に求めている。いわば国語(日本語)、手芸、および作文算数などの「理財致格」の学問という新たな技能を備えることである。彼女ら自身の社会進出につなげていくのではなく、多忙な男性の手の回らないところに貢献するというのだが、女性の家政能力の増強が求められる点は指摘したい。その意味は、第一に、解纏足から行動上の障碍を取り除くと同時に、さらに女子教育を通じての新たな知識の習得というふたつの能力の具有が要請され、第二に、新たな能力をもって、家庭内での女性の責務としては、「処世の材を以て男子の逮はざるを補ひ延い」得る範囲まで及ぶことが期待された。

解纏足で達成しようとした女性像は、当時全島から台北に集められてきた士紳たちに伝わった。ここで、天然足会の発会式が、総督府の開催する予定であった揚文会と合流することになったという時期的な一致に注目したい。

一九〇〇年三月一五日から一九日までの五日間、総督府は揚文会を開催し、台湾各地の大勢の科挙士紳を台北に召集した。当時、陸路を利用して揚文会にやってきた宜蘭の士紳たちは片道に三日間を費やさねばならなかった。[44]解纏足運動と揚文会の相乗作用をもたらすため、台湾総督府関係者は黄玉階等と討議し、天然足会の発会式の会場と日程とを揚文会のそれに合わせることに腐心した。[45]「一九日を以て一先づ揚文会を解散せらる、こと、なり居れるにぞ是れ天然足会の為めには屈竟なる好時機なりとし此の機に臨んで天然足会にても発会式を挙行し全島知名の士に天然足会の主旨を披露し将来の運動を企画せんとの考へ」[46]によって、淡水館での揚文会が閉会してから入城してきた士紳たちを大稲埕の普願社にある天然足会発会式の会場へ導引した。式辞のなかで、総督府高官たちと発起人の士紳は、列席の揚文会会員に、各自の郷里に帰った後、地元の人民を勧誘し解纏足運動に力を入れることを再三呼び掛けた。[47]

「台北観光」の一〇日間に、揚文会のために全島から集まった二百余人の士紳らは、天然足会の盛況だけではなく、首府台北の女子教育現場も見聞することになった。台北に集合した好機をねらい、春季皇霊祭の祭日で登校日ではなかったにもかかわらず、総督府側の担当者は士林公学校の女生徒に急きょ召集をかけ、刺繡などの女子教育の成果を披露した。[48]当局は、帰郷後の士紳らの影響力に大いに期待を寄せた。『台日』の社説は、「本島の人民を激励して、世界文明国の人民と駢轡馳逐せしむと否とは、一に諸氏の双肩に帰すへき責任なりとす、諸氏は本島の首府に於て、人に就き物に就き事に就き、見聞し得たる所のものを齎らして、将に郷に帰らんとす、その胸中の感慨果して如何、余は之を諸氏帰郷後の行動に観んを欲す」と述べてその一端を示している。[49]

6・2　「論纏足弊害及其救済策」の漢文論文募集

解纏足を通じて、女性が家政上の責務をいっそうよく果たすようになるという点は、運動の中では一貫して強調されていた。一九一四年末、『台日』は台湾人を対象に「論纏足弊害及其救済策」というテーマでの漢文による論文募集を行い、入選した四四篇の論文は一九一五年一月から四月一六日まで同紙上に掲載された(50)。

漢文の論文募集と入選作品の新聞紙上への掲載は、総督府による解纏足への誘導策であったことは確かである。論文募集は最初から纏足の否定という前提に立っており、纏足の可否を改めて士紳に討論させるためのものではなかった。その狙いは、纏足の「弊害」とその対策について士紳自らに発言させることにより民意を表出させる、纏足政策の正当性を示すことにあった。これを逆にみれば、総督府は、一九一五年前後に至って解纏足観念が士紳層の間で受容され普遍化した時機を見計らったうえでこの企画を打ち出したのであった。

士紳たちが女性の纏足問題について正面から取り組んだ四四篇の論説は、三カ月以上にわたって新聞紙面に掲載された。これは女性問題に関するかつてない規模の「世論」表出であったといえよう。台湾人女性のあるべき姿がそこで提示され、全島の士紳層に浸透していった社会的効果は看過できない。

一等入選の趙雲石は、現在は文明の時代になり、婦人も自ら平等と権利を要求するようになった、という世界の潮流から分析した。しかし男性と同様の権利を享有するために、その代償として義務も課せられているとする。したがって男女両性は「それぞれの役割を果たす」べきであり、女性の場合は家政を掌握するという責務を尽くすべきである。にもかかわらず、台湾の女性たちは「小さく纏足されたため、わずかの行動でも人の助けがなければできない。外出に輿の用意をしなければならない。そのうえ、纏足用の履き物は費用がかかる。まして生計を助けてくれることはなおさらない。これは支出ばかりがあって　収益がないことなのである」。また「婦人数人が苦労もせず男一人の努力の結果を享受する」と、彼女らを扶養する男性側だけが「知らず知らずに大きな損益を受けている」ことを指摘した(51)。

資産家の主婦の務めは論文の中でしばしば強調されるところであった。羅樵山は次のような意見を述べた。つまり「富家の婦女は労働する必要がないとはいえ，しかし一家の主婦として，または将来の主婦として，治内の責任はとうてい免れない」。けれども纏足の関係で婦女は「責任を全うすることが難しい。男子は家庭内の心配事をかけられ，外の仕事に全力で打ち込むことができない[52]」。

三等入選の黄爾璇はさらに階層別に分けて「富裕の家には，使用人が多く，それを監督する主婦が絶対必要である。纏足の主婦は行動不便で，体も弱いため，家政が混乱に陥る例が少なくない」といい，家事労働をせねばならない「中流以下」の女性の纏足については，「夫の経営に助力したくても，足が思うように動いてくれない」と述べた[53]。入選者の一人の翁俊明はきわめて簡潔に「内助の職務を達せないのみならず，夫の負担となる[54]」と指摘する。

そのほか，母として優生学上の重要性も，一つの注目点となった。例えば，二等入選の廖学校の文章に「良種良子の道理によって，虚弱な母から生まれた子供もまた虚弱である。三，四代の間ではその影響は感じられないが，十数代，数十代，百数十代に至れば，その弊害はますます顕著となり，種族の不振につながる[55]」と述べた。この種の進化論的観点に基づく指摘は少なくなかった。

6・3　解纏足論から見た女性像

ここでは解纏足運動において男性士紳により提示された女性像の特徴について，もう一度整理しておきたい。

文明的な主婦像

進歩的な台湾人男性士紳の間に形作られたのは，一言でいえば，一種の「文明的」な主婦像であった。「文明的」というのは，纏足をせず，知的な教養を備えることを意味する。こうした新しい能力の期待は女性の社会的地位の獲得などには結びつかず，結婚後の家庭内の主婦の役割に直結するものである。しかし社会階層によって，士紳が想定する主婦像の内容も異なってくる。

女性が実際に家事労働に従事する必要のない士紳、資産家、地主など中・上流家庭に対しては、主婦の家政監督能力の強化が要求された。強化の内容は第一に、家政を監督する行動力の増強と優生学的観点からの解纏足、第二に、中・上流の女性の教養として、伝統的刺繍技能のうえに「作文算数」「国語」など新しい知識の習得が期待されていた。他方、女子労働力が必要とされた、いわゆる「中等以下」に至っては、士紳たちの論調は家事と家業経営における主婦の役割を、文明的主婦像をやや修正して、実際の労働力確保の側面から強調していたのである。そしてもともとの天然足女性であった労働者層は女性像の埒外にあった。

曖昧な「国家」概念と明確な実利志向

纏足の弊害として入選各論文中での強調点は多岐にわたり、生計上の損失から国家の盛衰まで及んでいた。なかには中国の衰弱、清朝の滅亡を纏足に帰因させる論者もいた。これについて、呉文星［1992：284-285］は、西洋の資本主義経済思想とダーウィンの進化論による富国強種の思想が、すでに当時の台湾の進歩的知識人の新しい価値規範となり、社会を発展させるエネルギー源となった点を指摘した。中国の解纏足運動を対象とした林維紅［1993：194］によれば、強国強種を目的とする解纏足論は、確かに日清戦争前後の中国知識人の代表的な考え方であった。しかし近代的「国家」観念を明確に持たなかった庶民と一部の士紳にとっては、強国に訴える論理はナンセンスであったに違いないという。台湾士紳の言論に使われた「国家」の意味は実に曖昧であり、「日本」をさすものとして読み取っても違和感がない場合が多い。これを日本統治者を意識したうえの政治的応酬、政治的言説として読むこともまた可能であろう。台湾での解纏足論は、むしろ実利的なメリットが強調された点が特徴的である。

7　女性サイドからみた解纏足

解纏足運動の本当の主役であるはずの台湾女性は、こうした社会の変化にどのように対応していたのだろうか。陳菊芳［1991：20-21］の指摘によれば、一九一一年以降の台湾では中国の辛亥革命の影響で解纏足の風潮が高まり、士紳の妻たちを主体とする解纏足団体も結成されたが、これはいずれも女性の自発的な組織とは言い難かった。また解纏足関連の論文募集のなかには一人（筆者の確認によれば二人）の女性の主張も現れたが、運動が終始男性を中心として進められたことに変わりはない。ここで同氏は問題の核心に迫り、なによりも女性自身が納得しなければ、とうてい纏足はやめられなかった点を指摘する。つまり女児に纏足させるのは母親の務めであるゆえ、それまで女性の名誉に深く関わっていた習慣をやめさせることはかなりの決断をともなうことであり、運動の成功からは女性本人の強い意志が読みとれると言う。

確かに、運動の過程のなかで、台湾女性による言論や行動はきわめて少なかったが、しかしこうした一見「受動的」な対応は、実は女性を取り巻く家庭と社会の特質に深く関わっている。知識・能力を持たず、発信ルートが欠如しているという女性の社会的制限についていえば、士紳階層の女性でさえ教育を受けたことがなく、書くことによって自分の考え方を表現することもできなかった。また、従来中流以上の階層の女性は、家をほとんど唯一の生活空間とし、外部の世界に接触することが少なかった。したがって、運動の当初から女性がつねに「受動的」な立場にいたのも当然なことと言えよう。

最も重要なのは、統治初期に台湾人女性の日常生活とその内面世界に起こった変化は、中流以上に即してみても、まず、家庭内における上下関係のなかでの、個々の女性の位置によって大きく異なっていた点である。本節では、士紳階層の女性家族成員の立場から、求められる側の思惑を検証してみたい。解纏足を求める総督府と男性士紳はそれぞれの異なる動機を持っていたが、それは別として、解纏足運動は女性たちにたちまち新たな問題をもたらした。なかでも最も緊要であったのは、婚姻問題における危機と、身分標記の喪失である。

7・1　年齢層と対応様式

解纏足に対する士紳階層の女性の対応を決めるのは、まず第一に年齢であった。当時の平均結婚年齢は約一六歳であり、結婚年齢に達しているか否かによって、本人および周りの人の反応は微妙に異なっていた。実際には一〇年近くの纏足を続ければ、途中で纏足を中止しても元には戻らなかったからである。

前出の明治三八年（一九〇五年）の第一次臨時台湾戸口調査によれば、解纏足風潮の開始から五年目の一九〇〇年の時点において、解纏足者の年齢関係は三つのグループに分類されている。成果の最も乏しいのは、一六歳から三〇歳までの青年層であり、その次は幼年、青年以外の、三〇歳以上の世代、解纏足の比率の最も高いのは一〇歳以下から一五歳までの幼年層であった(56)。同じ傾向は、一九一五年の調査にも現れていた。

第一に、青年層については、第一次臨時戸口調査の中で「最華美ヲ好ムノ妙齢ニ達スレハ婚嫁ノ関係ヲ生シ未婚者ニ在リテハ婚嫁ノ難キヲ慮リ其ノ配偶者ニ在リテハ艶飾ノ念ト舅姑ノ意ヲ構ヘ仮令放足ノ利ヲ知ルモ之ヲ断行スルヲ得ス」と指摘された(57)。「華美ヲ好ム」と「婚嫁」二つの側面から、青年層の未婚組と既婚組にはそれぞれ考慮するところがあった。まず青年層の未婚組から見てみよう。

世相は変わりつつあっても、纏足イコール女性美という観念は、女性本人にもまだ残っていた。纏足のまま学校に通いはじめた士紳階層の女性たちの多くは、纏足を「問題」として実感しはじめていたが、「美」と「陋習」という二つの対立する価値観がこの世代の女性のなかには共存しているように見える。「陋習」だが「美」であることは彼女たちには否定しがたかった。往時を回想する黄包の言葉で表現すれば、「頭にこびりついて居る」ということであろう[58]。しかしこれからの「婚嫁ノ難キヲ慮」る心情は、彼女たち本人のみならず、父母など家族にはもっと強いものがあったろう。

娘の解纏足の可否について、家族にとり最も気になる点は婚姻問題への影響であった。伝統社会では結婚は女性にとって人生の唯一の道であった。結婚相手の選択には家同士の釣り合いという基本条件のほか、女性に対しては、端正な容姿、纏足、家族に遺伝病がないという三項目が要求された。とくに纏足は世間から重視され、妻を選ぶ際に重要な条件であった。纏足は一生の幸福を大きく左右するため、女性は随伴する多大の苦痛を知りながらもそれに耐えて纏足を実行した（させた）。さもなければ、一生結婚できない恐れが生じてくるのである（卓［1993：14-15］）。そのために結婚年齢に達している未婚女性の場合に、解纏足は縁談にデメリットをもたらす可能性が高く、父母の反対は必至であったろう。

次に青年層の既婚組の場合は、夫と舅姑への配慮が影響を与えている。一部の家庭では開明的な男性士紳の意志で、娘だけではなく、妻、嫁または童養媳[59]を含む既婚者にも解纏足を命じたが、必ずしもそのように理解のある家族ばかりではなかった。たとえ女性本人の「美」から「陋習」への認識の転換が現れたとしても、そこでただちに解纏足に向けて動き出すことにはつながらない。婚姻問題に妨害された結果、同世代の解纏足率は上がらなかったが、彼／彼女らの纏足認識に起こりはじめた価値転換は、さらに次の世代の解纏足の成功要因となった。

例えば、一九〇二年、台南市名門蔡家の息子蔡朝元（二四歳）は、名望盧家の一人娘柚柑（二〇歳）と結婚し、市内の「第一細脚小姐」（一番足の小さいお嬢さん）と結婚するという夢を実現した。しかし、生まれた自分の娘たちに纏足を施そうとする義母の意見には蔡は猛反対し、妻の柚柑も夫の主張に賛成した[60]。若い夫婦自らの結婚では纏足に未練を残していたにもかかわらず、娘には断固纏足をさせたくないという姿勢である。士紳階層における纏足の終焉は、こうしてもはや明らかであった。台湾女性史における一つの重要な転換点であったといえよう。

さて第二に、幼年組の場合は、纏足問題について上の世代に比較してかなり余裕があったといえる。女児たちの纏足適齢期は一九〇〇年前後に始まった解纏足運動に当たっていたために、女児自身の気持ちと周囲の纏足環境はかつてとは異なっていた。

従来の女性にとって、纏足経験は多大な苦痛をともない、女の人生の最初の通過儀礼として記憶されるものだった。[61] 女性の成長過程を描写する台湾童謡のなかでも、「七歳八歳真賢吵、一日顧伊両隻脚」(七、八歳の子はよく騒ぐ、一日中足を気にしている)と、纏足に苦しめられる幼い娘たちの様子が歌われていた。[62] しかし、解纏足運動時期に当たっていた女児たちは、もはや孤立無援ではなくなった。解纏足運動の推進者であった父たちは、当時すでに結婚適齢に達していた青年男女にはこれを強制しなかったが、未来の台湾女性＝女児の世代の纏足からの解放については確固たる意志を表明した。

一九〇〇年に成立した天然足会の会規の第二条には、「一旦入会したる会員にして入会後出産せる女児に対し尚纏足の余習を脱せざるものは後來其家と嫁娶を為さゞること」[63]と明記されていた。また一九〇三年に台南で組織された天然足会の規約の中にも、「第五条、会員の子女六歳以上なるものは纏足することは得ず」、「第六条、会員の男子一〇歳以下なるものは今後纏足の女を娶ることを得ず」と、「第七条、会員所生の男女は互に婚姻を通ずべし会員外なるも纏足せざるものは亦可なり」[64]のように明文化されていた。規約上の明文化のみならず、各地における天然足会など解纏足組織の増加は、台湾の士紳の間での新たなネットワークの形成にとっても重要であろう。もともとの商業組織や文芸団体の主旨とは異なる、「解纏足」という新しいテーマのもとに、台湾士紳は集結したのであった。[65] これは解纏足が台湾社会の中・上流階層家庭にもたらした婚姻問題についての不安を解決することにつながった。

婚姻問題への対処の仕方には二つの特徴が指摘できる。一つは、士紳階層の間で将来の天然足の子女同士の結婚を約束しあい、ある種の疑似結婚同盟の形で世間の疑念を取り除こうとしたこと。台湾の地理的規模の要素が働いたかもしれないが、士紳階層の間にこのメッセージが行き渡ることは、中国での同様な動きに比較して、はるかに容易であったようである。

もう一つは、ターゲットが明確であったこと。目標は目下の纏足世代ではなく、まだ纏足年齢に達していない女児であった。あらかじめ女児たちを纏足から引き離そうという、「不纏足」世代の出現に照準を合わせた。成年の纏足はすでに復元不可能な状態であり、進行中の纏足を解くには逆に相当な肉体的苦痛がともなうことになる。いったん開始した纏足をやめさせるよりも、それからの新規纏足を断念させる方が効果は高い。

以上は、前後二回の臨時台湾戸口調査報告からも明らかである。報告は幼年者の状況につき、「幼年者ハ尚纏足ノ初期ニ在リ未タ能ク之ニ慣レスシテ其ノ痛苦ノ最甚シキ時期ナルカ故ニ其ノ父母ニシテ纏足ノ非ヲ覚ラハ之ヲ解カシムニ躊躇セス且婚嫁時期尚遠キカ為社会ノ注意ヲ惹クコト少ク粗俗不文ノ嘲笑ヲ受クルノ程度薄キ」と観察していた(66)。この調査によれば、幼年の解纏足率の高い原因について、この年齢層はまだ纏足の初期段階であり、親は纏足の苦痛に耐えられないわが子を見て、改めて纏足の非を実感することになるため、娘の足を解くことには躊躇が少ないということ、そして女児は結婚の年齢に達するまでにまだ間があるので比較的世間にも注目されず、批判も受けにくいためであるとされる。

実際には、当時の多くの中・上流家庭内において娘の纏足問題をめぐる騒動が起こっていた。新式教育をうけた若い父親たちは、娘の纏足に最初から反対し、あるいは娘の反抗に助け船を出すようになった。一九〇五年生まれの翁式霞は、父親の支持を得た一人であった。

五歳の時から母は毎日私の足を布で小さく縛った。とても痛くて苦しかった。その時代のお嬢ちゃんはみな纏足であった。纏足しないと嫁にいけない。嫁を選ぶ時には顔を見なくても足は見なければならない。纏足しないのは下女だけであった。しかし私は近代化された人だから清朝の悪習に従うわけにはいかなかった。母が私の足を纏めたあと、私はすぐ外に逃げて纏足の布を解かして全部溝に捨てた。しかし夜に母に気付かれ、必ず厳しく叩かれた。その時、父はいつも私の味方をしてくれた。何回も繰り返すと、母もさすがにあきらめた(67)。

一九〇三年生まれの蔡素女の場合は、国語学校第一回卒業生の父親の意志で、姉妹二人の天然足が保持された。「金持ちの娘であった母が教育を受けず、漢文も分からず、比較的保守的であり、……父は新式教育を受け、開明的であった。そのため、私と姉は比較的開放的な家庭環境で育てられた。父は女性の纏足に反対した。小さい頃、母は私と姉の纏足のために、小さくて綺麗な布製の靴を作ってくれたが、父に発見され、全部焼かれてしまった。そのため、私と姉は天然足のままで育ってきた」(游［1994a：122］)。

第三に、三〇歳以上の年齢層の状況であるが、これを、ジェンダーの観点から見れば非常に興味深い。前の二つの世代とはかなり異なり、調査のまとめによれば、「三十歳ヲ越ユレハ婚嫁難易ノ関係ハ減軽シ装美ノ念漸ク去リ舅姑ノ羈絆ヲ脱却シ顧慮スヘキ周囲ノ事情ヲ減少ス況ヤ老年者ニ於テヲヤ是中年以上ノ婦女ニ放足ヲ敢テスルモノ多キ所以ナリ」という状況であった(68)。

青年層よりやや高い解纏足率は、女性の家庭内の身分の変化、つまり娘、嫁から、母、姑になることによる権限の拡大により説明される。未婚の女性の場合は、目前にある結婚に不利になることを危惧した結果、足を解く者が最も少なかった。また若い妻たちも、美観への執着という「艶飾の念」と舅姑の反応を考慮し、解纏足のメリットを理解しつつも実行は困難な場合が多かった。しかし婚姻に影響のない三〇歳以上の年齢層の女性に至っては、自分が母や姑に昇格する者もおり、年少組に比べ比率は高かった。例えば一九二〇年生まれの荘季春の回想では、もともと纏足をしていた母親陳河が、結婚後、夫の制帽会社経営の集金のため中部各地の取引先を駆け回るようになり、仕事に足の不便を感じてみずから纏足をやめたという（游［1994a：102］）。

7・2　纏足の社会階層標記機能の喪失

そもそも社会上層の女性にとり、纏足は美のための身体的装飾であると同時に、社会的身分の標記でもあった。纏足の有無が女性の社会的身分の高低に関わるという社会通念を打破しようと、一九〇〇年の天然足会の発会式当初、李春生は次のように士紳たちに呼び掛けた。「曰く纏足をせねば女子の身分が高くなれない、纏足をせねば女子が家に安住することもできない。ああ、これは世の中に天然足の女子がみな身分が高くないとは限らないし、逆に小さい足の女子の地位が低く卑しいこともあるのを知らないだけだ」（文）(69)。

李春生の言葉は現状批判と未来志向のいずれの文脈でも解読できる。上流から始まった纏足は、有利な結婚をもたらすと見なされただけに、女性が労働する必要がある下の階層においても、自身の経済的条件を無視し、上昇志向的な憧憬も手伝って、無理に纏足をする者がいた。士紳の立場から見れば、福建系の台湾人女性の六七、九九％の纏足者の中には、「小さい足の女子」にもかかわらず、「地位が低く卑しい」纏足者集団が従来から存在していたことは自明であった。

他方、「世の中に天然足の女子がみな身分が高くないとは限らない」という点については、台湾社会の常識として、天然足の女子といえば、貧困に苦しむ労働者層であることに違いないが、世の中の実態は必ずしもそうではなかった。欧米と日本への観光経験をもつ李春生は、自分が見聞した「世の中」の常識から、纏足により女性の社会階層を決め付ける固定観念を否定したのである。

また総督府の積極的な問題化のもとに、纏足の意味合いが文明の一端から野蛮へと移行していくにつれ、纏足が担ってきた社会階層の標記機能も失われつつあった。

台湾士紳階層の一部が次々と解纏足の概念を受け入れるのにともない、彼らの娘、童養媳など身近な女性から段階的に纏足が解かれてゆき、また纏足の年齢に至った女児も天然足のまま放置されるようになった。こうした台湾士紳社会の新しい動向から、たとえ娘に纏足を施しても、それを由緒ある家の子女の表象として機能させることはもはや不可能となってきたのである。このことにより、中流以上の女性たちとその家族員が、労働階層の女性との差別化の手段を失い、戸惑いを感じるのも自然なことであったろう。

解纏足に熱心であった士紳らは、纏足のもっていた社会的機能を十分承知していたと考えられる。彼らは、纏足女性とその家族員に安心して纏足を解かせるために、階層や躾など纏足によって標記される優位性を他の方法によって代替させるために苦慮してもいた。その方法の一つは、天然足会会員の自宅に門標を掛けて元来纏足の家と標示すること、もう一つは、纏足を解くあるいはしない会員の女性に「台華章」という徽章を交付することである（呉［1992：261］）。しかしながら、台華章はあくまでも一時的な代替物にすぎないことも確かであった。

それでは、女性自身の観点はどうであろうか。もともとファッションの意味合いで取り入れた纏足を代替するためには、上流に専属すると考えられる新しいファッション・アイデンティティを見付けるしかなかったようである。

纏足が問題視され、解纏足運動が進展するにともない、従来の女性の美の基準も転換の前段階まで来ていた。

一九一一年以降に台湾の断髪と解纏足の気運が一気に高まったことの背景には、辛亥革命の刺激を受けて中国本土に同調しようとした台湾士紳の意欲が存在したことは、先行研究が指摘するところである。しかしはたして女性たちが対岸中国の変動を、男性と同じく民族的政治的意味合いで読み取ったかどうかは疑わしい。むしろ、中国の沿海都市部、とくに上海各地は、従来台湾士紳階層の女性のファッション情報の発信地であったことから、同地から送られた「纏足はもう流行らない」というメッセージが何らかの影響を及ぼした点の方が重要であろう。

一九一五年、『台日』漢文欄による「論纏足弊害及其救済策」の論文募集で、女性の入選者が、上流階層の女性同士を対象に打ち出した解決方向は、評価の基準を纏足から服装や化粧、そして才芸などに転換させるというものであった。黄真珠の論文は、纏足の女性を「富紳」と「中下商工」家庭出身に区別し、それぞれに対し提案を行った[70]。まず「富紳之女」について、「素敵な外見でも、纏足に勝てないのであろうか。豪華な服飾と綺麗な化粧を上手に組み合わせれば、最も人目を引く。琴、碁、書、画と手芸に精通するならば、女性としての芳しい名誉、身分を心配する必要はないのではないか」と、これは「声名を揚げ、古いものを捨て新しいものに換える」方策と名づけられた。

この見解では、纏足のかわりに外見と内面の二つの方向から高貴な自分を表現すべきだとされる。確かに「豪華な服飾」と「綺麗な化粧」は相当な経済力がなければ不可能である。内面を磨くための琴、碁、書、画など「高尚な道楽」、および刺繡、裁縫の手芸は、いずれも有閑階層の娘にのみ許された特権であり、士紳階層女性の理想像を示すものであった。

次に「中下商工之女」の場合、「公学校から高等女学校へと進学し、女教師になるか、技芸の仕事または養蚕紡績に従事するなどにより、名誉と利益を両方得ることができる。必ずしも一生涯纏足に身を寄せるには及ばない」という。

黄真珠の論文で注目すべき点は、まず「公学校から高等女学校へと進学」することを期待した「商工」層を「中下」と称したところから、彼女自身の社会階層上の位置がうかがわれる点である。さらに、彼女が意識していたかどうかは定かではないが、「富紳」家庭の娘の教養と手芸の養成は、「中下商工」家庭の娘と同じく、公学校と高等女学校の新式教育機関で行ったものであった。黄の論文が掲載された一九一五年には、すでに台湾全島の富裕層で纏足から女子教育への転換が緩慢ながら進行していた。

一つの問題として、纏足時代の「無理纏足」の家庭が、新しい時代の変化の中で難しい局面に陥った点がある。金銭と時間の損益から計算すれば、女性に纏足させることと、教育を与えることとは、投入する資本が全く異なるものである。昔時、「無理纏足」の農家の女性は、足が不自由であるにもかかわらず、家事労働に従事せざるをえなかった。人手不足の場合には、田圃の仕事もしなければならなかった（卓［1993：67］）。纏足が結婚の必要条件ではなく、出身の良さを表記するシンボルでもなくなった時代に、「無理纏足」の家庭は上流階層と同様に娘たちの纏足を断念したが、かといって、娘を学校に行かせたわけでもなかった。植民地統治下にあって統治側が台湾人女子教育に提供する資源が限られていたことも就学の困難を助長したが、纏足から就学への転換過程が一部の家庭ではスムーズではなかったのは確かである。

7・3　女性の纏足観の変化

学校教育は、女性自身が持っていた理想的な女性のイメージに、決定的な影響力を与えた。

日本側は導入されたばかりの女子教育を通じ、台湾人女生徒の纏足に対処するさまざまな施策を考案した。これらは同様に強制的なものではなく、その反感を買うことなく影響を与えようとしたものであった。第三高女の国語学校附属学校時代から校務に関わった本田茂吉の回想によれば、体育の授業は、初期の女生徒のほとんどが纏足者であったため、足を使わないような運動法について特別に配慮していた。それと同時に纏足矯正の方針として、一般の授業を利用し、纏足の衛生上、人道上、経済上の不合理を説き、黄玉階の天然足会の活動と総督府の支持について紹介、教師の立場から女生徒に、将来自分の子供や嫁に天然足を保持させるべきことを説諭した。また、遠足を実施することで、女生徒の身体的訓練を行うと同時に、纏足の不便を体感させたりもした(71)。実際の解纏足の実行は、総督府はもちろん、学校側が表に立つことも意識的に避けられたようである。結局、最も成功したのは、個々の師弟関係を媒介とした、教師と学生の家族ぐるみの交流であった。本田の場合は、生徒三名を養女として自宅に預かり、速成法を研究して解纏足を成功させたのみならず、なかの一名に良い縁談を結ばせて、解纏足と結婚の関係を正面から肯定する事例を示し、地元で大いに宣伝効果を果たした(72)。その後の運動の風潮が高まってきた一九一四年の『公学校用国民読本』には「阿片と纏足」の教材も加えられた（游 [1987：120]）。

纏足問題に積極的に取り組む教育当局の姿勢は、学校の内外の行事でも明白なものであった。一九〇四年一〇月に植民地官僚と家族、在台の外国人宣教師、台湾人士紳とその夫人らを総動員した慈善音楽会では、当時の国語学校第一付属学校女子分教場（第三高女の前身）の台湾人女学生と第一小学校の日本人女学生との対話プログラムが用意された。その対話の内容は纏足批判であった。植民地社会の有力層を中心として一千人を越える観衆の面前で、台湾人女児と日本人女児を纏足問題について対話させるのは、教育当局がその宣伝効果を狙ってのことであった。『台日』に載せられた「慈善音楽会所感」という寄稿は、次のように指摘した。

第一附属やらの台湾女生と第一小学校やらの女生徒との対話には私は両校の先生方には申し上げたい事があるのである。成程あそこに対話をさせるといふ事は至極よい思ひつきですが題目が感心しませぬ。今少し小供［ママ］に適当な事になさつたら何うであつたでせうか。あゝいふ場所で纏足攻撃などはひどい。それも台湾女生の方から言ひ出せるのならまだしも、あれでは丸で可憐な新領土の女児を公衆の前で辱しめる様な気がして、場受にはよかつたでせうが私は人々の笑ひとよめく傍に涙を以て聞いてゐました。いやな感じがしました。(73)

結局のところ、千人の注目の下に日本人女児から纏足攻撃をうけ、台湾人女児は相当に惨めな目を見たようである。

一九〇五年前後、台湾総督府国語学校は同第二附属学校(のちの第三高女)内の女生徒を対象に「台湾少女の知能」に関する調査を実施した。内の「纏足ハ何ノ為メカ」という設問に対する回答は、以下の通りである。(74)

本科の第一学年「足小ナレバ美観ナリ」
本科の第二学年「足小ナレバ人之ヲ賞シ大ナレバ人之ヲフ笑故ニテ小ニシ美ナランコトヲ欲ス」
本科の第三・四学年「足ヲ小ナラシメテ美観トナスノミ」
本科の第五学年「美観ヲ装ハントスルニ過ギズサレド是レ悪習ナレバ後来纏足ヲ禁ズベキナリ」
手芸科第一学年「美観ヲ装フニ在リ」
手芸科第二・三学年「美観ヲ装フニ在リ」
専修科「古来足ノ小ナルヲ以テ美人トナス故ニ纏足シテ其美ナランコトヲ欲スルノミ」
参照〔ママ〕、不就学少女「纏足セザレバ人見テ以テ軽侮シ下婢視スルガ故ナリ」
参照〔ママ〕、普通老女「美観ヲ装フナリ」

ちなみに、調査は各学年の中の三人を選び質問をする方法で行われた。各学年生徒の平均年齢は、本科一年生は九歳五ヵ月、同二年生は九歳一ヵ月、同三、四年は一〇歳一〇ヵ月、同五年生は一二歳三ヵ月、手芸科一年生は一五歳五ヵ月、同二、三年は一六歳、専修科生は一九歳九ヵ月である(75)。

「美観」という答えは、学年を問わず一致して挙げられていた。纏足は女性の美という従来の美意識が如実に反映されていたと言える。留意したいのは、本科の第五学年が「美観ヲ装ハントスルニ過ギズサレド」と言いながら、「是レ悪習ナレバ後来纏足ヲ禁ズベキナリ」と考えるようになったところである。一九〇五年の同校において、女生徒はまだほとんどが纏足者であった時代であった。纏足は美のための手段と認めながらも、悪習であるならば後からやめるべきだ、という回答のなかには、この生徒の価値観の動揺がうかがわれる。

こうした若い世代の女性の内面的変化には、学校での体験が大きく作用していた。まず、意識面では、従来女性の美であり、当然至極なことと決まっていた纏足は、尊い師たちに、台湾人の悪習、非文明などのマイナスのイメージをもって繰り返し教え込まれた。現場の教員が行った解纏足教育は、女学生に対し知らず知らずのうちに纏足を誇ることから、恥じるように仕向けるものであった。

さらに、通学と体操授業(76)は彼女たちに纏足の不便を物理的な面で体感させた。同校の創立初期である国語学校附属学校時代の卒業生は、後の一九三三年に第三高女が三〇周年の記念行事の一環として編纂した記念誌上に、在校時の思い出について寄稿したが、興味深いのは、一四名の寄稿者の多くが纏足の話題に触れていたことである。例えば、一九〇八年卒の国語学校附属学校の学生は、その心境を以下のように綴った。

学校の中で一番困りましたのは体操でした。本島の古い習慣で、いやしくも女子たるものは皆纏足して居りました。足の一番小さいのが、一番美人だといふ考が、頭にこびりついて居るので、誰れも足が割合小さうございました。で歩くにもひよろひよろとして今にも倒れさうでしたから、体操など上手にする筈がございません。体操の時間になりますと、ぐづぐづして或る時は体操の先生がにくらしいと思つたこともございました。[77]

学校に通う女性たちの認識では、纏足は絶対的な規範ではなくなりつつあったことがわかる。中流以上の女性の意識変化は、解纏足の進展にとって重要な意味を持っていた。

解纏足のことで家庭内の年配者の反対に遭遇した女学生は、学校の親しい教師に助けを求めた。同じく国語学校第二附属学校で一九〇九年から一九一二年まで家事の授業を担当した脇野つぃは、次のように記した。「当時尚多数の纏足者がありまして、或年の同窓会の餘興に、『自分は纏足を解きたいけれど、祖母が同意して呉れぬので困つて居ります。何ぞよい工夫はないものでせうか』といつたやうな意味の対話をした者がありまして、つくづく移風のむづかしいものであるといふ事を、感じさせられたことがあります[78]」。

一方、環境の影響で新式教育を受けた女性のなかには、自分の解纏足の意志を徹底して貫いた者もいた。一九一〇年から北港公学校に入学した蔡素女によれば、最初は纏足のままで通っていた同級生がいたが、就学期間中に足を解いてしまった者もいた（游［1994a：123］）。最も有名なエピソードは、一九〇四年生まれで、のちに台湾の農民運動で活躍した葉陶のものである。当初は纏足のまま公学校に通っていた葉は卒業後、台南の教員養成所で講習をうけ、一九一九年に高雄公学校に赴任した際、一五歳であった。学校の運動会のある日に彼女は解纏足の決意を固め、船で通勤する途中で足を解き、布を海に投げ捨てたという（陳芳明［1989：221］）。新竹の名望家出身の劉玉英の回想によれば、一緒に就学した同族の娘たちには纏足者もいた。ある日皆でボールを足で蹴って遊んでいたとき、ある娘がボールを蹴った拍子に纏足の靴と足布を飛ばしてしまった。劉を含むほかの天然足

表１－３　年齢別纏足状況（1905・1915年）

年齢級	1905年		1915年	
	纏足人数	%	纏足人数	%
10歳以下	53,163	14.48	1,385	0.30
11-15歳	74,940	54.63	6,067	3.48
16-20歳	90,503	67.92	16,559	10.94
21-25歳	102,474	72.81	20,810	16.52
26-30歳	92,917	75.29	21,705	18.39
31-35歳	82,446	76.11	26,648	21.93
36-40歳	63,693	75.62	26,757	25.64
41-45歳	49,623	75.05	27,353	30.64
46-50歳	50,772	77.37	25,486	37.29
51-55歳	42,892	77.64	24,511	47.30
56-60歳	34,461	77.67	25,348	52.59
61-65歳	25,691	76.94	21,095	56.80
66-70歳	18,885	79.11	16,004	60.46
71歳以上	18,154	77.66	19,310	66.40
不詳	2	—	—	—
総数	800,616	56.93	279,038	17.36

出所：台湾総督府臨時台湾戸口調査部編〔1908：306-307〕により作成。

の娘たちは交替で彼女を背負って帰宅した。それ以来、彼女は纏足をやめたという（李遠輝・李菁萍［1998：9］）。

女生徒の解纏足についての学校側の記録を見れば、附属女学校の場合は一九〇一年の黄玉階の来校講演から女生徒の解纏足が始まり、一九一一年に台北解纏足会の発会式が当校で挙行された際には、生徒一〇〇人の中に天然足者二五人、解纏足者六八人、纏足者七人となっており、一九一七年には二一四人の生徒の中に纏足者は見られなくなった(79)。

解纏足者数と就学者数の推移はほぼ互いに反比例するかたちになっている。纏足者総数は、一九〇五年の八〇〇、六一六人から一九一五年の二七九、〇三八人に減少し、その中で一六歳以下の若年層の変化をとりあげてみれば、二一八、六〇六人から二四、〇一一人へと一〇年間で十分の一にまで減少した（表1－3）。他方、公学校の台湾人女生徒数は、解纏足運動が始められた一九〇〇年の九八六人から一九一〇年の三、九四六人、さらに一九一五年の八、〇一五人と約八倍にまで増加している。士紳階層では「学歴」が纏足の「三寸金蓮」に代わって女性を賞賛するシンボルとなり、この傾向は一九二〇年代になるといっそう明瞭になってくる。纏足から就学への移行は、二〇世紀初頭の台湾中・上流階層を中心とした社会変動の一環であったことが知られる。

最後に、一九一五年第二次臨時台湾戸口調査の結果と第一次調査とを比較してみたい（表1－3）。全女子人口中の纏足者の比率は五六・九三％から一七・三六％に減少し、とくに若い年齢層の纏足比率は激減した。一〇年の間に台湾社会において解纏足、纏足廃止の考え方が受け入れられたことがわかる。年齢別に見れば、一〇歳以下の纏足者比率は一四・四八％から〇・三〇％に、一一―一五歳は五四・六三％から三・四八％、一六―二〇歳は六七・九二％から一〇・九四％、二一―二五歳は七二・八一％から一六・五二％、二六―三〇歳は七五・二九％から一八・三九％に減少している。なによりも、幼い女児に纏足を施さないという纏足廃止の進行状況が明白に確認できる。

さらに、一九〇五年に一一―一五歳であった少女たちは一九一五年の戸口調査時には二一―二五歳の年齢層に属していることになるが、観察の対象をこの世代に固定してみれば、同世代の纏足率は、一一―一五歳の頃の五四・六三％から二一―二五歳の時の一六・五二％に減少している。これは、台湾社会における解纏足の風潮が支配的になっているとともに、彼女らが成長していく途上にあっても、それまで束縛されていた足を解放するようになった人も少なくなかったことを示している。

第二章　植民地女子教育の展開

1　日本統治側の植民地女子教育観

前章に触れたように、総督府の「陋習」改革の誘導策の一環として、女子教育を受けた「文明」的な女性像は、内地観光や島内の大型行事を通じて、台湾士紳に提示されていた。それでは、士紳たちの新女性像への憧憬と改革意欲をそそる一方で、統治当局は、台湾人女子教育をどのように位置づけていたのか。まず本節では、植民地統治政策と明治日本の女子教育政策という二つの軸に視点をすえて、統治サイドの植民地女子教育観を分析する。

1・1　概観

植民地の教育政策は、統治方針に大きく規定されるものであった。駒込武によれば、植民地主義、内地延長主義という二大植民地統治思想の文脈に沿って、台湾の教育政策にも二つの選択肢が与えられたとされる。一つは、

「植民地主義」にしたがって文化統合の次元でも台湾を統合の埒外とみなし、植民地経営に必要とされる最低限の教育を施そうとする発想である。もう一つは、「一視同仁」的解釈に基づいて天皇制を積極的に前面に押し出し、教育による文化統合を重視するもの。これは制度論的には、「内地延長主義」の構想と結びつくものとなる（駒込［1996：32-35,42-43］）。二つの統治方針は、どちらかに集約されることなく並存したため、教育政策は双方の影響を受けながら時々に応じて変動することになった。総督府の初代学務課長は、教育による文化統合重視の発想をもつ伊沢修二であった。しかし一九〇〇年前後の植民地統治の現実においては、行政の必要に直結する通訳の養成だけが重視され、台湾人子弟を対象とした初等教育はあくまでも副次的なものとされていた。伊沢の「一視同仁」の平等主義的理念と植民地統治の現実のギャップは大きく、このことは伊沢の非職につながった。その後、後藤新平が民政長官であった時期にも、当局は台湾人を対象とする公学校の普及には消極的であり、植民地主義の方針に立った教育政策が主導的な位置を占めていた。

方針が明確化されないまま既成の事実になってしまった台湾植民地教育政策とは、小熊英二［1998］の指摘によれば、国際関係において欧米または中国を意識し、台湾という地の永久確保のために、基本方針においては同化路線に沿い、日本語教育を重視し、忠誠心の育成を強調しなければならなかった。しかし他方で、植民地経営上の経済的考慮から教育コストの削減が図かれた結果、授業料が徴収され、また内地に比較して科目や修業年限も縮小され、台湾人に対する義務教育の実施も否定された。こうした教育政策は「包摂と排除のいわば最悪の折衷が出来あがった」ものとされる。

1・2　女子教育観

こうした植民地教育方針の下で、台湾人女子教育に対する統治サイドの見解は、上述した植民地主義と同化重視の二つの路線をさらに鮮明に反映するものとなった。

植民地主義と台湾人女子教育

少なくとも統治初期の一九一〇年代中期まで、統治集団の中では台湾人女子教育に制度的に取り組む必要性は、一般的には認められていなかった。台湾人男子を想定した公学校教育でさえ、植民地経営の経済的合理性の見地から疑問視されていた。まして通訳などの植民地行政事務にとって実用的価値の低い台湾人女子の教育に至ってはなおさらであった。

しかしこれは、植民地女子教育の組織的な体系化に消極的なだけであって、植民地女子教育自体を否定するものではなかった。前章ですでに触れたように、同時期に「陋習改革」の一環とされた解纏足運動の中で、統治側は、各種の公的イベントを通じ、女子教育のメリットを台湾人士紳たちに対し積極的に宣伝していた。一見矛盾するような行動であったが、実際にはそれは以下のような理由から、植民地主義に基づく経営方針とは合致するものであった。

第一に、台湾人女子のための新たな教育投資を行うことなく、台湾人男子の教育に付随させればよいという位置づけがあった。解纏足運動と大規模な内地観光を経て、一九〇〇年以降に女子教育を重視しはじめた台湾人士紳の行動を支持するものの、学校の整備などには経費をなるべく投入せず、つまり、娘を就学させようとする士紳は、台湾人男子のために設置された既存の公学校を利用すればよいとした。

そこで、台湾人女子の就学を受け入れた最初の教育機関は、一八九六年に設置された全島一六ヵ所の国語伝習所とその翌年に創設された国語学校の附属女学校であった。国語伝習所は、成人層を対象に通訳などを速成で養成する甲科と、八―一五歳の青少年を対象とした初等教育に相当する乙科に分かれた。乙科は男女双方の生徒を収容する形であったが、おもに男子を想定したものであり、女子に対して特別のカリキュラムを立てることはなく、国語、読書、作文、習字、算数などの共通の必修科目以外に、女子生徒には裁縫の授業を設けたのみであった。

一八九八年には台湾公学校令の発布により、全島一六ヵ所の国語伝習所はすべて公学校によりとって替わられた。公学校の必修科目は、国語伝習所時代のものに修身、唱歌、体操を加え、女生徒には裁縫科を増設、初等教育として制度化されてきた（游［1987：59-60］）。いずれにしても女子生徒は単独に扱われることなく、付随的な存在と見られたことは確かである。

第二に、設備関連諸経費のみならず、授業料や学校維持費なども、台湾人側の負担であったことである。最初の伊沢修二の構想による措置では、国語伝習所では授業料は無料とし、一部には給費も行ったが、一八九八年の公学校令により、生徒に対する授業料の徴収が始まり、学校の設立と維持も街、庄に押しつけられることになった。台湾人女子の場合は、最初から男子のような給費はなく、教育費を自分たちで支出しなければならない状況となったのである。

翌年の一八九九年には、女子教育について若干の規定が加えられた。すなわち生徒数が増加した場合には女子のみの学級を設け、台湾人女子の就学率が高い地方では必要に応じて女子公学校を設立するという内容であった（游［1987：59-60］）。一部の進歩的士紳が、家族のなかの女性成員を学校に送り出しはじめた時期であった。条文の変更は、「男女七歳にして席を同じくせず」の伝統的規範から、公学校の共学に違和感を感じた士紳の要望に応えた結果のものと考えられる。もっともこれは、決して総督府側の台湾人女子教育の重視を意味していない。なぜなら、これは総督府の教育予算による奨励策ではなかったからである。女子学級の増設または女子公学校の設立が実現に至るためには、地元の台湾人士紳の熱意、とりわけ経済的協力なしでは不可能であった。

同化重視と台湾人女子教育

その一方で、忠誠心の育成をめざし、台湾人を文化統合の内に措定する同化重視の教育論は、男子だけではなく、台湾人女子もその射程のなかに含めるものだった。同化論の支持者の多くは現場の教員たちであり、女子教育を重視する者の大多数もまた教員たちであった。そのなかで、とくに台湾人女子教育の中心的存在であった附属女学校の教育関係者らは、総督府を中心とする植民地主義路線の消極的な姿勢とは対照的に、植民地女子教育に本腰を入れることを当局に訴えつづけた。以下に、教育関係者の植民地女子教育論について分析する。

教育による同化、日本に対する忠誠心の植え付けは、従来は植民地民族の男子を対象としており、これが女子にまで広がる必然性はなかった。植民地教育の議論に女子教育が提起されたことは、まず、国家との関係により新たに見出された明治期日本の女子教育の思想的背景を無視することができない。

近代日本の公教育は、明治五年の学制発布により男女の別なく開始された。深谷昌志［1998：147,158,165,204-205］によれば、二〇年を経過して男子の就学は慣習化されたが、学校教育を受ける女子はまだ限られていた。民衆の間に教育期待が存在しなかったわけではないが、女性の家事に関する知識と技能は、家庭での母や祖母を通じての手習いによるのが当然と考えられていたことが、女子教育の不振の一因となった。しかし、明治三〇年代前後に至り、日清戦争、条約改正、産業界の変化を契機として、女子に対する国民教育の必要が生じた。国家的な見地から強調される女子教育論は、女子が家庭のなかで分を果たすことが、国家の支え手となる点を強調した。従来の家のなかに閉じこもった家庭人と異なり、新しい使命感に燃え、国家的な視野を持ちながら、家庭のなかで本分をつくす女性が教育の理想像として提示された。国家意識を植え付けるために、女子の就学の重要性が説かれた。

明治三〇年代の女子教育振興策をきっかけに、女子の就学率は飛躍的な発展をみせた。督学の励行、裁縫科の実施、女性教員の増加をはじめ、子守学校などの諸施設が開設され、初等教育の女子就学率は明治三〇年代に入ると急速に伸長し、明治三五年には、女子の就学率は八七%、男子一〇〇人に対して女子九一人の割合に達した。年度を追うにつれ、農村での女子就学率も高まり、明治四二年には、男子とほぼ同等となった。明治三二年から三五年にかけて女子の就学率が伸び、四〇年には、就学率九六%、男子一〇〇に対して九八%と、女子の義務就学が完全に実現された(深谷[1998:212])。

教員たちの植民地女子教育論は、このような背景と無関係ではなかったであろう。ある論者は植民地女子教育に当たってひと昔前の日本の女子教育を引き合いに出した。「台湾の女児を就学せしむることの困難につきて三十年前までは庭訓往来か女大学位が関の山であつた我母国の女子教育も時勢の変遷とともに其後日進月歩の勢で……」と明治日本の女子教育の発展を回顧した上で、「当台湾の女子は如何であろうか彼等が今日の地位は恰も母国の女子が三十年前に於ける境遇と極似しては居ないか否それよりも数層悲惨可憐の苦境に陥落しつゝありはせぬか假りに台湾人の現人員を二百五十万とすれば其半数則ち百二十五万は此の悲惨なる女子ではないか果して然りとすれば如何にして之れを救済すべきか若し又依然之を放棄するとすれば其弊害の及ぶ所果して如何等これ確かに台湾教育上の一大問題にして且社会問題であるその緩急の点から考へて見ても彼の貨幣問題や築港問題には決して譲らない」と述べて台湾人女子教育を放置すべきではないと主張した(1)。

こうした植民地女子教育の重視論は、単なる教育者の使命感や熱意のようなものではなかった。内地の女子教育論に現れたように、台湾人女性の家庭内役割もまた、国家的見地から必要となったのである。

たとえば附属女学校時期に在職した田中友二郎は、在任当時の教育理念について、「国語の普及風俗の改良、国民性の教養等から見て、家庭内に於ける婦人の任務は極めて重大でありますから、私共は、国民教育の普及徹底を期するには、もつと女児を就学せしめなくてはならない」と述べている(2)。

台湾人女性の家庭内役割は、国家志向の女子教育論にも求められた。植民地統治という命題、台湾人家庭という対象に、台湾人女性を通じて達成させようとした課題は、当然ながら母国内地とはやや違ってくる。台湾人女性に期待された重大なる任務は、台湾人家庭のなかから、日本語の普及、習俗の改革と「国民性」の教養を内容とする「国民教育」を普及させることであった。

ここではやや細かい点にも注意を払う必要があるが、女子教育論者の狙いには二つの側面が存在した。一つは、台湾人女児の就学により、彼女らに男子と同じように忠誠心の植え付けなど同化教育を及ぼし、「国民教育」の普及徹底を達成させる同時に、纏足などの在来の習俗を女性の教育を通じて徹底的に脱却するという直接的な側面。もう一つは、こうした教育を受けた後の、家庭内の彼女らの、妻または母としての、植民地教育の対象であった台湾人男子に対しての間接的影響力であった。

つまり台湾人女子の重要性は、植民地における台湾人男子相手の「国民教育」を達成する側面から認識されていた。植民地女子教育の重要性についての最も体系的な論説は、高木平太郎が『台湾教育会雑誌』に寄稿した「本島女児の教育に就いて」と題する一文であった。当時すでに高木は、領台直後から伊沢のもとで台湾人女子教育に携わってきた女子教育のベテランであり、一八九七年から九八年にかけては国語学校第一附属学校女子分教場（第三高女の前身）の主任兼国語科教諭、一九〇七年には新竹庁台湾小・公学校校長などを務めた[3]。

高木は、植民地の女子教育を「新領土経営の根本問題[4]」として強調し、さらに台湾領有からの一〇年来、上流社会の女子教育が重視されてこなかったことを、朝鮮の事例を引き合いに出しながら指摘した。

誰やらが、今度朝鮮が我が国の保護国となつたので、之れを改善するには上流の女子を改善せねばならぬと云つたが、之れは単に朝鮮のみに限つたことでなく、我が台湾においても殊に然りである。否、恐らくは

全世界を通して新領土経営において、尤も重んすべき緊要なる条項の一つであらうと思ふ。(5)

高木の見解によれば、台湾人男性の教育のみを重視する方針の最大の落とし穴は、台湾人家庭における女性の影響力を無視していることであった。「目下本島の女子が家庭において完全の母たることを望まれぬは云ふ迄もなく、明白地に云えば、家庭にあつては文明の破壊者であり、我が新領土経営の阻碍者であるといつてもよい」というのである。

台湾人女子が「完全な母」たりえないという判断は、統治者側によるものであって台湾人自身の基準によるものではなかった。統治者側は自らが持ち込んだ「文明」と植民地経営自体が台湾人社会の内部から拒否、排除されることを恐れたのである。すなわち、

殊に本島の女子は余等母国人の想像だも及ばぬ程の勢力を家庭に振つて居るものであるから、男子のみが如何に我が為政者の目的通りに教育されても、女子が依然現在の儘である以上は、到底十分の目的を達する事が出来ぬ。否、よし其の目的に近づくとしても、女子の抵抗力の為に無益の駑〔ママ〕力を費さねばならぬは自然の数である。

これについて、国語伝習所と公学校を卒業した台湾人男性が、具体的な例として挙げられた。男子は、学校の場を離れ、植民地行政機構で就職せずに、数年間家庭に居ると、せっかく学校で身につけたものも薄れ、教育を受ける「以前の本島人」に戻ってしまう。その一つの重要な原因は、家のなかの「文明の破壊者たる女子の勢力」であるという。

すなわち、男子のみに教育を与えても、彼等の母、妻である台湾人女性たちが家庭においてそれに無理解な態度を持っていたばかりか、彼女ら自身が在来文化を代言する強大な勢力となるため、結局のところ、台湾人男子に対する教育の効果はこれらの「文明の破壊者」によって損なわれてしまうだろうというのである(6)。このような論調は、当時の女子教育を提唱する論者の間に普遍的なものであった。ある女子教育論者が、「所謂欲射将先射馬」(7)（大将を射止めたければ先ず馬を射て）という比喩で表現したように、台湾人男子教育を成就するためには、女子教育を無視してはならないという認識であった。

2　台湾家庭の女子教育観

2・1　伝統家庭における娘の教育

まず、中流以上の台湾人家庭では、娘に対して従来どのような教育が行われたのかについて把握する必要がある。伝統的な台湾社会では、中流以上の家庭においても一般的に女子の読み書きの必要性を認めていなかった。教育が娘にも及んでいたのは、科挙の称号を擁し、漢学の家風が強いなど、ごく一部の由緒ある家だけであった。

女子が教育を受ける形式をみれば、(一) 漢学の教師が開設するか、または地域、宗族などによって作られた書房での教育（漢学塾）、(二) 漢学の教師を家庭に招聘し、一人または少人数で行う学習形式、(三) 父親または家族内の男性成員による指導に分けられる。

(一) のような書房教育は、男児を主な対象にして基本的には『三字経』、『千字文』などから徐々に漢学の経典に進む内容であった。女児を書房に入れる例は士紳層でさえきわめて少なく、そうした場合も一二、三歳になればただちにやめさせて、家に連れ戻した。実際の女生徒数は少なく、一八九八年に全島六五人で、書房学生数全体の約〇・二％にとどまった。これは中流以上のごく一部の女子のみであり、実際に習得したのは最低限の読み書きであったという（游［1987：30］、卓［1993：104-105］）。

（二）と（三）のような教育形態では、性差の考慮が比較的に容易となり、その教育の内容は、基本の読み書き、作詩など漢学の学習を通じ、婦徳教育を行うものであった。この点は、（一）の男女共通の教育内容とはやや異なる。卓意雯［1993：105］によれば、『三字経』、『女論語』、『孝経』、『列女伝』などが教材として使用され、知識の伝授や文学的才能の養成というより、貞節、従順など婦徳の涵養に重心が置かれた。

日本の植民統治開始以前には、キリスト教長老教会系統の女学校も存在していた。これは女性宣教師養成を目的とするものであり、一八八四年創立の淡水女学堂と一八八七年創立の新楼女学校があった。しかし当時の士紳層の多くは、西洋式女子教育の内容に興味を示さず、纏足禁止という入学条件と宗教教育重視の方針にも同意できなかった。こちらも女生徒は少数であり、実際には中流以上の入学はなく、ほとんどが平埔族と教徒家庭の娘であった（游［1987：31-35］、卓［1993：99-101］）。

女子教育に対する社会一般の評価について、現実ではまだ女子教育の必要性を感じることなく娘に学問をさせる習慣はなかったが、文学に優れた才女はむしろ賞賛される対象であった。中流以上でさえ娘に知識を授けることは普遍的な習慣ではなく、いずれの教育類型でも教育を受けた女性の存在は非常に稀であったが、士紳社会の間で才女の評価そのものは決して低くはなかった。留意したいのは、そこでの評価には、女子の知識能力面だけではなく、知識教育と同時に身につけられる女の徳が不可欠とされたことである。一例として、清末挙人の蔡国琳の娘碧吟は、漢学、作詩に精通し全島に名を知られた伝説的な才女であったが、彼女の名が高まったのは、蔡碧吟の文学的才能と同時に、若い頃に婚約寸前の相手男性が亡くなった後、父母や親類が持ち込んだ縁談を彼女がすべて断り、二〇代から独身を貫いたという婦徳のエピソードにもよる(8)。

また一般の中流以上の家庭では、年頃の娘の修養として刺繡と裁縫に熟達することが要求された。連横の『台湾通史』によれば、台湾の女性は機織りの習慣がない代わりに、刺繡に関心を集め、その精巧さは、名高い中国の蘇州と杭州のものに匹敵する。上流階層の女性の間では手芸を競い、衣裳の裁縫も自ら行う。貧家の女性の場合は、これにより生計を立てるとされる。(9)

とくに刺繡は布の細かな織り目を数えながら一針一針糸を通さなければならないので、女性の根気と努力を必要とした。したがって、短気な女は刺繡の針を運んでいるうちに、気だても次第にやさしくなると言われ、嫁入り前の修養の一つとして重視された。婚礼の日に男家の親戚知友などに花嫁の手作りの財布やハンカチを贈る習慣があるので、未婚の娘はこれらに、丹念な刺繡を施さねばならない。これらの作品は、男家とその親戚の間においてて花嫁を評価する一つの有力な材料となり、刺繡の上手な嫁は姑からほめられ、周りから羨ましがられたのであった。

裁縫も同様に婚礼と深く関わり、花嫁修業の一環とされた。花嫁が男家で最初に向き合わねばならない課題は夫のズボンを作ることであった。意地の悪い姑になると上衣まで仕立てさせ、新しい嫁の能力を試すという。(10)注意したいのは、台湾の刺繡と裁縫は全く別物ではないことである。台湾人の服装は中国の伝統形式を継承しており、襟回り、袖口と裾部分に精緻な刺繡を入れる特徴があった。刺繡のない服は貧賤、粗製の品と見られる（高本莉［1995：63-64］）。そのために刺繡なしでは裁縫は成り立たない。刺繡は服以外にもクロス、鏡カバーなど家庭日常全般の装飾に広がるため、その重要性は裁縫以上であった。

ただし、実際には、名望家の女性の着用する高級服は、仕立屋によるものか、または対岸大陸からの輸入品が多かった。(11)この階層における裁縫は、刺繡と同様、嫁入りのための条件として大変に重視された。これらはどちらかといえば趣味的な意味合いが大きく、結婚後の家庭生活においては、必要可くべからざる生活技能ではなかった。とくに刺繡の場合、ある種の芸術的創作として、多くの時間を投入して仕上げることが多かった。そして両者とも花嫁教育の主な内容として慣習化されていた。

2・2　統治初期の女子教育観の変容

ここではまず、男性士紳の女性観の変化から検討する。女性観の変化は女子教育の必要性の見直しのカギとなったからである。

日本の台湾領有の最初の一〇年間のうちに、台湾人士紳階層は女子教育に関心を向けはじめていた。前章に示したように一九〇〇年頃からの解纏足、断髪運動を中心に、新しい規範と価値観の追求が台湾社会に起こってきた（呉［1992：247-248］）。そのなかで、士紳たちの女子教育観も大きく変化した。

一九〇〇年に相前後して、台湾総督府の働きかけにより、全島の数百人の台湾人士紳が日本内地観光に訪れた。旅行中、日本人女子の教育、生活などを見学した彼等のなかには、新たな女性像が徐々に浮かび上がった。すなわち、近代的知識を持ち、家庭と事業の双方に協力することのできる女性像である。そのためには女性を纏足の束縛から解放し、学校に入れて国語、手芸、作文、算数などの「理財致知」、すなわち新たな知の技能を習得させなければならなかった。士紳階層が抱いた新しい女性像は、「井臼を操り翁姑に事へ機織に従ふ」という従来の家空間における妻役割を引き続き課しながらも、会計、接客など男性自身の事業経営にも役立つ新たな役割も要求しようとしたものであった（洪［1997］）。一九〇〇年以降、全島の都市部に限って女子初等教育の持続的な成長が見られたことの背後に、台湾士紳層にこのような女子教育論が存在したことは想像に難くない。

日本統治初期に、女性の役割を新たに認識した士紳らは、女子教育の重要性をも敏感に察知し、従来の消極的態度を改めつつあった。進歩的な男性家長（または、一族の中で発言権をもつ男性成員）の強い意志により、実際に自ら家族の娘や若い嫁を公学校に行かせる現象も出てきた。その動機について挙げれば、一つは前章に見たように植民地時代に日本内地観光などにより新たな「文明的」女性像の刺激を受けたこと。もう一つは、そもそも日本統治以前から、数代にわたり文化資本を蓄積してきた家庭では、とくに士紳本人が新教育を受け入れた場合は、女子の教育を現実的に受け入れる際の抵抗感は比較的薄いということである。そして、女子教育の必要を認めた場合は、本島に限らず、直接に内地に留学させることも考慮に入れられていた。

例えば、内地留学の台湾人女学生第一号の呉笑は、もともと父の意思で新楼学校の小学部に通っていたが、今度は父に内地留学を勧められた。本人は家を離れ異国に行くことを嫌がり、何度か拒否して逃げ廻ったが、結局「あなたはなぜおとうさんのいふ事を聞かないか、親のいふ事を聞かない子供は、親不孝ですよ」と迫る父の強い意思に負け、一八九九年に明治女学校に留学した(12)。台湾中部の名門である霧峰林家の林仲衡は、一九〇七年の中央大学留学中に妻の反対を押し切り、七歳の長女林双随をつれて東京に戻り、富士見小学校に入学させた。双随は一九一九年に青山女学院高等女学部を卒業するまで、内地の教育を受けることになった(13)。

地方に影響力を持つ名望家家庭は、台湾人女子生徒の入学について、当然ながら真っ先に勧誘の対象となった。当士紳にそれほど強い意欲が無くとも、日本人地方官僚や教員の勧誘は、現実には容易に拒絶できるものではなかった。例えば附属女学校手芸科第一回卒業生の洪愛珠は、自分の入学の経緯について「当時此の地方［士林］では私の家が主な家でしたから、上野先生は何とかして先づ私から入学して貰ひ、おひおひと他をも就学させやうといふ御考で、無理にお勧めになりましたので、餘儀なく私は犠牲になつたつもりで、手芸を習ふ為に入学しました」と回顧している。また黄阿娥の場合は、地元の公学校の「校長先生をはじめ、全校の先生方が何度も家へ御出」の盛大な勧誘活動を受け、進学の際にもまた校長が「自宅に乗り込んで」説得にきたため、親族会議を開いた(14)。類似の例は全島各地の名望家家庭に見られたのである。

3　国語の重要性

3・1　国語の比重

国語教育は、台湾人女子に対する教育の中で大きな比重を占めた。だが、国語教育を強調する文脈は、女性を収容する学校機構の性質により少し異なっていた。これについて、男女共通教育を基本とする公学校と、男子と別系統の教育を行う附属女学校の双方について、より詳細な観察が必要と思われる。

まず、国語伝習所から公学校の学校系統について、これは男子主体の教育システムであり、女子は付随的な存在だったので、裁縫科の増設のほか、個別の科目では女子に対する特別な教育方針は設けられなかった。男女共通教育の原則により、公学校教育の第一目的である「国語の普及」は当然ながら男女ともに実施されたのである。

国語伝習所時期と一八九八年の公学校設立当初は女子が全島で数人しかいなかったのでここでは省略し、女児の就学が漸増してきた一八九九年から二〇年代までの期間を見てみたい。一九〇四年の公学校規則の制定により読書と作文が国語に吸収され、国語科は教学総時数の約半分の四九・三七%を占めることとになった。表2－1からわかるように、その後の数回の改正を経ても教学時数に占める国語の割合比率は、約四割前後の高い水準から動くことはなかった。国語偏重のカリキュラムは、日本統治時期の台湾人初等教育の不変の原則であった点が指摘される（游［1987：117］）。

次に附属女学校をみると国語教育の位置づけは男子中心の教育機構とはやや異なる。もっぱら女子教育を専門とする最初でかつ唯一の学校であったため、前者と異なり、課程内容の設計などは、台湾人女子教育のあり方に直接影響を受けたものとなり、統治サイドの台湾人女子教育にかんする見解もここに反映されていると考えられる。

表２－１　女子初等教育の各科目週あたり教学総時数（1896-1918年度）

学校（毎週教学総時数と百分率）	年度	科目	修身	国語	作文	読書	日本歴史	地理	漢文	算数	理科	体操	唱歌	裁縫	家事	編物	造花	習字	美術	手工	合計
国語伝習所（乙科）	1896	N		42		36				18								16			112
		%		37.56		32.14				16.07								14.28			100
同　上	1897	N		22		36			28	16								16			118
		%		18.16		32.14			23.72	13.55								13.55			100
国語学校第一附属学校女子分教場（乙組）		N		38										25		18	19				100
		%		38.00										25.00		18.00	19.00				100
	1898	N	6	18						18			12	60		36	60	6			216
		%	2.78	8.33						8.33			5.56	27.73		16.67	27.78	2.73			100
第三附属学校（本科）		N	9	32		32				18			9	54				20			174
		%	5.17	18.39		18.39				10.34			5.17	31.03				11.49			100
公学校		N	8	40		72				24		12	6					20			182
		%	4.40	21.97		39.56				13.19		6.60	3.30					10.98			100
	1904	N	12	79					男30　女18	27		12		12							160
		%	7.5	49.37					女11.25	16.88		7.5		7.5							100
	1907	N	12	男75　女11					男28　女18	28		12	6	14							161
		%	7.45	44.09					女11.18	17.39		7.45	3.73	8.70							100
	1912	N	6	68					男26　女18	28	4		18		20					18	180
		%	3.33	37.78					女10	15.56	2.22		10		11.11					10	100
	1918	N	12	76					男12　女8	29	4		16		20				6	6	179
		%	6.70	42.46					女4.47	16.26	2.23		8.94		11.17				3.35	3.35	100

出所：游〔1987：297，附表四-12〕を『創立満三十年記念誌』の記述により若干修正。
注：Nは当該科目の一週間の学習時間数を基に、修学期間内各年度について合計したもの。例えば国語学校第三附属学校（本科）の国語科の毎週の数学時数は、第一学年６時間、第二学年６時間、第三学年５時間、第四学年５時間、第五学年５時間、第六学年５時間で、その合計は32となる。

表２－２　女子中等教育各科目の週あたり教学総時数（1897-1919年度）

学校名＼毎週教学総時数と百分率＼科目	年度	率	修身	国語	漢文	歴史	地理	算数	理科	家事	裁縫	手芸				図画	習字	音楽	体操	教育	読書	合計
												編物	造花	刺繍	手工							
国語学校第一附属学校女子分教場甲組	1897	N		25							25	10	40									100
		%		25.00							25.00	10.00	40.00									100
国語学校第三附属学校	1898	N	3	9				3			18	18		36			3	3			9	102
		%	2.94	8.82				2.94			17.65	17.65		35.30			2.94	2.94			8.82	100
国語学校第二附属学校	1906	N	3	11				5	3		33			32			5		4			96
		%	3.13	11.46				5.21	3.13		34.38			33.33			5.21		4.17			100
	1909	N	3	19	5			6	4	4	15		12	12	7		9	6	3	3		108
		%	2.78	17.59	4.63			5.56	3.70	3.70	13.89		11.11	11.11	6.48		8.33	5.56	2.78	2.78		100
台北女子高等普通学校	1919	N	6	24	(6)		5	6		10					30	3		3	6	(2)		93
		%	6.45	25.81	(2)		5.38	6.45		10.75					32.26	3.23		3.23	6.45			100

出所：游〔1987：311，附表五-11〕を『創立満三十年記念誌』の記述により若干修正。
注：(1)Nは当該科目の一週間の学習時間数を基に、修学期間内各年度について合計したもの。例えば国語学校第二附属学校の国語科の毎週の数学時数は、第一学年４時間、第二学年４時間、第三学年３時間で、その合計は11となる。
(2)国語学校第一附属学校女子分教場甲組のNについては一ヵ月の教学時数となる。
(3)1898年と1906年の造花と刺繍は二者択一の選択科目。
(4)（　）は随意選択科目。

附属女学校の前身であった女子分教場の設立は、一般に台湾人女子教育の起点と見なされる。この起点からして、国語教育の志向はすでに自明であった。なぜなら女子教育は、台湾人男子教育の延長線上で伊沢修二が開始したものであったからである。一八九六年六月に国語学校が設立された直後より、初代学務部長だった伊沢は台湾人女子に男子と同様の教育を施すことを目的として奔走し、一八九七年四月には附属女学校の前身である国語学校第一附属女子分教場を創立するに至った[15][16]。そのため教育内容は必然的に、台湾女子教育の「産みの親」と称される伊沢の教育理念に影響されたものとなった。

まず初等教育に相当する乙組をみれば（表2－1）、一八九七年の設立当初の教務報告は、国語は一ヵ月の総教学時間数の三八％を占めたとされる。翌年の一八九八年には徐々に軌道に乗り、ようやく教科課程表も制定されたが、公学校設立のこの年に、当校の重点であった手芸科目のほかに修身、算数、唱歌、習字も加えられたため、国語教育の比率はやや減少したように見え、「仮字ノ読方及簡易ナル会話」を教える国語科と「仮字及日用文字」を教える習字科を合わせて約一一％にとどまった。しかし同年に、同校が第三附属学校として独立した後、国語の時間数はまた増加し、国語科の一八・三九％と習字科の一一・四九％を合わせて総時数の三〇％近くを占めた。一九〇六年に、附属女学校が中等教育機構に改編されるにつれ、初等教育に相当する本科も普通の公学校に引き渡された。結局のところ、台湾人女子が初等教育で受ける国語の比重は、前述の四割前後で推移しつづけた。

次に女子の中等教育において、国語と手芸とは教育の二大中心であった。表2－2に見るように、まず一九一九年以前の女子中等教育機関は附属女学校だけであった。一八九七年の設立当初、甲組の国語は二五％を占めたが、一八九八年の学校独立にともない、甲組は手芸科に改編された。乙組に類似する形でほかの科目を増設したことにより、国語教育は会話主体の国語科の八・八二％と、書き方主体の習字科の二・九四％を合わせて一一・

七六％に減少した。一九〇六年に附属女学校は中等・師範教育機関に変わり、入学者資格も初めて公学校卒業者と規定された。国語教育の位置づけも入門からではなくなり、国語科は「話方、書方、読方、作文、文法」となり、教学総時間数の一一・四六％を占めた。その後、国語の比重は徐々に増加し、一九〇九年に一七・五九％、一九一九年にはさらに二五・八一％に達した。

3・2　困難と折衷

実際、一九〇〇年以前には統治集団内部でも植民地教育の方針全体についてまだ一致した見解を持っておらず、伊沢により開始された女子校のあり方は、しばしば問題の焦点とされた。学校設立翌年の一八九八年五月、国語教育を植民地女子に実施する必要性があるか、という問題がはやくも浮上してきた。当時の民政長官後藤新平は、台湾女子の国語教育の存廃問題に関し、附属女学校の主事であった本田茂吉に調査を命じた。(17)この調査の発端は、当時の政府顧問カークード氏等による「印度等の様に初期の実例教授より、台湾語を以て新知識を注入せば可ならん」との意見である。つまり植民地統治上の考慮で台湾人女子に新しい知識を与えてもよいが、それは台湾語で行えばよいということである。カークードの植民地統治理念は、経済的コスト重視、日本語教育の対象限定、現地の言語や慣習の尊重とその利用などを主張するものであった。(18)

この調査命令は、台湾人女子教育の命運を左右するものであったといっても過言ではない。第一に、国語学校に附属する女子教育機関である以上、国語教育の必要性が否定されれば、女子校の存在自体が不必要となる。第二に、教育の方針に関して、台湾人男子教育の延長線上に開始された女子教育の初志は、国語教育がその核心であった。国語の「忠良な日本人の育成」という同化機能を強調する伊沢流の教育者にとって、国語こそは植民地人民に授けたい新知識であった（小熊［1998：96-97］）。手芸教育は便宜上の措置であり、最終目的ではない。台湾語による女子教育を伊沢流の教育者たちは容認できるはずはなかった。

かつて伊沢修二の部下であった本田は、当校の女子生徒に対し実施した調査結果に基づき、後藤に提出した答申書の中で「我台湾女子教育には、漸進的に国語の普及を図るべし」として、国語課程の廃止に反対であった。しかし台湾人女子の国語学習が統治上もたらす具体的効用には触れず、ただ「先づ技芸教授と並行して教授する位に力を用ふべきを論じ」と国語教育の維持を主張するにとどまった。結局は、この答申書が受け入れられ、女子教育は本田の提示した国語、技芸の並進という最低線において認められることになった(19)。

この調査の影響はただちに現れ、同年八月、つまり前項の調査の三ヵ月後に、本田は総督府令第八六号の国語学校、第三附属学校規程の草案調査を命じられた。結局、本田によれば、国語問題は五月の調査を基準とすることになった(20)。表2－1と表2－2でみた一八九八年の国語教育の比重の急減は、こうした反対勢力に相当程度、押された結果のものと言えよう。もっともその後大正期に入り、台湾内外の情況変化にともない、国語教育の強化が再び検討課題となった。これに関する詳しい内容は次章に譲りたい。

他方、伊沢の台湾人女子に対する国語教育教授の理想は、当初からいくつかの困難に直面することになった。第一に、台湾人女子を学校に集めるには、国語の伝授のみでは困難であることから、結局、台湾人女子に喜ばれる造花、刺繡などの手芸の伝授を、客引きの「看板」として利用せざるを得なかったことである。まず手芸を通じて女生徒を招致し、それから本命である国語の教育に導くという折衷案を採ることになった。その経緯については次項において、台湾の伝統的な教育期待との関わりから分析する。

第二に、実際の教学効果が予想以上に低かったことである。例えば乙組の国語科は、一時間に一つか二つの単語しか覚えられないほど教学の進度が遅かったため、開学して最初の一ヵ月はもっぱら国語だけを教え、もともと予定していた修身や習字の課程は全く実施できなかった（游［1987：114］）。現場の教育者が指摘するように、

(1)台湾人女子は男子と異なり、伝統的書房教育を受けた者さえ少なく、ほとんどの入学者は漢字も識らなかったので、日本人教師は漢字を用いて教えることができず、教学は男子生徒以上に困難であった。(2)日本人教員の習得していた台湾語は所謂紳士語であり、女性が話す一般常用語と異なっており、口頭でのコミュニケーションも円滑ではなかった。[21] 一九一〇年の段階で附属女学校はまだ入学者の学力の差による教学上の障碍に悩まされており、生徒の国語の習熟などに特別に力を入れていた。生徒の名前を台湾語読みから日本語読みに変えたのは一九〇九年のことであり、校内における台湾語使用の禁止は一九一三年以降のことであった。[22]

こうして国語重視の教育方針は不変のものであったが、実際の教学は、国語関連の科目以外に、最も時間数の多かった手芸科目を利用して国語教育を補強するなど、教学方法を工夫することにより間接的なやり方で台湾人女学生の国語能力の向上をめざそうとするものになった。[23] こうした状況は大正期に入るまで続いたのである。注目したいのは、一九〇〇年以降の台湾人士紳社会の女子教育熱にともない、公学校卒業者の進学率は向上したにもかかわらず、統治側の女子中等教育の整備が台湾人側の需要に追いつかなかったために、徐々に進学をめぐる競争というものが形成されたことである。一九一三年以降の附属女学校の入学試験の開始がその一つの現れである。女生徒の国語能力重視を促進したのは、台湾人女性の側の国語に関する学習意欲の向上ではなく、教育機関の絶対的不足により進学競争が激化するという構造的な問題の方であった。[24]

4　在来色の加減

4・1　看板効果

台湾人女子教育の開始は、台湾家庭における刺繡、裁縫など手芸中心の女性の学習の系統を学校教育のなかに吸収することにより、順調に滑り出すことができた。

一八九六―一八九七年の間に伊沢が台湾人女子教育に着手した際、まず直面した現実的問題は台湾人女子を就学させることそのものであった。解纏足運動と大規模な内地観光が実施される以前にあっては、士林地方の台湾人士紳はこれに賛意を表さなかったためである。その背景として、第一に、女子に学問を授ける必要はないという観念があり、第二に、父親の側は仮に賛成するとしても母親の方が反対するという側面があった。前者の問題について、男性士紳に対する伊沢修二らの説得はとりあえず効を奏したといえるが、後者については、上流の台湾人女性は外部の男性と接触する機会が非常に限られているために、内地のようにその妻や母たる者に直接働きかけて説得する方法は採用できなかった。

そこで女性側の就学意欲を呼び起こす方策として、台湾人女子の馴染みの手芸が課程に取り入れられることになった。これについて、伊沢は内地の女子職業学校、華族女学校、女子高等師範学校など各校から生徒の作品を借り入れ、士林で台湾人女性のみを対象とする無料の展覧会を行った。上流階層の纏足女性たちに安心して見学してもらうために、男子の入場は禁止された。ただ説明員を必要とするので、当時の国語学校の教員であった高木平太郎一人だけが場内に配置された。書、画、裁縫、編み物などの展示物のなかで、最も見学者の注目を集めたのは刺繡と造花であったという。とくに造花については展示品は本物と紛うばかりの出来で、参観者は嗅いでみても香がないことに驚いたという。説明員はこの場に及んで改めてこれらの品物はすべて内地の女学生の製作によるものであることを明かし、誰にでも習得可能なものであるので、学習する意欲があれば学校を設けて教授してもよいと切り出した[25]。これをきっかけに士林に植民地女子教育の草分けとして国語学校の女子分教場が作られ、若い娘だけではなく、士紳の妻や母など各年齢層の台湾人女性が手芸の技術を習得するために陸続と入学手続を行ったのであった。手芸の教授は植民地女子教育の本来の目的ではなかったにもかかわらず好評を呼び、逆に初志であるはずの国語教育の進展ぶりは鈍いものにとどまった。[26] 台湾人女子教育の開始は、まさに手芸という伝統的な教育期待に意図的に乗じることによって成されたものといってよい。

4・2 花嫁修業の学校化

「最初入学勧誘の方便」[27]という便宜上の措置により士林で附属女学校が開設された頃から、女子教育の内容は、刺繡と造花など台湾人女性好みの手芸に重心をおくものであった。

表2-2の附属女学校の教科時間分配をみれば、裁縫、編み物、造花、刺繡などの手芸関連科目の時間総数は、一八九七年に七五％、一八九八年に七〇・六〇％、一九〇六年に六七・七一％であり、大正期に入るまで半分以上の教学時間を占めていたことが知られる。初等教育に相当する分教場時代の乙組においても、初期の手芸関連科目は一八九七年に六二％、一八九八年に七二・一八％であり、かなり高い比重を占めている。一九〇四年に公学校に相当する本科が八芝蘭公学校に移転され、附属女学校が全島で唯一の台湾人女子教育の実験校かつ中等教育機関となった後も、手芸重視の傾向は変わらなかった。大正期に手芸中心から国語中心への転換が起こり、教学時間数に占める割合が大幅に縮減された後にあっても、手芸は同校の看板として象徴的な意味を残していたといえる。

附属女学校の手芸重視の伝統は、台湾人女子教育全体にとっても重要な意味を持っている。第一に、同校は一九一九年以前における唯一の女子校であり、台湾人側を対象とした女子教育のショー・ウィンドーとしての役割を果たすものであった。実際に台湾人女性の学校への入学・進学は、父母や女性本人が附属女学校の教育を見学し、手芸習得に対する期待を呼び覚まされた結果のものであった。

第二に、附属女学校は台湾人女子教育の実験校的存在であり、同校のカリキュラム編成はそのまま全島公学校の女子教育のモデルとなった。手芸教育の経験は、とくに全島の公学校女子教育を後押しするものであった。女性教員養成の唯一の機関であるために、附属女学校の教学内容は、まさに公学校教育に沿う形で設定されたものであった。女子分教場時代の甲組、のちに改称された手芸科や技芸科のいずれもが、手芸の伝授を教学の主旨とした（游［1992：40］）。手芸重視の伝統は、最初の台湾人女子教育機構であった附属女学校が、全島唯一の女子中等教育機構かつ公学校女教師の養成校に転換したあとも続いていた。

初期の女子教育の実際の重心であった手芸の内容を見れば、台湾人女性の入学の動機を反映した結果、附属女学校の各教科のなかで教学時間が最も多く、また生徒を引きつけた教科は「造花」と「刺繡」であった。以下では上記の二教科について検討する。

女性の要望と伝授

造花は初期の植民地教育のなかでは中心的な教科としての位置を占めていた。内地の女子教育とは異なる様相を呈していたが、これは、台湾人女性の趣向と入学勧誘上の必要によるものであった。「造花」は新しい手芸ジャンルとして女性たちの人気を集めたので、こうした台湾人女性らの期待に応える意味で、二〇年代まで一つの独立した科目として中等教育課程の内部におかれていた。台湾在来の造花は台南のものが有名であったが[28]、それはあくまで手芸の主流ではなく普遍的なものでもなかった。伊沢の企画で展示された内地の精緻な造花作品が、台湾人の女性参観客の驚嘆を招いたその反応ぶりからみれば、当時の台湾の造花の水準は内地に遠く及ばなかったことが知られる。

他方で「刺繡」は、従来から花嫁修業として伝統的な意味を持つものであった。また台湾家庭における女性の手芸伝統の特徴の一つは、装飾的手芸を重視する傾向であり、刺繡の伝統はその代表的なものであった。女子教育の宣伝用に台湾に持ち込まれてきた内地の造花も、こうした装飾性重視の手芸観に合致するものであり、新しいジャンルとして台湾人女性に大いに注目された。

内地式の新しい手芸が好評を得たのは、台湾人家庭における手芸の伝統的な位置づけに深く関連する。刺繡が手芸の主流だった台湾で女性が造花に興味を示した原因について、ベテランの台湾女子教育者であった大橋捨三郎は、「本島婦人は由来装飾に巧で手芸に堪能である。古くから刺繡を尊んで、広く各種のものに応用したことは、婦人に相応はしい上に、当時の纒足蟄居して居る無聊者に、奨励したことは寧ろ当然であつた。殊に簡素で未だ贅沢を知らぬ婦人少女は、安価の造花、又は繡絲、毛絲の細工物に目を喜ばし、家庭を賑はせて、彼等老若婦人の趣味に頗る適合して、一般の人目を欹てたのである」と観察していた(29)。

台湾人女性からの造花、または編み物の技術伝授の要望に応え、当時台湾在住の共立女子職業学校卒業生の木原マスが嘱託に任命された。植民地女子教育の関係者も学校が新しい手芸の流行の発信地として台湾人女性を引き付けることを歓迎し、造花教科を重視する姿勢は変わらなかった。大橋捨三郎が記述したように「此等の手芸殊に造花を最初から課した為め、曩に就学を拒み出席を妨げた老媼愚婦も、俄に学校に親しみ教師を崇むる」に至ったのである(30)。

伝統の吸収と再編

台湾の手芸の伝統を学校教育のなかに取り込んだのは、日本統治時期の女子教育の重要な特徴であった。刺繡という教科について見れば、その最も重要な意義は、台湾人女性の学習の場をそれぞれの家庭から学校に移行させた点にある。

台湾の刺繡は内地よりも高い水準をもつことを、当時の日本人教育関係者らも一致して指摘していた。ここから、刺繡の教学においてはまず手芸に名高い台湾人女性の呉朱氏鳳を学校へ招聘し、これにより学校がレベルの高い刺繡技術の伝授の新しい場として現れることになった。

近代教育制度の導入される以前、民間の教育は家庭内を中心に行われ、台湾人女子の状況も例外ではなかった。教育の場の家庭から学校への移行にともない、教授方法が家庭内で行われ、その分不統一であった伝統的女子教育は、統一・体系化されることになった。裁縫、刺繍教育について、ある教員の観察によれば、「裁縫の中の刺繍は、纏足に用ふる靴の必要上、各人各戸皆之を教へざるはなし。其の方法は順序なく、技術にても不道理なるもの多し。されど時間を惜まず綿密になすが故に、稍美麗に見ゆるものなきにあらず[31]」。

台湾の旧来の教育内容は、植民地の学校に吸収されると同時に、学習の体系化作業も行われた。重点科目の裁縫と刺繍を例に挙げてみれば、附属女学校で開始された教授細目は、内地の教育法などを参考とし、台湾人手芸教師の呉朱氏鳳の力を借りて、台湾服の種類、形式、仕立て方、および運針について縫い方と刺し方などを分類して順序を定めた上で制定された[32]。同細目は台湾における裁縫教授の拠り所となり、その後の公学校の裁縫教授要目もこれを基準として編成されることになった。学校教育による手芸教育の規格化は、一九〇九―一九一五年に行われた同校の技芸品の展覧会や、さらに全島の公学校に赴任した同校の卒業生を通じて初等教育にも広がっていた[33]。

花嫁修業の引き継ぎ

学校における手芸の学習と作品の製作は、従来の花嫁修業の文脈から位置づけられた。造花の新しい技術の習得も同様であったが、刺繍教授の内容をみれば、纏足用の靴など女生徒自身の必要品の製作のほか、煙袋、手巾など婚礼用のものが多かった。従来の台湾人女性の場合は結婚の二、三年前から婚礼用の刺繍作品の準備に没頭する。女生徒たちは、在学期間中に刺繍作品を上手に製作すれば婚礼の準備品として先方に対し自慢になること、また結婚後家庭の装飾品としても実用性が高いことから、熱心に刺繍を学習した。したがって学校での刺繍作品はすべて持ち帰り自家使用に供した[34]。

裁縫の製作品にも台湾色は濃厚に表れており、それらは生徒が自分用にしたり、婚礼、将来の家庭で使用するためのものが主流であった。これらついて、附属女学校の教諭大橋捨三郎が教学経験に基づき作成した「公学校裁縫教授細目」から見てみたい。同細目は一九一〇年に『台湾教育』に発表された後、全島の公学校現場の裁縫科教育の参考とされ、一九一三年の台湾公学校裁縫教授要目の基ともなった。その特徴は、やはり台湾服の製作を中心としながら、男性や子供服の裁縫も含まれていた。流行の変化にともない、刺繍については衣類に施すものがなくなり、ただ女性の纏足靴や天然足靴、手巾への刺繍にとどまるようになった。[35] こうした内容は台湾家庭の娘の手芸教育への期待を反映するものであった。内地の裁縫科の教学内容と比較すればこの点はいっそう明瞭となろう。

表2－1に示したように、公学校における台湾人女子就学者の増加にともない、裁縫科の教学時間数は徐々に増加し、一九一二年には「裁縫」から「裁縫と家事」の科目名に改変、時間数も一九〇四年当初の一二時間から週二〇時間に増加した。科目表の時数配分からは気づきにくいが、社会習俗の影響から、台湾人女児の就学意欲のなかでは他の教科よりも手芸教育への期待がより大きく、女生徒とその家族にとり手芸教育はほかの男女共通の科目よりも存在感が大きかった。

4・3　台湾色の減少と内地色の増加

とはいえ、これらの手芸教育はそのまま在来の内容を受け継ぐような、台湾人家庭教育の肩代わりを請け負おうとするものでもなかったのである。その点を以下に確認しよう。

内地式の分類——裁縫と刺繍の関係

まず第一に、手芸の伝統を取り入れながらも内地女子教育制度の「型」にはめようとする傾向が見られた。

日本内地の庶民層女子の手芸伝統とは、裁縫を主たる内容とするものであった[36]。これは教科の分類に如実に反映されており、内地の手芸教育の分類は「裁縫科」を中心とし、編み物、刺繡などほかの手芸科目は副次的な位置づけとされていた。内地の小学校の教科表をみれば、女子のための教科には裁縫科が設けられていた。この分類は女子中等教育の各種学校の科目表でも見られ、裁縫が一つの科目として独立していた。

台湾に持ち込まれたこの手芸教育の分類により、裁縫は一つの科目として確立されたが、台湾の実情にはそぐわなかった。台湾では、手芸の伝統が内地と異なるうえ、教師不足の問題もあったので、教学の内容はこの教科名通りの区分にはならなかった。

第2節で触れたように、台湾家庭の手芸の伝統では刺繡がその中心であった。裁縫の学習は存在していたが、これを刺繡と切り離して扱うことが難しかった。すなわち内地の分類に従って裁縫は裁縫科、刺繡は別の手芸科目として区別することは困難であった。たとえば一八九七年設立当初の女子分教場では、裁縫科が独立に存在し、造花、編み物などは別の手芸科目として分類され、ほぼ内地の課程設計を踏襲する形を採っていたが、裁縫科の教科課程は「運針、縫衣、色袴、手巾、繡鞋類、衣服及裁剪、辮仔類、鋪蓋斗帯之類、棉衣服、煙袋類、網衣服［衣類の補修のこと――引用者注］之類、大繡科之類」を内容としていた。すなわち「裁縫」の中に刺繡が含まれる形となり、刺繡と裁縫が一体化する在来の習慣を反映したものとなった。一八九八年以降は「刺繡科」が裁縫科から独立したが、両者の境界は依然として曖昧なままであった。その現れとして、第一に、衣類に施す刺繡を裁縫科に、一般装飾用の刺繡を刺繡科に分類していた点、第二に、実際の教学においては裁縫と刺繡は同一の教員が担当していた点が指摘できる。こうした状況は一九一〇年以降、解纏足運動の成果が上がり、纏足靴への刺繡が存在しなくなること、および台湾人の服装そのものの変化により改変され、裁縫と刺繡の分離は漸次可能になった。

また、裁縫科に台湾式の技芸内容を盛り込むやり方は、公学校の女子教育において顕著であった。漸増した台湾人女生徒に手芸教育を施す必要性が生じた結果、そこに新設されたのはやはり刺繡ではなく「裁縫科」であった。実際、同じ「裁縫科」の科目名であっても、公学校の場合は内地または島内の日本人用の小学校とは異なり、内容的には台湾人家庭の要望をある程度汲み取ったものにしていかざるを得なかった。

内地色の漸増

もっとも、刺繡の内容が「何時迄も支那的特徴を維持」するのは「教育上当を得ないことである」[37]とされ、植民地当局側の意向としては内地刺繡を入れないわけにはいかないようであった。そこで附属女学校では本島刺繡と内地刺繡を区別し、前者は刺繡技術に秀でた台湾人女性、後者には内地人女性教師が招聘された。ところが現場の台湾人女学生には本島刺繡に対する執着のようなものがあり、担当の久芳としの回想でも、台湾人学生とその家庭には内地式の刺繡はなかなか受け入れなかったことが記されている。内地風の刺方、模様を説明し、色彩まで指定しても、女学生たちは勝手に台湾式の模様や「支那式」の濃厚な色使いで刺繡を行ったという[38]。

同様の状況は裁縫科にも現れた。裁縫は内地手芸課程の重点科目であったため、和裁と台湾式裁縫を平行して教えるのことが当初の理想であったが、風習の異なる台湾で同じ内容を実施するわけにはいかなかった。だが実際の生活においては和服の実用性は低く、女学生の家庭には歓迎されないため、裁縫教学の重心はやむを得ず台湾服の製作に置かれることになった。公学校の和服裁縫の課程は形式のみにとどまったといわれる[39]。

上記のような状況は、一九一〇―一九一五年にかけて解纏足運動が急進展すると同時に服飾の流行の変化によって変動を被った。第一に、纏足が減少したために、纏足用の靴の刺繡の必要が減少したこと。こうした女性ファッションの大きな変動をきっかけに、刺繡の伝統が揺らぐとともに、内地式刺繡を受容する余裕が生じ、ついには内地式の刺繡が優位に立つ局面を迎えた[40]。第二に、一九一〇年代の中国大陸の流行にも影響され、衣服の刺繡の簡略化が進んできた。他方、台湾の手芸伝統における刺繡と裁縫の緊密な関係は失われ、人々が刺繡に費やす時間も縮小されたため、刺繡の様式と応用範囲はより自由になった。また衣服の様式と種類の変化にともない、台湾服の裁縫の重心は、刺繡から裁縫そのものに移るようになり、一九一六―一七年前後に至っては附属女学校の課程にミシンを用いた裁縫の授業も導入されるようになった(41)。一九二二年以降、裁縫科の運針と衣服の名称の台湾語読みは全て廃止され、全面的に日本語読みが採用されるようになった(42)。

以上に見たように、台湾人女性の手芸への期待を取り入れることにより、植民地の女子教育は開始された。その影響を簡単に整理すれば、第一に、在来の手芸の伝統は、個々の家庭から学校への移行により、学習の形式と内容が変化しはじめた。学習の体系化が行われる一方で、本島人の側からすれば自らが期待した造花や編み物の技術習得のみならず、教育側の意志による内地刺繡、内地裁縫をも受け容れざるを得なくなった。この過程のなかで、台湾色が徐々に薄らぎ、内地式主導の局面に巻き込まれていく結果となった。

第二に、統治サイドの初志であった国語教育は、手芸教育を通じて女子の就学を獲得してから初めて可能となった。明治三五年から同校で二五年間勤めた大橋捨三郎教諭は、植民地台湾における手芸教育を「まだ教育の無かつた本島婦人界に、女子教育の基を確立した」ものとして位置づけ、「元より造花などは目的ではないが、副次的の物品が却つて主体より重きをなすの観、往々にしてあるが如く、方便の学科も過度［ママ］教育期に於ては、図らざる歓迎を受けて、深窓繊足の佳人を容易に誘ひ出した事実を示してゐる(43)」と語った。

もっとも、植民地教育が強調する国語科、および性差を配慮したための裁縫科の二つの科目に偏重しすぎた結果、台湾人女子教育の内容は全体としてはアンバランスな様相を呈したことも確かである。一九二二年までにこうした状況は変わらなかった。游鑑明によれば、一九二二年以降の漢文科の廃止または選択科目への変更の時期に、裁縫科の教学時間数も徐々に減少しつつあった。にもかかわらず、一九二二―一九二三年の公学校と小学校双方の裁縫科の教学時数を比較してみれば、台湾人女児への初等教育で最も重視された裁縫と家事科は、日本人女児の教育のなかでは逆に最も軽んじられた部分であったことが指摘される（游［1987：119-120］）。

5　発展の受動性と限界

すでにふれたように、台湾人女子の就学受け入れ先には、国語伝習所——公学校システムと附属女学校という二つの系統があった(44)。公学校システムのなかの女子教育は、男女ともに義務教育ではなかったため、統治サイドからすればコスト上の余分の負担を生じることはなかった。これに対し附属女学校は、台湾人女子のみを収容の対象としており、専門の女子教育機関であった。

国語教育を目的に、技芸教育を手段として、台湾人女子教育は開始された。だが、植民地教育に必要以上の投資をしないという統治方針の下で、実際の展開は常に最小限に抑えられていたのも事実である。前の二節では教育の内容的な特徴に即して検討を行ってきたが、ここではおもに制度的側面における制限に重心をおいて議論を進めたい。

5・1　受動的な整備過程

教育制度の整備は、女子生徒の増加と台湾社会の要求を後追いする形で行われた点が特徴的であった。まず、公学校を中心とする初等教育について検討しよう。

女子の付随的位置づけ

台湾人女児の就学に応える普遍的な初等教育機関は公学校であった。そこでは女生徒は男子と同様の教育を受ける形になったが、初級教育で行われる男女共通教育というのは、男女平等の理念から女性に男性と同様の教育を施すという趣旨のものではなく、ただ女子を男子と区別した上で特別な教育内容を行う必要性が意識されなかった結果のものであった。一九一八年以前の初等女子教育の修業科目と教授時数は表2－1の通りである。

国語伝習所の教育対象は男子が想定されていたので、科目は言うまでもなく男子を想定したものであった。だが、国語伝習所時代の女子就学者は非常に限られた存在であり、嘉義国語伝習所の一八九七―一八九八年度についてみれば、女子学生はわずか二名にすぎなかった（游［1987：87］）。ここからも、その教育内容が男子と同様であったのは当然であることがわかる。

一八九八年には国語伝習所が改編され、公学校時代に入ったが、全島五七箇所の公学校に在学中の女子学生は一〇数名程度にとどまった(44)。これら一〇数人の女子に対して性差を配慮した教育の必要はまだ認められず、新設の科目もないまま男女共通の教育課程が継続された。一八九九年度には公学校が認知されたため、台北県二九二名、台南県八五名、宜蘭県五名、計三二八名の女子就学者が現れた(46)。前章でもふれたように、一九〇〇年前後の解纏足運動と相俟って、内地観光経験者を筆頭に、家族の女性成員を積極的に就学させる士紳が年々増えてきた。また、女子分教場であった附属女学校の宣伝効果も大きかったといわれる(47)。

こうした情勢のなかで、総督府は一八九九年七月に公学校の女子教育に関しては、二〇人以上の女児を教育する学校では必ず男児と教室を区別する旨の内訓を出すと同時に、公学校に女子のために分教場を設置する場合の学科目教授の内容・時間数は、附属女学校に準拠すべきことが府令八四号で定められた(48)。

台湾社会の女子学級と女子公学校の設置要望

総督府側は台湾人の教育期待の高まりに対してもどちらかといえば場当たり的に対処し、原則的にコストの合理性に基づいて最小限度の投資にとどめる傾向にあった。だが、統治側の教育投資と台湾社会側の就学意欲は互いに因果関係をもって、台湾人女子教育に大きな制限を加えることとなった。以下では一八九九年以降の、台湾社会の男女別学の期待をめぐる数回の公学校の規程改正について検討したい。

女児が男児と席を隣り合わせて同じ教室で学ぶことは、台湾社会の慣習によれば決して好ましいことではなかった。例えば国語伝習所時代には一人か二人の女子就学者がいたが、周囲の嘲笑に堪えられず、数日にして学校を辞めるか、または男装をして学業を続けたという(49)。

これに対し、一九〇一年の「台湾公学校編制規程」では、全校女児の数が二〇人を超えた際の女子学級の設置が明文化された。だが三年後の一九〇四年には、公学校生徒数の増加と経費の膨脹を理由として、女子学級設置の基準は「二〇人以上」から「三〇人以上」に引き上げられた。さらに一九〇七年には、「社会の進歩」を理由として低学年については女子学級を認めず、第五学年以上に限って三〇人以上の場合は女子学級を設けるとした(50)。しかしながら、この変更はただちに一部の公学校での女子就学率の激減を招き、やむを得ず一九一二年に改めて第三学年以上に女子学級を設けるものと修正が施された。こうして、女子学級の設置が女生徒数によって決められたのと同様に、女子公学校の設置も女子就学率の高い地方のみで行われた。一九二二年以前に設立された女子公学校は、全島で九箇所に過ぎなかった(游 [1987：60,98])。

男女別学の規定が頻繁に変更される度、女子就学率はそれにともなって大きく変動した。当局は台湾社会の側から女子教育の要求が出されるまではみずから政策を打ち出すことはなく、いったん政策を打ち出した後も教育に採算を求めて引き締めを行い、台湾人女子教育に対しては慎重な姿勢を保ったのであった。

そうしたなかにあって、公学校程度に相当する附属女学校の乙組と後の本科は異色の存在であった。すでに触れたように、伊沢の意志で設立された同校は、初等教育のレベルを含む台湾人の女子校の草分け的存在であったが、一八九八年の改編で本科は他の公学校に引き渡された。

裁縫教育の難航

公式の裁縫教学内容は制定されたものの、初期の教学は、担当の教員により異なったものとならざるを得なかった。二〇年代以前は、女教師の養成は制度的に確立されていなかったため、女生徒の増加に対する女性教員の数の確保が各公学校の悩みとなり、現場では台湾人女教員を招聘する公学校もあり、日本人教員を任用する公学校もあった。例えば一九〇二年、新竹公学校が採用した女教師は同地名望家の鄭如蘭の孫嫁であった。その任用の理由は、同氏の漢学基礎と婦徳、とりわけ手芸の技術が注目されたことによる。同じ状況は台中の葫蘆街公学校でも起こったという（游［1992：2-3］）。台湾人女性の手芸の名手、在台日本人女性、または附属女学校の初代の卒業生など、各人の背景により精通する手芸分野は異なる。一九〇四年改正の「公学校規則」の第一六条では裁縫の教則を示しつつ「土地ノ情況ニ依リテハ刺繍、編物ノ初歩ヲ加フルコトヲ得」、第一七条の手工に関する教則のなかにも「土地ノ情況ニ依リテハ女児ニ造花ノ初歩ヲ授クルコトヲ得」[51]という内容が附加されたことから、公学校の女子教育現場の実態がうかがえる。

もっとも、規則上では女子生徒のための手芸科目が設けられたものの、大部分の公学校には女性教師が一人もおらず、現場では特別な手芸教育は行われていないのが実態であった。例えば員林公学校の場合は、担当の女性教師が離職した後、男性教師が後任となったが、それにともない手芸科目の教学もなくなったという[52]。しかし実は「土地ノ情況ニ依リ」裁縫科の授業を実施しないことも、前述の一九〇四年改正の「公学校規則」では容認されていた[53]。一九〇七年の公学校規則改正もこれを踏襲した。

女子教育に熱心な地方では性差を考慮して、女性教員の提供を附属女学校に求める声が高かった。そのなかで、公学校卒業生の内の優秀な者を、附属女学校に「留学」させる地方もあった。だが、公学校の需要に見合うだけの女教員の供給は、前述のごとく台湾人女子師範と中等教育の整備と拡張に係わる予算問題にぶつかった。游鑑明［1987：95］の指摘によれば、女教師の不足は、とくに女子就学率を大きく左右する。公学校に女教師がいないという理由で就学を断念した者は少なくなかった。逆に一九〇九年に女生徒一〇余名であった台南麻豆公学校は、女性教師を採用して以来、女子生徒は一気に五、六〇人にまで増加したという。以上の女教員不足の問題は教学内容から就学率までを含め、台湾人女子の初等教育に大きな制限を加え、日本統治時期の終わりに至るまで公学校の教育現場に影響を与えつづけた。

5・2　拡充への牽制

附属女学校は女子のみを対象としつつ、女性教員の養成および中等教育の役割を備えていた。しかし当校の設立は、ある意味では模索の過程のなかで誕生したものであり、計画的に行われたものではなかった。植民地主義路線が強調する経済的合理性の観点からみれば、同校は厄介な存在であったことは間違いない。そのために、女子教育の政策決定者の更迭にともない、植民地主義と同化重視という二つの教育路線の確執も起こってくる。これは、附属女学校のその後の発展に如実に反映されていた。

女子教育の制度的発展において最大のネックとなったのは、女子師範の問題であった。台湾人女子教育の根本的対策として、女性教師の養成に本格的に取りかかろうという主張は、附属女学校を中心とする教育関係者の間に従来から強く存在していた。台湾女子教育の草分けとしての歴史的意義を持つ附属女学校は、女子分教場から正規の学校に改編され、本科と技芸科に分けられた。本科は初等教育の機能を備え、通常の公学校に対応するものであり、技芸科は成年女子（その後公学校卒業生）を対象とし、全島の公学校へ台湾人女性教員を供給することで、師範・中等教育機関としての役割を兼ねていた。日本統治初期においては唯一の女子校であり、全体としては台湾女子教育の実験校的性格が強かった。

統治初期にあっては、現地の公学校で女性教員の有無によって、台湾人女児の就学率は大きく異なってきた。そのうえ、附属女学校が送り出した台湾人女性教師の質と量――国語能力と人数の不足――の問題は、しばしば教育現場の教員たちの指摘するところとなった。それらを解決するために彼らが提出したのは、附属女学校を対象とする台湾人女子中等教育の整備、女子師範科の新設などの案であった。

一九〇四年に全島公学校の六年制の第一回卒業生が出たのをきっかけに、初等教育を扱う本科を廃止し、師範教育を主体とする中等教育機関へと附属女学校を改編する狙いをもって当校の関係者は積極的に根回しを始めた。その成果は、一九〇五年一二月の府令第九一号を以て国語学校規則が改正され、当時「第二附属学校」と称された附属女学校は「本島人女教員ノ養成ヲ主トシ兼テ技芸教育ヲ施ス所」(54)とされた。新規程は師範科、師範速成科と従来の技芸科を置き、教員らの望み通りの改編の第一歩を踏み出した。

新規程の制定の裏側に、統治サイドの二つの植民地女子教育観の齟齬が横たわっていたことは明らかである。義務教育ではない初等教育を両者の意見対立の場としてみれば、女子教育関係者を中心とする積極推進派は、男子に比べて低迷していた公学校における女子の就学と出席状況を根本的に改善するための策として、台湾人女子に対する師範・中等教育の整備を急いだ。これは女性教員を養成することを通じて女子初等教育を確実なものにするための措置であり、台湾人女子の師範・中等教育そのものを目的としたものではなかった。

他方、官僚を中心に多数派を占めた消極派はそうした必要性を認めなかった。女子初等教育のための師範・中等教育を整備するという積極派の言い分は、植民地女子には初等教育だけで十分であるとする拡張反対者に支配的な考え方をかなり意識したものであろうが、消極派の共感を得ることはできなかった。そこで挙げられた理由は、台湾人女子の就学率はまだ低いので時期尚早であるというもの、もう一つの重要な要素として、植民統治初期における各項支出の縮減、経費の節約という財政上の制約も無視できない。植民地における協力層の養成は、台湾人男子への国語教育のみによって達成可能であることからも、女子教育に資金を投入する必要性は薄かった。したがって消極派としては、第一に、そもそも公学校を台湾人女児に対して門戸開放すれば十分であり、入学するかどうかは台湾人の意思に任せる。植民統治側としては、それ以上の女子教育を提供する必要は認めない。第二に、いずれにせよ、初等教育という最低線を超えて台湾人女子向けに師範・中等教育を整備することは不必要なものと見なしたのであった。

そのために、新規程は硬直的なものとなり、その後の実施段階でもただちに拡張反対の強い反発に遭遇した。一九〇六年に本科は八芝蘭公学校に引き渡されたが、引き続く肝心の師範科と師範速成科の設立は順調にはいかなかった。時期尚早論、無用論、廃止併合論などを楯にした反対勢力の力が強まり、拡張発展が不可能となったばかりか、逆に廃校の危機にさえ陥ったのである。

実態の主導権は拡張反対派の方にあった。植民地教育の権威でもあった国語学校の首席教授らまでが時機尚早論を説き、女子師範教育の存在を否定する姿勢をとった。同じく教育界、しかも附属女学校の本家である国語学校当局に否決された女子教育関係者の様相は、三〇年後の記念誌のなかで「泣き面に蜂」と形容された[55]。

そのなかで、当時の民政長官の後藤新平の意向はもっとも重い意味をもったであろう。実のところ、新規程は後藤が上京してちょうど六ヵ月の不在期間に制定されたものであり、帰台後に改正の事後報告を受けた後藤は、相当に不機嫌であったという。結局この件は否定され、学務部長の持地六三郎まで長官から「親しく戒むる」処分を受けたといわれる[56]。この結果、師範科と師範速成科の設立は先送りされ、元の手芸科は技芸科に改称され、公学校の女性教員養成の中等教育機構として維持された。

学校の存続のために、当時在職していた教員たちが、統治当局の女子教育投資不要論にいかに対処したのか、またそこでの当局に対する不満の思いが多く記録に残されている。ただしその後、このような植民地主義主導の教育政策は、明治から大正に入り「民心の変調」といわれる漢民族の武装反抗に遭遇することで、隈本繁吉の主導により転換が図られることになる。(57)

ここで台湾人女子教育の諸問題に反映された植民地的性格を、内地との対照においてもう一度整理してみる。日本内地の初等女子教育の場合は、明治初期の学制発布以後、女性教師の不足、経費による裁縫科実施の困難、この結果もたらされた女子就学率の低下など、台湾と同じ問題を抱えた時期もあったが、明治三〇年代以降には国家の積極的な女子教育政策により、裁縫科実施の普及、女教師の養成、農村部における子守学校の設置により、女子初等教育の普及に成功した。全国の女子を学校教育に吸収することにより、国家統合のための国民意識の養成など国民教育の徹底が可能となった。

植民地台湾の場合は、台湾人女子教育熱の上昇にともない公学校の裁縫教育の新設がなされたが、経費の困難と女性教員の不足の問題などで、内容的には刺繡など台湾の手芸伝統を受け入れはしたが、多くの公学校では有名無実の学科に過ぎず、初等教育の台湾人女子就学率の向上にとり大きな障碍となった。しかし、明治三〇年以降の日本内地の状況とは異なり、植民地という大きな構造の下で、台湾人女子教育の問題は打開の糸口を見出せなかった。内地で進められた裁縫科実施の普及、女性教師の養成、農村部における子守学校の設置は、台湾人初等女子教育においては植民地政府による多額の経費投入が不可能であったために実現されず、そもそも植民地での女子教育普及の必要性そのものが統治サイドの共通認識ではなかった。

結局のところ、こうした台湾人女子教育は、ごく一部の恵まれた階層において学校教育を受けた最初の女性をつくり出す一方で、広大な庶民層の台湾人女性たちは植民地の学校制度からは排除されたままでとり残されるかたちとなった。教育により選別されたこの二つの集団は、「日本語世代」の女性たちと日本語を解さない女性として、社会における歴然とした区別を生み出すものとなった(58)。

5・3 階層的な限界

公学校規則にも明確に規定された「同化」は、実際には教育界に限ってのものであり、教員たちによって信奉されはじめた理念であるに過ぎなかった（駒込［1996：71］）。同様に、台湾人女性に「国民的精神訓練を施して教育ある日本的婦人を速成的に養成する(59)」という初期の学校現場における教員たちの理念は、植民統治集団に共有されたものではなかった。

こうしたことから、明治後期に女子教育界で力説された台湾女子教育の拡張論は、総督府にはほとんど一顧だにされなかったといってよい。こうした状況のなかで現場の教員たちは、台湾人女子教育の更なる進展は望めないまでも、統治者にとっての「不経済無用の長物(60)」をせめて現状の水準において維持していこうと苦心した。

しかしここでは、社会の上流階層の女性を重視するという一点において、両者の一致点の方を指摘しておきたい。植民地女子教育は、概して旧支配層の台湾人女性を対象として想定する側面が強かったといえる。台湾社会の旧支配層の女性を学校システムによる統制下に置くことは、伊沢流の論者と植民地統治の経済合理性を重視する論者との最大公約数的措置であったといえよう。支配層は、総督府が社会に働きかける際の直接的な対象でもあり、現地社会に多大な影響力を持つ有力者でもあったため、植民地経営に関わる重要な社会階層として認識された。すでに触れたように、彼らは同時に進行していた解纏足運動の主体となった階層でもあった。そのため、容易に接触できない支配層の台湾人女性を、学校システムを利用して家庭から引き出すこと自体は、植民地主義論者においても否定するところではなかった。

前引の高木の論説でもわかるように、植民地において体制内に入れるべき女子教育の対象は、内地母国のようにすべての女子ではなく、あくまでも植民地社会のなかの「上流女子」であった。高木は教育においては社会階層を区別すべきではないと感じながらも、中流以上の台湾人父兄がその女児を下の階層の者と席を同じくして教育を受けさせるのは好ましくないと考えていることを重く見た。なによりも、障碍なく多数の女子生徒を学校に入れるためには、こうした父兄の感情に配慮すべきだという姿勢であった。

同様に、植民地女子教育の対象階層を中流以上に特定にするような見解は、植民地台湾における女子教育の創始者であった伊沢修二も共有していた。一九〇八年に台湾を再訪した際の講演のなかで、伊沢は自分が台湾人女子教育に着手した頃の裏話を披露し、次のように述べた。すなわち「内地では強制教育制度を執つて居りますけれども、この台湾に於いては此の制度を取る必要が無い。成るべく、上流若くは中流以上の者を教育するのが、植民政策上得たものでは無いかと思ひます」(61)。その欠点として就学率が低くなる点は認めながらも、内地のような義務教育は不必要であると主張したのである。

5・4　実業教育の困難

普通教育と技芸教育は、現有の公学校と附属女学校を中心としてごく一部の協力者エリートに対して施し、大部分の台湾人女性の教育においては、別の授産重視の学校系統を設け、現地労働力を育成する実業教育を行うべきだという主張もあった。具体的な構想は、一九〇三年に附属女学校の主事本田茂吉が総督府当局に提出した「台湾女子教育系統私案」に示されていた。表2－3のように、甲種女子公学校と師範教育を内容とする普通教育、および実業補習教育と乙種女子公学校を内容とする実業教育の二つの系統が提出された。本田によれば、女子実業教育の目的は「程度は低くとも普及を企図し、可成遊民的境遇に陥らぬ様実業教育を極力奨励し、種類に依りては日本内地及対岸支那に、輸出物作製を期する」(62)ものであった。経済的利益をもたらす目標であったが、

表2-3　台湾女子教育系統私案

一年	二年	三年	四年	五年	六年	七年	八年	九年
甲種女子公学校教育						師範教育		
乙種女子公学校				実業補修教育				
僻阪小庄其他蕃界付近				技芸教育 1. 裁縫、2. 刺繍、3. 造花、4. 編物、5. 染織、6. 林投細（蘭細工）、7. 籐細工、養蚕製絲業教育（専門家意見参酌ノ上）				

出所：本田茂吉「在職当時の感想叢談」『記念誌』〔1933：318〕

初級の女子労働力の育成には先行投資が必要となり、そこで統治サイドは躊躇した。最初に提出された一八九九年には、同案は予算の関係で先送りされた。一九〇三年に再提出された際、植民地主義路線の観点から実業振興を重視していた当時の学務課長持地六三郎は相当の賛意を示した(63)。だが実際の進展は、前記のように普通教育系統でさえ中等・師範教育の拡張を渋る状況にあったのであり、実業教育系統は労働力養成目的の女子初等教育は依然として教育投資の増加がともなわないまま、教育方向について実業重視の色彩が強められるにとどまった。

前章でみた、一九〇〇年前後の台湾人紳商による内地の機織り業導入の試みを想起したい。基本的な教育が欠如していたことにより、女子労働力の利用は障碍に突き当たった。台湾人女子初等教育の普及問題の解決を抜きにして、実業教育の方向を強調する動きもあったが、そこでは教育対象の違いが問題となった。公学校に集まった台湾人女児は社会全体からいえば労働者層の出身ではなく、とくに統治初期では経済的にも比較的裕福な家庭の娘がほとんどであり、彼女らに実業教育を実施しても労働力として経済的利益を挙げられるかどうかは疑問であったためである。

女子実業教育の階層想定は、つねに現実から乖離する傾向があった。たとえば愛国婦人会台湾支部は、貧困家庭出身の台湾人女性に実業向きの教育を行うため、一九〇五―一九〇六年にかけて台北に三箇所の女子授産場を設置した。

だが入学資格を公学校卒業生としたために、招集された女学生は「中産階級のもの殆んど大部分を占め、下級の志願者は稀であつた」。同支部によれば、授産場の台湾人女学生は、授産を習得するために入学したのではなく、むしろ高等女学校など上級学校に進学するために利用したのだという。(64)

経済的利益の観点から農村部の女子労働力の開発に意欲が示されながら、労働力の質の問題は一九二五年に入っても依然として潜在的には存在していた。ある論者は次のように指摘している。「台湾の農村婦人はその殆んど凡て……といつても過言でないほど無智無教養の者で、労働能率の低いのは勿論、養畜上改善発達さるべき諸問題も之がため凝滞停頓されてゐる所が少くない、此の意味からいつて農村婦人の農業教育問題は決して軽視さるべき小問題ではなからうと思ふ」。そのまま放置すれば「台湾に於ける農村婦人問題は早晩何等かの形で起り来るものと見ねばならないのみでなく、そもそも教育事業は一朝一夕にしてその効果挙るべきものでない、かるが故にその急を告ぐるに至りて初て調査し施設するのでは時期既に遅れて、多大な困難と戦はねばならなくなる」と警告した。(65)

本田の案が具体的に実現されたのは、日本統治末期のことであった。終戦直前の一九四四年に台湾農村では男子の戦争徴収により人手不足が生じ、農業生産に女子の労働力が必要となったため、女子農業学校が緊急に増設されることになったのである。

以上をまとめてみれば、統治集団内部の意向における階層的偏向のみならず、植民地女子教育が義務教育ではないために、現実においても台湾人社会の上部に有利な方向に進んでいく。要するに、統治当局の植民地女子教育論は、教育不要論というよりは「投資」不要論であったため、女性の就学について公学校を開放したとしても女児の教育費は自己負担となった。ここから現実的に就学可能なのは、とくに娘の教育を必要と感じており、しかも経済的に余裕のある層のみとなった。全体からみれば、植民地女子教育が男子教育に比べて鮮明な階層的色彩を帯びていたのは、このような構造的要因に規定されるところが大きい(66)。

6　就学にともなう女性の変化

一九二〇年代以前の植民統治前期において、纏足の習慣が消滅するのと入れ替わりに、若い世代の女性の間の就学が普遍化してきた。纏足世代から学校教育世代への世代交替は、台湾女性史にとっては画期的な意義を有している。植民地における学校という新しい体験が、女性の生活スタイルと意識の面の変容をもたらしているからである。

6・1　内から外へ

生活圏の拡大

就学を通じて台湾人女性の日常の活動範囲は大いに拡大した。伝統的な中流以上の家庭においては、女性の外出の機会はほとんどなく、家がその唯一の生活空間であった。たとえば清朝時期において、台中霧峰の名望家である林家の女性の日常生活は、使用人の監督、子供の教育、刺繡、裁縫などの手芸、あるいは化粧、雑談、マージャンなど娯楽が主なものであった。外出は実家に帰る時と社寺に参拝する時のみで、女性たちが外部の世界の変化を知ることができるのは、唯一男性家族を媒介としてであった（卓［1993：71］）。上流家庭の夫人は人目を避けて暮らし、表に立って訪客を接待する習慣などをもたなかった。国語学校長を務めていた町田則文が、一八九八年にある台湾人士紳の家を訪問した経験によれば、主人をはじめ家族全員が来客のために大宴会を開いた際に「同夫人が頻々乎として客室外に逍遙しつ、余を観んとせられたりしも、遂に余に一言を交へずして去りたり」という。これは「台湾にては人妻たるものは、他男子と言語を交へ能はざるの習慣に因る」ものであった(67)。

ところが、就学は上記のような台湾人女性の生活スタイルに変化をもたらした。上流家庭出身の娘たちが、纏足を厭わず下女に背負われて登校してきたケースも多かった。また外出機会の増加や、主人の代わりに訪客に応対する場合も目立ちはじめ、一九〇六年には「閉居主義」からの脱却として注目された(68)。一九〇八年、鉄道貫通式に参列した内地からの訪客は、中流以上の台湾人女性が外出する光景を目の当たりにして少なからず驚いたようであった。このとき訪台した伊沢修二は、「吾々の仲間の者共の言ふことを聞くと、どうも支那では、中流以上の女子は中々容易に外出せぬのに、どうぢや、此所にも彼所にも女が居るぞと驚いた」と同行者一行の反応について語り、女子の外出現象を自分が一八九七年に着手した女子教育に帰因させて「結果として、今日では中流以上の妻君でも、妙な関係で外出をかまわぬやうになつた」と自画自賛した(69)。

とくに一九〇八年に附属女学校が台北郊外の士林から市内の艋舺に移転した後、女学生の通学姿が日常的に一般民衆の目に触れるようになった。「年頃の女学生がぞろぞろ朝夕通行するので、附近の人は勿論、其の他からも集つて来て、物珍らしげに、喧々擾々中には、冗談口を叩くものなどあつて、之には、学生も弱らせられたものであつた」が、時間を経るに従い、この通学風景も見慣れた光景となった(70)。

通学または遠足、旅行などの学校行事を通じ、女性たちは初めて開かれた外の世界に解放感と興奮を覚えたと思われる。一九〇八年度卒業の張査某は、登校時の心境を明瞭に記憶している。「忘れもしない入学当日は、雨のしよぼしよぼ降つて居る日でした。弱々しい私の足は、雨の長途をどうして歩けよう。併し喜びと希望に燃えたつた私でしたから、不思議に勇気が出たものです(71)」。本田茂吉によれば、国語学校卒業式の参列や遠足などでは、女学生の纏足は皮剝けになったが、「彼等は外出は家庭の桎梏を離れる様な思ひよりしてか、好む様だつた」

という。[72]

公学校卒の女性たちが進学のために全島各地から台北の附属女学校へ「留学」するようになったことも、かつて見られなかった現象であった。彼女らが「留学生」と呼ばれたのは、当時の社会風習と交通環境から考えるとそれが外国への留学と同程度に考えられたからである。深坑からの黄阿娥の場合は、当時は同じ台北庁に属していたにもかかわらず「恰も一人娘を他国へでもやる様に危ぶんで居」た。本人の進学決意が認められ、別れの前日に「近親の者が皆集まつて送別して下され、何呉となく注意を与へられ、……不安心ながら人力車に乗つてユルユルと曳かれて士林の学校に入学し」、当校の台湾人女教員の自宅に下宿した。[73] 台湾縦貫鉄道開通前年の一九〇七年、西螺公学校を卒業した一四歳の李徳和の出校風景は、「西螺斗六間肩輿で、有名な濁水渓、雷公渓、虎尾渓を渡つて汽車に乗り、胡蘆迄行つてそれから台車に乗り換へ、幾度も怖ろしい川を経て、怪しい田螺の殻様な山を越え、平地を緩々とめぐつて漸次頂上に登りつめ、それからずつと真直に平地まで走り着いて、初めてやつと安心が出来ました」と描写された。[74] さらに台南の張素梅の場合は、当地の官僚と紳士の盛大な見送りで、海路で安平港から台北への出校であった。[75]

女性の新しい生活圏は、卒業後の就職に至ってさらに職場にまで広がった。一九一九年までの附属女学校技芸科の一三期にわたる卒業生三一九名の内、教職への就職者は二四三名と卒業生総数の七六%にのぼる。[76]

もっとも、女性の生活圏が就学、進学と就職により拡大したのは確かであるが、その範囲は無限定なものではなかった。第一に、家庭は依然として女性の主たる生活の場であった。第二に、家庭外の活動範囲はまだ学校のみに限られていた。学校空間は統治初期より女性の新しい活動範囲として開かれたが、その枠は越えてはならない外縁を意味するものでもあった。第三に、女教師の赴任先は普通、実家の所在地である傾向が強く、本人ばかりではなく、家庭側もこれを望んでいた。第四に、名望家・富裕層出身であればあるほど家族は卒業後の女学生の就職を喜ばず、とくに結婚後は嫁ぎ先の希望で就職をあきらめ、または辞任して家に帰る者もいた。例えば、台中霧峰の林家に嫁いだ楊金釧は産婆の免許を持っていたが、林家では女性の行動にたいする制限が実家よりも多く、外出の機会も少なかったため、開業のことはなかなか口に出しにくかったという（許［1998：1-2］）。

学縁関係の形成

学校を媒介として女学生同士、そして師弟の間に新しい人間関係が形成されつつあった。女子教育が開始される以前の伝統女性の交遊圏は血縁関係に規定されていたが、卒業生、先輩・後輩間の人脈、および台湾人、日本人双方の教員を含む師弟関係は、卒業後にいたっても、婚姻、就職などの局面において新たな作用をもつようになった。公学校生徒の間では街庄大の学縁、中等教育（一九一九年以前では附属女学校）の女学生の間では台湾大の学縁がとくに一九二〇年代以降、顕著になってくる。こうした変化については、次章でさらに詳しく議論する。

学校をつうじた規律化

学校生活の果たした規律化の役割は、以下の三つの側面からうかがえる。

第一に時間概念である。日本統治時期の学校教育により、新しい生活規律が台湾人の間に生まれてきた。特に女性の場合は、男性のように伝統の書房教育の経験を持つ者がほとんどなかったので、その変化はさらに大きかった。

学校に通いはじめた当初、台湾人女性は学校生活の規律に馴染めない様子であった。明治三〇年代ではいったん就学した女生徒の欠席が目立ち、最初の頃は教師が生徒の自宅に出迎えに行き、出席を督促するようなこともあったが、同教師の回想によれば「すると時間観念皆無に近き当時のことゝて、未だ髪さへ梳らぬものもあり、朝飯済まぬもの、着物着換へぬもの、纏足を締め換へぬもの、子守中のもの、など種々の事情にて愚図付き居るのを待つたりなどして、日々に一時間以上を之に費」したという[77]。または授業中に女生徒が無断に帰宅して昼食の準備をすることもあったという[78]。

学校生活通じた新しい時間概念の形成については、学年暦による時間の区分と、「週」を単位とする課程表の作用を挙げることができる。一九一五年の『公学校修身読本』によれば、入学から二週間目に、新入生に授業時間の厳守と時間を守ることの重要性を教える内容の授業が設けられていた（呂［1998：67-74,80］）。時間の観念は、また授業の進み方を通じて女学生に教え込まれた。台湾人女性たちが従来から馴染んでいた裁縫の作業も、「教授の順序もなく、悠々時間を問題にせぬ」在来の形式から、一定の教案に沿い、決められる授業時間内に完成させる学校教授法に沿う形で転換された[79]。

第二に学校における行動規範が挙げられる。学校の規則を身につけることも基礎訓練の一環としてなされた。遅刻した場合は教室の後ろから入り、教師の同意を得て着席すること、早退する場合でもその理由を教師に報告し、許可を得てから帰宅することなどが具体的に教えられた（呂［1998：80］）。のちの『記念誌』に寄稿した附属女学校の卒業生の洪愛珠は、自らの在学中の状況について「今は欠席しますと届を出しますが、昔は一箇月休んでも届を出す様な事もせず、学校に行つた日其の休んだ理由を言ふだけですんでゐました。ずゐ分呑気でした[80]」と述べている。その語り方からは、教育を通じて学校の規律が内面化がされていく過程がわかる。

男性と異なり、それまでの台湾人女性には集団のなかでの規律化過程が欠けていた。遠足、運動会、一九〇一年からの台湾神社参拝の定例化、また訪台した内地の高官貴族の奉迎などは、台湾人女性たちにとり初めての団体活動の場となった。とりわけ一九〇六年から附属女学校の寄宿舎が建造されてからは、寄宿生の日常生活の管理を通じた訓練が強化された。こうしたことの一つの現れと見られるが、植民統治初期に全島各地の公学校が技芸教員の適任者を台湾人女性のなかに求めた際、刺繡や裁縫などが得手であっても学校の規律に馴染まなかった一般の女性に比較して附属女学校の卒業生は非常に歓迎されたという[81]。

第三に礼儀作法がある。台湾人女性が日本式の礼儀作法に触れたのは、日本の学校教育を媒介としてであった。伝統台湾の女性の礼儀作法について、ある教員の観察によれば「特に無し」であった。それは「勿論室内にのみ閉ぢ籠りて別に人に接する必要なきが如くなれど」、「若し、女の来客などありし時は相当の礼あるべしと思ふに、別に一定の礼義〔ママ〕作法なきが如し」であった(82)。台湾社会の女性に関する礼儀について、詳しい論述は避けるが、彼女らには礼儀がないのではなく、日本のように表に現れ一定の形式を持った「作法」により表現されるものではないということである。こうした日本的礼儀作法が学校教育を通じて、とくに公学校以上の台湾女性に教え込まれた。時期的にはやはり明治末に附属女学校の寄宿舎が整備され、大正期に「国民精神」教育が強化されてから漸次濃厚になり、一九二〇年代以降は、高等女学校の女学生の間にかなり浸透してきた。

新世代の台湾人女性による日本的礼儀作法には、共通するある種の「使い方」が見出される。彼女らは礼儀作法を自らの家庭生活に持ち込んで応用するのではなく、むしろ家庭の外部に対して、自らの身分、階層を顕示するための外交手段として使用する傾向が強かったと思われる。この点についての詳しい考察は次章に譲りたい。

6・2　教養の変化と影響

花嫁修業の学校化

台湾人の娘の身だしなみとしての手芸学習は、家庭のなかでの女性の伝習形式から徐々に離れ、学校に求められるようになった。花嫁修業の学校化は、まさに就学世代から開始されたものといえよう。

手芸の学習を動機とした入学は、台湾人女子教育の初期段階においてとくに目立っていた。附属女学校の記念誌の中で、創立初期の卒業生が語った自らの入学動機は、ほとんどが「手芸」であった。例えば張査某の場合は、「附属女学校では毎年のやうに、技芸品の展覧会があつて、美しく綺麗にかゝげられたり、並べられたりした其の手芸に、私は感激し羨やましくなつて、どうしても作つて見たいと言ふ欲望をそゝられるのであつた。其の手芸をやりたいのが、我々の入学の動機であると言へばいへるかもしれない」と語っている。[83]また曹緑は、自分の学科関心とその理由について「学科のうちで一番好きなのは手芸でありました。……家庭に必要であるばかりでなく、本島人女子として手芸が出来ないと言ふことは、非常な恥辱でしたから、はじめは嫌でも必要から迫られてしてゐるうちに、追々興味が湧いて、実に何とも言へぬ愉快な気分になるのでした」と説明している。[84]

生徒本人だけではなく、家庭の方でも娘が学校で技芸を習うことを認めたようであった。「家庭では私共が学校で習ふ色々の技芸を、うまく取り入れて、当時に於ける文化生活を営んでゐました。圍りの人々らも亦、私共に対しては可愛がりもし、賞めもして、よく認めてくれました。こんな有様でしたから、学校へ行くことは誇りでもあり、又楽しみでもありました」という。[85]

近代的知識技能と言語表現手段の習得

全島の公学校で男児と同様の初等教育機会が提供されたことは、台湾人女性にとっては画期的であったといえる。なかで漢文科と国語科の読み書きおよび算数の習得は、当時の士紳層の新しい女性像の期待通りの内容でもあり、台湾社会にとっては特に重要な意味をもっていた。第一に、基本的な知識技能であったとはいえ、従来の台湾家庭の女性の役割に新しい要素を持ち込むものであったことは確かである。それは夫婦関係、舅姑との関係、子供教育、娘の地位などに新しい変化の可能性をもたらした。第二に、たとえ基本的な知識技能であっても、それは女性自身が更なる社会的上昇を遂げようとする際にかならず必要とされる最低条件となった。

台湾人女性は男性とは異なり、上流出身でも漢学教育を受けた者は稀であり、ほとんどが非識字者であった。前述の本田茂吉による台湾人女子の国語学習必要性調査のなかで指摘されたように、初期入学の台湾人女性は、日本語の仮名を使い、自らの台湾語を表記し、互いの文字によるコミュニケーションを可能にする手段として国語の授業を歓迎したという。その背景には、一九〇〇年前後の一部の進歩的台湾人士紳の、女子教育に対する相対的に寛容な態度があった。女子の読み書きの学習は、日本人の女子教育機関で国語を学習するのと並び、伝統的書房で漢学を習うという選択肢も存在しており、双方の形式での女子生徒数はともに増加した。統治初期において、台湾人男子の場合は同様に台湾社会における漢学の必要性と立身出世および日本人との交際の必要性の双方に配慮して、書房と公学校に同時に通う風潮があったが、同様のことを行った女子もいた。

ただしその後、書房の優秀な教師の多数が公学校に吸収されたこと、総督府の書房教育抑制政策などにより、日本語を用いた植民地統治側の学校系統が台湾人の主要な教育ルートとして確立されていった。教育を受けた初代の台湾人女性らにとって、自らの文字表現として習得した言語は古典中国語文ではなく、植民地の国語である日本語文であった。

台湾人女子教育全体のなかにあって、言語を除く知識教科はあまり重視されず、日本人対象の教育に比較しても軽い比重しかおかれていなかった（游［1987：54,56-57］）。附属女学校や女子公学校など女子専門の初等・中等教育は家政教育を中心に、それ以外の男子と同一内容の初等教育の場合は国語が中心であった。

留意したいのは、台湾人女学生たちは自分が受けた教育内容のアンバランスさと日本人との間の格差を自覚していったことである。後述するように、それは女教員として実際に教壇に立つ経験、また進学競争が激化するなかで感じられはじめ、時代が下るにつれますます問題となった。

6・3　植民地体験と「国語」

日本の統治下にあって、読み書きの習得はすなわち日本語の習得ということを意味する。植民地時期に就学した台湾人女性の前世代との最も大きな違いは、国語である日本語の習得ということに他ならない。本項では「国語」を媒介とした台湾人女性と植民地統治の関わりについて分析していく。

上述の附属女学校の初期の卒業生のなかには、手芸の習得と並んで国語を自らの入学動機としてはっきりと挙げていた者が少なくなかった。たとえば洪愛珠は、「私は国語と手芸がおもしろくて好きでした」と記し、または曹緑も「私は国語や手芸が覚えたくて入学しました」と語っている。(86)

第一に、日本人との交際のために国語を必要とする女性の背景について見てみたい。一九〇五年前後の附属女学校の生徒を対象とした「台湾少女の知能」に関する調査を見てみれば、「最好ム教科」という設問に対して、国語の占める順位は学年によって大きく異なっている。低学年では三、四位を占めたが、高学年に属す本科第五学年、手芸科第二、三学年では二位、専修科では一位となり、学年が高くなるほど国語を好む割合が高くなっている。好きな教科の一位として国語を挙げた専修科生徒の回答の理由に注目すれば、「内地人ノ交際上入用」となっていた。(87)同調査実施時点の専修科は、手芸科卒業者のうち家庭の事情のために公学校に就職しない者が手芸の研究作業を継続するため、一九〇四年に正式の規則に拠らずして設置されたものであった。(88)生徒の平均年齢は、当時の女性の平均結婚年齢の一八歳を上回る一九歳九ヵ月で、多くは新婚の妻や、結婚直前の女性であったはずである。この年齢層で上流家庭の女性が統治側の日本人との交際の必要性から国語能力の重要性に着目するという事情が背景にあったと思われる。

第二に、台湾人女性の「内地人ノ交際上入用」とは具体的にどのような内容のものなのか。初期における全島の制圧が一段落した後、台湾総督府は台湾人の士紳階層を懐柔する方針に転換した。特に日本人官僚の女性家族の渡台が多くなってきた頃から、統治当局は女性の役割に着目するようになり、植民地の日本人高級官僚と台湾人との間に一種の「夫人外交」の習慣が形作られた。逆に台湾人士紳層にとってみれば、その一族の地元における権力基盤を確保するためには、当地の日本人官僚と良好な関係を保持することが不可欠であったのである。

女性たちの主要な接触は愛国婦人会を中心に行われた。たとえば台中の台湾人名望家の妻たちは、明治期から当地の地方官僚の夫人たちとの長い交際の歴史をもっている。一九〇四年の愛国婦人会台中支部の設立当初から、当地の台湾人名望家の女性家族の支持を得るために、庁長夫人は自ら幹部を率いて霧峰の林家と清水の蔡家を訪問した。公開の会合に参加する習慣のない台湾人女性であったが、両家の女性数人は発会式に出席し、初期より当会の役職に当たるようになった(89)。新竹庁でも同様に里見庁長夫人が会員募集のために自ら当地の士紳数名の自宅へ妻たちを訪問した(90)。

日本人統治層との交際が増えつつあった上流の士紳家庭において、女性たちは新たな必要性を感じたことであろう。女子教育の初期から、日本人を相手とする交際用言語として彼女らは意識的に日本語能力を習得しはじめていた。「国語」能力と台湾人女性の家庭における役割変化については、次章で引き続き考察を行いたい。

6・4　階層的シンボルとしての女子教育

前節で考察したように、植民地統治下の台湾人女子教育は上流偏重の性格を持っていた。女性自身および社会全体がこのことを自覚的に認知しはじめたとき、女子教育は一種の階層身分シンボルとして作用するようになったと思われる。

前章でもふれたように、一九〇〇年代に入ると解纏足運動に相俟って、内地観光経験者を筆頭に、家族の女性成員を積極的に就学させる士紳が増えてきた。だが台湾人女子全体の就学率からみれば、一九一七年までの一〇数年間は一—二％前後の水準で低迷していた（游［1987：286］）。入学者の出席率もかなり低く、一八九九年当時には四九％であった(91)。これに関連して卒業率も低かった。六年制の公学校を対象とした統計が示すところによれば、台湾人女子の毎年の卒業率の変動は大きかった。しかも一九二〇年以前では多い年でも入学者の五割を越えることはなかった。例えば一九一一年の入学者の中で一九一六年に順当に卒業したのは二五・五八％であったが、翌年は四〇・九二％となった（游［1987：90-91］）。公学校教育を修了した女児は全体の中では少数であった。

女子初等教育の卒業生中の中等学校への進学者はさらに少数で、一九〇八―一九三六年の進学者の比率はほぼすべての年度において一〇％台にとどまっている。(92) 一九二〇年代以前に唯一の女子中等教育機関だった附属女学校に入学できたのは、本人の成績が優秀でかつ、教育を重視する裕福な家庭出身の娘たちであった。女学生であることの立場上の変化は、彼女ら自身も意識しはじめた。一九一三年度卒の鐘腰涼は次のように述べている。

あこがれにあこがれたこの学び舎の生徒の一員となり得た自分を、この上もない名誉であり、幸福であると感じました。校長先生や先生方から、「全島百何十万の女子の内、百何人しかこの学校の教育を受けてゐない皆さんが……。」との一言を承る時は、いつも一種の誇りを感じ、雄々しく聳えたつ山々も、洋々たる大海も、草木の緑も、小鳥のさへづりも皆、私共の存在を祝福してゐるやうな気がして、それはそれはいつもにこやかに勉強して来たのでありました。外部の人々は勿論、羨望の眼で見てゐたのでした。(93)

娘の上級学校への受験・合格は、一族の栄誉としてとらえられた。新竹の名門出身の劉玉英が一九一八年に附属女学校改編後の台北女子高等普通学校に合格した際、一族だけではなく地元全体も巻き込んで大変な騒ぎとなったという。自宅には祝賀に来た公学校の校長、教員と親戚が大勢集まり、一族の長老に当たる者は御褒美として一〇〇圓の大金を彼女に贈った（李遠輝・李菁萍［1999：12-13］）。

6・5　纏足世代、解纏足世代、女子教育世代

纏足から教育世代への移行期に、女性の学歴は新しい身分的シンボルとして現れはじめた。初代の女性たち自身に及ぼした変化は未だそれほどではなかったが、世代の移行が一段落し、高等女学校の制度も確立された一九二〇年代に入ると、新世代の婚姻問題に絡んでこのシンボルは一気に社会に浸透していった。詳しい分析は次章に譲るが、ここでは初代の台湾人女学生の登場について女性史の世代区分の側面からあらかじめ把握しておきたい。

一九〇〇年前後に少女期に入り、纏足と解纏足者が共存しており、教育内容としては技芸が主であった初代の台湾人女性を「解纏足世代」と規定するならば、彼女たちの「女学生」という身分は、より若い世代の妹たちに、女性の生きる新しい世界を具体的に提示したものといえよう。

過渡期の「解纏足世代」と違い、一九二〇年以降に少女期に達した娘たちは、解纏足運動の成果に恵まれ、纏足の慣習から全面的に解放されていた。彼女たちの時代には、公学校（または小学校）から高等女学校への女子教育の進学コースが自他ともに人生の道として当然のごとく認められていた。本書では彼女たちを「女子教育世代」と呼ぶ。

纏足をして読み書きのできない母親の世代と異なり、台湾史上最初の女学生であった「解纏足世代」の登場は、従来の正統的な娘時代のイメージに大きな変動をもたらした。一九一〇年に公学校を卒業した鐘腰涼は、公学校の隣りにあった附属女学校の姉たちへの憧れについて以下のように綴っていた。

女学生の一言一行、なす仕事、歌ふ唱歌、鳴らすオルガンの音は、どれ位私共公学校児童に、刺戟を与へ

たか知りません。お休の時間や、放課後には教室をのぞきに行き、「姉さん、姉さん」と呼びかけては、その側へ寄りついて、唱歌を教へて戴いたり、面白いお話をきかせて戴いたり、成績品を見せて戴いたり、ある時は祖師廟の学寮へつれて行つて戴いたりして、いつの間にか私共に「よい姉さんがたくさんできた」という喜びを与へて下さると同時に、自分が公学校を卒業したら、お姉さん達のやうに女学校へ入つて、もつともつと知識や技能を磨き、人間として、又は女子としての道を学ぼうといふ強い願望を抱かしめられた。(94)

血縁関係のある一族中の姉たちからの影響はさらに大きかった。蔡素女は、当時附属女学校に在籍した実姉が家族に可愛がられることに嫉妬と羨望の気持ちを覚えたという。姉からの刺激と競争意識は一九一五年に自らも附属女学校に進学する動機となった(游[1994a:125])。そして、当然ながら、解纏足世代(さらに女子教育世代)が母親になれば、その娘の教育に大きな影響を与えることとなる。

第三章　「新女性」の誕生

前章までは「新女性」の誕生前史として、日本植民統治初期の二〇年間における纏足慣習からの脱却と植民地女子教育の受容という二つの側面に着目しながら検討を行ってきた。本章では、こうした歴史社会的な変動のなかにおいて、最終的に一九一〇年代後期から一つの世代としての「新女性」が誕生したことを、学校という場に着眼しながら明らかにしていく。

まず第1節では、纏足の経験を持たず、学校制度に吸収された教育世代の女性に統治側はどのような構想と期待を抱いたのかについて、一九一九と二二年の二回の台湾教育令の発布を中心とする大正期の女子教育方針の転換をとりあげて検討する。つづく第2節では、大正期に日本式教育を受けた第一世代の男性の抱いた女子教育観の変化について、その言論と実態をおさえながら分析を行う。最後に第3節では、教育世代の女性に即し、その人格形成とライフスタイルの変容の観点から「新女性」の誕生を考察する。

1　統治側の女子教育方針の転換

1・1　諸環境

大正期に入り、統治当局の植民地教育政策は、内外情勢の変化の中で大きな転換を見せた。島外では、一九一一年の辛亥革命をはじめ、第一次大戦後の国際情勢の変化、朝鮮の三・一独立運動、そして日本内地では首相の原敬による内地延長主義の影響などが挙げられるが、中でも中国の辛亥革命の影響は著しかった。駒込武[1996]によれば、すでに辛亥革命の段階から、アジア諸民族におけるナショナリズムの興起に対して日本帝国主義は守勢にまわりはじめ、内地延長主義への転換を促す思想が準備されていた。こうした情勢は台湾島内の教育政策の転換を促した直接の要因であったろう。これについて、駒込の研究に依りつつ、以下に簡単にまとめておく。

ひとつは辛亥革命の影響への警戒である。統治側にしてみれば、対岸の革命の影響は主に二つの側面から捉えられる。第一に、一九一一年の革命が体現していた近代化の方向性に同調した結果、一九〇〇年前後から展開された台湾人の断髪と解纏足運動は短期間での成功をおさめたが、統治側にとっては「陋習」改革の達成は望むべきものであった一方で、士紳層の文明追求の中核にある母国中国の存在は一種の恐怖でもあった。第二に、台湾島内では一九一三―一九一四年にかけ、漢族系台湾人による抗日武装蜂起未遂事件が相次いで起こった。特に一九一三年の羅福星事件については、首謀者の羅氏が辛亥革命の参加経験者であったため、総督府は対岸の革命の波及を警戒するようになったのである。

もうひとつは前記に関連して、統治側には士紳層を対象とした「協力メカニズム」を強化する必要が生じた。第一に、士紳層を中国への求心力から切り離し、第二に、民心の動揺に対処するにあたって士紳層と一般民衆を区別し、前者をより確実に体制内に取り込まなければならなかった。その一方で、先住民族が居住する台湾山地の資源獲得を狙って、一九一〇年から打ち出された「理蕃五ヶ年事業」において、山地の戦争に投入された資金と人力は予想以上のものがあり、資金面において、また物資の運搬などに当たる人夫の徴集においても、士紳層の大々的な協力が不可欠となった。

一九一〇年代の台湾の教育政策は、駒込［1996：186］の言葉でいえば「外における辛亥革命、内における原住民征服戦争によって、総督府支配が動揺するなか、郷紳の要求の一部を取り込みつつ、〈協力メカニズム〉を再構築しようとする原理に基づいて推進された」ものだった。そして一〇年代初期の内外情勢の変動は、「従来の植民地主義に基づく教育軽視論を越えて、〈安全弁〉としての教育の意義を次第に明確にさせた」という。

以下では、政策転換の内容について、女子教育を中心に検討する。

1・2　転換

前述のように、台湾人を対象とする初期女子教育は、統治側の初志によれば国語教育を目標とすべしとされていたが、現実に教育内容の大半を占めたのは手芸の伝授であった。しかし、大正期の環境の変化にともない、女子教育の方針は一九一〇年代後半から大きく転換されることになった。本書のテーマに関連しては、纏足から脱却した新世代の女性に、統治側はどのような役割を期待していたのかについて、この時期の女子教育政策を通して検証する必要があろう。ここでは制度上の変遷に沿いながら検討する。

大正初期から第一次台湾教育令以前

大正期における台湾島内の民心動揺は、植民地女子教育の意義を再考させるものになった。一九一一年から総督府学務課長兼国語学校長を務めた隈本繁吉によれば、「種々の迷信謬想に囚はれたる台湾中南部の不祥事の勃発」が、統治者に衝撃を与えることになった。当時の台湾総督佐久間左馬太と民政長官内田嘉吉は、あらためて「島民の同化融和は女子教育を通じての家庭より始むべし(1)」の主張に同意し、女子教育振興策を支持する姿勢を示しはじめた。

また、士紳層からの要求も一定の影響を及ぼした。林献堂、辜顕栄らの有力士紳が台湾人子弟を対象とした内地並みの中等教育機構の設置を強く主張した結果、一九一五年には公立台中中学校の設立に至った。同時期には女子教育に対する要望も強かった。附属女学校への進学希望者の急増に対しても統治側はようやく対策を講じ、学級の増設、学生収容数を拡大するための教室と寄宿舎の整備に公費を投じはじめた。

教育内容についても、技芸にとどまらないより高い水準の中等教育への要望は高まりつつあった。これに対し一九一三年には学校規程の仮改訂が行われたが、島内での教育内容に満足できないため、一般教育を求めて内地に転学する女学生も一九一五年前後から現れてきた。こうした「時勢の要求」の圧力の下で、附属女学校側はふたたび学校規程の仮改訂を行い、技芸の教学時間を削って普通学科を増加させるなどの内容修正を余儀なくされた。最終的には、普通教科七科目（修身、教育、国語、漢文、算数、理科、家事）の教授時数が四四、技能教科八科目（裁縫、造花、刺繡、手工、習字、図画、唱歌、体操）の教授時数が六四、すなわち技能科六に対し普通科四の比重となった。技芸教科は依然として中心的地位を占めたものの、教育の重心は徐々に普通教科へと移りはじめた(2)。附属女学校末期の仮改訂は、一九一九年に普通教育中心の女子高等普通学校への移行に準備されることになったのである。

士紳層の教育要求に譲歩する一方で、内容に関しては総督府の注意深いコントロールの下に置き、意図的に教化をおこなうという教育政策の二面性については、すでに駒込［1996：186-189］の指摘するところである。女子教育の場合、新校舎の移転など学校のハード面の整備、普通教科の授業時間の増加とともに、国語能力の養成と訓育上の国民精神訓練がワンセットとなり、より積極的に展開されることになった。こうした傾向は一九一九年以降、さらに顕著になる。

このように、大正期に入ってから一九一九年までの間、すなわち女性の解纏足世代から教育世代への移行が急速に進むなかで、統治側は台湾社会内外の情勢の変化に対応するために、女子教育の内容調整と制度的確立に取りかかるようになった。教育世代に属する二〇年代の新女性が受けることになる教育内容の下準備は、この段階ですでに行われていたといえよう。

第一次台湾教育令期

以下では、第一次および第二次台湾教育令について検討しておきたい。「新女性」が受けた教育の性格は、同法令によって規定されたからである。

一九一九年に公布された第一次台湾教育令は、台湾人を対象とする教育制度を確立したものであった。女子教育においても制度面の本格的整備と教育内容の確立の面から見て、画期的な意味を持っている。一九三九年に台湾教育会によって出版された『台湾教育沿革誌』の中では、この教育令の要点の一つは「普通教育（特に女子教育）を完全にすると同時に、実業教育を重んじる事」であると指摘されていた(3)。

制度面からみれば、同教育令の第六条「普通教育ヲ為ス学校ヲ分チテ公学校、高等普通学校及女子高等普通学校」により、六年制の公学校と三年制の女子高等普通学校という体系を形成した。ただし、①台湾人と日本人の別学、②台湾人を対象とする女子高等普通教育は修業年限が三年となり、日本人女子対象のものより一年ないし二年短くなっている点に注意する必要がある（山本［1999：25］）。台湾人男子を対象とした高等普通教育は本国同様の四年制とされたのに対し、台湾人女子の場合には内地と同じ程度の修業年限が与えられなかったということである。

教育機構の整備について、普通教育では一九一九年四月に国語学校附属女学校が台湾公立台北女子高等普通学校へと改編された。同年に中部では台湾公立彰化女子高等普通学校、二年後の一九二一年に南部では台湾公立台南女子高等普通学校が新たに設立されたのである。師範教育では、女子師範の設置には至らなかったが、女子高等普通学校において本科の上に一年の師範科を増設することになった。

教育の内容からみれば、「国民性格」の養成が台湾人女子教育の第一義的目的であった。「教育ハ教育ニ関スル勅語ノ旨趣ニ基キ忠良ナル国民ヲ育成スルヲ以テ本義トス」（第一次台湾教育令第二条）と、「身体ノ発達ニ留意シテ徳育ヲ施シ普通ノ智識技能ヲ授ケ国民タルノ性格ヲ涵養シ国語ヲ普及スルコト」（同第五条）に見られるような普通教育全体の目的の下で「婦徳ヲ養成」（同第一三条）することを台湾人女子普通教育の重点として明確に規定を行った。この点は、一九一九年四月二〇日台湾総督府令第四七号「台湾公立女子高等普通学校規則」[4]をみれば、一層明瞭である。生徒の教養上の注意事項を総合的に示した第六条は次の通り規定している。

一、何レノ教科目ニ於テモ徳性ノ涵養ト国語ノ練熟トニ留意シ国民性格ヲ確立セシムルコトニカムヘシ

二、貞淑温良ニシテ慈愛ニ富ミ勤倹家事ニ従フコトヲ好ムノ習性ハ女子ニ最必要ナルヲ以テ何レノ教科目ニ於テモ常ニ此ニ留意シテ教授セムコトヲ要ス

三、知識技能ハ常ニ生徒将来ノ生活ニ適切ナル事項ヲ選ヒテ之ヲ教授シ成ルヘク実際ニ応用セシムルコトニカムヘシ

具体的な変化は以下の二点に分けて整理できる。

第一に普通教科と技能教科の比重の逆転である。教科課程の最も大きな変化は、植民地女子教育開始以来の手

芸中心の教育内容から普通学科中心への転換であった。一九一九年の女子高等普通学校への昇格とともに、教科課程について大幅な改革が行われた（表2-2を参照）。他方、普通教科については、A、国語の比重が一九〇九年の一七・五九％から二五・八一％へと大いに増加、B、修身の時数比率も一九〇九年の二・七八％から六・四五％へと二倍以上になり、C、新しく加えられた歴史と地理が五・三八％の比重を占める、などの変化が見られた。また、技能教科については、独立した科目であった刺繍、造花に「編み物」を加えて「手芸」と改称すると同時に、「手工」は廃止された。裁縫と手芸の時数を合計すれば総時数の三二・二六％となり、一九〇九年の四二・五九％に比べ大幅に減少したことがわかる。結局、普通教科九科目（修身、教育、国語、歴史、地理、算数、理科、漢文、家事）の教授時数は六一時間、技能教科五科目（裁縫、図画、音楽、手芸、体操）の教授時数は四三時間に改変され、教科の重さは、普通科六に対し技能科四の割合を示すこととなり、両者の比重はついに逆転することになった。(5)

このような教科課程の改革について、学校当局は「実に台湾女子教育の進歩」であると自画自賛した。(6)だが山本礼子［1999：29］の指摘によれば、週九時間ないし一一時間となった裁縫・手芸の時間数は、日本内地の高等女学校施行規則の週四時間の裁縫と比較すれば、まだ圧倒的に多かった。他方、修業年限が短縮されたため、他の教科も教育内容については、日本人対象のものよりはやや簡便なものになっていた。

第二に台湾人女子の「国民性格」の養成である。教育の重心が技能科から普通科へと移行した背景には、女子教育の内容に対する台湾人士紳層の要望がある一方で、統治サイドにおいても手芸伝授のレベルから脱却し、「国民性格」の養成をつうじて、新世代の台湾人女性の「質」そのもの改造する意欲があったろう。

こうした教育理念は国語科において最も鮮明であった。教学時数の中で最多を占めた国語科の教学について、台北女子高等普通学校側は次のように位置づけを行っていた。「国語の統一は即ち国民思想感情の統一で、聽ては国家の統一であるから、国語の統一は国力維持上最も重大な要件であると考へて、国語科の教授には甚大なる注意を払ひ、其の理解と応用とは勿論、国語に含蓄せる国民精神を体得せしめることに最も力を用ひた」(7)。

ほかの学科の教則と理念もその延長線に位置し、単に知識や技能の教学だけではなく、教学を通じ日本語と「国民精神」そのものを植え付けることが意図的に行われた。

まず、時間数が二倍に増えた修身の教則は「教育ニ関スル勅語ノ旨趣ニ基キ道徳上ノ思想及情操ヲ養成シ実践躬行ヲ勧奨スル」ことを要旨とした。これは「嘉言、善行及日常生活ノ実際ニ就キテ道徳ノ要領ヲ教示シ我国道徳ノ特質ヲ悟ラシメ特ニ貞淑ノ徳ヲ養フコトニ注意シ又普通ノ礼儀作法ヲ授」けるものと規定された。

歴史と地理を新設する目的は、台湾人女性により高い程度の学問を提供するものというより、歴史については「我国体ノ特異ナル所以ヲ明ニシ国民性格ノ養成ニ資シ兼テ我国ノ発達文化ノ由来及世界ノ大勢」を、地理については「本邦国勢ノ大要」を理解させるためであった。

同時期の日本内地の女子教育方針に照らし合わせてみよう。第一次大戦後、日本内地の女子教育においては、旧来の家庭内における妻・母役割が期待されつつも、女性のもつ社会的可能性を引き出し、国民として国家に吸収していくことが目標とされていた(小山［1993：161,168,191,210］)。これに対し一九一九年の台湾教育令の「婦徳」、「国民精神」などは、条文の文句の上では大きな相違はないものの、その最も重要な意味は、女性を「台湾的」女性から「日本的」女性へと改変することそのものにあった。台北女子高等普通学校当局が、みずからの役割を「内面的には旧来の思想感情及趣味を国民化することに努め、外面的には本島婦人の風俗慣習の長短を考へ、悪しきは之を矯正し善きは之を助長し、併て内地婦人の長所美点は之を知らしめ、徐に我が国ぶりに同化する様に力を尽した」(8)と自己評価したのは、その端的な例である。

女学生に対する「日本的」女性像への同化教育は、知識教科に限られず、いわゆる「趣味の養成」に属するところの音楽、図画などの科目においても、「鑑賞力を養ひ、高尚なる趣味殊に母国趣味の養成に力を尽した」。具体的には、「図画は特に日本画の写生に重きを置き、生花は本島の家庭生活を顧慮して盛花を授け、以て母国趣味養成の一端と」したのである。[9]

「台湾的」女性から脱却し「日本的」女性に変貌を遂げる精神教育の徹底は、寄宿制度を通じて行われた。一九一九年から新設された師範科の女学生に対しては「内地の生活状態を味はせ、国民的趣味を養成する」ために全寮制が実施された。[10] 卒業後、公学校教育に従事すべき人材として、彼女たちに対する精神教育は一層重視されたためである。

第二次台湾教育令期

大正期以降の女子教育方針は、基本的には普通教科中心と国民精神教育重視という一九一九年のものを踏襲する形となり、さらに一九二二年の第二次台湾教育令を通じて一層強固なものになった。

第一に、初等教育における公学校と小学校の入学基準は、国語常用の有無によって判定されることになった。すなわち「国語ヲ常用スル者ノ初等教育ハ小学校令ニ依ル」（第二条）に対し、「国語ヲ常用セサル者ニ初等普通教育ヲ為ス学校ハ公学校トス」（第三条）。こうして日本語能力は、一九二二年以降は、台湾人学生の入学・進学時の主要な選別基準となった。まず、初等教育段階においても日本語常用者であるか否かは、公学校か小学校かの選別基準となる。スタート時点から日本語能力による選別が行われ、これにより主に日本人子弟中心の小学校に入るか、比較的程度の低い公学校に入るかが決められる。ともあれ、こうして日本語能力を有する台湾人女児にも小学校への入学が認められることになった。

第二に、中等教育以上においては台湾人、日本人の別なく共学の制度を用いることとなった。教育令の改正により従来の高等女学校（日本人）および女子高等普通学校は、一律に四年制の「高等女学校」となった。このように、中等教育以上で日本人と台湾人の共学が導入されることになったが、実際には初等教育を受けたのが公学校であるか小学校であるかによって、入学する際の受験生の競争力には歴然とした格差があった。とくに日本語能力が最も重要な条件であった。高等女学校の国語の教学時数が減少しているのは、日本人との共学という要因とともに、入学の時点ですでに選別が行われ、学校側が期待するだけの日本語能力をもつ入学生が確保できていたという要因もあった。

第三に、教育内容について、同令に基づき発布された公立高等女学校規則により、「修身、国語、歴史といった思想性の高い教科が規制され、生活に密着した家事、裁縫、手芸等の地域性は喪失してしまった」点が指摘される〔山本［1999：37］〕。ここで留意したい点は二つある。一つは「地域性の喪失」について、これは統治サイドの一方的な強行策というより、学力、日本語能力を重視せざるをえない状況にあって、台湾人側の女子教育期待のなかに手芸、裁縫などの技能科目を軽視する傾向が強くなってきた点である。もう一つは、技能教科よりも知識中心の普通教科が重視されるようになったことは、台湾人側の要望でもあったが、それは決して台湾人が想定した普遍的な知識伝授の次元にとどまらなかった点である。思想的な逸脱を防ぐために、統治サイドの第一義目的であった「国民精神」教育が、「安全弁」としての修身、国語、歴史など、思想性の高い教科を中心に強化が行われるという側面が存在した。

以上をまとめれば、大正期における植民地女子教育の主軸は、新世代の台湾人女性の日本への「同化」を促進することにより、前に触れた隈本繁吉の「島民の同化融和は女子教育を通じての家庭より始むべし」という意味において、植民地社会の社会と家の内部から影響を与え変革を推進しようとすることにあった。

しかし、「国民化」、「国民精神」、「国民的趣味」など植民地女子教育論のなかに頻出した諸概念は、内地のそれとは幾分異なる次元の用語であったことに注意したい。大正期の女子教育内容の再編については、日本内地にあっては「具体的な女性の実力の養成」をめざし、女子高等教育の整備、体育の充実、科学思想の導入などが一九二〇年の高等女学校令改正時に行われていた（小山［1993：168、185］）。ここでの「国民化」は、日本国家による社会的動員のレベルにおいて用いられていた。これに対し、植民地台湾においては何よりも台湾人女学生の国語教育の強化が第一義的方針であり、すべての授業で日本色を取り込むことが重視された。台湾人女性の妻・母役割の強調は、台湾人家庭・社会という他者に対する日本統治側の立場から出発したものであった。植民地で使われる「国民化」は、ただちに社会的動員に結びつくものというよりも、まず第一歩として台湾色から日本色への転換という「日本化」のレベルの意味合いがより大きかったと思われる。

だが、後にみていくように女子教育の指導原則としての「国民化」＝「日本化」は、二〇年代においては民族的自覚を促そうとする知識青年からの挑戦に向き合わねばならなかった。

2　台湾社会の女子教育観の変化

本節では、大正期における女子教育観の変化について、台湾社会側の視点から検証を行う。

新女性の世代が誕生する二〇年代前後に、台湾知識人の間には二つの女子教育観が存在していた。一つは「斉家興国論」の女子教育観であり、もう一つは「解放論」の女子教育観である。(11)

「斉家興国論」の女子教育観は、そもそも一九二〇年以前の台湾知識人の女子教育観の特徴であり、その内容は従来の良妻賢母の伝統的教育観に基づきながら「斉家興国」を理想とするものであった。こうした観点は、解纏足世代から女子教育世代までの女性の父や兄にあたる士紳たちの間では主流を占めた。一九二〇年以降、もはやこうした観点は支配的ではなくなっていたが、一部の知識人のなかには根強く残存していた。他方「解放論」の女子教育観とは、一九二〇年からとくに留学生たちを中心とする日本教育世代（ほとんど男性論者）により主張された理念である。第一次大戦後の世界の社会思潮と婦人運動などの影響を受けたものであり、彼らの論点は、女子教育を通じて地位の不平等など女性にまつわる諸問題を解決することにあり、留学生を中心とする新知識人の言論雑誌『台湾青年』『台湾』『台湾民報』など（総称の場合、以下は『民報』系列の雑誌と略称）の紙上を通じて議論が展開された。「解放論」はそれ自体、新女性の誕生を規定するものではなかったが、二〇年代から登場してきた彼女たち自身、およびその育成機関に最も大きな影響力を持つファクターであった。こうした側面から、統治者の女子教育方針の転換とほぼ同時に現れてきた、台湾人新世代知識人の「解放論」の女子教育観をも合わせて考察しておきたい。

2・1 「斉家興国論」の女子教育観

「斉家興国論」的な「良妻賢母」の女子教育観は、家族、国家に直結する形での家庭内の妻、母役割を強調するものであった。しかし植民地統治下の台湾においては、「斉家興国」論は決してその字面通りの内容とはならないため、ここで説明を加える必要があろう。

「興国」を射程に含めた女子教育論は、明治維新後の日本や近代中国でも見られるが、植民地台湾の女子教育論の中の「国」の位置は、両者と比較すれば随分と異なっている。近代日本と中国の女子教育の起点は、国家統合のための一つの重要な工程として認識されたところに発していた。女性の母・妻としての役割の強調点は「家」のためから、「国」のためへと変化するようになった。これらに対し、植民地台湾の「斉家興国」の女子教育論は、「家─国」という構図を用いながらも、実際の着眼点は「家」の次元における女子教育の利益に置かれ、

「国」は抽象化・曖昧化され論理上の存在として扱われた。留意したいのは、こうした女子教育観は、一九〇〇年以来の解纏足運動の論理と一致していたことである。

小山静子［1993：34-42,46］によれば、明治の啓蒙期から日清戦争を経て、日本の女子教育論においては、女性の家庭内で果たすべき役割が国家的な視点から価値づけられ、女子教育の必要性が主張されるようになったものとされる。日清戦争後に確立された良妻賢母思想の女子教育観は、第一に、女性は抽象的人格としての国民としてだけではなく、家事・育児を通して国家に貢献する具体的国民として捉えられた。家政管理や家庭教育においては、女子教育による知識を活かしての内助と国民的自覚の覚醒とが重視された。第二に、妻よりも圧倒的に母役割に重点を置いての女子教育の必要性が強調された。なぜなら、国家からみれば次代の国民の養成に深く関わる母役割の方がより重要であり、価値づけやすかったためである。これに対し妻役割は、主に「男は仕事、女は家庭」という近代的な性別役割分業観にのっとった上で、家事労働の務めを果たし、家政を管理することとして位置づけられた(12)。そこで、女子教育体制に期待されるのは、良質な母・妻の育成を通じて国家に対する観念を醸成することであった。「良妻賢母」の現実上の実践の場は従来通りの「家」であったが、その目的は「家」の外部にある「国」であった。

他方、日清戦争に敗れた中国では、「救国」を目的とする女子教育振興論が台頭してきた。早期にもキリスト教が経営する女子教育機構は存在していたが、日清戦後の刺激を受け、維新運動の知識人を中心に中国人自身による女子教育の呼びかけが行われるようになった。なかで代表的な論者であった梁啓超の女子教育論の中核は、まさに「強国保種」の理念にほかならなかった（陳東原［1998：322-324］）が、当時の知識界の女子教育論をめぐる論調は様々であった。夏暁虹［1998：141-147］によればそれらは以下の二つの派に整理できる。

まず「良妻賢母」論者は妻、母として家庭内役割を強調し、夫に従い、子を教え、家政の管理を行うことを女性の本分と見なした。つまり良妻賢母の養成を重視し、教育内容については必ずしも男子と同じでなくとも、女性に相応しい知識を教授すべきと考え、家庭を女性の基本的な活動の場として想定したわけである。他方、「非良妻賢母」派は、国民としての女性、女子の国家に対する責任を重視し、女性国民の創出を女子教育の最高目標とした。そのため、教育においても男女ともに同じ内容を、社会的にも同等の権利を要求した。したがってこれを実践するには女性は家を出、社会を活動の場としなければならない。しかし、女性をあくまでも家庭内の存在と捉え、社会的活動については望ましくないとする「良妻賢母」派の場合も、家庭内の女性に国民意識を求めている点においては共通していた。それは国家思想によって夫を激励し、子女を教育するという間接的な役割であった。

一見対立する日本・中国両者の間には、明らかに「国」という共通項が存在していたことになる。そのため、夏［1998：147］が指摘するように「国民の母」という言葉が両派に受け入れられることになり、当時の女性に関する語彙の中での使用頻度は最も多かった。

さて以上に対し、植民地台湾における「斉家興国」の論理は、二つの特徴を持っていた。第一に家の利益重視、つまり国家に言及しながらも実際の重点は「家」に置かれていたことである。個人、家、国家という伝統的世界観に依拠し、女子教育の受益者は女性個人にとどまらず、一家にまで広がり、最終的には国家に達するという図式が普遍的に用いられたにもかかわらず、議論のほとんどは家を中心に展開され、女子教育論者の関心は、主として（一）円滑な夫婦関係、嫁姑などの家族関係、（二）家政能力、（三）次世代の教育、という三つの側面に集中していた。

一九一八年一一月末より『台日』で連載され、「女子教育論」をテーマとした漢文による公募論文の入選作はその好例であった(13)。女子教育の必要性について、論者は例外なく斉家と興国の立場から立論しながら、実際の関心は家庭の利益の方に置かれていたのであった。女子教育がなぜ家に利益をもたらすかといえば、「男は外、女は内を治めるものである。遠大な志を持つ男は、内助を最も必要とする。しかしこれは無知な婦女にはできないことである。したがって女性が教育を受けて道理を分かれば、夫を助け、家庭にしっくりと適合するのである。……男子が外出したときには、教育を受けた女子であれば、男子と同様に書信の往来、簿記会計の管理をすべてこなすことができる。これは何もできずただ男子に養われる女子に比べれば、その差は歴然としている。教育を受けた女子は家族の模範になるのみならず、広く一般の女子の手本になり、一家を治める道を成す。世間の賞賛は女子だけではなく、男子自身にも及ぶ。女子教育が家にとって利益をもたらすという所以がここにある」(14)。こうした議論は、ほぼ天然足会の黄玉階の見解を踏襲するものであったといえる。

夫婦、嫁姑などの家族関係について、例えばある論者は「一家の中に男子が半数、女子が半数を占めている。この無教育の半数がともに仕事をするとなれば、必ず意見が分岐し、混乱に陥る。……古人が言うように、智者とともに死んでも、愚人とともに生きたくないものだ」と指摘し、女子に教育をさせ、物事の道理を授けることによって、「夫婦の反目、嫁姑の喧嘩など他人に嘲笑されることもなくなるだろう。故に女子の無教育の弊害は、浅くは自分自身、深くは家と国にも及ぶ」(15)という。また女性の家政能力と家庭教育について、ある論者は「夫を助ける妻として、多病、無知、不徳はいけない。内助の能力を失い、家を潰すことになるからである。子を育てる母は、子供の賢愚、身体の強弱を大きく左右する」と論じた(16)。別の論者は女性の無教育の弊害について、「舅姑への不孝」、「夫への不敬」、「嫁同士の不仲」、「近隣との不仲」、「不節操」、「勤倹の欠如」、「才徳の欠如」、「智恵の欠如」、「慈愛の欠如」、「忠義の念の欠如」の一〇点を列挙した(17)。女子の無教育が嫁、妻、母の役割を通じて家庭に影響を与えることを各側面から詳細に論じているが、国家への影響について触れたのは最後の「忠義」の一点のみであった。

「斉家興国」論の第二の特徴は「国家」概念の曖昧さである。女子教育論のなかで台湾知識人が「国」を用いる際、その概念は非常に曖昧なものであり、ほとんどの場合は具体的な対象を示さず、抽象的な概念として用いられていた。「国」が示す対象は、場合によって「中国」であるとも、「日本」であるとも、または台湾大の「我々」であるとも解読できる。これは第一章で検討した解纏足論の中の「国」に類似する。

台南の王則修の議論を例にとれば、「女子の教育は家と国に利益をもたらす」という論に立ち、国家にもたらされる利益について、女子教育の優生学的効果と国家観念の確立に即して以下のように論じている。つまり「昔は婦人は政治参与の体制が存在せず、参政権もなく、女は国と何の関わりもなかったようである。しかし今の世界は国の富強をもとめて競い合う。国の富強は間違いなく民族の強大さに基づき、民族の強大さは女子の生育に基づく。……そのために女子は文明教育を受け、修身や体操で訓練され、健全な身体に鍛えられる。こうすれば産まれてくる子供も必ずや強壮である」。つまり「産む性」である女性の母としての役割が、「国」の利益に結びつくという観点であった。そして「愛国の精神」を持てば、「平和時期に家政を通じて国に貢献し、多事の時期に夫を助けることにより、国を扶助する」。言いかえれば「国家は男子の扶植がなければならないが、最もなくてはならないのは女子の後援である」という。ここでの「国」は一見すると「日本」の意味合いが強く込められているようだが、他方で「中国」、我々「台湾」という解釈も可能である。

さらに女子教育を世界の時勢として捉え、「我が国」のために欧米諸国に追いつかなければならないという論調もあった。つまり「我が国は東亜の古い国であり、周囲の標的でもある。早期に人材を養成して自衛に備えなければ、おそらく永遠に異民族に威圧され、復興できる日は来ない」と、最後に「一家のために女子を教育しなければならない。一国のために女子は最も教育しなければならない。潮流と時事に順応するためである」[18]とした。この場合の「国」は、元の宗主国であった「中国」をさしていることは明らかであろう。だが同時にこれを「日本」と読むことも全く不可能なわけではない。また、「国の根本は家に在り、家の中堅は婦人に在る」と主張する論者にとっては、文中の「国民」は結局のところ「島人」（台湾人）をさしていた。彼は次代の「国民」に対する女子の無教育の弊害を述べる一方、台湾人女子教育機関の不足について触れ、「島人を奮い起こす者には、島人に強健の賢妻と賢母を育成する道を考案しなければならない」[19]と指摘しているのである。

この独特な「国」の論理は、当時の日本人教育関係者が指摘するように、「国家概念が薄弱」であるためのものであるよりは、論者たちが意図的に「国家」概念を曖昧にすることで具体的な議論を避け、あくまでも「理想」の提示にとどめ、それ以上の議論を拒んだことによるものではなかろうか。結局、台湾人の女子教育論のなかで実質的な意味をもったのは、「斉家」の次元まででではないかと思われる。「国家」を「日本」としてもと解釈できる余地を残した点は、政治的な「安全弁」の役割をもたせる意味もあったろう。他方「国家」を「中国」と解釈できる側面においては、植民地状況におかれた台湾人知識人にとっての自己合理化作用を持つもののではなかろうか。そして、国への言及は、台湾人女子教育の日本の国益との関連を強調することにより、日本側の女子教育重視を呼びかける側面も無視できない。ここから、「興国」はたとえ実質的な意味を持たなくとも、女子教育の「理想」として論を立てること自体が、植民地社会なりの政治的意味を持っていたといえる。「興国」が実質をともなわない点から、上述のような女子教育観を「植民地的」斉家興国論と呼ぶことも可能であろう。

2・2　「解放論」の女子教育観

「解放論」の女子教育観は、それまでの「斉家興国論」の女子教育観に比べ何が異なっていたのであろうか。こうした「解放論」の女子教育観が形成された現実的背景には、何よりも男子の中等教育修了者の増加と、学歴を重要な規定要因とする社会層の形成、さらにこれらの男性に見合うだけの資質を備えた女性を養成することについての社会的要請があった[20]。このため、「解放論」的女子教育論者たちは、ほとんどが日本教育を受けてきた新知識人であった。同世代の男性たちは、主として日本経由で新思潮を吸収し、同時に中国の動きからも刺激を受けていた。したがって二〇年代の「解放論」の女子教育観を分析する際には、二つの視点を欠かすことができない。まず一つは、新知識人の女子教育の提唱は、当時の世界の社会思潮および婦人運動に触発された議論であったために、従来の研究も指摘するように、女性の地位の向上、女性運動の実現、女性問題の解決を目的とする側面が確かに存在していたということである（游［1987：78］）。だがもう一つの視点として、前述のように「新男性」に相応しい「新女性」が期待されたという側面にも着目すべきであろう。この点について、詳しくは次章で考察を行うが、ここでは主に新知識人が女子教育に何を求めていたのかに限定して明らかにしたい。以下では、「新女性」の形成が要請されたという側面から、従来普遍的な社会運動の一環と見なされてきた「解放論」の女子教育観について二重の視角から検討を行う。

「斉家興国論」において肯定されていた女子教育の存在価値そのものは、二〇年代の「解放」の文脈において再確認されたが、新知識人が用いる「解放」概念を中心に女子教育観を見ていくと、女子教育による「解放」の意味は、少なくとも次の二つの側面を持っていることが分かる。第一に、台湾人女性を家の束縛から解放するという意味で、女性を女子教育機関に向けて「解放」することが評価された。第二に、女性の社会的自覚の要請である。これは、教育を通じて女性の知識・能力を高め、自覚を促し、女性地位の向上を実現する「教育による女性解放」のみならず、その基盤の上に立って今度は教育を受けた女性が主体となり、女性問題に取り組み、社会改革に参与する「知識女性による解放」が求められた。

家から学校への「解放」

まず、第一点についていえば、これは行動面での束縛を解くことを意味し、具体的には従来女性の唯一の場であった家庭から、学校という外部の場に解き放つということである。そこでは女子教育は一人の人間としての女性の当然の権利であると主張される。

解放論的女子教育論の概念的特徴として指摘できる点は、女性という「個」を認識し、男女対等の「人格」の存在を理論の基礎とし、女性も一人の人間として、男性と同様に教育を受ける権利を持つとする考え方である。[21]それ以前の斉家興国論の女子教育の主張のなかでも、人間としての男女の同等という論理は用いられたが、その関心は、実際の「家」そして明確な定義が回避された「国」の文脈に収斂するものであり、二〇年代に提起された女性の「個」の認識に基づくものとは根本的に異なっていた。

このような女子教育を通しての「解放」要求は、新知識人たちを魅了した当時の恋愛結婚論の流行と密接な関係を持っている。欧米の思潮の洗礼を受けた新世代には、個人の「人格」ないし「権利」は、先験的に人間に付与されたものであるという前提に立ち、制度、思想、慣習などによりこれらが認められないことを束縛や抑圧として見なすようになった。そこに「解放」という概念が生成したというわけである。男女対等のかたちで「人格」と「個性」を持つ女性の「解放」は、同等の教育機会から、婚姻の自由にまで推し広められた。『台湾青年』など新知識人による言論雑誌の論調を見てみると、女子の「解放」はほとんど婚姻の自由の文脈のなかで論じられており、「女子の人格独立を認め、長き圧制呻吟の底より解放して必要なる教育を受けせしめて、男女両性間の自由を尊重し、恋愛を基礎とする自由結婚を大いに提唱鼓吹することを現下の急務と思ふ」[22]という彭華英の論説に見られるように、女子教育は、女性の人格の承認から始まり、男女対等の自由が可能となり自由結婚という理想に到達するための一過程、または必須条件として位置づけられていた。

このような内的関連性は、言論雑誌のなかに初めて現れた女性に関する諸言論が、ほとんど女子教育と婚姻問題の二つのトピックに集中していた点にも現れていた。[23]ほとんどの男性論者が熱烈に婚姻の自由を説き、それ自体に重点を置いていたのに対し、女子留学生の林双随の寄稿だけは異なっており、婚姻問題の解決を念頭に置きつつも、女子教育そのものを第一義的目標としていた。彼女の考えでは「女子が男子と同様に教育を受けたならば、男子より奴隷視、無能力視せられぬ筈」であった。興味深いのは、同じ婚姻問題でも彼女の着目点は男女交際、自由恋愛の実現にはなく、妾により引き起こされる従来の家庭紛争の解消にあった。すなわち「家庭を改良してゆくのは教育を受けた青年男女の力によらなければ」ならないため、「新家庭」を造ることには、男子教育だけではなく、女子が教育を受けることが不可欠である。彼女は男女交際の実際上の問題点を指摘し、「要するに婦人の開放〔ママ〕は台湾一般の女子が教育を受け、能力を高めた後でなければ解決されぬ問題だ」と主張した。(24)

社会的自覚への期待

女子教育による解放の最も大きな特徴は、女性の社会的自覚への要請であった。

第一の側面は、教育による女性自身の解放である。前述したように、自分自身の問題を解決できるよう、教育を通じて女性自身の能力を高めることの、「教育による女性解放」という意味合いが存在した。これについて、ひとつは、伝統的婚姻制度と妾の慣習の不合理など自らを束縛する問題を自覚するための女子教育の必要性が強調された。例えば周桃源は「凡俗なる婦女は人権平等の大精神を辨へず自由結婚の真意義を了解せずしてヤレ自分の身の価値は何位だのヤレ媒酌人の言動はどうで有るかとのみ騒いで居る」と言い、「神聖なる恋を悟らしめ而して蓄妾なる悪観念を根絶せしめんには須らく現代的新教育に俟つの他良策は無い」(25)と主張し、また前引の林双随も女性に教育を与えることにより、「女子自身も如何に貞操の貴きかを知り、貧乏人の正妻よりも金持ちの副妻である方がよいといふ様な、違つた考えを抱く者がなくなるでせう」(26)と同じ見解を示した。

もうひとつは一人の人間として女性の自活能力の育成の側面から、教育は不可欠であるという観点があった。

「婦女解放」の視点に立てば、蘇維霖と韓石麟の二人の寄稿は同様の論理に依っており、従来の女性は婚姻がもたらす経済的安定に依存し自立の必要性を感じなかったのであり、そこから完全な個人として自立し技能を身につけるための女子教育が必要だというものである[27]。また子供の家庭教育を担う母の責任の観点から女子教育を強調する論者でさえも、教育により女性が「現在の競争の激しい世界の潮流のなかで生存することができ、他人に依存して生活し独立した自活能力を失うことはなくなるであろう」と述べている[28]。

第二の側面として意識の向上と社会改革への参与がある一方で、教育を受けた女性たちがさらに一歩進んで、女性全体および社会問題全般に関心を持ち、社会改革に参与していくことへの期待が、二〇年代の知識界において大きくなった。そこでは社会問題に対する女性たちの意識の低さを指摘し、従来の植民地女子教育の内容について批判を加え、新世代女性の社会的自覚を促す声が高まった。

例えば、在東京台湾人留学生の王金海は、一九二〇年に日本内地に修学旅行中の台北女子高等普通学校の歓迎会で行われた「婦人教育の理想」と題する講演の中で、「技芸は其の一部であって教育全部ではない……今後の婦人教育は大社会を教材にして進むべきである。古のやうに婦人を只家庭といふ一小天地に押籠めて置くのは私はどうしても婦人の虐待と見ざるを得ない」と実社会に対する理解と知識の必要性を強調し、具体的基準としては「婦人教育は新聞紙の二面を読める位にしたい。今日の台湾婦人にして三面記事の読める人さへ少ないが、どうしても世界の主な事柄に注意するやうになつて貰いたい」「実社会の主な事柄に注意するは新聞紙にとどまらず主な政治問題にも興味を持たなければならない」と、従来の技芸中心の教育方針に対して批判を行った[29]。

植民地台湾の実社会から隔離されたような女子教育に対する不満は、新知識人らの間に普遍的に存在していたものである。「吾人は過渡時代とは称するもの、一面我が台湾女子教育の新価値に就て一大疑惧を挟まざるを得ないので有る。彼等社会の中堅とも謂ふ可き新教育の青年女子の状態は如何、彼等は果して大社会を覚醒して行く可き丈の抱負と覚悟とを有したか又は過渡時代に処する位いの勇気と忍耐とを以て居つたか」というように、統治当局の方針にだけではなく、女性自身の自覚にも訴えた。[30] 同様に在京留学生を主体とする『台湾』雑誌では、一九二二年に彰化で行われた留学生の懇親会活動への彰化女子高等普通学校生の参加が学校当局に阻止された事件について、次のようにコメントした。「奥様はおとなしく奥深くゐてよく家の仕事を片付けるのが、即ち良妻、即ち良母だとは、既往の女子の教育法だつたが、二十世紀の今日に於いてはもう時代遅れ否時代錯誤である。女子は家政を理する一方に社会的活動をもなすべき時が来た。語を女子教育に当るものに寄す、須く過去の教育方針を反省し、新時代に適応すべき—否一歩先に立つべき、教育方針の許に教育せられたい。次に懐しき姉妹に告ぐ、新時代は皆さんの活動を要求してゐる[31]」。

二〇年代中葉以降、社会主義の風潮、島内の抗日的政治社会運動の激化などを背景に、女子教育論も意識面での自覚から行動面での参与に重心を移す傾向が見られた。植民地の社会問題に対する理解度だけではなく、とくに台湾女性に関わる童養媳、娼妓、妾などの社会問題に対しての、教育を受けた女性たちの社会的使命がさらに強調されるようになった。社会運動者の一人であった王敏川の「この弊風を打破するには、教育を受けた新婦人の多数の参加が必要……女子教育の向上を急がなければならない」といった言説がその好例であろう。[32] さらに『台湾民報』の一九二六年六月二〇日付の社説「台湾的婦女教育」は、「我々が最も期待するのは、中等や師範以上の教育を受けた同胞の活動と協力である。常に大衆の婦女に接近し、徐々に彼女らに知識を与え、修養を指導し、技能を授け、その苦痛を慰める。この種の重要な事業は、我々の女性同胞が前面に出て取り組まなければならない。これによって真の婦人解放は達成される」と指摘した。[33]

教育を受けた女性たちに知識人としての社会的自覚と実践を求めることは、植民地的文脈においては、純粋な「婦人解放」の範疇に収斂するものではなかった。すなわち、社会に引き出された知識女性のエネルギーが、反体制の陣営に合流していくような事態も十分に想定が可能であり、これは統治者側の最も警戒するところであった。

第三の側面として家庭内役割が再定義されたことが挙げられる。「解放論」の女子教育期待は、家庭内役割重視の良妻賢母式の教育内容に対抗し、それを否定しようとするものではなかった。従来の研究のなかでは、おしなべて「解放論」の女子教育観は良妻賢母の思想に相対するものとして捉えられがちであったが[34]、こうした観点は必ずしも正確であるとは思われない。新知識人女性に対する社会的自覚と参与の要請は、家庭内役割の軽視をともなうものではなく、むしろ家庭内役割の上に新しい社会的役割が加えられた側面が強かった。

まず第一に、女性の社会的自覚と参与への「解放論」の要請は、女性の役割が家庭に求められていた点において、従来の「斉家興国論」と変わるところがない。たとえば植民地女子教育内容に対する王金海の前述の批判をみれば、女子の「政治教育」の必要性はやはり「砂糖税に変更があれば日常生活に直ちに影響し、台湾米を移出禁止又は解禁すれば主婦の予算も異って来る。政治の一挙一動直ちに台所に関係して来る。実に政治の基点は台所にある其の基点たるべき台所を掌る婦人に政治教育を施してはならないといふのは何よりの矛盾である。……吾人は婦人に母といふ任務を負はしてゐる。その任務を負はせながらそれ相応の教育を与へてゐない撞着がある。この盾矛〔ママ〕を正し、婦人教育が男子のそれと平等に進み、技芸教育とか職業教育とかに限り政治教育は避くべきであるといふが如き狭い見解を脱して、広く生活の諸方面に亙り人間としての女子教育を施すべきである[35]」として、広い見地から主婦の役割に着目するものであった。これと同様に、前記の彰化学生懇親会の事件に関連して新知識人の言論雑誌は、良妻賢母という「既往の女子の教育法」に対し「時代遅れ」であり、「時代錯誤」であるとの批判を行ったが、注意深く見れば「家政を理する一方に社会的活動をもなす[36]」とわかるように、「新時代」の女性には「社会的活動」が新たに求められるとともに、家政という従来の役割も不変のまま残されていたのである。

ある意味では、家庭内役割の上に新たに附加された女性の社会的役割への要請は、植民地台湾の新知識人の理想的女性像であったともいえよう。具体的には、「解放論」の女子教育観が期待する女性の社会的役割とは、職業的進出というよりも、男性知識人と同じ水平に立っての、政治、社会、経済などを含む植民地問題への理解と協力であった。つまり理想的女子教育は、男性と「同等にする程女子其もの、智能人格を高むるのみならず、従来の如く智識低能の為めに男子を恐れ又は疑問を挟むなどの事をせずして充分に男子を理解する力が出来、且つ男子と共に社会を覚醒して行くべき利益ある計りで無く広く一般人格の為めに文化的貢献をなす所以である」とされた[37]。そこに同時代の文化的経験と価値観の共有を女性に求める知識青年の願望がうかがわれる。

第二に、このように新女性に社会問題の理解を求める青年論者は、新知識青年である自らと対等な女性を求めるという地平に立っていた。近代的知識によって妻・母役割を果し、文明的な家庭に到達するというのは、一九世紀末以来の漢学世代の知識人の女性観を新世代が継承した部分であるが、その「近代的」あるいは「文明」ということの内容は、時代の推移にともない若干変化している。二〇年代の新知識人によって抱かれた新女性像の特徴は、彼らが「人格」や「個性」を男性自身から女性にも適用し、「女は家庭、男は仕事」という構図において男女平等の地位を説いたことである。例えば黄醒民[38]は、「新台湾婦人」に家庭の「女王」としての責任を求めつつ、男女平等の論理を「女は内、男は外」という役割分担の正当化のために用いた。「社会上に於ける婦人の平等を求めるためには、家庭に於いて先づ平等を得なければならないと思ふ。それで家庭は婦人の平等運動の一好舞台であつて、婦人の十分に意を用ひてなさねばならない所である。即ち男と対等の権利を得んが為には、男の外に於いて仕事をなすと同様、女は家庭に於いても相当の仕事をしなければならない訳である」とする[39]。

二〇年代の台湾男性知識人による女子教育論の期待は、最終的には大正期の民族的自覚の風潮に結合する側面を持っていた。被植民者として被る差別と不平等を自覚した彼らは、良妻賢母の養成のみを目的とした教育内容には満足できず、従来の「花嫁修業」以上の人格教育、社会教育、さらに政治教育を要求しはじめた。そして彼らの求める妻・母役割とは、対等の個人として「夫」の思想を理解できるだけの近代知識を持ち、彼らに協力することのできる「妻」であり、子弟の教育を行う「母」であった。

3 女子教育世代の誕生

一九二〇年代に入ると女学生は台湾各大都市の街頭に現れた。彼女らの制服姿は人々の目を引くもので、これが時代の新しい風景の一つとなった。当時、台湾人女児を対象とした高等女学校は、北部の台北第三高等女学校、中部の彰化高等女学校と南部の台南第二高等女学校の三校であった。第三高女の教師であった小野寺克巳は、「道路は縦貫道路が南北に延び台北駅からは椰子の大道が走りその中を、おさげ髪をした、制服姿の女子学生こそ凛々しい三高女生でした」と、赴任当初の彼の目に映った光景を記した。(40) のちに北村兼子の台湾訪問の際にも、台湾人女学生の姿が目に留まった。(41)

二〇年代の「新しい女性」は、通常は高等女学校の在学生、卒業生をさしているが、場合によっては小・公学校出身者も含まれる。「新しい女」、「新婦人」あるいは「新女」などの語を用いることは、(42) 新しく登場した台湾女性の日本語世代を、従来の無教育な女性、あるいは伝統的漢学教育のみを受けた女性と区別することであった。「新しい女性」の登場が一九二〇年代という時期に見られたことの理由は、一九〇〇年代初期に大々的に展開された解纏足運動の成果が、同時期に入って現れはじめたことを示している。纏足を免れ、学校に通いはじめた台湾人女児の第一世代は、公学校卒、高等女学校卒を含め、この時期にはほぼ成年に達していた。

3・1　植民地「新女性」の規模と構成

女子学歴エリート集団の規模

二〇年代以降に登場してきた台湾人最初の女子教育世代は、「新しい女性」と呼ばれた学歴集団を形成していた。まず、この台湾人女性の学歴エリート集団の規模について見てみよう。前章でも触れたように、義務教育が実施されていた内地の状況とは異なり、有料であった初等教育は最初の段階から社会階層の選別をもたらした。これは、初等教育の台湾人女生徒数と社会全体の学齢女児数における比率、およびその卒業率に反映された。台湾人に対する女子教育は、初等教育の段階から既にエリート教育の性格を呈することになったのであり、公・小学校卒業の女子までが「新女性」の範疇内にあるものと見なされたのはそのためである。

初等教育から学校に通える女生徒は、台湾人女子全体のなかでは限られた存在であった（図3-1）。ただその絶対数をみれば、一九一〇年の三、七七三人から一九一五年の七、八九一人、不纏足世代の入学年度に当たる一九二〇年には二六、八一六人、一九三〇年には五九、四七六人まで増加している。同世代人口に占める比率は、一九一五年以前には一―二％前後、一九二一年には一〇％台に達し、一九三三年に二〇％台、一九三八年以降には三〇―四〇％、義務教育の実施の一九四三年に六〇・九五％へと増加したが、全体から見れば、三〇年以上の長期にわたり二〇％台を越えなかった点が指摘される（游［1987：87-88,286］）。

また、いったん入学しても途中で就学をやめてしまう女生徒は少なくなかった。六年制の初等学校をみれば、一九三〇年代以前の卒業率は毎年二―五割の幅を持って揺れ動いており、五割以上を保持しながら持続的に成長するようになったのは一九三一年度以降のことである（図3-2）。入学者数と卒業者数の間には概して大きな差

表3-1　台湾人高女本科生在学・入学状況（1925年）

	在籍生徒数	入学志願者数	入学者数	入学率
台北第一	8	6	4	66.7
台北第二	2	11	1	9.1
台北第三	404	234	115	49.2
基隆	32	32	17	53.1
新竹	72	63	44	69.8
台中	26	41	12	29.3
彰化	265	205	79	38.5
台南第一	11	5	4	80.0
台南第二	234	135	74	54.8
嘉義	26	48	6	12.5
高雄	30	57	15	26,3
合計	1,110	837	371	59.0
参考：日本人合計	2,567	1,103	797	72.3

出所：山本〔1999：表II-2〕を一部修正。

が見られ、各家庭の経済力と開明度を反映して、入学者のなかで六年の就学の後に順調に卒業できるのは恵まれた家庭の娘であった。

中等教育の高等女学校の台湾人女学生の規模は、一九二〇年以降、毎年持続的な成長を見せる（図3-3）。一九二一年の在学者数六〇七人から、一九二五年には一、一四八人に倍増し、一九三〇年の一、三九八人、一九三七年には一、九一二人となった。一九三〇年代末からさらに急増し、一九四〇年には三、一八七人、一九四三年は四、三四六人に達した（台湾省行政長官公署統計室［1946：1223］）。

しかし、台湾人「高女」出身者の規模は、植民地の教育環境により抑制を受けていた側面を看過できない。台湾人の進学要望は植民地女子教育システムには十分反映されていないため、高女卒という肩書の取得は、在台日本人ないし内地に比べ困難であった。それは第一に、台湾人に提供される高等女学校の学校数と定員が圧倒的に不足しており、長期にわたって整備の遅れが見られたこと、第二に日本人の小学校に比べ公学校の進学条件が不備で

図3−1　初等教育における台湾人女生徒数と比率

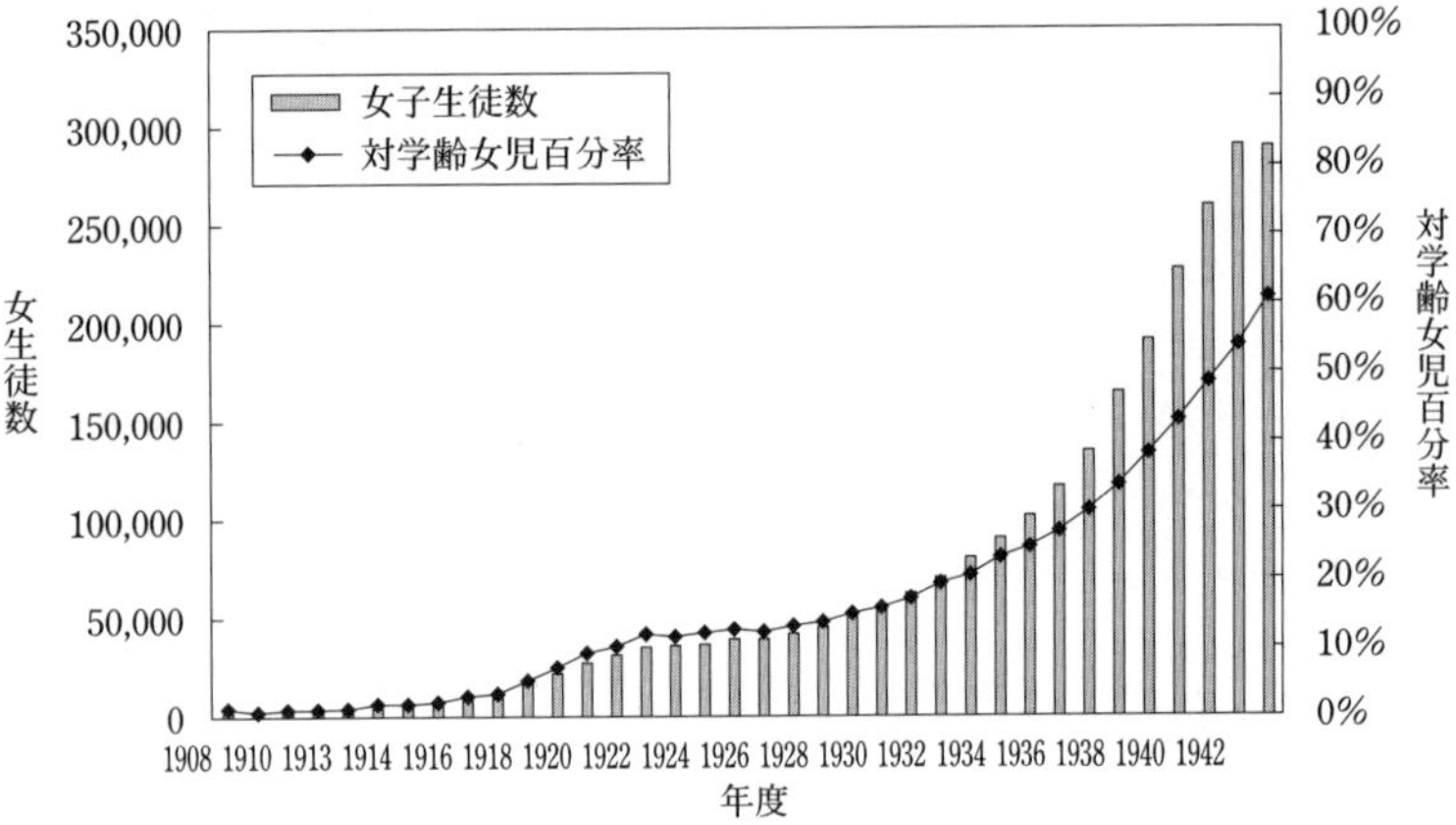

出所：游〔1987：付表四−1〕により作成。

図3−2　六年制初等教育における台湾人女生徒
入学・卒業者数と比率（1911−37年度）

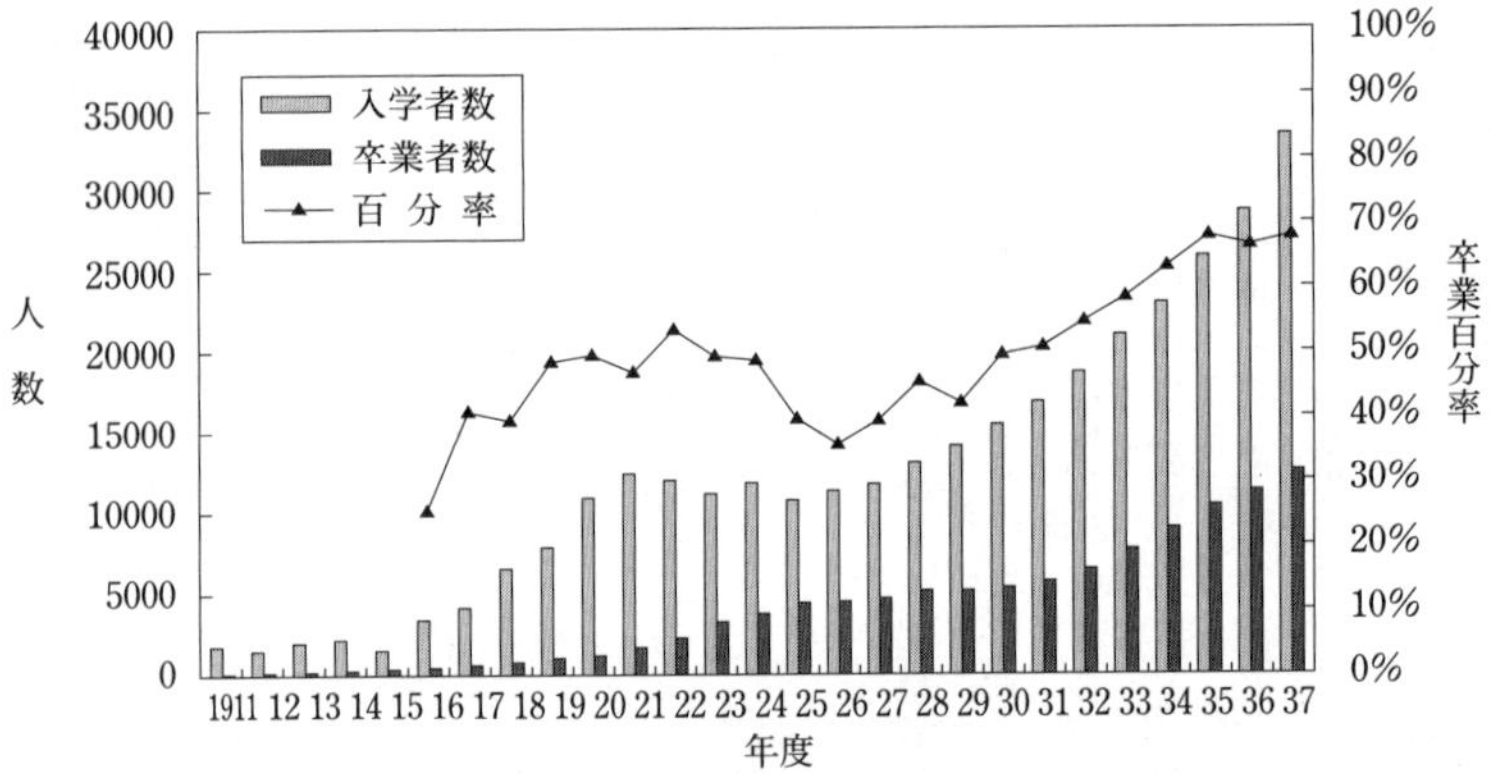

出所：游〔1987：付表四−6〕により作成
注：卒業率は、毎年の卒業者数を六年前の入学者数で除したもの。

図3−3　台湾人高女学生数の推移

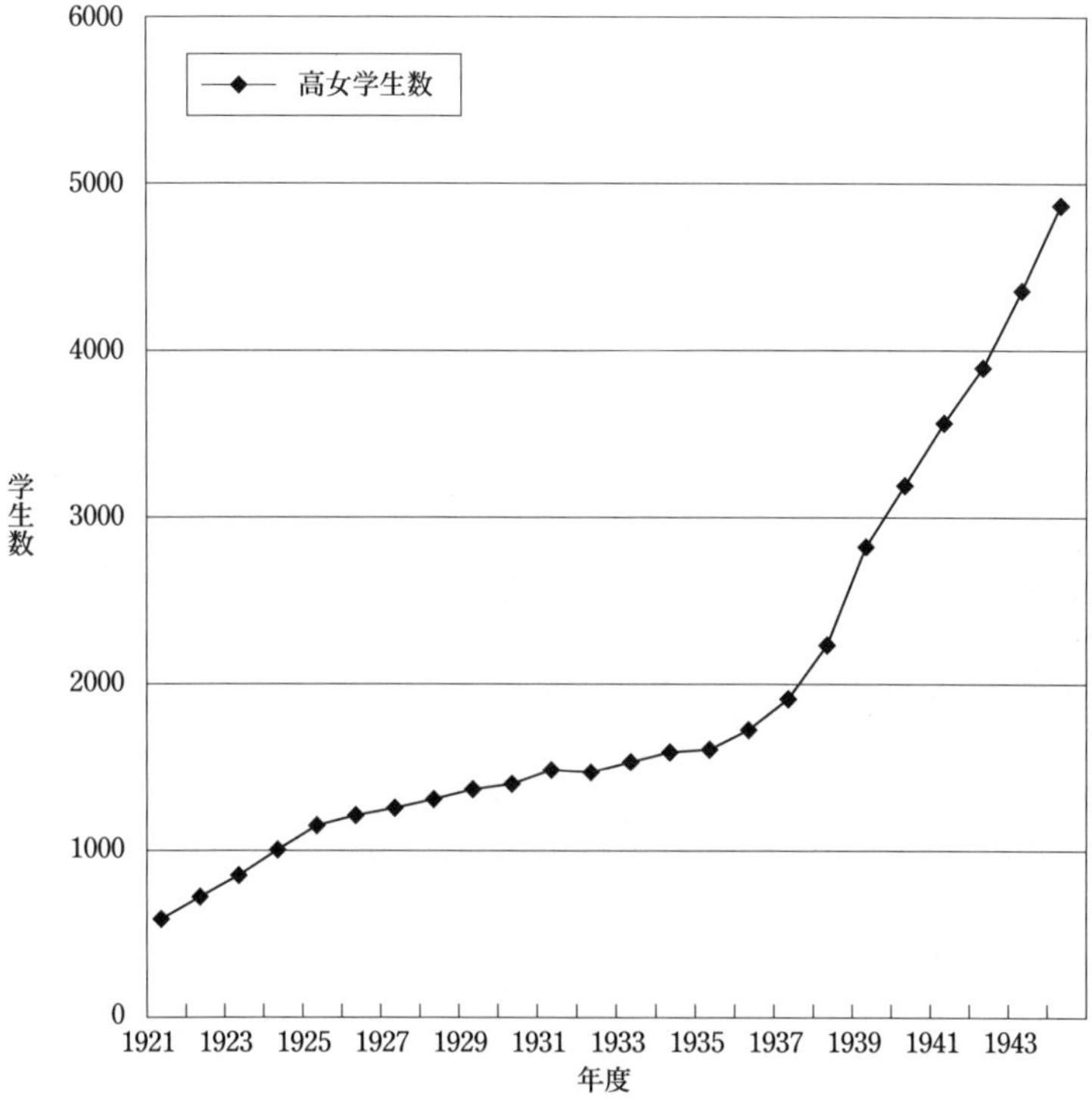

出所：台湾省行政長官公署統計室編〔1946：1223〕により作成。

あったことなどにより、台湾人の高等女学校の受験競争は日本人のそれに比較してより激しかった。

一九二〇年初頭における台湾人中・上流階層の女子教育普遍化にともない、高等女学校（中等教育に相当する）に進学しようとする「高女」熱の風潮が生まれた。そこで高等女学校卒は学歴の基本条件であるという意識が、同階層の女子の間に形成された。台湾人女性の主要な進学先であった台北第三高女、彰化高女、台南第二高女の例をみれば、一九二三―一九三七年度の台湾人受験の合格率の平均はそれぞれ五〇・六九％、三五・一二％、四二・三五％であった（游［1987：147-148、304］）。また、一九二五年の全島公立高等女学校の入学状況について

（表3-1）、台湾人入学志願者八三七人うち、合格して念願の「高女」に入学したのは三七一人、四四・三％の入学率であり、日本人の入学率七二・三％とは大きな広きが存在した（山本［1999：56］）。

経済力

初等教育への就学と卒業という二回の選別過程に加え、高等女学校への進学にあたっては、女学生の家庭の経済力と開明度によっていま一度の選別が行われたといってもよいだろう。

まず初等教育について、そもそも統治階層たる在台の日本人家庭の女子教育と異なり、台湾人家庭の場合は、女児を就学させることそのものが、すでに一定の階層的優位性と経済力を意味するものとなる。このような特徴は、市街地よりも農村部において鮮明であった。たとえ中等以下の家庭の女児が就学したとしても、家庭内で労働力が必要とされるために出席率が低くなり、中退とならない場合でも高女受験に必要な学力には到達できなくなる。台南の湾裡公学校直加弄分校の卒業生の回想によれば、一九一八年に卒業した当時、全校の女生徒はわずか二人であり、さらに二人とも「有銭人家的女孩」（金持ちの家の娘）であったという（蔡［1995：87］）。地元では公学校卒の娘でさえ「金持ちの娘」と見られたのであり、高等女学校の女学生に至ってはなおさらであった。

父兄の資産から台湾人高女生の出身家庭の経済力がうかがえる。台湾人女子を主要な対象とする第三高女では、一九二五―一九四〇年度の学生の父兄の資産は、五千円以上の者が全体の約七割を占める。一九二五年には父兄の資産が一万円以上の者は三六・三六％、五万円以上は四・九六％、一〇万円以上は九・〇九％という割合であった（游［1987：310］）。同時期の給与水準と比較してみれば、一九二一年の公学校教員の年収は六三三円であった(43)。また父兄の職業分布について、同校の一九一九―一九二一年の台北女子高等普通学校時代をみれば、商業四〇・三％、庶業三一・五％、農業一八・九％、工業九・三％を占めていた（山本［1999：72］）。庶業はおよそ「その他」または「無職」の項目に当たり、具体的な内容について資料には説明がない。ただし、資産額からみて「無職」は無収入とは考えにくく、むしろ地租など資産による収入を得る人々をさすと思われる(44)。

学費については、一九二二年の台北第三高等女学校では年額二四円であった(45)。しかし実際に納付する費用は学費の四倍に達する。例えば一九三〇年の各学年の徴収金額をみれば、三〇円の学費のほか、学友会費、修学旅行積立金、制服費、書籍費、雑費、家事材料費、裁縫手芸費などを合わせて一〇三―一二一円が必要で、また台北市以外の全島各地から来た女学生の場合は寮費などが加算されるのでさらに大きな数字となる。これは台湾人を主要な収容対象とする彰化高等女学校でも同様であった（游［1987：150-151］）。ちなみに一九三〇年の台北市の労働階層の日収は、木工一・四円、植字工一・八円であった（台湾省行政長官公署統計室［1946：844-846］）。高等女学校への進学にあたっては、家庭の経済力が基本条件であり、高等女学校の女学生は、ほとんど台湾社会の中上流階層の出身であったことは、以上より明白である。

「開明的な」文化所有者

高女学歴の獲得には、親の「開明度」も同様に要求される。この点について二つの側面が指摘できる。まず、高等女学校への進学は、経済的に裕福なだけではなく、中上流階層において娘を都市に遊学させることを認める「開明度」の一段と高い家庭であることが必要となる。女学生の出身地からみれば都市部出身者が多いのは当然であるが、農村出身者の多くは各地の名望家の娘であった。立身出世という明確な教育目標を持つ男子の場合とは異なり、そうでない娘たちを敢えて都市部の学校に入学させようとするのは、女子教育という時代の新しい風潮に敏感であり、それだけに進歩的な家庭であることが考えられる。初等教育を修了した同じ名門出身家庭であっても、親の理解を得てさらに高等女学校に進学する娘もいれば、先に進むことを認められない娘もいた。実際の例を見れば、新竹の名望家出身の劉玉英は、新竹公学校を卒業し、台北の第三高女を受験して入学したが、公学校時代にトップの成績を競い合った親友は、近所の漢学の教師に「女の子は高等学校に入っても意味がない。

娘を台北に送ったら今度は赤ん坊をおぶう帯まで用意することになるかもしれない」と説得され、親の決定で受験を断念させられた（李遠輝・李菁萍［1999：12］）。また、子離れできない母親のために、第三高女に合格しても入学することが許されず、二年後に母親が亡くなったのを機に再度受験して入学した者もいた（新井［1998：401,407-408］）。

実際には、高等女学校の出身者の多くは、親、兄弟、親族を含めた教育環境に恵まれており、彼女たちは進学をごく自然な進路として受けとめていた（山本［1999：117］）。娘の教育を重視する開明的な家庭であってはじめて、植民地下における台湾人同士の激しい入学競争のなかで、経済力と文化資本をもって娘の勉学環境を保証することができた。

そして植民地女性に対し限られた教育チャンスの中に、引き続き高等女学校へ進学することは、同じ中上流階層と称される台湾人家庭の間に、初等教育に比べてさらに高い「開明度」が要求されることとなった。そのうち、上流として括られた諸階層のなかでも、高等女学校卒業後の内地留学、または初等、中等教育の段階からいち早く娘を内地に留学させた者は、さらにそのなかでも「上層」の出身者であった。

女性の上級学校への進学の場合は、男性の場合のように「勉学」＝立身出世という具体的価値に直結させるよりは、一族の「光栄」、「誇り」として象徴的な意義で捉えることが多かった。戦前日本の女子教育に関する天野正子の研究［1987：71］によれば、性別によって「学歴」取得の持つ意味には決定的な差異が存在していた。男性にとっての学歴は、威信の高い職業に就き、高い所得や権力の獲得を可能にする点で、地位の形成ないしは獲得のための「手段的価値」を持つ。これに対し、職業がそのライフ・コースのなかで第一義的な位置を与えられない女性の場合、地位獲得のための投資であるよりも、彼女らの所属する社会階層の必要とする文化や教養をあらわす「象徴的価値」としてとらえられるという。これは戦前台湾の女子教育にもあてはまるが、ただ「象徴的価値」の取得には、同じ中・上層に属する諸階層のなかでも、所属する社会階層を「表記・維持」する側面と、やや下位の階層が娘の学歴を通じて地位を「誇示」しまた「上昇」させるという側面が同時に存在していた。例えば、著名な女性詩人の杜潘芳格の母親は、生家が貧乏であったため、幼い頃に市街地の医師の家庭に養女に入った。第三高女に合格した際は、同地の名門の娘だけが入学できる学校に養女が合格したことから、今後は彼らと肩を並べることができると、養父は彼女の入学を快く認めたという（曽・江［1995：8］）。

3・2 新しいライフ・コースの形成

猶予期間の出現

中、上層における女子の進学熱は、台湾人女性のライフ・コースを大きく変容させた。娘から妻へ直進するという伝統的人生コースの途上に、「女学生」という猶予期間が新たに挿入されたのである。「女学生」期間の長さは、公学校卒業までか、高等女学校まで延長されるか、また内地留学に至るか、それぞれの条件と背景により様々であったが、それは新しいライフ・ステージとして中、上階層の新世代女性の間にほぼ確立された。

進学を許された娘たちの在学期間が延長されるにともない、結婚年齢も自然と遅くなる。戦前の台湾人女性の平均結婚年齢は一八—一九歳であったが、高等女学校出身者に関する各種のインタビュー調査資料を見れば、そのほとんどが二〇歳以降の結婚であった。

縁談による学業の中断の例もないわけではないが、大多数の女学生は学業を修了することができた。台湾人高女生の卒業率について、一九二二—一九三七年の一三校の台湾人女学生の毎年の卒業率はほぼ七五％以上であり、そのなかで台湾人を主体とする台北第三高等女学校、彰化高等女学校と台南第二高等女学校の場合は、八五％以上に達している（游［1987：151］）。前引の台北第三高女出身の劉玉英は、在学中に持ち込まれた縁談の話を、すべて婿入りを相手に求める形で父親が拒絶し、娘に学業を完遂させた。劉にとって、ある「忘れられない出来事」とは、後輩の一人が一年次の終わりに婚約を理由に中退を余儀なくされたことであった。嫁ぎ先の反対で学業を続けられなくなり、泣きながら学習用品を片づけていたこの学生の様子を見て、みな悲しい気持ちになったという（李遠輝・李菁萍［1999：15-16］）。

結婚は高女卒業と同時に行われるのが普通だったようである。女子のための高等教育機関が用意されなかった台湾では、一般の中、上流階層の女性にとっては高女卒が実際上の最高学歴であり、婚姻生活に入る前の高女での女学生時代は、娘時代を過ごした時間と空間を意味する。それ以外では、卒業して公学校の教師の職に就き、結婚するまでの数年を務める場合がある。[46] 結婚後、教職を継続するか否かを先方の意向によって左右される傾向はやはり普遍的に見られた。[47]

進学ルートの形成

二〇年代より、台湾人女性について「小公学校→高等女学校」という進学の理想型が提示されることになった。そこで女子教育をとりまく競争意識と序列化も浸透していった。進学ルートの提示と競争意識の生成は、この時代の女性たちに自らの人生コースの展開様式を強く意識させ、自覚的行動の土台を築いた。ここでは女性自身の進学願望に注目してみたい。山本礼子が戦前台湾の高等女学校卒業生を対象に実施したアンケート調査によれば、入学の動機についての選択式回答（複数回答可）のなかで、「自分の意志」で進学を決定した者は八三％と最も高かった。その他、「親の勧め」による者四〇％、「教師の勧め」は約二〇％となっている（山本［1999：116］）。

娘たち自身は高女生という身分をどのように捉えたのであろうか。親たちがどちらかといえばこれを階層的意義から捉え、娘の階層表記と結婚における「資産」としての価値の方をより強く意識したのに対し、若い娘自身はそれをただちに結婚の資産価値に結びつけては考えなかったと思われる。台湾社会の女子教育に対する積極的評価、「女学生」の具体的なイメージと位置づけが明確なものとなった二〇年代においては、全島の若い娘たちの間で「女学生」というものが自分たちの未来像として非常な憧憬の対象となった。「女学生」に憧れた少女の一人であった郭金玉の記述をまとめれば、以下の諸点が指摘される。

第一に、最も直接的な刺激は「女学生」の制服姿に表れた外的な標記によるものである。郭によれば、「名声高き附属生［附属は第三高女の旧称――引用者注］といふ肩書を持つ生徒等が、如何に注目され、優遇されてゐたか、今から顧みても、尚記憶に残つてゐるのでございます。それのみか、それを持つ父母さへも、世人に対して仲々鼻の高いものであつたことは、尚覚えてゐます。紫色のスカート二条の黒テープが、どんなにか幼い乙女達の心を引き付け、躍らせたか分かりません」。「女学生」は前代の纏足にとってかわり、新しい世代において娘が評価されるための重要なシンボルになったといえよう。

第二に、学校生活への憧れがある。郭は当時の自分の気持ちを次のように綴った。「田舎に生れ田舎に育つた私は、年に数回しか大都市たる台北には行かれないので、毎日汽車で、憧れの大都市へ通学し得る女学生達の、喜々たる有様を眺め、その愉快なる気持を想像しても、希望が益々抑へられなかつた」。

第三に、「女学生」という肩書を獲得した女性たちの社会的評価の高さも、若い女性たちには大いなる魅力として感じられた。すなわち「今一つ卒業生の活動振りに感動されて、入学志望の動機をうながされたのかも知れません。実に、その修得した技倆をば、人々はどんなにか珍らしがつて、あやかりたい気持で敬服したでせう。殊に、堂々と教壇に立つことの出来る先輩の人達を見て、尚更、女学校の価値の如何なるものかに感づいて、どうか自分も、入学の出来る様にと、幼い心ながら幾度神に祈つたか分かりません(48)」。

進学を通じ、女性の能力が世間においても評価されるようになった。彼女たちは、勉学によって最大限に延長された猶予期間において、同世代の台湾人エリート男性と同様に、中等ないし中等以上の学歴を獲得し、男性にとっても地位の高い教師、医師などの職に就き「立身出世」コースを進むことも可能になったのである。そのための最低限の条件として「高女卒」が必要とされた。

二〇年代以降の台湾人女子の進学熱が高まるのにつれ、公立高等女学校はますます狭き門となってきた。「女学生」の身分は、中・上流家庭にとり基本的には手の届く範囲のものではあったが、台湾人女子教育が様々な実際上の制限を受けていた状況のなかでは、各家庭の学生の進路はいくつかのコースに分かれた。一部の恵まれた裕福でかつ開明的な家庭では、娘を内地に送る道を選択した。(49) それ以外の島内で進学する学生らについては、誰もが第一志望として目標とする公立高等女学校でなければ、①私立女学校、②女子職業学校、③公学校に附属する二年制高等科、のいずれかのコースを進むことになった。

①については、長栄女学校、淡水女学校、静修女学校などのキリスト教系の学校が代表的な存在であったが、総督府により私立学校の設立が制限されたことから、学校数自体が少なかった。学生のなかにはやはり教徒が多く、高女受験者にとっては(公立高等女学校につづき)第二志望的な存在であったが、それでも入学は決して容易ではなかった。「女学生」の身分に憧れて是非とも中等教育に進もうとする者にとっては、私立女学校は一つの選択肢となった。他方、将来において高等教育に進学しようとする者の場合は、総督府によって正式に高等女学校として公認される一九三八年以前の段階では私立女学校を敬遠する傾向にあった。(50)

②について、台湾人にとっての女子職業学校は、高女熱の受け皿となっていた。それはまず二つの現象から判断できる。第一に、女子学生の受け入れを行う農業、商業学校も数校存在していたが、台湾人女子の入学希望が少なかったため、募集を見合わせたり、または家政中心に切り換えていく学校も出てきたこと。第二に、一九三〇年後期以降、台湾各地の設置請願運動の要請に応えて増設された女子職業学校は、そのほとんどが家政系のものであり、「職業」を伝授する色彩が薄く、その設置は女子の進学困難を緩和するためであり、その背景には高

等女学校の整備に消極的な植民政府の態度があったことが、游鑑明［1987：154-155］により指摘されている[51]。

同じ進学コースであっても、③の公学校高等科の場合はやや意味合いを異にしている。一九二二年より改めて女子を収容しはじめてから、入学者数は急増した（游［1987：149］）[52]。高等科はその内容と性質からみれば中等教育の機能をもたない公学校のたんなる延長としての側面が強く、第三高女など公立高等女学校に代表される「女学生」に憧れ、進学を希望する娘たちの理想を満足させることはできなかったようである。実際には、高等科を卒業後に改めて高等女学校を受験する者もおり、公学校卒段階で高女を受験するには不十分な生徒が、暫時学力を補う目的で入学するケースも少なくなかったと考えられる。

このように、台湾人中・上流階層に誕生した女子教育世代においては、最初の進学段階で公立の高等女学校を頂点に、私立高等女学校、女子職業学校、公学校高等科という序列が徐々に形成されることになった[53]。

続いて、高等女学校以降の進学コースを見てみよう。高女卒業後、さらに進学を希望する者については、①各高等女学校に付設する一年制の師範科や講習科、補習科への入学、②台北第一師範学校女子部と私立台北女子高等学院への進学、③内地留学のおよそ三つの道が開かれていた。

第一に高等女学校の師範科は公学校の女教師の養成を目的とし、一九一九年には台北女子高等普通学校時代の第三高女、一九二二年には彰化高等女学校、一九二七年には台南第二高等女学校にそれぞれ創設され、三〇年代後半には他校にも設置された。教育内容は本科と変わりがなく、日本語教育と技芸を重視し、とくに補習科の場合は技芸科目が教学総時数の半分を占めていた。進学を希望しない一部の者を除き、進学の意志を有する者は、高等教育の性質を持たない師範科や講習科、補習科には興味を示さず、全体からみればこれら学科への入学志願者は多くはなかったという（游［1987：153,169］）。

第二に高等女学校卒業生を対象とする上級学校は、台湾島内では一九二〇年代末から三〇年代初期にかけて増設された台北第一師範学校女子部と私立台北女子高等学院の二校のみであった。しかしこれは、いずれも日本人女子を主要な対象としており、しかも、高等教育の機能を備えることなく、修業期間は一年ないしは二年の短期的訓練機構に過ぎなかった。台北第一師範学校女子部は、公学校女教師の養成を目的に設立されたものであり、高等女学校の師範科や講習科に比べて水準は高かった。定員が少ないために合格率も低く、狭き門であった。一九二八—一九四二年までの歴年の卒業生総数においては、日本人の三九三人に対し、台湾人学生はわずか二九人であった（游［1987：157-159］）。定員が少ないことのほかに、高女卒業程度であれば公学校の教師に採用されることが可能なため、さらに師範学校女子部に入学する必要性が強く感じられないという事情もあったろう。

一九三一年に設立された私立台北女子高等学院は、高女卒の女性が結婚までの準備と待機場所として入学する色彩が濃厚であり、民間では花嫁学校とも呼ばれていた。学科の他に和洋裁、ピアノ、琴、茶道、割烹などが正課になっており、実際の教学の重心は家政教育に置かれていた。また授業料が高く裕福な家庭の娘だけが入学することから、「学習院」とも呼ばれていた。三七年以降、戦争による不穏な雰囲気のなかで、娘の安全に配慮する親の反対で内地留学を叶えられなかった学生らの同校への入学が一時急増した。しかし女学生のなかには、結婚のために中退する者が少なくなかったという（楊千鶴［1998：101-102］）。

第三に島内の教育条件に満足できず、さらに高い教育を求めようとする者は、留学に踏み出さなければならなかった。そして言語面の配慮と留学先の情報の関係で、実際には日本内地を留学の目的地にした者がほとんどであった。この段階について二つの点が指摘できる。

ひとつは、女性の留学には家庭の経済力に加えて、さらに何らかの形で日本内地と密接な関係を有していることが要求された。実際に留学した者の家庭をみれば、父母や兄弟のなかに日本留学経験者がいる場合や内地と商業関係を有する場合、あるいは家族の誰かがすでに日本に在住するか、または不動産を有する場合など、すでに様々なつながりを持つ人々であったことがわかる。そのため台湾人女子留学生の内地渡航はほとんど父母、兄弟、親族が同行し、入学手続きから寄宿問題まで生活全般にわたってお膳立てが整えられる形となった（游［1987：197］）。

もうひとつは、台湾人女性の留学後の専攻は、医学、薬学、家政、音楽、美術などが中心であったことである（游［1987：199］）。台湾人男性の場合、大学への留学が中心となり、医師、弁護士、下級公務員など将来の立身出世につながる職業を強く意識したものだったのに対し、女性の留学の意味はやや異なっていた。それは自らの興味と能力を自由に発展させることのできる環境に恵まれた者たちが、上流家庭の娘時代の延長として、高女よりさらに上級の修業をめざすという側面が強かった。音楽、美術、家政に女子留学生の人気が集中したのは、個人の趣味による選択が男性に比べ強いことを示す。また、医学と薬学を志望する台湾人女学生も多かった。医学については、社会的地位の高い職業に結びつくものであるため、植民地時期の台湾人男子学生にも人気のある分野であったが、一族の名誉とステータスを獲得ないしは保持しようとする台湾人エリート層の家族戦略は、娘にまでも及んでいた点に特徴があったといえよう。これらを志望する女子留学生は、医師一族の期待による選択である例も多く、また医師家庭ではない場合でも家族の強い支持を得ることができた（游［1994b］［1995a：106］）。薬学の場合は、その進路選択を将来医者と結婚するための花嫁修業の機会としてとらえている場合が多かった。(54) 以上のことは、大学よりも専門学校を選択する傾向として現れている。一九二五年から四一年にかけ、医科、薬科を含む各種の女子専科学校の入学者累計人数は二、四一一人、洋裁学校、音楽学校、英語学校を含む特種学校は七四二人、職業学校は九五人であったのに対し、大学はわずか三八人である（游［1987：198-199］）。

他方、学校当局の態度は台湾人女学生の内地留学に対して協力的なものではなかった。前述したように、そもそも台湾人女子に中等教育を施すことの最大の目的は、初等教育を担う女性教師の養成にあった。学校当局に阻止されたために、内地留学の夢を棄てざるを得なくなった実例を見てみよう。蔡素女は第三高女卒業後に日本内地に留学する予定であり、適当な学校を推薦してもらおうと、父親とともに当時の校長の田中友二郎のもとを訪れた。ところが校長の考えでは、成績一位の卒業生は母校に残って師範科に入るべきだという。卒業した後に改めて内地の学校を紹介するという校長の薦めに、父親は動揺した（游［1994a：126-127］）。ほぼ同時期、同校を最優秀の成績で卒業した陳愛珠も、同じく校長の説得により東京留学の志望変更を余儀なくされた。陳は次のように述べている。「父は比較的保守的な人間で、娘の進学にあまり乗り気ではなかった。もしもその時校長が『娘さんには能力がある。彼女を東京に留学させるべきだ』と父に一言勧めてくれたら、父は応じていたと思う。しかし小野校長［小野正雄］も女子の進学について積極的な人ではなかった。私はこの点について小野校長に非常に不満をもっている。卒業して数年後のある集まりで、私は校長に『恨んでいる』と言ったことがあった。私のことをとても可愛がっているのに、なぜそう言われたのかと校長は戸惑っていた。私は『当時、校長が私たちの東京留学を勧めなかったのは、植民政策のためか、それとも封建思想のせいか』と聞いた。彼は黙ったまま私に酒を勧めた。おそらく日本の植民地政策に関連していたのだろう。校長が口を開こうとしないので、私は問い詰めるのをやめた」（游［1994a：261-262］）。

台湾人女学生の内地留学が抑制されたもう一つの理由は、内地留学をきっかけに「危険」思想や活動に接触する可能性を警戒したことがあるのではないかと思われる。二〇年代以降、留学生を中心に高まった反日的政治・社会運動の潮流のなかで、高等女学校当局は台湾人女学生を「危険思想」から隔離することに苦心していた。台湾人女学生を総督府の管理可能な範囲にとどまらせることは、したがって重要な予防措置の一環であったと考えられる。

総じて言えば、進学という経路が新たに加わることにより、二〇年代以降の女性のライフ・コースはそれまでと違う形で展開されるようになった。そのなかで、「高女」は進学ルートの核心的な位置を占めている。「高女」は女子教育世代の台湾島内における学歴の頂点であると同時に、さらに上級に進学しようとする場合に必要とされた基本的な学歴条件となった。

3・3　植民地「高女文化」の特質

前項までは、纏足から完全に脱却し、「高女」での教育が一つの目標となってきた新世代の台湾人の娘について、出身階層および女性のライフ・コース変化の二つの側面から考察を行ってきた。近代の学校教育が、男子を対象とする初発の段階から、徐々に女子に向けて広がっていく過程において見られる社会階層との関係、および「女学生時代」の出現に見られる女性の伝統的ライフ・コースの変容などは、社会変容の共通パターンであることは確かである。しかし、ここでの問題関心は、戦前台湾におけるこうした共通性を確認することよりも、植民地という特殊な政治・社会的ないしは文化的環境の下で、学校＝教育を通じて新世代台湾人の人間形成がどのように行われたのかという点である。そのために、本項では台湾人新女性の娘時代の共通体験としての「高女文化」について考察を行いたい。

植民地における「高女文化」の基本的構図は、簡単に言えば「日本人が営む学校」で行われた「台湾人娘の教育」そのものであった。これは、すでに論じてきたように、台湾社会に導入された最初の「近代的」教育でもあり、そして植民地経営上の採算と必要性に合わせて、事実上は一部の階層のみに照準を合わせた教育でもあった。同じ植民地における教育でも、男子を対象とする教育に比較して、それまで教育の伝統が皆無であった女子について、こうした構図はより鮮明であった。

高女生たちは、将来的には新世代の台湾人エリート層の妻の座を約束された集団であったといってもよい。このような明確な階層性をもった集団を対象に、どのような教育が行われていたのか。

まず、男子のようにアカデミックな志向性の強い教科が中心となるより、高女教育においては「中上流婦人」に相応しい教養・趣味の養成を重視する傾向があった。これは、理科、地理・歴史、家事など「科学的」知識、声楽、ピアノ、美術、生花、茶道などの文化的教養にかかわるもの、テニス、卓球、登山、水泳などのスポーツ、または短歌、俳句などの文学趣味など、さまざまな分野にわたった。二〇年代以降の普通教科の拡充の後、高女の教育現場においても数学や理科、歴史地理などの知識教科が一応は整備された。しかし、教育の中心はあくまで技能教育であり、植民統治初期では手芸、家事、中・後期ではスポーツ、音楽、美術などに重点が置かれた（游［1987：175］）。男子教育に比べ、高女のカリキュラムが全体的に多様な内容を含んでいたことがわかる。

さらに、「中上流婦人」に相応しい教養・趣味の養成は、正規のカリキュラム以外にも課外活動を通じて女学生の生活全般を包摂する形で行われていた。女学生は一般的には高等女学校の全体の雰囲気を非常に楽しいものとして受けとめていた。山本礼子による台湾人高女出身者のアンケート調査［1999：119］においても、淑女の世界に入ったようだとの回想もあるほど、満たされた女学生生活を謳歌する者が多かったことが示されている。(55)

ブルジョア的文化様式の養成について高女教育の実例を見てみよう。基隆高女卒の藍慎によれば、当時の担当教諭の日本人教師は「卒業後、あなたたちの家庭は普通の家庭ではない」と言い、西洋式の礼儀と社交ダンスを教授した。まず学校でイギリス式の西洋料理の配膳の仕方と食事作法について練習した後、台北で最も有名な鉄道ホテルで実習を行ったという（張・胡・黎［1997：226-227］）。(56)スポーツについてもさまざまな行事が組み込まれていた。二〇年代の登山ブームを受け、各高女でも相当に力が入れられた。彰化高女の場合は、女学生の鍛錬のために夏休みを利用して朝五時から教師が引率し、市外の八卦山に登った(57)。そのほか、学校対抗のバレーボールが新聞紙上を賑わわせたほど、各学校では練習に励んでいた。文学については昭和以降、生徒全員に和歌を作らせ、毎年の皇室の新年歌会において優秀作品を宮内省に発送する「勅題詠進」が定例化していた(58)。音楽については合唱、オルガン、ピアノなどの練習が要求される一方、作曲、作詞の訓練も行われ、音楽教育は一定の水準に達していた。家事教育については家庭管理、栄養と献立のたて方、手芸については裁縫、ミシン、編み物などが教えられた（山本［1999：126,128-130］）。このように、将来のエリート層の主婦としての教養の多様性を反映したカリキュラムとなっていた。

こうした高女文化の階層性を支えたのは、学校教育だけではなく、進歩的かつハイカラな文化様式の取り入れに対する台湾人エリート家庭の意欲的な態度であった。礼儀作法、スポーツ、音楽、文学など新式文化の習得については、高女の教育費のなかで大きな比重を占めたさまざまな名目の雑費の負担や、さらに娘が学校外で自主的に行う稽古事などの文化的出費については、その家庭のバックアップなしでは成り立たなかったためである。文学の教養を高めるためには書籍と雑誌の購読が必要となるし、女学生の習い事のなかには生花とピアノが最も多く、その場合、放課後に師匠や家庭教師についてレッスンを受けた。ほかにも茶道、琴、書道、絵画、刺繍、編み物など、彼女たちの階層性を反映した稽古事は戦争期に入るまで続いた（山本［1999：139］）。なかには最初から新式文化に馴染んだハイカラ家庭の出身者も存在していた。屏東の名門藍家出身の藍敏は、台北第一高女の馬術部の活動において熟練した動作で指導担当の教師を驚かせた。彼女は京都帝大に留学してきた次兄の指導の下で、小学校時代からすでに馬術に馴染んでいたのだという（許［1995：30,39］）。

植民地台湾の高女文化は、階層性の側面からいえば日本内地に相当に類似していた。天野郁夫らの研究［1989］によれば、「社会の中堅婦人」に必要な教養として、内地の高女の教育内容を形作っていたのは、こうした伝統とハイカラの混じり合った、和洋折衷的で、必ずしも直接的な有用性のない、知識・技能と趣味・嗜好の総体であった。そしてこの高女文化は「中等社会の妻」の模範として想定されたものではあったが、それは実存のある階層文化の「複製」ではなく、モデルになりうる文化を持った集団はまだ存在していなかった。大正期以降では、急速に成長する「新中産階級」の主婦の座を高女卒業生が占めはじめた時に、こうした和洋折衷的な高女文化が、結果として「新中産階級」の「階層文化」になっていったのである。

台湾人女性を対象に発展してきた高女文化は、内地に共通する特徴を持っていた。しかし台湾伝統文化に対してこうした高女文化は、「伝統とハイカラ」あるいは「和洋折衷」のものというよりは、「日本色」と西洋をモデルとし「近代色」を混合した全く外来の文化であった。そして植民地台湾においても、「日本伝統と西洋のハイカラ」の「和洋折衷」の高女文化が、高女世代が台湾人新エリート層の妻の座を占めはじめた二〇年代以降に、台湾人エリート層の「階層文化」として現れてきたとみられる。

日本教育を受けた台湾人新エリート家庭にたいし、高女文化が与えた影響はきわめて大きい。女性詩人の杜潘芳格は、高女出身の母親の家政管理について以下のように記した。「母親は家事をよく切り盛りすることができた。当時、大家族を支える家事全般と使用人の管理などは全て母の仕事であった。そのうえ祖母の指示にも従わなければならない。母は毎日綺麗に身繕いをしていた。……そのうえ非常に清潔好きで、家のなかをこまめに掃除し、整理整頓を厳しく要求した。衛生面についても非常に神経質であった。母は高等教育［第三高女］を受けた人であり、この辺については多くの知識を持っていた。伝染病予防のために、色々なものを常に消毒していた」（曽・江［1995：12］）。また台湾の有名な音楽家の林二は、高女卒の母親蔡婉からの音楽教育について次のように記述している。「母親は登山家でもあり音楽家でもあった。私のピアノの基礎は母の啓蒙によるものであった。私が少し大きくなったら、母はピアノに日本人の柳麗峰先生、バイオリンに台湾人の李金土先生を家庭教師として招いた」[59]。

さらに家庭教育を通じた次世代への文化的影響力も看過できない。台湾人新エリート階層の家庭文化においては、高女世代の妻が新知識人たる夫と同様の文化的嗜好を共有することができた。新世代の男性知識人の趣味については、台湾新民報社編集・発行による『台湾人士鑑』が一つの手がかりとなる[60]。人物紹介の最後に設けられた「趣味」の欄には、文学、読書、短歌、俳句からダンス、卓球、水泳、乗馬、旅行、登山、音楽などと記入されている。新エリート層の趣味は、男女を問わず共通していた。

「高女文化」の日本色

さて「和洋折衷」の「高女文化」の「和」の部分についてであるが、「和」は、日本内地においてはたんなる「在来」を意味していたが、植民地台湾の文脈においては日本人＝統治階層の文化をさすものとなる。西洋が代表する普遍的な近代文化については比較的抵抗感なしに受け入れることが可能であったが、植民地統治権力を象徴する日本的文化の受容については複雑なものがあった。以下、植民地の高女教育における日本色から植民地の「高女文化」の特質を把握し、さらに高女世代の台湾人女性の特質について議論を行いたい。

教育世代の台湾人女性たちは、「女学生」という身分を通じ、人生のなかに新しい時間と空間を獲得した。前節では、二〇年代以降の女子教育方針として「国民精神」の養成と「婦徳」が強調されるようになり、学習内容から生活面での訓練まで、「女学生」生活全般にわたる日本色が強化されていった点を、統治サイドの視点から明らかにした。ここでは学校生活を実際に体験した台湾人女性たちの目から見た日本色の影響と意義について、まず国語と礼儀作法を中心に見ていこう。

台湾人高等女学校出身者の回想をみれば、日本色が特に強烈に感じられたのは、「国語」と礼儀作法のようであった。言語、礼儀作法などが絶対的な権力をともなった統治側の文化であるかぎり、植民地の人民はそれを自らの文化と同等のものとして、単なる異国情緒を伴った文化的他者として扱うことは不可能である。学校教育に組み込まれた文化は、一種の公式的「基準」として植民地人民の娘たちに対して開示され、教育課程を通じて教え込まれた。伝統社会においても尊重されていた師弟の関係、および学校という場を通じ、他者の文化はその権力性・暴力性を緩和され、植民地における上位文化として成立することになった。

高女の新入生の教師に対する印象を見てみよう。「入学当初、女先生の御言葉のお優しいこと礼儀作法の正しい御様子を拝見して、自分達も、その先生方について、習ふことの出来る嬉しさ心強さ、あらゆる希望に輝いたことだけは、覚えています」[61]。インタビュー資料に現れる高女生活に関する思い出のなかには、礼儀作法の学習についての回想が多く語られている。そのなかでつねに触れられているのは、食事の前に起立して「粒粒辛苦の、此の御飯……」と歌ってから箸をもつなどの、学寮での生活訓練であった[62]。また、礼儀作法の授業で毎回一時間くらい正座し、少しでも動くことを禁じられたり、茶道などの礼儀の学習などにも詳しく触れられている（游[1994a：182]）。

こうした日本式の礼儀作法の学習は、植民統治が創り出した文化的序列において、自分の所在を明示する手段として台湾人女性には利用された。女学生時代の日本内地への留学や旅行の際、「生蕃」（台湾の先住民族に対する蔑称）と呼ばれて差別され衝撃を受けた経験が、彼女たちの回想録の中に散見される（游[1994a：106-107,127]）[63]が、そのなかで、台南第二高等女学校から広島市立高等女学校に編入した荘季春の経験は次のようであった。「第一項目の試験は、一時間に及ぶ『飲食礼儀』であった。彼等は御飯と汁物などを用意し、私にその場で食べることを命じた。日本人は台湾人を『生蕃』と見なし、台湾を文化の存在しないところと考えていた。そして台湾の教育に対しても疑いの目で見ていたからである。皆の視線が集中するなか、私は冷静に台南第二高等女学校で習った礼儀作法に従い、まず正座して静かに箸を取り、御飯を少し食べ、そして汁物に進んだ。私のきちんとした動作は、先生たちを驚かせたようだった。台湾の教育が厳しく、しかも完全に礼儀に則って教授されていることが、こうして彼等にも了解された」。一部の上流家庭は、娘に日本式の礼儀作法を身に付けさせるために、日本人の家庭に住み込ませていた（山本［1999：204］）。(64)

　また日本語力は台湾人高女生の間では相当に意識されていた。これは学業競争上の意味においてよりも、自らの出身の良さを直接に示す道具としての側面が強かった。ただ内地人と変わらない日本語を使うだけではなく、上品な言葉の使いこなしがめざされたようであった。山本礼子のアンケート調査［1999：121-122］によれば、対象となった台湾人高女出身者は日本語教育に対し総じて好感を持っており、嫌悪の感情を表す者はいなかった。反対に、内地修学旅行の時に地方の人から「東京から来られたのですか」と聞かれるほどの標準語を身につけたことに誇りを持ち、平素の教師の指導に感謝する者もいた。

　それでは、教育世代の台湾人女性が備えた日本的色彩への適応度の高さは、女性を媒介とした文化的同化力の「本島人」家庭への浸透という、統治側の植民地女子教育期待の実現を意味するのであろうか。この点については、実態はそれほど単純ではない。「日本色」は、女性たち自らの出身階層と文化教養を意識的に表現する手段であるために、家庭の内部に向かうよりは、実際には家の外に対して「対外的」に機能する性格の方が強かった。逆に家庭の内部は対しては、むしろ場に応じて微妙な用い方をされる傾向がある。第三高女の出身で、のちに母校で教鞭を執った楊毛治は、新婚当初、家に将棋をさしに来る夫の友人たちが独身時代の習慣から、毎度深夜まで居座りつづけることに閉口した。そんな彼女の述べるところでは、「ある日、私はわざと就寝せずに部屋で待っていた。彼等が帰宅しようとする際に、私は客を送りにきちんとした服装で出て、さらに日本式の礼をした」。その結果、「礼を失することなく」問題を解決することができたという（張・胡・黎［1997：52］）。

　その反面、家庭内においては、家族全員が意識的に日本語を使用する家を除き、学校教育を受けた者の間の日本語での会話は、日本語を解さない家族成員の誤解を招く恐れがあるため、「外の言語」として使い分けをする場合が多かった。これについて黄鳳姿は次のように記している。

母の女学校時代の同窓生の家庭でも、年寄のいない家では、国語だけ話をするやうに努力している家が多い。私の家はまだその頃は大家族制で、それに年寄りもいたので、公学校（国民学校）へ上るまでは主に台湾語しか知らなかつた。それは国語を解さない家族の人や、近所の人達の前で国語を使ふと、相手に通じないばかりか、国語のわかる者同志が話をしても、何かその人の悪口でも話し合つているやうに思はれるので、遠慮しなければならなかつた。曽祖母がまだ生きていた頃も、母が国語を使ふと気持を悪くしていた。(65)

また、第三高女卒の辜顏碧霞の自伝的小説［1999：54］のなかに、主人公が高女生の義妹と「つねに国語で話している」ために義母に疑念を持たれるという一幕が記されている。一五歳までを台湾で過ごした竹中信子の体験によれば、台湾人は学校や外で日本語で話しても、家に帰れば祖父母や両親とは台湾語を話すのが当たり前で、日本語が巧くなった人たちもバイリンガルとして使い分けるのが大部分であった（竹中［1996：111］）。ただし、同じ日本教育を受けた夫との会話は、実際には母語と日本語とを混ぜて使うことが多かった。

統治者の言語である日本語の高い習得度という側面からいえば、日本植民初期から統治側と台湾人エリート層の間に期待されてきた「夫人外交」の土台は、二〇年代に至ってようやく台湾人高女世代の間に確立されたともいえよう。

「日本色」と「近代的」自己実現

知識と文化的教養は、エリート層の妻に相応しい能力の養成を最大の目的としていたが、高女教育を基礎として同世代の女性たちの間には知識欲と自信が醸成されることになり、一部の新世代の台湾人女性はそこに自己実現の道を見出すようになった。植民地教育を力点に、台湾女性が初めて家庭以外の場で、それまでになかった自己の能力への承認と評価とを得た。同時に、この向上のルートに乗れば乗るほど、彼女らの「日本」との関わりも深まっていった。

学校での成績、および各種の活動で得られた評価は、高女合格と同様に彼女たちの人格形成の過程に重要な影響力を持っていた。女学生たちに与えられることになった優劣の評価基準たる「日本色」は、他方で植民地特有の物差しとして、女学生たちの成長過程に適用された。女学生時代に日本人教師や学校当局に評価された経験は、後日の回想録やインタビューのなかに鮮明に記憶されている。例えば劉玉英の経験は次のようであった。

担任は地理の広松良臣先生であった。彼は私の一生忘れることのできない恩師である。彼は……親切に私の日本語の発音を矯正してくれた。私の日本語の進歩があったときの先生の微笑みを見ると、私は学習を怠ることができなかった。一年生の学期末に全校の学生が淡水の観音山へ遠足に行った時に、途中、広松先生が微笑みながら私に「今年の君の総成績を知っている」と聞いた。私は知らないと答えたら、先生はこっそりと私に一番だったと教えてくれた。広松先生に可愛がられている私は、級友たちに「広松子」のニックネームを付けられた。こう呼ばれるとき、嬉しくも恥ずかしくもあった（李遠輝・李菁萍［1999：14］）。

第二次教育令以降、高等女学校の教育方針の確立が進むにともない、女学生の訓育の徹底化が修身科の授業のみならず、種々の学校行事と課外活動を通じて実施されるようになった。社会人として必要な心掛けと習慣とを身に付けるよう児童・生徒を教育することが「訓育」の元来の意味であるが、高女生の訓育を見ると、皇室尊崇の思想育成のための神社参拝、和歌の練習、「国語」常用と法令規則の遵守、とくに「国民的趣味は国民精神の基調」であるとの見解から、図画は日本画を学習し、和歌のほかには日本民謡調の歌曲を教授、また音楽会に女学生を和服出演させ、「和服の趣味を長じ」るなどの内容が盛り込まれた(66)。日本的趣味の重視については、台湾人女子教育の代表校であった第三高女では、私立学校よりも力が注がれた。そのせいか、高女出身者の回想のなかでも、第三高女の主な教育目標は台湾人女学生を日本人に同化することと良妻賢母を養成することであると語られている(67)。

このような日本的趣味が、台湾人女学生のなかでいかに位置づけられていたかについて、さらに見てみる。一九二六年三月、第三高女では初めての公開音楽会が開催され、父兄、教育関係者、新聞記者などを含め約五〇〇人の聴衆の面前で、当時講習科生であった周紅絨は裾模様紋付を着てピアノ演奏を披露した。台湾人女学生の和装とピアノ演奏という組合せは、高女文化の日本色とハイカラさを直接的に表現する方式だった。学校側は「異常の喝采を博し、爾来音楽会に技術優秀者の和服出演が例となるに至った」と満足げであった(68)。また『台日』でも「内台融和を図る第三高女の第一回音楽会」という見出しに、「帯をお太鼓に結び裾模様の黒紋附でピアノ独弾をした周氏紅絨嬢」の写真が載せられた(69)。他方、これに対して台湾知識人側の報道は、次のように冷ややかであった。

三月一五日に『台日』では「内台融和を図る第三高女の第一回音楽会」という素晴らしい見出しが掲載された。在台の日本人と政府は常に「台湾人の青年男女の衣食住を日本式に、その日常言語を日本語に変えられたら、内台人の融和が早期に達成される」と思っている。今回の第三高女の音楽会もこの発想から、学生に日本服を着せ、日本の曲を歌わせて、内台人諸氏を臨席させていただけで、この御用新聞がすぐ得意満面になり、『内台人融和』を特筆大書した。このような考え方は浅はかであり、しかも誤っている。衣食住は外見的、形式上のものに過ぎない。しかし、融和とは心の中の変化である。形式が心を変えることはできない。内心の融和は感情―待遇―で感動させるしか方法はない。それ以外は全て邪説、悉く空想、妄想である〔白〕[70]。

同時に、全く異なる文脈で述べられた周紅絨本人の回想にも注目したい。「ピアノの前に和装して」と題する一文のなかに、純粋に自らの理想を追いかけようとする娘時代の心境が述べられている[71]。「あゝ！ 私の瞳の前には、私としての黄金時代で、最も華やかなりし女学生時代！そこに明らかに、音楽的に美しく刻まれた数々の思い出が静かに平和に展開されてきた。数々の思い出！その中最も私の胸を喜ばせ全身を躍らせ、何時も瞳から耳から離れて行かない所の印象は、あゝ！忘れるに忘れられない大正一五年の三月一四日本校第一回の音楽会に和装して出演したそれであつた」。和服に着替え、台湾人娘から「大和撫子」への変身した際の、台湾人娘の気持ちの動揺も窺われる。

図らずも紋付の華やかな裾模様の振袖を身に纏ひ、燃えるやうな緋の羽二重の帯上を高々に負ひ結び上げ、靴下や靴を足袋や草履にかへた姿を、先生方やお友達に冷やかされて、甘い羞恥に胸をはずませ、顔を染めたあの時の気持は、今尚しみじみと想ひ出される……私は最初、あの長い着物に重苦しい帯を締め付けられたら、さぞ暑からう！苦しからう！と予期していたが、不思議にも全く裏切られてしまつた。苦しいはずと思つたのが、却つて気持よい感じさへした。私は考へた。若しや自分は美しい着物を身に纏ひたい虚栄心の為に、苦しさを忘れたのではなからうかと……いやいや、さうではない。……やつぱり着心持がよいのだ。

和服姿に喜んでいる自分と、このような自分を疑っていたもう一人の自分との格闘の様子が伝わってくる。彼女は興奮状態の自分について次のように描写した。

すつかり変装が出来てから、私は楽屋でしづかに待つていた。音楽的に美しく飾られた会場から、洩れ来る数多のミステーク［ママ］に、幾百の聴衆と共に胸を打たれ、恍惚境に誘はれるやうになつても、尚私は絶えずに様々な思ひに耽つていた。何んだか今までの自分と全く違つた感じに、我ながら可笑しくてならなかつた。妙にゆつたりとして落付いたやうな……いやに素直で、従順な日本娘のような優しい所があつた。

と、きつぱり心に言返した。

最後に周は、この体験を「全身全霊を注いで、自分の目標を追って行くあの真剣さは、何んと貴いものでしょう」と一般化して位置づけている。

植民地的自覚の目芽え

植民地における女学校は、外部から遮断された修業の場であると同時に、植民地社会へ開かれた唯一の窓でもあったことにより、ある種の二重性をもつものとなった。戦前の学校教育は台湾社会では「日本教育」と呼ばれた。そして女性らの「日本教育」は、台湾の在来社会の土壌から遊離して、直接に「和」「洋」折衷の新階層文化へのアクセスを可能にする空間であった。他方、従来家庭を唯一の生活空間とした台湾人女性にとって、学校は「日本」という他者との直接的接触を日常化する場となった。とくに「高女」にまで踏み込んでいけば、彼女らの「日本」は、接触経験が蓄積されていくとともに複雑化する。

植民地の民族的差別の下での複合的なアイデンティティをめぐって第一に指摘できるのは、女学生時代が、台湾人女性の差別の原体験となったことである。日本教育を受けた台湾人の意識のなかでは、日本人学友は「親友」と「日本人の優越感を持つ××子」に、また日本人教師は「恩師」と「台湾人をバカにし、差別する先生」とに明確に区別されていた(72)。これについて、『台日』の記者であった楊千鶴［1998：91］は、「喧嘩っ早い傾向があるのは、どうもあの日本人に伍して学ぶ途上で培われた、複雑な民族意識が台頭した女学校時代に養成されたのではなかったか」と述べている。

植民統治権力を頂点として形成された社会構造のなかで、「日本」への接近度は台湾人社会における地位、権力、文化などの象徴となった。しかし、「日本」に接近すればするほど、場の共有が多くなればなるほど、在来社会の中、上階層出身の娘たちは、民族的差別に遭遇せざるを得なかった。

日本留学経験者の父親と高女卒の母親を持つ杜潘芳格によれば、「祖父と叔父は日本人と交際することが多く、相手との良い関係を持ち、虐められないために毎年多くの物を贈った」という。日本留学より帰台した父親の意思で、彼女は初等教育から台湾人対象の公学校ではなく、小学校に就学したが、そこで日本人児童からのいじめに遭うことになった。「彼らは人の少ない所で私のカバンを奪い、鉛筆、本を全部泥沼に投げ捨てた。私はいつも泣きながら拾った。翌日別の道を通ったらもっとひどくなった。彼等は人が通らないと見て、私のパンツを引き下ろした。カバンの中の物も全部出された。彼らは『早く、早く、いま誰もいないから、早く彼女のパンツを脱がせろ。ハッハッハッ』と笑った。私は怖くて泣き出した」とその経験を記している。

しかし、日本人並みの教育を得るためにはこうした差別に耐えなければならなかった。「泣きながら家に帰ったが、親に言う勇気がなかった。親を心配させたくなかったからだ。もし公学校に転校することになったら、教師の質も学校の設備も小学校に比べ悪くなる。とくに女学校受験では、公学校の合格率は低い。……私の叔母はどうしても小学校に入りたがらなかった。台湾人の仲間と一緒に公学校に通いたい。そして絶対に女学校に合格してやると言った」。さらに進学した日本人中心の新竹高等女学校では、いじめが一層ひどくなったという（曽・江［1995：14-16］）。

女学校は、植民地において純粋な娘時代の夢空間であり得なかった。当然ながらこれは、個人差があり、また は各女学校の状況により異なってくる。台湾人女子教育の伝統校であった第三高女の場合は、日本人が絶対多数である他校に比較して、差別が意識されることは少なかったようである。「三高女は温室で内外の差別を感じなかったけれど、第一師範女子部に入ったときには、やっぱりちょっとありましたね。師範は奨学金が出るでしょ。その時、日本の方は三〇円、台湾の人は二六円なのです。それで差別を痛切に感じました。あれを貰ったときはショックでした。ほんとにショックだった。女学校に入れる、あるいは入っている家庭は、日本人も一目置いています。だから差別を全然感じなかった」。そして小学校勤務の給料については、学歴が下の日本人女性よりも低かった。「台湾籍だからそのほうが下なの。娘時代、身辺では感じなかったのですが、社会に出てみるとはっきり差別待遇が感じられます」という（山本［1999：181］）。しかし、女学生の差別の体験は、反対運動が起こるほどの規模には発展していかなかった。この問題については第五章で詳しく検討したい。

このように、高女世代の中の「日本化」は、自己実現の可能性を広げるものであると同時に、最大の制約でもあった。つまり植民地社会における階層的優位性を獲得・確保する反面で、統治階層からの被抑圧という二面性を帯びていたのである。

台湾人の男性知識人らは、新世代の台湾人女性に広がった「礼儀作法」「国語」の意味を敏感に感じとっていた。一九二二年、彰化高女校長の前川治は『台湾教育』に寄稿し、「本島婦人の性情を見るに、誰でもがすぐ気附く一つのしかも大きな缺点は彼等が野性（ワイルドネス）の所有者であるといふことである。此の一事、以て憐れなる彼等が如何に長き間無文化無教養にも等しき状態に置かれてあつたかといふ不幸な結果を曝露しているものである」と台湾人の民族性を批判し、当校の訓練方針として「温みのある」、「やさしい」、「親切な」、「礼儀作法の正しい」、「気持ちよい」性情の涵養を強調した(73)。これに対し、謝春木は『台湾』雑誌の紙面を借り、「台湾人は凡ての事について何も御無理御尤だと受け入れないことは事実である。此は三百年間の階級訓練を受けてゐないからである。階級訓練を受けないから階級的言葉を知らないのは無理はない。但し、此から直ちに礼儀作法を知らぬとか粗暴な言行だと断ずるならそれは餘りに早計だと言はなくてはならぬ。……階級的言葉を知らぬことから直ちに野性を導き出すのは随分手品的論理しなければ出来ない。察するに此の野性論は氏の後に説かんとする文化生活とか文芸教育とか根拠にする為に発明したものではあるまいか」と反論を行い、前川の言論の根底にある日本人の文化的優越感と台湾人文化への差別的視線を指摘した(74)。

みずからの中の「日本」に対する自覚の有無については、台湾人知識女性による論文が戦前にはほとんど存在していないために、直接の手がかりを欠いている。しかし、別の表現から彼女らの思考の軌跡がうかがえる。

陳進は、第三高女卒、東京女子大学東洋画師範科に留学した経歴をもち、日展にも入選したことのある著名な台湾人女性画家である。彼女の創作は、異文化の強力な制約の下に、曲折した道のりをたどった。早期の日本の東洋美人画の影響を受けた画風から意識的に脱却するため、台展（台湾美術展覧会）の審査員として招聘された一九三二年以降、徐々に台湾在来の風土人情を表現する地方的風格に傾いていった（蕭［1996：112-115］）。

また前引の楊千鶴は、日本人の女友達と外出する際にいつも悩まされる和服と在来の台湾服＝「長衫」をめぐる服装問題について、一九四二年に『民俗台湾』で発表された「長衫」と題する一文のなかで、日本教育を受けた一人の台湾人女性の微妙な心境を淡々と記している。彼女が和服を着る意欲をもたなかった原因は、同行の日本人の友人らの、台湾人婦人の和服姿に向けた視線に含まれるメッセージに敏感に読み取ったからであった。

ひところ本島人婦人の和服姿が街に多く見受けられたけれど、その都度私は衿元と帯が気になつて、自分のことのやうにひやひやしていた。一緒に歩いている内地の友達がどう思ふだらうかと、そして私の懸念はきまつてあらはれ、それらは友の眉をひそめさしていたのである。その人達は洋服の二、三倍もかゝる高価な和服を、無理算段して作つたかも知れない。又和服を通じての皇民化といふ笑つてすまされないものがあるにしても衣服の生命は美と體裁をかねるものだと固執する私は、自分の臆病さと依固地もてつだつて、和服はただ眺めるものとし、着るまでには気が進まなかつた。

その反面、彼女は次のようにも感じていた。

なぜだか私は内地人の友達と一しょに出る以外、それを［長衫］着るのを億劫がつた。それははじめの中［ママ］自分でも気がつかないでいたけれど――。時々とがめるやうな視線にハッと気づくと、長衫を着ていた私はおかしい位にぴくつとするのである。……そんな視線にあふと、あわてて隣の友達に流暢な国語で話しかける。外観だけをとめないで下さい。私は一人前の日本女性としての教育を受けたものです。きまじめな、それで意味のない会話に気がつくと、さういふ風にふと何ともいへない気持になるのであつた。(75)

外見から「本島人」として標記された「長衫」姿の外出の際にでも、日本人友人への同行および「国語」が象徴する「日本」的記号の力を借りようとする一見矛盾した行為のなかに、新世代の知識女性の日常の中に潜む複雑なアイデンティティが見え隠れする。

II 「新女性」の位相

第四章　婚姻様式の変容

日本統治初期における解纏足運動と女子教育の展開過程のなかで、台湾人エリート層の女性観は外部環境の変化を敏感にとらえて変容した。第一部に見てきたように、総督府の政策と台湾人エリート層の対応とが相俟って、日本統治初期における島内、島外の時勢の変化のなかで、纏足をせず、かつ新式教育を受けた台湾人「新女性」が誕生した。二〇年代に入ると、台湾の伝統的な両性関係と女性規範は、さらに新しい変革の要請に直面せざるを得なかった。新世代女性は、この時期に青年期を迎える一方で、同じく新式教育を受けた青年たちも、両性関係および理想的な女性像に新しい期待を寄せた。本章では、新女性をめぐる両性関係の変容について、知識青年により提起された恋愛結婚の問題を中心に検討を行いたい。

1　恋愛結婚論の登場

1・1　背景

台湾社会が恋愛結婚という新しい理念に遭遇したのは、一九二〇年代のことであった。西洋を手本とした「文明」「進歩」を追求する過程で、台湾知識青年は、近代日本および中国の青年たちと同じように、恋愛結婚に高い関心を示した。文明追求の最先端に立つ留学生はこの傾向が最も顕著であった。恋愛の発見により、現行の婚姻制度ついての若い世代の関心が一気に高まった。

世界の新思潮の洗礼をうけ、恋愛結婚の理念を知った新世代の青年たちは、従来の結婚様式に苦悩と不満を感じはじめた。「父母之命、媒酌之言」に消極的に遵って、生涯の伴侶を選択する権利さえない伝統的な結婚のあり方に比べ、自分自身が相手を選び、交際を行い、男女両方の合意の上に立った結婚は、はるかに魅力的なものであった。

台湾における恋愛論理念の主たる輸入ルートは、中国大陸とは断絶されていたという状況下にあって、最初は日本内地を経由したものとなった。日本の植民地という政治的・社会的環境における近代台湾人の恋愛の発見は、理念の輸入過程であれ、展開の方式であれ、日本と中国双方の影響を受け、独自の様相を示したのである。すなわち、西洋に範をとった恋愛結婚の理念を日本経由で吸収する一方で、同時代の中国での受容様式にも影響を受けることになった。

内地留学の台湾人学生数が相当な規模となった二〇年代において、彼らが日々接触していた日本社会の恋愛思潮とはいかなるものであったろうか。

近代日本の「恋愛」の概念は、明治初期に欧米より伝播し、明治知識人の多くの解釈と提唱とを経ることで、一九二〇年代に至って都市部においては比較的耳になじんだ語彙の一つとなっていた。台湾人留学生が日本内地で「恋愛」という理念に興味を持ちはじめた大正時代は、恋愛をめぐる様々な討論と実践が日本社会ですでに繰り返し行われており、未婚男女を対象とする恋愛と恋愛結婚を容認する社会の風潮が都市部を中心に定着しつつあった時期であった（井上［1998：237］）。(1)

明治時期には、北村透谷をはじめとした青年たちによる恋愛の礼賛が見られた。そのなかで、一八九七（明治三〇）年一月から一九〇二年五月まで『読売新聞』に断続的に連載された尾崎紅葉の「金色夜叉」と、一八九八年一一月から一八九九年五月まで『国民新聞』に連載された徳富蘆花の「不如帰」は、明治小説のベストセラーであった（井上［1998：228］）。

思想や書物のみならず、青年男女の間に実際に生起した数多くのいわゆる「恋愛事件」が社会の注目を浴びていた。(2)明治末期の最も代表的な事件は、後年の青鞜社の中心メンバーとなる平塚明子（らいてう）と夏目漱石の弟子、森田草平の「情死未遂事件」（一九〇八年）であった。大正時代には名門貴族出身の男女をめぐる恋愛、離婚、情死などの一連の事件が世間を騒がせた。例えば、枢密院副議長芳川顕正伯爵の三女鎌子の青年運転手との情死事件（一九一七年）、女優の松井須磨子による師匠島村抱月の後追い自殺事件（一九一九年）、さらに華族出身の柳原白蓮が自ら夫の伊藤伝右衛門を離縁し、恋人の宮崎龍介と結婚した「白蓮事件」（一九二一年）により、「恋愛事件」は最高潮に達した。ちょうど同じ時期、厨川白村の「近代の恋愛観」が、「白蓮事件」が発生する約一ヵ月前の九月三〇日から一〇月二九日まで、二〇回に分けて『朝日新聞』に連載された。事件と厨川の恋愛論説の偶然の重なりが相乗効果を生み、一〇月二二日に事件が報道されてから三一日までの短い間に四〇〇通以上の読者投書が新聞社に殺到するなど、大きな反響を呼んだのであった。

1・2　留学生の恋愛関心

二〇年代の台湾社会の思想的文脈において、新世代の知識人を魅了した恋愛結婚論の発生はどのような意味をもっていたのか。同時期、台湾の抗日民族運動は新しい段階を迎えていた。第一次大戦後には民族自決、植民地解放の風潮が拡大し、日本国内は大正デモクラシー期の自由な空気に満ちていた。中国の民族・救国運動および朝鮮の三・一独立運動に刺激を受けた台湾人留学生の間でも、台湾の植民地問題への関心が高まるとともに、前期の武装抗日運動路線から転じて、台湾議会設置請願運動を中心とした政治的要求が打ち出された。そもそも新思潮への接触とその影響は政治、社会的問題に限られるものではないが、従来の台湾抗日民族運動研究ではとくに政治活動の側面が強調され、それ以外の領域、とりわけ台湾人留学生の日常の生活・思考様式に対する時代的風潮の影響についてはほとんど顧みられることがなかった。こうした意図からも本節では、二〇年代の新知識人の間でもっとも代表的な「恋愛」という流行語をとりあげて検討していきたい。

台湾の伝統的婚姻制度に対する新知識人たちの批判は、恋愛は結婚に必要とされる基礎であるという認識に立って展開された。台湾人社会自身の文化改革の次元において、新知識人は真っ先に「婚姻自主」を要求し、恋愛結婚を議論するようになった。つまり恋愛は青年特有の悩みや、人生問題の次元にはとどまらず、婚姻問題は台湾人自らの手による社会改革の中心的課題と見なされたのである。

最初に恋愛結婚の概念を知り、それに敏感に反応したのは、大正期の日本内地で時代の新思潮と直接接触した台湾人留学生たちであった。台湾人の日本内地留学の風潮は一九〇一年頃から始まり、一九〇八年の留学生数は東京のみで約六〇名を数え、その後持続的な成長を見せた。一九一五年には留学生総数は三〇〇人に達し、一九二二年には二、四〇〇余名にまで増加した。他方、中国への留学者数は、一九二〇年末ではわずか一九人であったが、当時の世界の民族自決風潮と一九二一年に成立された台湾文化協会の活動の影響を受け、一九二三年一〇月には二七三人に増加した(3)。このように、新思潮を吸収する媒介となった留学生は日本内地への留学者が圧倒的多数であったことから、一九二五年までの台湾新知識人の恋愛結婚の主張は、中国よりも日本の影響を大きく被っていたことは明白である。ちなみに、中国に渡った台湾人留学生の多くは、島内で初等、あるいは中等教育を終了した段階にあり、すでに日本語の基礎を有していた。彼らの場合、中国語と並んで日本語が知識習得のための道具でもあった。一九二五年以降、中国の社会思潮に影響された台湾人留学生は、一九二五年以前と異なるもう一つの恋愛結婚論を展開しはじめ、その後の台湾社会における恋愛結婚論の進展の方向を大きく変えた。

恋愛の思潮に魅了された台湾人留学生は、年齢的には二〇代を中心に、三〇代を含む青年たちであった。例えば一九二〇年時点で彭華英、杜聡明、陳逢源が二七歳、黄朝琴が二三歳、二〇年代中期の恋愛論の旗手であった謝春木、張我軍は一八歳であった。未婚、既婚、あるいは婚約者の有無にかかわらず、彼らはちょうど異性関係と婚姻問題に最も高い関心を持つ年代であった。

未婚男女隔離の風習の拘束力は、台湾社会を離れた留学生には当然ながら及ばなかった。若い男女の出会いの機会は各種の催しの中にも見られ、毎年春に総督府主催で台湾人留学生を対象に開かれる宴会もその一つであった。一九二〇年四月の例会は、当時の台湾総督府民政長官の下村宏により、小石川植物園で開催され、旧制中学、大学に在学する台湾人男女学生約二〇〇～三〇〇人が出席した（呉他［1987：88-89］、呉［1991：38］）。出席した留学生は男子が大多数で、女子留学生の数は少なかった。台湾総督府が留学生を手なづけることを目的に、毎年貴族の庭園を借りて行われたこの種の宴会は、その意図せざる結果として、それぞれ違う学校に通う留学生男女に出会いの空間を提供した（東方白［1996：503-514］）。また、留学生みずから主催の各種の活動も、多少なりとも同様の機能を備えていた。一九二三年五月の東京台湾青年会の例会は、西川洋食店を会場として行われた。

当時二〇余名の女学生が出席し、なかには演壇に立った者もいた(4)。

一九二一―一九二六年の間、台湾人女子留学生の数は二〇人前後にとどまっていた。単身で渡日した者は少なく、父兄が同行する場合がほとんどであった。彼女らは学校の寄宿舎に住む場合が主であり、下宿をしたり親戚・友人の家に寄宿する者は少数であった(游 [1987 : 194,201])。それほど多くない校外の活動で、台湾各地の名望家族出身の留学生男女が親を経由することなく異性と知り合い、多少の言葉を交わし面識をもつことは、ともかくも台湾島内の社会規範の下では考えられないことであった。

台湾人博士の第一号となった杜聡明の例をみよう。彼は京都帝国大学医科大学に留学中の夏期休暇、帰省途中の船上で台湾の名門霧峰林家出身で当時青山女学院に在学中の林双随に一目惚れした。その後、杜は親友であり台湾抗日社会運動の中心メンバーである蔡培火の協力を得て、林が下宿する清和女塾の舎監山東泰女史の了承を得て文通を始めることになった(杜 [1983 : 219,227-229])。留学中の男女の出会いは、同時代の小説のなかにも描かれている。追風(謝春木)の小説「彼女は何処へ?」では、親により婚約を取り決められた男子留学生が、東京留学中に親友の妹に課業を教えるうちに彼女と恋に落ち、その成りゆきを彼女の兄が見守るという設定になっている(5)。

後期非武装抗日運動の始動とほぼ時を同じくして、台湾人留学生は自由恋愛という新しい思潮に強い関心を示すようになった。東京の台湾人留学生を主体とする言論雑誌『台湾』に一九二三年に掲載された「滑稽問答」という一文は、一問一答の形で「留学生第一生命?」(留学生にとっての命とは何か)の設問に、「自由恋愛新生活」の解答をつけ、留学生らの恋愛思潮に対する高い関心を伝えている(6)。彼らが大正期日本の恋愛思潮をどのように受け入れたかは、留学生団体の活動および留学生を主体に発行された『民報』系列の雑誌の内容にも反映されていた。

新知識人の恋愛への関心は、留学生団体の活動にも反映された。一九二三年五月一九日に行われた明治大学春季例会・新入生歓迎会の席上で、毎月の第一土曜日に定例討論会を開催することが議決され、第一回の討論テーマには「恋愛」が掲げられた(7)。また翌日五月二〇日には東京台湾青年会の春季例会の宴会において、留学生たちによる「自由恋愛」の演劇が上演された(8)。

日本の植民地教育政策の結果、台湾人エリート層の青年世代においては学習および文章を書くのに使用する言語は主として日本語になっていた。漢文＝文言文を使える者は少なく、白話文を理解できる者はさらに稀少となった（呉他［1987：550］）。そのために新知識人の恋愛論の吸収は、ほとんど日本の書物によるものとなった。『民報』系列の雑誌を考察すれば、彼らが接触した恋愛関連の書物はおもに三種類に分けられる。第一に、エレン・ケー等欧米の名著の日本語訳。第二に、厨川白村、安部磯雄等の著名人の論述。第三に、日本文学のなかの恋愛論の影響であった(9)。これらは新知識人の論文のなかにしばしば引用され、また白話文を提唱する時期においては中国語に翻訳された。そして中国にいた台湾人留学生の寄稿のなかにも、日本の恋愛関連書物からの引用は少なくなかった。

新知識人の恋愛関連言説の量に関して、楊翠［1993：170-171,179］によれば、『民報』系列の雑誌のなかで「婚姻や家庭」に関するものは一九二〇年から一九三〇年にかけて二三五本に上ったという。ここには婚姻制度の批判から恋愛自由、婚姻における自主性、社交などの諸問題が含まれていた。

恋愛結婚論の使用言語についても見てみよう。『民報』系列の雑誌は、最初の一九二〇年に『台湾青年』が創刊され、翌年には『台湾』と改題された。この二つの雑誌はいずれも和漢文併用と称するが、実際には日本語の使用頻度が明らかに高かった。そして紙面上で恋愛結婚について議論・分析がなされる際の使用言語はほとんど日本語であった。内容からみれば、新しい概念を紹介しつつ、これによって旧来の台湾の婚姻制度を批判する論調が大きな比重を占めた。一九二三年四月には、漢文の白話文雑誌『台湾民報』が新たに発行された。月刊『台湾』は幾度も発行禁止措置に遭遇したことから、同年一〇月に『台湾』の和文部分は『台湾民報』に移されることになり、『台湾民報』の三分の一は和文記事が占めるようになった。その後、『台湾民報』の急速な発展にともない、一九二四年六月には『台湾』が廃刊されることになった。翌年七月、『台湾民報』は旬刊から週刊になり、発行部数は一万部を突破した（楊肇嘉［1970：418,422］）。雑誌の数度の変化にともない中国語の紙面が増加するとともに、中国の台湾人留学生からの寄稿も顕著な増加を見せた。

1・3　島内における展開

思潮受容の土台

恋愛結婚の思潮受容の土台は新世代の間にすでに用意されていた。二〇年代から台湾エリート層の青年世代の間に日本語教育が確実に浸透していたため、日本内地の恋愛言説とそれに関連する事件報道は、内地からの雑誌、小説、新聞などの情報源から翻訳を通すことなく直接日本語で受信することが可能となった。

当時の台湾において恋愛思潮に接触するルートはきわめて多かった。中学校、高等女学校と高等学校の学生および卒業生は、日本語書物の基本的な読者であった。とくに一九〇〇年以降に生まれたエリート層の若い世代の多くは、中学校から日本語を通じ日本内地と世界各国の文学作品を幅広く閲読していた（頼［1996：18-21］）。高等女学校の台湾人学生を対象としたアンケート調査（高等女学校研究会プロジェクトチーム［1995］）によれば、教科書以外で読んだ本、雑誌について、中国語の書物名が挙げられることが皆無であった代わりに、『少女クラブ』、『婦人新聞』など日本内地の各種の婦人雑誌、および『不如帰』などの文学作品が数多く挙げられた(10)。このほかに、台湾総督府の機関紙と呼ばれる『台日』が、図らずも恋愛という思潮の伝播に貢献した点も注目される。

同紙は全島各地の役場、警察駐在所、また保正の所にも常に配布されたため、一般の台湾人学生の日本語学習にとり、最も利用しやすい新聞であった(11)。興味深いのは、同紙の漢文欄は新知識人が主張する恋愛結婚論に否定的な立場をとっていたのに対し、和文欄は島内島外の恋愛事件、情死事件などを大きくとりあげるのみならず、とくに文芸欄では恋愛を賛美し、テーマとする詩、小説や論説が紙面を賑わせていたことである。

文化運動の牽引

台湾人の日本語読者層の存在により、恋愛結婚論の輸入過程に新知識人が担った役割とは、日本語を中国語に翻訳するような地道な作業をともなうものではありえなかった。二〇年代の文化・啓蒙活動のなかで、留学生たちは島内青年層の思想的指導者の位置を占めていた。日本経由で最先端の思潮を吸収した彼らの恋愛結婚論は、『民報』系列の雑誌を通じ、論説や文学創作の形で台湾社会に発信された。これらの雑誌は島内の各学校においては禁書扱いされたにもかかわらず、青年たちには愛読されていた。かくして早い世代の留学生らの言論が、後輩の青年らに大きな影響を与えることになった（頼［1996：18］）。

活字の影響力のほか、台湾文化協会を中心とする全島的規模の文化講演の展開も重要な宣伝機能を果たした。文化協会の重要な成員の一人、当時の青年学生の一人であった葉栄鐘［1985：150］は、二〇年代の文化協会による文化・啓蒙運動を次のように評価した。すなわち「当会が提唱する〈自由〉、〈平等〉、〈人格の尊厳〉、〈社会連帯関係の意識〉などの理念は、いずれも当時の台湾人に多大な影響を与えた。また家族制度、恋愛至上などの問題は、男女青年知識人が熱烈に討論する焦点となった」のである。

一九二三年五月二〇日に開催された前述の東京台湾青年会の春季例会で、留学生らは文化講演団を組織し、夏期の帰省期間中に全島の巡回演説を行い、台湾人自らの文化・啓蒙活動を決議した。島内にある台湾文化協会の協力下で、第一回全島巡回講演は同年七月二三日に彰化を皮切りとして展開され、一九二三年から一九二五年まで続いた。そのなかで恋愛、結婚と女性関連のテーマはほぼ毎回のようにとりあげられた。演説による文化運動は台湾社会における日本語、中国語双方の識字層の制限を飛び越え、民衆社会に深く浸入することに成功した。民衆の前で直接口頭で訴える形をとることで、教育を受けられない女性を含む一般大衆にも新思潮が伝えられることになった。

2　恋愛結婚論の基本構図

恋愛結婚を主張する台湾新知識人は、一体どのような変化を求めていたのか。本節では彼らの恋愛結婚論の内容をいくつかの側面から検討したい。

2・1　恋愛を前提とした結婚

まず字面通りに、恋愛結婚は当然ながら結婚する前段階として「恋愛」を必要とするものだった。すなわち「理想的な結婚は男女交際を通じて互いに理解をすすめる恋愛を基本としなければならない」(12)ということである。それでは、新世代の男性知識人がいう「恋愛」とは何を意味していたのであろう。当時の新知識人の「恋愛」言説には以下の二つの傾向が顕著であった。

夫婦愛への期待

第一に、将来の結婚相手との間に「愛情」を期待することである。恋愛を夫婦愛の前段階として位置づけ、円満な婚姻を保証するものと見なす傾向は、新知識人の間に際だっていた。『台湾』雑誌に寄稿した黄朝琴の言葉でいえば、「合理的な結婚を行い、円満な家庭を作り、ともに白髪になるまで添い遂げるには、二つの重要な条件が欠けてはならない。一つは、結婚する前に二人の間に充分な理解と愛情が存在していること。もう一つは、結婚後、二人の理解と愛情が永く続くのみならず、より一層高められる」〔白〕[13]ことであった。青年たちからみれば、愛情は幸せな婚姻の不可欠な要素であった。論者の一人であった当時の東京商科大学学生の陳崑樹の理解では、「純なる恋愛は絶対の力を有し、如何なる障害物が前に横はるも身を賭して取除くに相共力し……それ故純なる恋愛からの結婚はそれぞれ自覚してゐるから喜んで苦楽の分前をする上に愛の力で、鐵と磁石のやうに吸引させられるから分離する事がなく、各々分に安ずるを以て幸福が常に齎される」のであった[14]。

精神的契合を意味する「恋愛」が、婚姻の道徳的な基礎であるというのが、新世代の主張の核心であった。逆に愛情を欠いていることは、婚姻の道徳が欠けていることを意味し、法的に認められた婚姻であってもとうてい幸福な家庭はもたらされないと考えられた。批判の矛先は、当事者男女の感情に無関心な、親の取り決めによる伝統社会の婚姻習俗に向けられた。伝統的結婚制度が批判される際、論者は普遍的に進化論の観点に立脚し、家族目的＝生殖目的を進化における低い次元の、マイナスのものと見なすと同時に、「恋愛」を進化の高い次元の存在としてプラスの価値を与えた。前引の陳崑樹の場合は、まず「恋愛細胞」の有無により、動物を「無情動物」と「有情動物」の二つに分類した。「ウニ、ヒトデ、ナマコ」は前者に属し、異性同士が無意識の基に相吸引する性質をもつのに対し、人間を含む動物は後者に属す。原始時代における人間の「恋愛」は、ほかの動物と同様に肉欲の本能に基づき、異性に接近するものであった。しかしその後、文化が発達するにともない、人間がますます自覚し、なお精神慾のあるべきを見出した。「恋愛」も同様に原始時代の肉的欲求のほかに、「霊欲、即ち相互の人格的結合を欲するように進化してきた」という。進化論の概念に基づく陳の恋愛論は、以下のような図式に示すことができる。

原始時代（肉欲の恋愛）——→現実（肉霊一致）——→理想の世界（霊的欲求）

つまり、進化の最高段階に位置する理想の恋愛は、純粋なる精神的結合である。まだそこに至らない現実の段階においては、本能的欲求と精神欲の同居状態である「肉霊の一致」は「認めざるを得ない」ものであったが、論者は進化論的位階から肉欲よりも精神的結合に高い価値を付与したのであった。

なぜなら、「肉のみを欲求する恋愛は破壊性を有するに反し、霊を重視する純する恋愛は相互に永遠なる吸引性を有しているから平和の女神に護られているが故に、恋愛を基調とする結婚は幸福な家庭が望まれ、社会民族もそれが為に幸福が増進される」。「肉のみを欲求する恋愛」の具体的意味について陳は、愛のない結婚および婚姻関係以外の性をさしていた(15)。

恋愛の進化における高い位階を強調する二〇年代初期の恋愛結婚論と異なり、中葉以降の論調は、恋愛の価値を呼びかけるよりも、愛に無関心で子孫繁栄の目的性が強かった伝統的婚姻制度の不道徳性を攻撃する傾向が高まった。代表的なのは中国留学経験を持つ張我軍、蔡孝乾、玉鵑らがいた。例えば蔡孝乾は、「如何なる法律の手続きをしても、恋愛が存在しない限り、その婚姻は不道徳である」というエレン・ケーの恋愛論を引用し、男女の精神的結合である恋愛が無視される台湾伝統の結婚に対し、それは祝賀すべき吉事ではなく、むしろ二人の若者の「葬式」に等しいことだという批判を行った(16)。

婚姻問題との不可分性

さて「恋愛」言説にみられる第二の傾向は、恋愛が婚姻問題の範疇に限定されることである。つまり新知識人の恋愛はそれ自体が目的なのではなく、理想的な結婚のためになくてはならないものとされた。前項で触れたように、新知識人の恋愛の理念は精神を重んじつつ肉欲を排除する特徴を持ち、「現象界」の「肉霊の一致」は

「認めざるを得ない」とされたが、実際には結婚という限定された範囲内において承認されていた。恋愛の理想を現実化するために、新知識人は結婚以前の性的交渉をいっさいタブー視したのであった。すなわち「未婚者の男女が、よく自重し醜関係を罪悪と認識し、社会も婚姻儀式を挙げられざる男女の肉的結合を同じく罪悪即ち不道徳と認識し、かゝる罪悪（譬へ許嫁の間柄でも、恋仲でも結婚式を挙げる前の肉的関係は罪悪）を敢えて犯したものに対して厳重な社会的制裁を加へるやうにしたら、男女の接触は決して危険ではない」[17]という。

全体から見れば、青年たちの恋愛理念に関する討論は、ほとんど日本内地の論調を踏襲したものであった。白話文を中心とする『台湾民報』の時期に、醒民（黄周）は早稲田大学教授中桐確太郎の「私の恋愛観」を翻訳して連載していた[18]。また二〇年代中葉、新旧文学論争の中心人物であり、恋愛結婚論の主唱者でもあった張我軍も、厨川白村の「近代の恋愛観」を翻訳・書き直した「至上最高道徳―恋愛」[19]（中国語白話文）の一文で、恋愛の本質、発生の過程、恋愛観の歴史および恋愛の神聖性の理由について説明していた。そのほか、前引の蔡孝乾の場合は、一九二六年一月から二月にかけて『台湾民報』で連載された「従恋愛到結婚」のなかで、エレン・ケーの恋愛論を大々的に引用している[20]。

しかしながら同時に彼らの議論は、大正期の日本の恋愛論のように恋愛の本質から、自我の人格の浄化・昇華などの方向への思想の流れに関心を収斂させる傾向を見せることなく、その代わりに、「結婚」という前提から少しも離れることなく行われたものであった。したがって、結婚を前にした二人の相互理解の段階として恋愛を解釈する傾向が強かった。友達関係から恋愛関係へではなく、結婚の前に双方の接触が皆無な状況を打開するという最低限の意味において、準婚約者・婚約者関係での交際を黙認するという姿勢であった。このように解釈できるのは、恋愛を夫婦愛の前段階、夫婦愛の保証と見なし、恋愛と結婚を分離して思考する発想がないことによる。

このような認識の影響で、親の同意で結婚した夫婦のなかには、結婚まで相手とは全く話したことがなかったにもかかわらず、互いに引かれ合っていた結婚前の段階を「自由恋愛」と称する事例も存在した(21)。

2・2 本人意思の尊重

恋愛結婚を結婚の理想型と主張した新知識人にとって、最も魅力を感じた点は、親ではなく、結婚する本人が主役になり、その意思が尊重されることであった。

『民報』系列の雑誌のなかで、陳崑樹はもっとも早い時期から本格的に婚姻問題を議論していた。彼は恋愛結婚を次のように定義した。すなわち「自ら交際に依つて自我の思想、趣味及憧憬に比較的に共鳴するやうなのを選択して親に同意を求めるのはこの恋愛結婚である(22)」。陳の理解では、恋愛結婚は少なくとも三つの段階に分けられる。まず自らの交際、次にそのなかから自分に合う相手を選び、最後は自分の選択について親に同意を求める。注目したいのは、いずれの段階でも「自我」こそが主役であったことである。

また漢文による論文「論婚姻」で恋愛結婚を提唱した楊維命も、「もし某女史の性格、才能、容貌に頗る気に入り、自分の条件にも相応し、また、女性の方も自分のことにも気に入ると分かれば、彼女にプロポーズしても宜しい。しかる後さらに、先方の父母に同意を求める」と順序を具体的に述べた(23)。これは明らかに男性の立場によるものであり、また自らの親ではなく、女性の親に同意を求める所は異なるが、自分自身を結婚の主体と想定する点は同じである。

親の決め取りに対し、本人の意志尊重を強調する論理には、「個人」、「人格」の概念が援用された。「恋愛は結婚の唯一の条件である。……結婚は人格と人格の結合であるため、互いに人格を尊重しなければならない。したがって恋愛を唯一の条件にしなければならない(24)」。

しかし恋愛結婚を考えはじめ、親に対し結婚の決定権を要求する台湾の青年たちは、より現実的な問題に直面せざるをえなかった。根本的な障害は、異性に出会い、交渉を取り持つ機会の欠如であった。「男女七歳不同席」の規範が中・上流社会においてはとくに厳格であり、とりわけ結婚の適齢期に達した若い女性の行動範囲は制限され、男子との接触は禁じられた。結婚するまでは、たとえ婚約者同士であっても顔を合わせないのが普通であった。

このような社会の現実の下で、青年たちが呼びかけていた「本人の意志尊重」は、具体的に恋人を親に承認してもらいたいということの他、親が勝手に取り決めた婚約をいかに解消するかという問題でもあった。言いかえれば、「本人の意志尊重」は、実際に存在している恋人、恋愛を結婚で全うするための「選択」の要請だけではなく、現時点では恋人がいなくとも、将来的に恋愛結婚の理念を実現させるために、目下取り決められた縁談をいかに断るかという「拒絶」の意味でもあった。そこで個別事例に即して考える際、これらの問題に対する論者の具体的な解決策は異なってくる。

婚約者との恋愛

一九二三年五月一日付の『台湾民報』の読者欄「応接室」に、署名K女の付いた次のような投書が掲載されていた。K女の父母は勝手に婚約を取り決め、娘に高等女学校が卒業後、ただちに相手と結婚するよう強要した。相手の学歴が自分より低く面識もないことから、彼女は手紙で親に断った。しかし今度は親が仕送りの中止をもって彼女を脅かした。このような悩み相談に対し、「応接室」の超今（黄朝琴）の助言は以下のようであった。「ここまで来たら貴女が実家に帰って何とかして婚約者と会って、互いに付き合ってみたらどうであろうか。もし気に入るなら貴女の父母に従って彼と結婚する。そうでなければ、貴女の父母にお願いして先方と婚約を解除する。これは人の子たるものとして合法的な行動である。思うに貴女の父母も独断専行はしないだろう」(25)〔白〕。

「応接室」の基本姿勢は、親子がむつまじく話し合うことに期待し、読者に親が決めた相手と実際に付き合ってみてから最後の決断を下すようにというものだった。しかしこの助言にしたがって行動するに際しては、少なくとも二つの困難がある。第一に、たとえ婚約者であっても、相手方と顔を合わせることについては伝統的台湾社会ではかなりの抵抗感があった。結婚するまで娘を相手に見せないのが従来の慣習であった。当方の女性が婚約者に会いたいと自分の親に求めても、許可を得られない可能性が高い。第二に、仮に開明的な親が許可を出し、婚約した相手に会い、あるいは深く理解するためにしばらく交際してみた上でも、自分の理想的な相手ではなかったという理由で婚約を解消することは現実的には困難である。「応接室」は親が勝手に取り決めた婚約を拒絶するという人の子たるものの「合法性」を強調するだけで、子の主張が親に拒絶された場合にいかに対処するかについて、まったく論じていない。家出をするのか、その際、経済的な問題にどう対処するのか。自殺などの手段をちらつかせて逆に親を威嚇するのか。「応接室」は親との話し合いを通じて理解を求めるよう青年男女に勧めており、衝突を最小限に抑止しようとする姿勢は明らかである。つまり、父母が用意してくれる結婚でも、本人の意志を確認した上で、本人が同意すればよい。「自ら交際し、選択して親に同意を求める」進行方向とは逆に、「親が選択し本人に同意を求める」という案を回答者も容認したのである。男女交際がまた実現されない段階では、「出会い」に固執することはできない。せめて本人の意志が尊重されるのであれば、理想のモデルに拘る必要はないという柔軟な姿勢であった。

出奔

恋愛結婚の理念を信奉しながら、恋人がまだ現れないまま、親に決められた婚約に抵抗し苦悩する青年の姿は、一九二五年に『台湾民報』掲載された小説「給家兄底信」（兄への手紙）のなかにも見られた。(26) 兄に寄せる書信の形式をとったこの短編小説の主人公は、十数年前の公学校の卒業時に母親が病気のため急死している。台湾の習俗ではこの時に嫁を娶り、会葬に参加させるのはきわめて名誉なことと考えられたため、家族は勝手に主人公の結婚を取り決めた。相手の女性は公学校の知り合いであった。主人公はこれに抵抗を示したが、結婚準備の進行を阻止することはできなかった。やむを得ず婚約し、母親の葬儀が終わった後、主人公は上海のある学校の入学試験に合格したという理由で家を出た。彼は卒業後も自分の意思に反する結婚から逃避するため、中国大陸に残って商売を始めることにした。

前述のように、恋愛結婚論者が挙げた恋愛結婚の模範的な手順としては、みずから交際を行い、相手を選択するという本人の意思に重心を置いたプロセスが示されていたにもかかわらず、最後には親の同意を求めることを附加せざるを得なかった。もしも親が自分の交際や選択に賛成してくれない場合についても、論者は親との正面からの衝突を主張することはなかった。それよりもまず、親に自分の意思を表明し、親を説得することで可能な限り対立を回避することが強調された。つまるところ、一九二〇年から主張された恋愛結婚論は、自我や当事者の意志・選択を強調しながらも、最終的には「親の同意」を前提としたものであった。

結局、台湾人エリート層の新世代にとって、従来の結婚様式は改革する必要はあったものの、実践面においてはあくまでも文明化に向けての文化運動の範囲にとどまり、理念を貫徹するための実家との衝突や家出などを奨励するものではなかった。こうした穏和な路線は少なくとも一九二五年末まで続いたが、その後、中国留学により五四運動の影響を受けた知識人により、家を礼教あるいは保守的なシンボルとして打倒、攻撃すべしとする論調が島内の恋愛結婚論のなかにも持ち込まれるようになった。

2・3　新しい結婚条件の提案

台湾の恋愛結婚論の「恋愛」と「結婚」は最初から比較的緊密に結びついた形で展開された。婚姻改革において青年たちは精神面での基本条件として恋愛を提唱する一方で、現実上の結婚相手の選択条件をも新たに掲げた。王敏川は「恋愛」と「志が同一」であることを精神面の条件に、「健全な身体と相当の経済能力」を物質面の条件に挙げた。陳崑樹の場合も、彼の体系化された恋愛賛美の論述に劣らない比重を配偶者の選択条件に置いている。そこでの新知識人の恋愛結婚論は、決して精神面に限定されたロマンチシズムではなく、実は冷徹な現実的条件を伴っていたことがわかる。そこからは、エリート層男性のジェンダー観の一端もうかがわれる。

陳による七つの「婚姻の選択要件」のなかでは、「思想、趣味の共鳴」という「恋愛結婚の必要条件」がとりあげられたほか、手引書のようにいくつかの選択条件が論じられていた。例えば遺伝については優生学上の影響を強調し、「低能の女と結婚すれば如何に不幸を子孫に齎すべきかゞ分る」と、結婚相手の女性の知能を無視することができないことを指摘した。または「容貌、肉体及び心の美」をとりあげた。容貌とは「単に容貌の一部分を見る事なく、身体を全体的に評価する必要がある」と言い、障害がないことと女性の肉体美をさすものとした。外見だけではなく「若し美しい心を缺いてゐたら……家庭が決して平和に行くべきものでない。それ故容貌が十人並みでも、心の美しいを選択するのが一生の幸福であらう」。男性が女性を選択する外見と内面の割合の目安として、「容貌と心との美を四と六との割合で定めるやうにしたら適当であらう」と提案した。これに対照して女性が男性を選ぶ際の実態は「女性は男性の保護を受けなければならぬと云ふ社会組織になつてゐるから……前者が後者を選択するには容貌の美よりは心の美を重く、見てゐるので、三と七との割合で美を決めてゐる傾向がある」と分析した。

また、結婚相手の学歴も「婚姻の選択要件」の一つとして挙げられた。「教養」という項目のなかに、男性にとっての理想的な選択は自分の学歴より一つ下のランクの女性だとする。男女の学歴の釣り合いは、以下のように細かく分類された。「大学教育を受けた者は高女卒を。専門程度の者は、高女又は高等小学（台湾の女子高等普通学校はこの高等小学より程度が少し高い）卒を。中等学校は高等小学、又は尋常小学校の出身者を要求するを適当と思ふ」。また、男性より女性の生理上が「早熟早老」のため、結婚する男性の年齢は女性より三―一二歳上のほうがよく、また結婚適齢期は男性二五―三五歳、女性一九―二五歳に設定された。そのほか、女性の持参金が不要であることや階層的・民族的差別を撤廃すべきことも挙げられた。

このように、新世代の精神面の恋愛の理想は、現実上の婚姻条件から離れたものではなかった。それは内的条件としては恋愛という言葉が代表する精神上の交流と相互理解、外的条件としては男性より若く、しかも健康的で容姿が端正、そして相応の学歴を備えた女性である。こうした様々な条件により描かれた新世代の男性知識人の理想的女性像は、二〇年代より形成されてきた日本教育世代の「新女性」像に重複してくることになる。

2・4　ファッション性

恋愛という言葉は青年たちの馴染みの流行語になると同時に、理念だけではなく、恋愛の舞台装置を含む「恋愛セット」一式も「先進国」から輸入されてきた。こうした意味で、青年たちの恋愛概念は強い「ファッション性」を有していたといえる。

まず、恋人としての「女学生」への憧れが、恋愛の輸入と同時に新世代の間に生まれた。『民報』系列の雑誌に掲載された新知識人の創作による恋愛物語の主人公は、例外なく「新しい女性」であった。女学生を恋愛の対象とするのは、青年の恋愛の教本でもあった近代日本文学に馴染みの設定であった。前章で論じてきたように、実際の台湾社会においても女子教育世代が形成されつつある時代だったからである。

さらに、恋愛の進行にふさわしい空間、恋愛の主人公にふさわしい外見など、恋愛に関連する舞台の周辺、ディテールの部分までが、新世代の青年たちの関心を集めた。新知識人を主体とする『民報』系列雑誌では、恋愛を提唱する文章や恋愛をテーマとする小説の中では、公園、名勝地、映画館、料理屋などが、男女交際の場所として描かれていた[27]。

全島交通網の充実と公共施設の整備もまた、二〇年代の恋愛風景の基本となる空間的条件を提供したといえる。一九〇八年には北の基隆から南の高雄まで伸びる縦貫鉄道が開通したが、南は一九二〇年に潮州まで、北は一九二四年に蘇澳にまで延長された。鉄道の利用客のなかでは通学の学生が非常に高い比率を占めていた（呂［1998：91-93,103］）。都市の公共施設について、台北を例にとれば、円山公園が一八九七年、台北公園（新公園）が一九〇八年、新店渓水源地が一九一九年、植物園が一九二一年など、次々と竣工されつつあった（葉［1993：280-303］）。学校生活に関連する行事をはじめ、夏期・冬期の帰省、登下校時の往復移動、学校間の競技活動、あるいは遠足などにより、男女学生の間にはそれまでに存在しなかった出会いの空間と機会が生じるようになった。

たとえば『民報』系列の雑誌に掲載された最初の恋愛小説「彼女は何処へ？」のなかで、恋人同士の清風と阿蓮が面会する場面について、作者の追風（謝春木）は次のように描写する。「台北で日常学生や官吏等の暑を避ける所と云へば植物園、淡水河、水源地、円山公園であらう。淡水河は水はあるが涼しい木蔭が乏しい。植物園は木蔭はあるが水に乏しい。両者を兼ねるのは水源地であらう。乳房を置いたやうな相思樹の並木の柔和な優しい曲線は道行く人には有り難いものである。青い稲田、緑の農場涼しい瓜の棚、真黒に茂つてゐる杉や松、山上の四阿此は一度水源地を逍遙したことのある人には忘れようとしても忘れられないものである。裏へ廻れば清水の流がある三角洲がある帆影がある黒く生茂つた蟾蜍山は今にも飛出すかと思はれるのであつた。須磨のような優艶な所がないが幽玄な気分を味ふには十分である。送水室の裏へ廻つて見るととある相思樹の木蔭で二人の若い男女が尽きぬ甘い相思の物語に耽つている」。また、婚約者の清風と娘とを互いに理解させるため、ヒロイン桂花の開明的な母親は、北投温泉と淡水海岸との散策を用意していた。ここで作者は、母親の開明的な態度を

「青年男女を結婚迄に相互理解をさせて置きたい」ため、みずから二人の若者をデートに連れていくことと、青年男女の恋にふさわしい場所を工夫する様を描くことにより表現していた。[28] 小説中の二人のヒロインは、いずれも高等女学校の学生であった。

3　恋愛の社会問題化

当時の恋愛風潮の下にあった台湾の世相について、一九二五年の『台湾民報』紙上に発表された小説「給家兄底信」は、「過渡時代の台湾、革命時代の台湾はどのような様相なのか。自由恋愛の提唱は白熱化している。島内の新聞では一部分の青年と一部分の年寄りは互いに一歩も引かずに、議論を戦わしている。また自由恋愛に一知半解の一部の青年男女は、けばけばしい厚化粧をして、大通りを毎日ぶらぶらしていて、新人と自任している」と述べていた。[29] 二〇年代の新聞で大々的に展開された新・旧知識人の恋愛論争については、次節に譲ることとし、本節ではまず青年男女の実態に焦点を当てて世相の変化を考察しておきたい。

3・1　世相の変化

市街地の風景

二〇年代の中葉になると、知識人の新聞雑誌から世間の風説に至るまで、恋愛・結婚問題が広く語られ、青年男女の間でそれはある種の流行となっていった。

恋愛の風潮が世間を騒がしたこの当時、若い世代の外見も変化しつつあった。これは時代の流行によるものであったと同時に、異性の視線に触れる機会が比較的多くなるという物理的環境の変化にも影響を受けたものと見られる。その背景には、近代教育の展開、および工・商業の発展にともなう新しい職業の出現があった。都市部を中心に、通学する男女学生と職場、工場に通う人々の姿が街頭に現れた。一九二三年には次のような観察がなされている。

以前の女性は殆ど隅に隠れてたが近日になつては、もう往来の頻繁な街上で闊歩するを見る。……兎にかく、二三年来の女性は前とは、すつかり変つて、殊に客年中若き女界の変革は精神上は勿論、外形上に至つても実に驚くべきであつた。(30)

女性の就学と就業により、未婚男女に対する完全な隔離が現実には不可能となった二〇年代、ひと昔前は珍しかった女性の姿が、日常的に見られる街頭の風景と化していった。

制服姿の女学生の姿については、前章ですでに考察した通りである。登校時のみならず、休日・外出時の制服着用は、校外における女学生の生活管理を狙った学校当局の規定でもあったが、本人たちにとって学校の制服は一種のシンボルとして、「新しい女性」である自分を標記する機能を持たせることにもなった。彼女らはまた化粧にも興味を示した。台湾人女子を対象とする彰化高等女学校では、学校当局が白粉使用について突然の禁止令を発し、これに対して不服を申し立てる女学生たちの例もあった。(31)

女学生と並んで新たに街頭に現れた若い女性たちの多くは、「職業婦人」であった。女性教師から電話交換手、工場の女職工までの「職業婦人」たちは、おしゃれについて特に敏感であり、それをいち早く身につけた。台湾女性のファッションは、従来より上海の流行に左右される傾向があったが、一九二五年前後から対岸の流行の発信地からの新しい波に押され、台湾の若い女性の服装にも変化が起きた。(32)女学生から婦女界まで「窄胸寛袖、短甲（上衣）長裙」（胸部が狭く、袖が広く、上着の丈が短く、スカートの長い）「衣縁前圓後圓」（上着の裾の前後が丸い）の様式に変わった。[33] このブームに新しい女性たちは大きな興味を示した。一九二五年七月二五日に四五名の会員の参加により開催された桃園郡女子公学校の同窓会の席上でも、「新旧時代服装」の問題が討論されていた。[34]

台北市の職業婦人の日常的支出のなかでも、ファッションのために支出する費用は大きな比重を占めていた。『台湾民報』によれば、大部分の女性はお洒落な服を好み、また化粧にも凝っていた。電話交換手の女性の事例が特に記事のなかでとりあげられている。ほかに工場で働く女工たちの収入は前者に及ばず、衣服代に多くを投資することができなかったが、多少の工銭を稼ぐとすぐに黄金の指輪、かんざし、腕輪などに費やしたという。[35] 台南の和春紡績工場で働く八〇―九〇人の台湾人女工に対し実施された同紙の調査によれば、家計を支える目的で収入を使う者はわずか一人、ほかの全員は給料の大部分を衣服、金のブレスレットなどアクセサリーの購入に消費していた。[36]

以上に見た女性だけではなく、新世代の男性の外見の変化も著しかった。『台日』の報道によれば、上級の学校を卒業して台北で就職あるいは開業する地方出身の青年らが、みずからの容姿を顧みて恥じるケースは少なくなかった。彼らは昇汞水を使い皮膚を白くしようと試み、必ず髪を洗い髪油で整え、体には香水をつけた。[37] 洗練された都会的な「新しい男性」のイメージが都市部を中心に発信された。「恋愛」の場に参入するために、男性は中国服と洋服をそれぞれ数式を揃えなければ話にならないと嘆く声もあったほど、[38] ほかの競争者と勝負するための男の「美貌」が重要な条件として新知識人に意識された。[39]

ファッションと恋愛の社会問題

服装、髪型などの新しい流行の追求は、各時代の若者の共通した行動であるが、二〇年代の台湾ではファッションは特別の意味を持っていた。かつて一般人が接触可能な女性ファッションといえば、遊興、売春業に従事する女性たちのものに限られていたが、就学と就職により女性の社会への進出が始まった二〇年代においては、一般人が女性らを直接目にすることができるようになった。新世代の外見に起こった変化は、恋愛思潮の流行との関連において世論の注目が集まることにより、「恋愛」を可視化するものとして捉えられたのである。

一方、旧知識人[40]が主宰する『台日』漢文欄のコラム「無腔笛」では、新式教育を受けた「一部の女性」の行動について、「文明を中毒し、恋愛自由に耽り、社会の恥となり、または家にいることに甘んじず、何人かで組んで街でブラブラする。変わった服装と奇抜なスタイルで人目を引くように見せびらかして街を通る」と批判を行った[41]。とくに当時の女教師の間における新しい服飾の流行に対し、その贅沢さと派手さとを戒めた[42]。同様に、恋愛問題に心酔して「街、劇場、酒場で相手を探し」、「外見を装飾して女性に媚びる」青年も、旧世代の顰蹙を買った[43]。旧世代の知識人からみれば、青年男女の視線が交錯する時代の風景は、「街頭で色目を使う」ことであり、それはまた「恋愛」の同義語でもあった。こうした傾向は相手の家庭背景などを知ることなく、外見のみの重視に傾きやすい。したがって、親が先方の状況を十分調査したうえで取り決める従来の方法が妥当であると強調した[44]。

他方、新知識人側の言論は、旧世代の誤解を指摘しつつ、「自由恋愛」の理念、婚姻改革の理想を力説し、自由恋愛の名を利用する一部のごろつき、色恋にふけって遊ぶ男の言動とみずからとを峻別した。頽廃した世相が、「恋愛」によって引き起こされたものであるという見方を否定する姿勢であった。したがって、「誤解」を招きやすい贅沢で派手な外見、異性への「誘惑」を暗示しやすい言動については自制を求めた。たとえば、『台湾』雑誌の「今日の若き男女に」という寄稿は、街頭に登場しはじめた新女性に対し、「願はくはこの解放は真の意味ある解放、決して誤解の交つたものでなく真聖〔ママ〕な解放にしたい」と貞操の重要性を強調し、「いくら男の誘惑に会つても、志を捨てるな。ダイヤモンドが光つても微笑を漏すな。また稍々有識の日傘持ちよ、洋傘の隙より異性をのぞくな」と異性間の自重を求めた[45]。「對於台北職業婦人的芻議」（台北の職業婦人への建言）の論文の中でも、とりわけ職業婦人のファッション熱に対し、「自覚的な婦女は男の付属品にはならない。綺麗な外貌、華美な服飾で男の歓心を買う挙動は、人間的教育を受けた婦女であれば、決して恥じずにはいないだろう」と述べ、職業婦人の「堕落」の防止策として、①自覚的な婦女が立ち上がり、講演会や講習会を開くこと、②家長の監督、③女性たちが華美を競争する現象が起きた際には、彼女たちの監督者に当たる局員や社員が指導の責任を取るべきであり、華麗な化粧や派手な服装をもってほかの品格のある婦女に悪影響を与えることを放任すべきではない、④品格のある女性は沈黙せずに彼女たちに忠告して説得すべきである、⑤社会の有識者は世論をもってこの劣悪な風俗を排斥し、社会的制裁を行うべきだと呼びかけた[46]。

3・2　家出現象

家出の現象は、一九二五年前後に一気に増加したようである。家出の事情としては以下の二つが最も普遍的に見られた。ひとつは、親に結婚を許されない恋人同士の駆け落ちであり、もうひとつは、童養媳婚と密接な関連を持つものである。

駆け落ち

二〇年代の新聞紙上に現れた駆け落ち報道のなかでも、とくに各地の名望家の子女の事例は世間の注目を集めた。例えば一九二五年六月、台中州大甲郡梧棲街で父親の小切手一五〇〇円を盗んだ青年王成逍が、恋人を連れて郵船吉野丸二等室に乗込み、日本内地に駆け落ちする事件が起こった。双方の父母に結婚を反対されたことから「自由恋愛の理想を実現する」ための行動であったが、二人は門司水上署の署員に発見され、翌日出航の蓬萊丸にて台湾の実家に強制送還を余儀なくされた[47]。

数少ない戦前の女性左翼運動家の一人であった謝玉葉は、第三高女在学中の一九二二年、当時中国留学中で、左翼運動家の一人であった翁沢生と恋愛した。ところが謝がほかの相手との結婚を親に強要されたため、一九二五年一〇月に二人は中国大陸に渡ったが、渡中後、謝家は翁を誘拐罪で告訴した(48)。洪朝宗と黄細娥という左翼運動に従事するもう一組の恋人も、同年八月に二人そろって中国に渡った(49)。また一九二六年二月、彰化街長楊吉臣の三男楊英奇を含む、複数の名門出身の青年男女による中国渡航未遂事件「彰化恋愛事件」は、大きな波紋を呼んでいた。楊家以外に、同じく彰化の名望家の呉家、台中霧峰の林家など中部の名門に関わるスキャンダルであり、世間に深い印象を与え、恋愛をめぐっての論議が巻き起こった。これについての詳しい分析は次節に譲る。

恋愛に絡んでの家出は、二〇年代以降も絶えることがなかった。霧峰林家の林垂凱の回想によれば、兄の垂立は高等学校時代、妹の同級生であり、親の仕事の関係で台北第三高女から台中に転学し林家に寄宿した楊秀香に恋をした。母親の反対を受け、数日の家出による抗議行動に出たため、結局両親も二人の交際に同意せざるを得なかった(許[1998a：15-17])。また林の三番目の姉も恋愛に反対されたため駆け落ちをした。慌てた親が、当時日本にいた息子の垂立に電報を打ち、二人の行方を追うため九州の門司港まで船会社の乗客名簿を調べに行かせた。結局、二人は島内の関仔嶺という場所に身を隠していたことが分かり、止む得ず両親は二人の結婚に同意した(許[1998a：64])。このほか、客家出身で中国近代文学の洗礼を受けた代表的文学者である鍾理和と鍾台妹が、同姓不婚の風習から逃れ、故郷を捨てて中国大陸に渡ったのも、文壇ではよく知られた話であった(高天生[1987：332-333])。

童養媳婚への反抗

台湾伝統社会では、他家の娘を幼少の時から養育し、後日に嫁とするという童養媳婚の慣習があった(50)。曽秋美の研究によれば、童養媳婚の慣習には家庭の経済的要因が大きくかかわっているとされる。娘を童養媳に出す側には、貧困や、子供の数が多く養育上の困難があることから負担軽減を図る目的があり、他方で童養媳をとる側は、息子の結婚問題の早期解決、将来の結婚費用の節約、労働力の確保などの考慮に基づいていた。経済的困難のない場合でも、迷信、習慣に従って男を重く考え、女を軽視する観念の影響が見られるという（曾［1996：64-82］）。さらに注意を要するのは、とくに台湾北部、澎湖、南部の一部地域では、中国大陸とは異なり、養家に将来夫となるべき男子を定めていない場合でも、童養媳をとることがあった。こうした童養媳婚は「無頭対」と呼ばれ、前者の「有頭対」とは区別された。「無頭対」は、①将来婿を取る場合、②他家に嫁がせる場合、③養家の男子と結婚させる場合の三つのケースがあったが、いずれにしても結納金の取得による利益や労働力の確保などの実利を図ろうとするものであった。

家によっては、童養媳を自分の娘のように大切にする場合もあるが、使用人のように扱って虐待したり、人身売買を行うこともある。幼い頃から他家へ童養媳として出された娘と養家の息子は、法律上では夫婦関係を持つものとして認められるが、実際には兄弟のように養育される。成長するにつれ、相手との婚姻関係を自然に理解するようになるが、二人は結婚の適齢期になると、「送作堆」と称される実質的な夫婦関係を親に要求された。両親にとってはごく自然なこの要求に対して、二〇年代の多くの青年男女は激しい反抗を示した。とくに近代教育を受け、恋愛思潮の洗礼を受けた若者たちの反抗が目立った。

『台日』の漢文欄は、この現象を次のように指摘する。(51)「目下の市街地の［公学校］卒業生の一部は非常に傲慢で……新教育を受けた者と自認して、自由と恋愛を論じている。社会が彼等をよく注意して善導すべきである」。「某卒業生は、幼時から親が彼に童養媳をもらい養ってきた。大晦日の夜に童養媳と一緒に部屋に入るよう親が勧めたが、彼は応じなかった。さらに椀と皿を打ち砕いた。彼は言った。私の頑固な父母は、新教育を受けた者の人格を無視している。私は死んでも旧式の女子とは結婚しない」。

これは二〇年代の青年男女の就学と、都市部で働くことをきっかけとして時代の思潮、異性に接触する機会を得たことの結果であったといえよう。台湾の南崁地区を対象とした曽秋美の研究は、同地の青年らが童養媳婚の「送作堆」を拒否した原因について、日本統治中期以降の社会、経済的変化の側面から次の三点を挙げている。第一に、学校教育の普及であり、教育を受けた男性が、自分よりずっと教育程度の低い女性、無学な女性との結婚を拒否したという側面である。第二に、進学や就職により男子が都市部に出て社会経験を積み、視野を広げたことにより、世界の狭い童養媳の女性とは結婚したくなったこと。第三に、男女の接触機会の増加と恋愛結婚の風潮により、男性側は自らが選択した相手と結婚したいと考えはじめており、その後、経済的環境の変化につれ女性の就業の機会も増え、特に戦後になると女性も外に進出したため、童養媳婚に反抗し、自分の意思による結婚を主張できるだけの経済的能力を備えるようになったことである（曽［1996：201-203］）。実際のところ、童養媳の女性たちの反抗は戦後を待つことなく、男性と並んで二〇年代より都市周辺部から現れてきていた。

一九二五年八月、『台日』漢文欄では台中州大屯郡に「〈携手〉駆け落ちした者が多い」ことが報道された。数十日の短い間に、駆け落ちした童養媳である妻や娘の捜索願を出す等の事件は十数件にのぼったという。この現象について「大屯郡下の住民の自由恋愛の程度が伺える」と同紙は皮肉な調子で述べている(52)。また三ヵ月後の同紙の和文欄には、台北市大稲埕でも一七、一八歳から二二、二三歳の本島人娘の家出に対する親からの捜査願いは、一ヵ月平均三〇件以上と、急増中であることが報道された。同記事のなかでは家出の娘はほとんど養女の身分であるとされ、その家出の原因については次のような説明がなされた。

多くの場合家出娘は養女で養家の虐待に堪へぬと云ふ理由で家を抜け出し実際に於て娘が養女になる場合親が相当の金を貰つて養女にやるものの娘は一向事情を知らずに養家へ□るが成長するに従つて自覚し養父

母の希望に添へず色々の理由を附けて家出をするさうで多い時は一日十件程の捜査願があるなどは珍しくないと云つているが年を経つに従つて此種届出が多くなつて来るだらうと豫想されて居る。(53)

八月の中部の駆け落ち報道と一一月の北部の家出報道は、一見したところ無関係なもののようであるが、実際には同じ婚姻問題に根を持つ社会現象であった。同年に掲載された関連事件を対照すれば、駆け落ちや家出の「妻」「娘」そして「養女」のなかには、童養媳が多く含まれていたことがわかる。明治四三年（一九一〇）の民政長官による通達、および大正五年（一九一六）の警察本署長から各庁長に宛てた通牒に基づき、「無頭対」の童養媳に対しては戸籍登記の際に「養女」として処理することになっていたためである。(54)

駆け落ちや家出は、婚姻問題に直面した童養媳らの窮余の策に他ならない。彼女たちの家出のタイミングに注目すれば、幼い少女ではなく、「一七、一八歳から二一、二三歳」が中心であったことからもわかるように、ほとんどが青年期に入り、幼年期に決められた自分の婚姻を理解しはじめた時期に行動を起こしている。こうした時機の意味について、記事にも言及された「成長するに従つて自覚し養父母の希望に添へず色々の理由を附けて家出をする」とは、兄のように一緒に育てられた養兄と、実質の夫婦関係を要求される「養父母の希望」が出されるタイミングに沿っていると考えられる。

一九二五年五月、宜蘭では養女簡氏が同庄の青年呉氏と恋愛したが、養父に認められなかったため、二人は逃亡を企てた。やがて二人は発見され、家に連れ帰ろうとした養父に、養女は自殺をほのめかして堅く拒絶した。これに対し養父は、青年を相手どり娘の誘拐の罪を警察署に提訴した。養女は自分の装身具等をすべて売って作った二四〇圓を聘金として養父に交付し、告訴を却下させた。二人は最終的には結婚を遂げたという。(55)

婚姻状態を脱出し自由になろうとする養女や童養媳は、台湾の旧習にしたがい、最初に生家が受け取った聘金を養家に返済しなければならない。前述の養女簡氏の場合は自らの身代金を自力で支払っている。後に台湾共産党の創始者となった謝雪紅も、童養媳婚からの脱出を経験した。謝雪紅本人の口述による伝記［1997：116-117］によれば、養家から逃亡した彼女は、実家が貧困なため聘金の返済に窮し、夫となった男性がこの義務を代行したという。もしも双方ともが支払い能力を持たない場合は、密かに逃亡する道しかなかった。例えば一九二五年八月には、基隆における「無頭対」（養家では結婚相手とする息子がいない）の童養媳が、養母に聘金を払わずに恋人の坑夫（鉱山労働者）と駆け落ちした事件の報道が見られる。(五六) 聘金を払わずに逃亡する同様の事件は、二〇年代の紙面で頻繁に報じられた。

こうしたなかで、公学校教育を受ける機会に恵まれた一部の養女や童養媳の反抗はとりわけ世間の注目を集める。男性の自覚過程と同様に、近代教育を受けた女性たちもまた視野を広げ、就職をきっかけとして異性との接触が可能となったことで、強いられた婚姻を脱し、あるいは恋人のもとに走る直接行動をとりはじめたのである。一九二五年四月、台南市の男子蔡某は、高雄公学校の教員である妻の連氏を誘拐したとして、保正を務める相手方男性を提訴した。この「妻」は、幼時に蔡家に売られてきた童養媳であり、公学校卒業後、母校に補充教員として雇われた。しかし雇用労働者の夫との折り合いが悪く、頻繁に実家に帰っていたが、実父の職場の保正張某との恋仲関係を夫に見破られて告訴されることになったのである。(57) 四ヵ月後、保正張某が所用で台南に出向いた際、連氏の夫とその仲間に殴打され負傷したことから、保正張某の側も医師の診断書を用意して蔡某を相手に提訴の準備を進めているという。(58) このような、公学校女性教師をめぐる一連の裁判沙汰は、決して偶発的な事件ではなかった。同時期には、童養媳身分の女学生の家出事件、または恋人との駆け落ち事件、自殺事件などが頻発していたのである。(59)

3・3　恋愛問題批判

恋愛論の登場にともない、婚姻問題に対する世間の関心は一気に高まった。婚姻制度への反抗はこれ以前にも存在していたが、あくまでも個人的な問題と見なされていた。自由恋愛、婚姻改革を取り巻く流行の言説のなかで、伝統的な婚姻制度に対しての疑問が投げかけられるようになり、「父母之命、媒酌之言」の絶対的権威は揺らぎつつあった。新世代の知識人が一九二〇年前後からもたらした恋愛風潮に、一世代上の旧知識人が拒否反応を示したのは一九二四年前後のことであった。二〇年代の中葉になると、恋愛結婚の理念は紹介・提唱の段階から実践期に入り、新世代の青年男女の間に広く知られるようになったからである。さらにその影響は、言説における量的増加のみならず、社会現象として表面化し、旧知識人らの注意を引くようになったのである。

青年男女の間で日毎に拡大する恋愛結婚論の流行に対し、旧知識人もこれを座視することはできなくなってきた。また一九二三年四月一五日には、和文中心の『台湾青年』、『台湾』に加え、東京の台湾人留学生が中文の『台湾民報』を新たに創刊した(60)。このことにより、恋愛結婚を提唱する言論は和文のみならず、中国語の口語の形をとることで、旧世代をもその新たな読者として含むことになった。

従来の台湾研究のなかでも、同時期の『台湾民報』の啓蒙雑誌としての役割はつねに強調されているが、白話文（口頭語をもとにした漢語の書き言葉）中心の書物に優れた読解力を持っている台湾島内の読者層は、おそらくは日本語中心の教育を受けた若い世代ではなく、その父親にあたる漢学世代であったろう。以下の恋愛結婚に関する『台日』漢文欄の諸言説が示した批判の姿勢は、『台湾民報』の言論の質と量の変化に沿ってエスカレートしていくことになる。

一九二四年に入ると、漢文欄に恋愛という新語が登場する回数が増えはじめた。この年の恋愛に関連する記事の性質を見れば、恋愛、結婚問題に関わるスキャンダルの報道が増加したものの、恋愛結婚の理念に対して旧知識人の立場を表明するような文章はまだ少なかった。この時期の言論は、一九二五年以降のように新世代の恋愛結婚論の提唱者に対する敵対的、感情的態度を明確にしたものとは異なり、比較的冷静な論調をとっていたことが特徴である。旧知識人の見解について、同紙の最も代表的な常設コラム「無腔笛」を中心に整理すれば次のようになる。

立身出世のための恋愛排除

第一に、青年の立身出世への期待から恋愛問題を排除しようとする論調があった。士紳階層は、日本の近代教育システムを清朝の科挙制度の延長線上に、新しい時代の立身出世の道としてとらえ、次世代の進学については大変に熱心であった。ところが士紳階層の新世代の恋愛結婚の主張は、旧世代の頭を悩ませる問題であった。恋愛問題のために教育投資をめぐる家族戦略が頓挫し、「一家の盛衰廃興」に影響を与えることにもつながりかねないためである。

近頃の青年界においてもっとも中毒しやすいのは、恋愛神聖、自由結婚の問題にほかならない。とくに学生界ではそのために学校の風紀問題を惹起することもしばしばである。なかには退学処分を受けた者もいたが、本人が罰せられるのは自業自得であるとしても、父母家族たるものは非常に情けない思いをする……なぜなら、台湾の中等学校に入学するのはきわめて難しいからである。競争の激しい入学試験に合格すれば、郷里の人々が続々と祝福に訪れる。親戚も誇らしい。本人の家族も鼻が高い。多大な願望をもって期待するのである。退学処分はあたかも死刑判決を受けたようなもので、失望と落胆を招く。一家の盛衰興廃に関わるところでもある(61)〔文〕。

旧世代の理解では、異性に関わる恋愛結婚問題への関心は、青年の勉学に大きな影響を与えるものである。学生身分ではこの類の問題は避けて、まず学業を終え事業を成し遂げた後にはじめて論ずるべきことであるという。(62)恋愛結婚問題を討論するのは、漢学世代の知識人の目には、まさに「清朝時代の富豪子弟の最も頽廃した慣習」として映ったのである。

性規範崩壊への危惧

第二に、新旧衝突の情勢になる以前の旧世代の議論をみれば、やはり性交渉に対する危惧から未婚男女の交際を否定した側面も見受けられた。彼等の恋愛否定の論理とは、恋愛＝男女交際＝性交渉という図式である。「恋愛を基礎とする結婚」の主張では、新知識人が恋愛の前提条件として男女交際を呼び掛けたが、旧世代の主張は逆である。つまり、男女交際の慣習のない台湾社会では、互いが接触する機会が少なく、相手を判断する材料も乏しい。父母の判断による従来の結婚は、相手の身元調査も徹底して行ったうえのことなのでむしろ合理的であるという。そうであれば、青年男女の接触機会を増やせば問題は解決するように思われるが、実際に旧世代が抵抗を感じている事柄の核心は、男女交際に潜む性規範破壊の危険性そのものであった。たとえば一九二四年七月三日の『台日』漢文欄のコラム「無腔笛」では「今の新しい女性は、口では恋愛神聖と言いながら、実はその節操を男にもてあそばれているのだ」と性の観点から批判した。(63)そのなかでとくに、一九二四年八月九日の「無腔笛」に注目したい。「恋愛云々は、必ずしも新語ではない。蓋しこれは人類の本能である。詩経のなかの第一首は関雎である。関雎とは即ち恋愛である。輾転反側すというのは、その極致とも言える。したがって関雎は楽しめども淫せず、神聖と称される所以である。しかし今の青年は、血気盛んで自制心が薄弱である。肉体的な恋愛に落ちやすい(64)」という。こうした言説にはらまれるものは、第一に、新知識人の言う恋愛を性の欲求と同一視すること、第二に、恋愛は昔から存在するものであり、それは性をともなわない精神的かつ神聖なものだったという主張である。

一九二五年に入って旧知識人からの批判がいっそう高まると、新知識人にとり男女双方の精神的結合、「文明」的結婚の基礎と見なされた「恋愛」は、旧知識人に「男女の私通」、「姦通」という言葉で攻撃を加えられるようになった。

聘金問題への柔軟な態度

しかしその一方で、聘金問題を中心とする婚姻改革の主張に対しては、旧世代は理解を示したようであった。一九二四年七月の「是是非非」という漢文欄のコラムの中では、「多額の聘金は良くない」「聘金の話を持ち出してはいけない。世人はみなこれを卑しむからである」と述べられていた。[65]興味深いのは、この時期の聘金制度改革に関する社会の動きであるが、例えば澎湖の家長会、および台南州北門郡学甲庄の保甲会議における聘金金額制限の提案について、記事のなかではまったく批判なしに報道されるようになったことである。[66]
聘金制度の改革には柔軟な態度を示したものの、旧世代の間でも改革の内容に対する見解は多様であった。この点については後の議論に譲りたいが、士紳階層のなかではこうした聘金の制限にとどまらず、廃止論を主張・実践する者も出てきた。たとえば、『台日』一〇月の日本文の紙面には、聘金辞退の事例が報道されている。[67]これは、台北市有楽町の染料商の顔錦川の長男顔泗悌と、萬華の名望家李拱辰の娘李美という資産家出身者同士の縁談であったが、新婦側は、新郎側が持参した一千余圓の聘金を辞退したという。
聘金改革の空気を作り出したのは、おもに結婚問題に取り組む新知識人の呼びかけに加え、旧世代士紳階層にも存在していた文明志向であった。そのほか、日本統治側の役割も無視できない。新、旧世代の外側にあって、日本統治当局という第三者の目からみた台湾人の聘金改革は、前出の聘金辞退の報道の一部に「聘金問題で本島人の青年たちが寄るとさはると口端ら上せるやうになつたのは近々の事だが数百千年前からの陋習はなかなかに若い人々の一言一句で改められさうもないらしい、が、タマには物のわかつた人が出て来て若い人々を――取りわけプロレタリヤ諸君を悦ばせる[68]」とある箇所に表れていた。『台日』の日本文の記事も、聘金改革の動向を頻繁にとりあげていた。前述した台南州北門郡学甲庄保甲会議における聘金制限の報道も、日本文の紙面が先に掲載され、翌日の漢文欄にそのまま翻訳されたものである。

以上をまとめるなら、新思潮に対する旧世代の見解は、婚姻問題においては、聘金制度の改革（廃止ではない）は必要であるが、性の交渉に直結する自由恋愛の論調には断固として反対するというものであった。これは通霄十九生の漢詩のなかに端的に示されている。すなわち「売買式の結婚をすべきではない。これでは物を金に換えることと違いがない。嫁入り道具は少ないけれど文明そのものである。多額の聘金を必要とする旧慣は哀しいものだ。しかし下劣きまわることを行う青年は憎むべきである。少女を妊娠させたからだ。自由などと言わないで、婚姻の神聖さを分かって欲しい[69]」というのである。

4 新しい婚姻様式の形成

二〇年代以降においては、恋愛の概念は青年男女にとり馴染み深いものになっていた。もちろんその実践に至る過程には様々な現実的問題が絡んでおり、社会規範の壁はなお厚かったが、当人の意思の尊重、男女の相互理解、夫婦愛の重視など新しい概念の受容は、新世代の婚姻様式に変化をもたらした。本節ではこうした変化について、①新しい教育世代の間に生じてきた学縁関係による結婚、②「恋愛」と伝統との折衷的性格をもつ婚前交際、③ファッション性と陋習打破を兼ねた「新式結婚」の流行、④学歴重視の傾向という四つの側面から分析を行いたい。

4・1　「学縁」による出会い様式

中・上層出身の青年男女らにとっての直接的接触の機会は、まず就学によりつくり出された。『台湾万葉集』の編者で歌人の呉建堂は、大正時代に国語学校師範科（後の第二師範）に在学していた父呉士屋と当時台北女子高等普通学校（後の第三高女）生の母潘秋の恋愛について、「師範時代隣れる女学校の寄宿舎に父は母知り相聞交はせし」と「『女学生が恋愛せし』と大正期新人類視され母騒がれぬ」という二つの短歌により描いた（孤蓬万里［1997：27-28,39-40］）。(70)

「新人類」と見なされた男女学生の中には名門出身の者が多く、異性との接触は保護者に好まれず、学校側もそれを厳禁する姿勢を示していた。士紳階層の娘たちが集まる台北第三高等女学校の学生寮の管理ぶりを見ればわかるように、男子学生との接触に学校当局は非常に神経を使っていた。

　外出は毎週木曜と日曜の二回、二名以上の同行者と共にし、帰省若くは外泊は家庭の申込みあるものばかりとし、面会は親族に限り往訪には旅館を禁じてある。手紙のことは厳重で親族以外の男子のものは渡されぬ。小包は時々検査して、食物（禁止物品）である場合は送り返されるか又はおやつに寄附させる。(71)

限られた接触機会の中で、最も一般的なのは通学・帰省時の交流であった。一九二二―一九二五年の間に第三高女に在学した石満は、帰省がもたらした男女学生の接触のチャンスについて以下のように述べた。「その数年間、台北と宜蘭を往復している際に面白いことは常にあった。例えば、毎回長い休暇に入るときに、台北で就学している同郷の学生は必ず一緒に帰郷する。男女の学生は知り合いかそうでないかに問わず、帰郷の途中に皆お喋りをしたりして、非常に賑やかであった。このように交際した結果、結婚する男女は少なくなかった」（游[1994a：225]）。また、一九二二年に第三高女を卒業した翁式霞自身の結婚のきっかけは、通学時の出会いであった。同氏の回想は以下のようなものだった。少し長いが引用する。

私と夫の結婚は全く自由恋愛であった……私たちが初めて会ったのは汽車の中であった。当時彼は台北の国語学校の学生であり……、彼は私たち女学生の近くの場所に座っていた。それちょうど夏季休暇に入る前の帰郷であった。車輛の中で女学生たちはみな賑やかにお喋りしたり、遊んだりしていたが、私一人だけが終始、窓際に静かに座っていた。彼は私を自分の理想的なタイプと見たようだった。つまり高女生であり、さらに器量がよくておとなしい。実は私は汽車に乗ると必ず酔う体質であった。気分が悪かったので、みんなと一緒に騒ぐ元気がなかっただけである。……私は屏東で下車し、彼も後をついてきた。彼は里港の人。私が階段を登る時、彼は私を見失うまいとして上を向いたまま歩いており、ついに溝にはまってしまった。周りは大騒ぎになった。(72)

通学を利用した交際の形態は、次第に男女学生の間に定着していったようである。一九四〇年に台南長栄高等女学校に在学した余陳月瑛も、通学途次の模様について「同級生の間にはこっそり恋愛のことを話している者は少なくなかった。そのなかの何人かにはすでに交際相手がいた。汽車通学から実った恋も幾つか含まれていたろう」と語っている（余陳[1996：52-53]）。

就学により未婚男女隔離の伝統規範はある程度突破されたとはいえ、以上の通学のような接触機会はまだ限定的なものであった。恋愛から結婚へという理想的な図式は、青年男女の日常的な社交の場の欠如から、新しい仲立ちの必要性をも生み出してくる。そこで同級生や学年の異なる兄弟姉妹など「学縁」という出会いの様式が生み出されることになった。学縁関係による婚姻としては、本人同士の直接的な接触を契機とするよりは、その本人と何らかの形で関係を有する第三者の仲立ちによるものが一般的であった。

前引の杜潘芳格は、父と母の恋愛と結婚について次のように描いている。彼女の母親はしばしば台中一中に在学中の自分の弟に宛てて激励の手紙を書いていた。その手紙を、弟の先輩であった父が読んだのを最初のきっかけとして、二人は恋に落ちたという。卒業後二人は結婚することになるが、父は娘の杜潘芳格に当時の状況について次のように語った。

> そのときはただ高等女学校の女性が書いた手紙というものに対する好奇心から、後輩の手紙をつい読んでしまった。筋が通っていて流麗な文章から、しっかりした、聡明な少女だなという印象を受けた。その時私は、「この女の子を妻にしたら完璧だ。子供の教育は彼女に任せれば全く心配することはないだろう」と思った（曽・江［1995：9］）。

同級生、先輩、後輩による紹介の例は、インタビュー調査資料のなかにも多く見出される。例えば、荘季春は台南第二高等女学校時代の後輩の紹介で、後輩の従兄の林永賜と結婚した。同時に後輩の夫と林永賜は、台南第二高等学校の同級生でもあった（游［1994a：117］）。楊毛治と夫の呉鴻麒の出会いは、鴻麒の弟鴻麟の妻となった第三高女時代の同期生の紹介によるものであった。楊によれば、呉一族のなかに第三高女の同級生と先輩は七、八人もおり、義兄鴻森の妻は第三高女中壢分会の会長でもあった。独身時代には中壢に出る度、必ず鴻森の妻に強引に呉家まで連れてこられ、招待されたという。さらに下の世代では楊の第三高女在職中の教え子もいた

（張・胡・黎［1997：50-51］）。劉玉英の場合は、小学校の親友である李荇の紹介でその従兄の李澤祁と結婚した。のちに義妹李璧の結婚相手となった章栄基も兄澤祁の同志社中学時代の学友であった（李遠輝・李菁萍［1999：22,26］）。

さらに次世代の婚姻が、新式教育を受けた親世代の学縁関係により成される例もしばしばあった。そうした際には、双方の子世代も新式教育の学歴の所持者であるのが常だった。第三高女卒業の蔡素女の結婚の経緯がこのことを示している。素女の父親蔡幼庭は婿選びに当たって、総督府国語学校時代の親友で当時植民地民族運動の中心人物の一人であった蔡培火に依頼し、蔡はこれに応えて、自分の学生であり、台北医専出身で医師として務めていた林麗明を推薦した（游［1994a：130］）。

4・2　婚約者との「男女交際」

恋愛結婚を成就させた者の比率は現実にはまだ稀少であったが、思潮の普及により新世代の結婚様式には実質的な変化がもたらされた。具体的には、婚前の男女隔離という伝統と、みずから異性と交際して相手を決める「恋愛」との中間形態として、婚約者との婚前交際の形式が新たに生じてきたということである。

新知識人の見解

未婚男女の交際は伝統的社会規範によって禁じられており、こうした傾向は特に社会の上層にいくほど厳格なものとなった。台湾人女子留学生の林双随の言葉で言えば、「併し男女共に選択の自由を与へられたとしても、男女接近の機会もなければ、互の性質を知らずといふ風ではどうしてよいとか悪いとか分る筈がないのであります。結局父兄等にまかせるより外はないので御座います」(73)。接触そのものが許されない社会的現実にあっては、恋愛にまで発展していくことはさらに難しくなる。これに対し、礦渓連光風というペンネームの論者は以下のように提案している。すなわち、父母が子女の結婚対象を選定した後、ただちに婚約を結ぼうと急いではならず、婚約する前の二人に面識をつくらせて友達にしておいた方がよい。しかるのちに恋愛の段階に進ませるのだという。(74)

このように、新知識人は台湾の社会的現実における困難を理解しつつも、恋愛に対する憧れを放棄することはなかった。前引の陳崑樹は、当事者の意思の容認度を基準として、結婚の類型を、①「強制結婚」②「共諸結婚」③「恋愛結婚」と④「自由結婚」の四つに分類している。簡単に言えば、①と②の共通点は婚姻対象の選択権が親にあることであり、相違点は婚姻を決定する際に、①は本人の意思を無視して「強制」的に結婚させるのに対し、②の「共諸結婚」は本人の意思を考慮を入れて変更の余地を残していることである。③と④の共通点は婚姻対象の選択権が本人にあることであり、相違点は、③の「恋愛結婚」が自分が選択した後に父母の同意を求めるのに対し、④の「自由結婚」は父母の意向を無視して決行されることである。

留意したいのは、陳は理想的な類型として、③の「恋愛結婚」を挙げると同時に、当時台湾の社会において即時に実現可能なものとして、②の「共諸結婚」を薦めていたことである。①の「強制結婚」は従来の「父母之命、媒酌之言」の形式であり、新知識人の改革の対象とされ、④の「自由結婚」は性秩序の乱れを恐れる観点から完全に否定されている。

陳によれば伝統的な「強制結婚」は最も良くない。中間に位置する共諸結婚は前者に比べて良いが、理想の境地である「恋愛結婚」にはまだ及ばないということであった。陳が推賞する「共諸結婚」は、当時欧米社会と日本内地では普遍的に存在していた「見合結婚」を想定したものであった。いわば「親がそれぞれ子女の候補者を見出してから、一定の場に於て見合をやらせた後、双方に各その親から決定の可否を諮かされ」ることであった。しかし「台湾の実社会は日本内地の如く、蕎麦屋、お茶屋又は劇場のやうな所で見合をやらせるに不便である」

から、具体的には「公園や教会を利用するか、或は嫁の家で思切つて女子を接待員として出すかの方法に据るを可とするのである。後者の場合は男が遠慮して女の家へ行けないかも知れぬが、適当な人を同伴者に頼めば決して躊躇する必要はあるまい」と提案している(75)。

実態の変化

ここで社会の実態面での変化について考察すれば、エリート層の開明的家庭を中心に、見合いをはじめ、婚前の交際は確かに徐々に広がりつつあった。一九二一年前後、最も進歩的な台湾人家庭では、結婚相手を探す手段として見合い写真を取り入れたが(76)、一九二四年頃になると、先進的な見合いでは本人に実際に面会する機会も与えられるようになった。それは、「汽車の待合室に居合せる、円山の動物園見物、城隍廟参拝、又は少し進歩した処では二三度訪問を行う」ことであった(77)。

二〇年代中葉においてエリート層に広がってきた見合いの風習に対し、恋愛結婚の理念を主張する新知識人のなかからは反対の声も出された。そのおもな理由は、一回面会した程度で実際の交流がなければ、相手の性格、品格などを理解できるはずがないからであった(78)。ほかの論者の見解でも、「その位のことでは分るものでない。双方共に欠点を見せるまい良く見せやうと努めるものである」という。しかし「人の真の性質は不用意の時に分るのであるからなるべく互に能く知り合ふ機会を作るやうにしたと思ふ」と、見合いを取り入れることから、双方のより深い理解へと進むことについては肯定的な態度を示した(79)。

婚約者間の婚前交際形態は、一八世紀中葉以降のヨーロッパで形成されたようである。ブルジョワジーの間でも「男性がその婚約者に対して、会話・手紙・贈物・詩などによって愛情を表現することが期待されるようになった」。すなわち、恋愛が主として「婚約者間の事柄」となりつつあった（井上［1966：87］）(80)。

台湾エリート層の婚前交際形態の特徴については、見合写真が用いられたほか、いずれも結婚相手との婚前の

表4－1　新女性の結婚形態

	名前	学歴	夫氏名	夫の学歴	結婚年	結婚時年齢	交際形態	結婚式の形態
①	邱鴛鴦	朴子公学校（1914-1910年）→台北女子高等普通学校（1920-1923年卒）→台北第三高等女学校講習科（1924年卒）	頼淵平	台北第一師範学校	1926	23（夫24）	媒酌の言、「盗み見」、婚約後の交際	車に校旗、陪嫁査某嫺（女使用人）一人。新式：ウェディング・ドレス
②	荘季春	朴子女子公学校（1931年中退）→末広公学校（1932年卒）→台南第二高等女学校（1935年卒）→広島市立高等女学校（1937年卒）→東京女子薬学専門学校卒（1941年卒）	林永賜	台南第二高等学校。東京中央大学法科。父の林書化は麻豆鎮長	1947	28	林の従姉妹の紹介、婚約の後の交際	新式：ウェディング・ドレス
③	蔡素女	北港公学校（1909-1915年）→台北女子高等普通学校（1920年卒）→台北女子高等普通学校師範科（1921年卒）	林麗明	彰化公学校、台北医専、熱帯研究所。父は弁護士	1923	22	父の蔡幼庭と蔡培火の紹介（林は蔡の学生）。「盗み見」され、その後一年の文通→婚約	新式結婚、聘金廃止、喜餅少し、式は北港で。彰化の夫の家では旧式儀式。新式：ウェディング・ドレス
④	蔡娩	鳳山公学校（1924年卒）→台北第三高等女学校（1928年卒）→台北第三高等女学校補習科（1930年卒）→台北女子高等学校（1932年卒）→青山学院洋裁科中退→東洋歯科専門学校本科中退→昭和女子薬学専門学校（1944年卒）	林清安	台北第一師範学校で6年教職。岩手医科大学。地主家庭出身	1932	22	教会友人の紹介、父の医院で「盗み見」後に、交際。	夫の家は教徒ではないため、式は簡単に。聘金無し、喜餅のみ。母から二千元、蓄音機。新式：ウェディング・ドレス
⑤	石満	宜蘭女子公学校（1922年卒）→台北第三高等学校（1925年卒）→東京女子医学専門学校（1931年卒）	陳呈祥	名古屋医科大学。実家は羅東の資産家。	1931	23	義妹の兄の紹介。「盗み見」されて礁渓温泉で見合い、婚約一年後、卒業を待って結婚	新式：ウェディング・ドレス
⑥	陳愛珠	羅東女子公学校（1920-1926年）→羅東女子公学校高等科（1928年卒）→台北第三高等女学校（1928-1932年卒）→台北第三高等女学校補習科（1933年卒）	呉大海→陳光甫に改名	第二師範学校卒	1942	29	宜蘭、羅東女子公学校同僚。父親の意思で婿養子の形で結婚	神前結婚。服は日本式。

出所：游〔1994ａ〕により作成。

交際が行われたことが指摘できる。この問題について、一九九一―一九九二年間に七名の台湾人エリート女性を対象として游鑑明により行われたインタビュー調査［1994a］を用いて検討しておきたい。

尹喜妹以外の六名（①邱鴛鴦、②荘季春、③蔡素女、④蔡娩、⑤石満、⑥陳愛珠）はいずれも高等女学校の学歴を持ち、二〇年代から三〇年代半ばの間に結婚した者である。この六人の結婚に至るまでの交際経緯を見てみよう（表4-1）。

まず、一九二六年に結婚した①邱鴛鴦（嘉義の朴子出身）と台北第一師範学校卒で、当時嘉義第二公学校勤務の頼淵平（嘉義市出身）は、媒酌人の引き合わせにより知り合ったものであったが、婚約する前に、頼は邱の勤務校である蒜頭公学校へ「盗み見」（偷看）に行ったとされる。一回目の「盗み見」は不成功に終わり、邱が添削した生徒の宿題だけを見ることができた。二回目には邱の実家まで「盗み見」に行ったが、事前に邱に知られたために失敗した。婚約後に二人は交際を始めた。交際の方式は頼から邱に電話をかけて雑談したり、デートに誘ったりというものであった。頼は邱の実家の朴子を訪問したこともあり、または嘉義市内で逢い引きすることもあった。この間、邱は頼の実家に行ったことはなく、嘉義で泊まったこともなかった。②荘季春と夫の林永賜の交際も、婚約した後に始められたという。前引の③蔡素女と林麗明が一九二三年に結婚する前の交際について、林は蔡が勤務する北港公学校の運動会に「盗み見」に行った。その後、二人は一年あまりの文通をし、当時の新聞、雑誌および読書の感想について互いに意見交換を行った。縁談を持ち出すに当たって蔡家に訪れるまで、文通の間に交わされた写真を見ただけで、実際に本人に会ったことはなかった。④蔡娩の場合、夫の林清安が友人の紹介を通じて蔡を知り、常に病気を装い、父の医院を手伝っていた蔡を「盗み見」しているうちに互いに知り合うようになった。第三高女卒業後、東京女子医学専門学校に進学した⑤石満は、名古屋医科大学在学中の陳呈祥と同世代の親戚の紹介で知り合った。二人は礁渓温泉で正式に見合を行い、間もなく婚約した。見合の前に陳呈祥は石満には内緒で一度「盗み見」をしたという。卒業するまでの残り一年を学業に専念するために、婚約後二人は大学に戻った。この一年の間に文通をしながら、一度だけ面会し、一九三一年の卒業と同時に結婚した。なお、⑥については交際に関連する記述はない。

このほか、台北女子高等学院在学中の簡瑞璧と早稲田大学商科卒の張信忠の場合は、媒酌人が持ってきた沢山の見合写真から好きな相手を選んだ後、大甲の媽祖廟にて非公式的な形で、二人を引き合わせるという「盗み見」を行った。この時二人は相手の姿を認めるのみで、直接言葉を交わすことはなかった。婚約後、二人が婚礼衣装を選びに行くことを理由に、台中公園でデートし、簡は張からの贈り物をもらった（江編［1998：171］）。

以上のように、「盗み見―見合―交際」は、エリート層の家庭では一般的に受け入れられていたといえる。こうした形態は、未婚男女の交際が容認されがたいという社会背景の下にあっては、婚姻改革の最終的な到達点であったともいえよう。

4・3 新式結婚

最後に結婚の儀式そのものの変容について検討してみたい。婚姻に対する新世代からの変化の要請は、とくに未婚男女の交際の面については大きな制約を被ったものの、理念とともに受容されたファッションの面においては、恋愛から結婚の段階まで、様々なモダンな小道具が取り入れられることになった。それは、異性の目を意識して流行に乗り遅れることのない外見と装飾であり、婚前段階での相手との交流であり、さらに二人の理解を深める場所は公園、映画館、名勝地などの近代的空間であった。新世代によって理想とされた結婚のイメージは、聘金をともなわないものであり、新郎のモーニング姿と新婦の白いウェディングドレス姿に映し出された「新式結婚」である。

新式結婚の実態

こうした新式結婚の風習は、前項でとりあげた六人のエリート女性の結婚にも現れていた（表4－1）。まず①邱鴛鴦の場合、新郎が自動車で新婦を迎えに来たが、車の両側には勤務校の校旗が掲げられていた。田舎ではきわめて珍しい行列の光景に、お祭りと勘違いする者もいたという。そして頼家の前で撮影した結婚写真の中には、ウェディング・ドレス姿の新婦と洋式礼服姿の新郎があった。同じくウェディング・ドレスの花嫁とモーニングの花婿の結婚写真は、②荘季春、③蔡素女、④蔡娩の場合でも見られた。なかで③蔡素女の結婚儀式は、いわば新旧折衷のものであった。婚姻改革を念頭に置いた蔡家の父親は、聘金を辞退し、喜餅（新婦側が親族に配るために新郎側が人数分以上に用意すべきお菓子）も形式的に少量のみ収めた。まず北港の蔡の実家では、台北で注文し香港から輸入したウェディング・ドレスを身に着けた新婦が、モーニング姿の新郎と新式の結婚式を行った後、彰化の新郎宅に移動し、今度は伝統的結婚式を行った。④蔡娩の場合も、聘金を省略して喜餅のみの簡単な結婚式を行った。嫁入り道具のなかには当時稀少だったコロンビア社の蓄音機も含まれたという。同じくウェディング・ドレスを着た⑤石満によれば、ドレスの着用は羅東では初めてだったという。ドレスは日本内地で注文したものであり、結婚後には頻繁に希望者に貸し出された。

また「新式」を取り入れた結婚儀式は、日本の植民地ならではの特徴として神前式結婚が注目される。⑥陳愛珠の例を見てみたい。同郷のため陳のことを熟知していた石満の話によれば、当時の羅東街長を父親にもつ愛珠は、日本人との関係が良く、結婚式も完全に日本式＝神前式にし、新郎新婦揃っての和服姿であった。陳本人の訪問記録の中には結婚式については触れられていないが、羅東神社で撮影された一枚の結婚写真が石満の証言を裏づけるものとなっている。日本人と付き合いの多かった台湾人エリートのなかには、日本風を取り入れる者も少なくなかったのである。第三高女卒で、のちに母校で教鞭を執った前出の楊毛治と弁護士の呉鴻麒の結婚は、花嫁が和服で花婿がモーニング姿という組み合わせであった（張・胡・黎［1997：52-53］）。

新式結婚の性格：社会改革とファッション

そもそも新式結婚の理念は、結婚する本人の意思を最優先するものであり、親と一族の重要行事として繁雑な儀礼をともなう伝統的な婚姻様式の改革を主張するものであった。二〇年代半ば以降、恋愛の強調にとって代わる形で、聘金廃止が婚姻改革の最大の焦点となってきた。そこでの理想的な婚姻改革の具体的内容は以下のような形式で示された。

総督府医学校卒で、医師を務めながら抗日社会・文化運動で活躍していた韓石泉と、台南第二高等女学校卒の荘綉鸞は、恋愛が始まった一九二一年から、約五年間の交際を経て一九二六年に結婚した。台南市公会堂で行われた結婚式の会上、二人は数百人の賓客の前で結婚宣言書を読み上げた。韓が主張する婚礼改革の四つの要点は、第一に、儀式は極力簡単にすること。第二に、嫁入り道具は少なくし、展示などしないこと、第三に、「随嫁」(81)（以下、通常用いられている用語として、「陪嫁」と表記する）の弊習を廃止すること、第四に、大勢で新婦を冷やかす習慣をやめることであった（李筱峯［1987：141］）。一九二九年の台湾民衆党台南支部書記の胡金碖と張麗雲の結婚も、招待状のなかで「一、聘金を廃止すること、二、祝儀をやめること、三、形式を重視しないこと」を声明し、これは『台湾民報』紙上で「新時代青年の結婚の好例」として推賞された(82)。

だが、当時採用された新式結婚のなかには、改革理念の実践よりも、ファッション的な感覚が先走る例も少なからずあったようである。例えば、①邱鴛鴦の結婚儀式は伝統的なやり方より簡略であったとはいえ、八歳の女中一人を付けて「陪嫁」は行われた。邱によれば、これは新婦の出身家庭の尊貴の象徴なので風習に従うことにしたのだという（游［1994a：81-82］）。聘金をやめ、「喜餅」を簡単にした③蔡素女の場合は、実家と嫁ぎ先でそれぞれ新式と旧式の二重の婚礼を行った。

『台湾民報』社説は、これらに対し次のような批判を行った。すなわち「新式結婚の実行方法は、必ずしも西洋を真似することではなく、あるいは形式に拘ることではない。自分の情況に適合し、婚礼の厳粛さを十分表現できれば、何の形式も用いなくても、一生の記念になれば、それで意義のある結婚式である。しかし世間には常に巧くやろうとして逆に悪い結果になるようなやり方がある。それはつまり、流行の新式結婚を羨望すると同時に、因習的慣行を打破することができないために、新旧併用の二重の儀礼を採用するものである。これは新式結婚を実行する本意を忘れたやり方であり、何の価値もない(83)」。注目すべきことに、前記の「陪嫁」を当事者が解決すべき問題として提出した事例は、管見では前述の韓夫妻に見られるのみである。いわゆる「陪嫁」の使用人は、貧困家庭から富裕家庭に身を売られ、伝統的に「査某嫺」と呼ばれてきた人々であった。大正七年以降、「査某嫺」は法的に禁止され、この名称は戸籍から消失したが、「養女」「寄居人」などとして登記されるか、あるいは登記されぬままに放置され、現実社会では実体としての「査某嫺」は存在し続けていた(84)。杵淵義房は「査某嫺」の存続した大きな理由として、上流家庭の根強い習俗としての「陪嫁」の存在を挙げている(85)。このように、「陪嫁」の習俗は、新式結婚、ひいては新女性の階層的な性格を顕著に表すものであった。

4・4　「学歴」の重視

前述のように、恋愛結婚を志す青年たちは、婚姻様式について「父母之命、媒酌之言」の伝統的婚姻制度に抵抗し、結婚する本人の意思と人格を強調する一方で、具体的な結婚相手の理想像は「三寸金蓮」と称されたひと昔前の纏足佳人ではなく、新式の学校教育を受けた「新しい女性」であった。「恋愛」という結婚へのアプローチについて、社会が未婚男女の交際を容認することはまだ難しく、新旧世代の知識人間の論戦は二〇年代半ばより絶えることはなかったが、結婚相手の理想像が「新女性」であることについては、両世代間に共有された認識となってきた。

新世代のなかで、例えば植民地政治運動に活躍し、清水街街長の職も務めていた楊肇嘉は、若い頃に親が決めた結婚を受け入れたものの、「東京で多くの活潑な新しい女性を見て、私も将来の妻としては必ずやそのような〈時代型〉の女性を選びたいと思っていた」と、自分の真の理想像について語った（楊肇嘉［1970：84］）。

結婚記事からみた学歴の重視

ここで、一九二五年分『台日』の漢文欄に掲載された結婚記事を対象として、そこに見られる婚姻における学歴重視の態度を検証していく（表4-2参照）。まずその特徴について、三つの側面から指摘しておきたい。

第一に、定まった形式は見られないが、両家の名望ある家長、媒酌人の名前に続き、新郎新婦の学歴が必ず同列に記されることである。例えば一九二五年三月三日の記事は、次の通りであった。

> 故顔雲年氏の子息欽賢君は、この度柯秋潔に媒酌人を依頼し、故郭邦彦氏の令嬢美錦女史を娶る。男家の代表は顔国年、女家は郭邦光であった。既に去る二八日に婚約を結び、今後吉日を選び結婚式を挙げる。欽賢君は現在立命館大学、美錦女史は第三高等女学校在学中。今月卒業。佳き嫁を得て、故顔雲年氏も喜びもひとしおであろう。新郎新婦は二人とも高い学問を修めており、将来は夫婦円満が予想されよう〔文〕。

第二に、記事からもわかるように、新郎新婦の学歴の釣り合いが高く評価されていた。学歴というものが、二人がはたして似合いであるか、さらに家柄が釣り合うかどうかの判断基準として考えられたためである。このような言い方は、ほかの結婚記事でも普遍的に見られた。例えば、「新郎新婦は二人とも文明教育を受けた者であるため、家柄は釣り合うと言ってもよい(86)」、「新郎は商工学校。新婦は第三高女。二人共在学中。正に立派な夫婦である」[87]、「相当の学校から卒業した新郎新婦は、誠に似合いのカップルと称すべきである」[88]などである。

高等女学校や公学校などの新式教育の学歴は、エリート層では一般的と思われる空気のなかにあって、新式教育のシンボルを持たない新郎新婦に対しては、漢学の素養を強調する工夫が見られた。例えば、一九二四年一二月七日「李呉聯姻」の新婦の呉招治は、高女のタイトルを持たなかった。これに対し記事のなかでは「高女卒業ではないといえども、名門家庭の厳しい躾の下で育てられ、漢文の素養も持っている」[89]と加えられたように、特別な配慮が見られたのである。

第三に、学歴の釣り合いについてはおよそ以下のような傾向が観察される。大学、師範学校、医学校卒の男性については、相手女性の学歴は高等女学校の出身者が最も普遍的であった（⑥⑦⑧⑨⑪⑬⑱⑲）。なかには①のように高等教育出身者同士の結婚も見られる。高女卒以外の学歴保有者は、公学校卒一人と漢学教育一人であった。さらに実業専門教育（台湾商工学校）の男性三人は、自分と同等の教育水準の高女出身者と結婚しており（⑭⑮⑰）、総督府農事試験場出身の男性一人は、公学校卒の女性と結婚している。

台湾人名望家、資産家同士の家の格付けを釣り合いの基準とした従来型の結婚も続いていたことはもちろんだが、男女双方本人の学歴が考慮に入れられはじめたことは、台湾中・上層社会における画期的な変化であったといえよう。

旧エリート、すなわち二〇年代の青年の父親世代にあたる台湾人エリートの間に、婚姻に際しての学歴重視が形成されたことの要因について考えると、それ以前の日本統治初期、少なくとも一九一五年までの段階で、彼等の女性観にはすでに変化が生じていたという背景を考えないわけにはいかない。第一部で考察してきたように、総督府の暗示と台湾人エリート層自身の文明化志向とが相俟って、一九〇〇—一九一五年の間に解纏足運動が全島規模で行われ、大きな成果をあげた。実際の統計数字から見ればわかるように、女子の就学率は、女児の纏足

表4－2　『台湾日日新報』結婚関連記事（1924年11月-1925年12月）

	掲載年月日	新郎			新婦			備考
		出身家庭	氏名	学歴・職業	出身家庭	氏名	学歴・職業	
①	1924.11.03夕刊4	埔里出身	彭華英	明治大学卒		蔡阿信	東京女子医学専門学校卒、大稲埕清信医院院長	
②	1924.11.13夕刊4／1925.01.13夕刊4	鳳山街資産家の王山東の次男	王連生	慶応大学経済科卒、家業経営	台南市港町台湾勧業会社社長の張寿仁の姪	張舜華	台南女子校学校卒	
③	1924.11.18夕刊4	文山郡出身	許金春	農事試験場卒、義和商行社員	海陸会社取締役の郭清泰の孫娘	郭夜好	公学校卒	結婚式の主宰者は顔国年。許梓桑氏ら列席
④	1924.11.22朝刊4	羅東街藍新氏の三男	—	—	江兆麟の娘	—	—	記念館で披露宴を開き官民数百人を招待。新郎新婦は臨席し来賓に挨拶
⑤	1924.12.07朝刊4	萬華名望家の李永福の息子	李金田	台北師範卒、二結公学校訓導	茶商公会の呉俊徳の娘	呉招治	名門家庭育ちで漢文の素養	
⑥	1924.12.11夕刊4	—	黄逢春	帝大卒、法学士	市議員の郭廷俊の娘	郭碧玉	第三高女卒	媒酌人は林熊徴、許丙
⑦	1925.01.09夕刊4	三峡名望家の陳国治の息子	陳有福	公学校訓導	稲江沈振慶	沈鐘子	第三高女卒、基隆公学校訓導	
⑧	1925.01.28夕刊2		蔡先於	明治大学法科卒		李氏勤	台湾最初の女性判任官、前逓信局書記補	
⑨	1925.03.03夕刊4	顔雲年の息子	顔欽賢	立命館大学本科在学	郭邦彦の娘	郭美錦	第三高女在学	
⑩	1925.03.23朝刊4	高雄市内苓雅寮資産家の陳和信家の息子	陳文欽	漢学	台南市荘燦珍氏の長女	—	公学校卒	

⑪	1925.06.19夕刊4	彰化街医師の楊稼氏の弟	楊老居	台北医専卒、医師	同街游錦順氏の妹	游氏鑾	彰化高女卒	
⑫	1925.07.17夕刊4	員林郡社頭旧社出身	蕭資深	員林庭球団選手	彰化街蔡城氏の娘	—	彰化高女卒、元彰化街役場勤務	
⑬	1925.08.17夕刊4	基隆炭鉱会社社員の陳毓郷氏の弟	陳毓奇	熊本医科大学在学	台北市永楽町実業家の紀仙桃氏の次女	紀阿足	第三高女卒、竜山公学校訓導	
⑭	1925.09.10夕刊4	鷺州庄出身	陳火卑	商工学校卒、青島商科大学在学	瑞泰会社理事の李兆塘氏の長女	李氏蘭	静修女学校卒	立会人は高商教授実田有氏、司会は連雅棠氏
⑮	1925.11.25朝刊4	台北市内永楽町五丁目陳合発号の水木氏の長男	陳国華	商工学校在学	海山郡板橋街の簡石吉氏の娘	簡氏阿宝	第三高女在学	
⑯	1925.11.25朝刊4	三峡庄八張茶商の鄭金塗氏の弟	鄭明通	相当の学校卒	鶯歌庄石頭渓の王長安氏の妹	王春譲	相当の学校卒	
⑰	1925.12.05夕刊4	台北市大橋町東発行主の李慶氏の長男	李好生	商工学校卒	台北市港町の蘇添生氏の長女	蘇月梅	静修女学校卒	
⑱	1925.12.05夕刊4	嘉義街出身	盧萬得	医専卒、水上で医業	東港郡渓洲庄の名望家洪老義氏の次女	洪真珠	台北高女卒	媒酌人は杜聡明博士
⑲	1925.12.26夕刊4／1925.12.30夕刊4	樹林黄純青氏の次男	黄及時	東京商大本科二年生	容祺年氏の娘	容金善	第三高女卒、蓬萊女子公学校訓導	媒酌人は杜聡明、李延禧

者数とは反比例する形で成長した。女子教育に関しては、台湾人男子に比較した際の就学率の低さがしばしば指摘されている。しかし階層的要素から考えれば、全島各地の名望家族が纏足を解いた女児に教育を受けさせられるようになったことは、台湾人エリート層の女性観の転換として重要な意義をもっている。解纏足が提唱された時期に、女子教育を発展させることで解纏足を推進することができるという提案や、逆に解纏足を推進することによって女子教育の普及が可能になるなどの言論は確かに見られたものの、教育というものが纏足の地位にとって代わることは、人々の予想しなかった事態であった。

一九〇〇年前後に女児の纏足をやめさせ就学させた台湾人エリート層の行動の結果は、二〇年代に至って表に出てきた。同時期の結婚において二つの家が互いに相談を行う際、女性を評価する基準において足の大きさはもはや重要ではなくなり、その代わりに娘の学歴が家の文化程度、家庭の躾と社会地位を象徴する新しいシンボルとして登場した。他方、この時代の「新女性」であった女学生は、ほとんどが相当の資産をもつ名望家庭出身であったため、若い世代の理想的イメージと親の世代の対象選択にはさほど大きな差は生じなかった。

教師の斡旋

実際のところ、台湾の名望家が嫁探しの目的で高等女学校を訪れる例は多かった。例えば、京都帝国大学医学部卒で、戦前台湾の二人目の医学博士施江南の結婚は、第三高女出身の兄嫁とその同級生の邱鴛鴦(90)が、二人の昔の恩師で、当時台南第二高女校長に就任していた広松良臣に依頼し、卒業生のなかからの花嫁の斡旋を頼んだことによるものだった。二人は施江南を伴って広松を訪れ、校長室で学生の卒業アルバムから嫁候補を探した。なかから「聡明な人」という施の希望で、校長は同年に成績最優秀で卒業した陳焦桐の写真をさして薦めると、施はすっかり気に入った。陳焦桐の回想によれば、「当日校長先生は人を私の家までよこし、用事があるからただちに学校に来るようにと呼び出された。母校の校長室に入ると、そこに広松校長のほかに何人かの訪客がいた。

それは邱鴛鴦、施江南とのちの兄嫁の三人であった。校長は彼らを私に紹介してくれた。施江南は自分は兄の同級生だと私に言った」。後日、広松は縁談の話でみずから陳の父親を訪ね、陳の父の同意を得た（張・胡・黎［1997：108-109］）。

基隆の名望家顔雲年の四人の息子のうち、欽賢が第三高女卒の美錦を娶ったことについては前に引用した結婚記事の通りであるが、徳潤の結婚相手探しは叔父の顔国年とともに、当時第三高女校長であり、結婚の斡旋に熱心な小野正雄（一九二五年から就任）に依頼した。小野が目を付けたのは、里港名望家藍高川の娘の藍錦綿であった。藍は同じく校長室に呼び出され、顔家の二人と顔を合わせた（許［1995：15］）。

このように、従来の家の釣り合いという基本条件の上で、媒酌を経由して不特定の候補群から嫁を選ぶという従来の婚姻様式とは異なり、「高女」という特定の集団から嫁を選ぶ傾向が生じてきた。こうした現象については、日本社会においても類似した傾向がみられた。すなわち明治・大正期の内地でも、近隣の有力者が女学校を訪れ、授業参観を通じ、または教師の斡旋により息子の嫁をさがすという風習が存在していたようであり、その際の嫁選びの基準は、学業ではなく容貌であった点が指摘されている（井上［1996：22-28］）。これに対し、台湾の高等女学校における嫁選びは、写真を見たり、また本人を呼び出すなど容貌重視の側面もあったが、それよりも嫁候補の個人、家庭の条件を保証する「高女」というブランドとしての意義が重要であったろう。そこでの娘たちの「聡明さ」のような本人の素質、出身家庭などは、植民地における激しい進学競争の結果として高い同質性を持つようになっていた。言いかえれば、「高女」は、全島の名望家の令嬢の通過点であり、名望家にとっては学歴により嫁候補集団が可視化され、新時代の嫁選びには好都合なものとなったといえよう。また、在学中の結婚や、不美人故に学業を最後まで終えることができるという「卒業面」という呼称に表れたような現象は、台湾の高等女学校では見られなかった。女学生を持つ名望家としては、娘の学業を全うさせることに力を尽くす例が多く、結婚による中断は好ましくないとして、縁談を断った例もあったのである。

第五章　運動参加への制限

婦人運動の展開は、日本統治側からの警戒と弾圧を被るとともに、台湾人社会内部における対立からも制約を受けていた。まず「新女性」という新知識人集団を社会運動に動員することは、統治側の干渉に遭遇せざるを得ず、他方で、台湾人社会内部の新旧衝突にあっては、少なくとも二つの要素が作用していた。第一に、両者の間には自由恋愛、婦人解放に対する見解の相違が存在していたこと、第二に、植民地政治に対する立場の違いによって分けられた「文協」と「反文協」（後述）という陣営同士の対峙があった。

このような対立構図は、二〇年代初期に高女の学生、卒業生に対して社会的自覚を呼びかけた時期から、一九二五年に彰化婦女共励会が成立する時期にかけて徐々に表面化していった。一九二六年、同会に関連した「彰化恋愛事件」の勃発を契機に、新旧知識人の間にはかつてないほどの自由恋愛論争が起こり、新女性の社会運動への参与に決定的な影響を与えることになった。

1　新女性をめぐる争奪戦

1・1　社会改革と婦人運動

新知識人が新しい女性に社会的自覚を求めはじめる一方で、植民統治者側では新女性が抗日民族運動へ合流することを警戒し、彼女たちをこうした「危険思想」から遮断することに苦心した。こうして新女性をめぐる台湾男性知識人と植民統治側の攻防が展開されたのであった。

新女性の社会的自覚に対する要請について、その時代背景には第一次大戦後の女性解放運動の発展という側面も大きかったが、新知識人の関心は、恋愛結婚の理想から始まり、婦人問題を自身に深くかかわる問題として受けとめていた側面も見落とすことができない。婚姻改革に取り組む新知識人は、社会が台湾女性に加えた様々な制限に気づき、女性をとりまく社会規範を問題視しはじめたのであった。二〇年代を通じて『民報』系列雑誌に見られた自由恋愛、婚姻改革から、聘金改革、女性解放へというトピックの転換は、彼らの問題意識の推移を表している。

新知識人による言論雑誌の内、初めて婦人問題をとりあげた彭華英の「台湾に婦人問題があるか」のなかでは、女性に対する社会規範について触れていた(1)。彼は「婦人問題」を一種の世界思潮として捉え、イギリスと日本内地の例を挙げている。イギリスでは早い時期に女性は解放され、「男女の交際位は愚な話」といわれるほどであった。とくに第一次大戦中に女性の国家・社会に対する貢献が認められ、一九一八年には男子と同様の参政権を女性に与え、女性議員も現れていた。そして日本内地でも平塚らいてうの「新婦人」が先頭に立って女権運動を進め、また治安警察法第五条の婦人結社禁止の改正を求めて議会に圧力をかけた。このような外界の潮流に照らして、彼は当時の台湾の現状を次のように批判している。

吾人の過去現在の生活状態の大半は、殆ど逆世的、退嬰的、陋習的の境界を脱せずして、両性間に尚一大城壁がありて、婦人を全々鎖禁して所謂男女七歳にして、席を同うせずとの時代錯誤の旧制度、旧思想、旧風習の毅然として、その存在を見るに於てをやである。

興味深いのは、彭華英論文のなかで、「人類生活の理想的建設」を達成するために労働問題、人種問題と並列されて「婦人問題」が「現時最も緊要な問題」として、結婚風習を実例として全文の約半分の紙面を割いて論じられていたことである。彼は「現在の如く、女子を絶対鎖禁して為めに男女両性互いに相当の理解がなく、意思の投合する機会なきに於ては和楽なる家庭、理想なる社会を改造することを期し難いばかりか、到底人生の幸福な生活を営める筈がない」と指摘し、「恋愛を基礎とする結婚」を呼びかけた。そこで青年たちが新たに認識したのは、「交際―恋愛―結婚」という恋愛結婚の基本図式は女性解放なしでは語り得ないという点であった。女性が自由に活動できる独立した個人として世間に認められない限り、恋愛結婚の第一歩としての男女交際さえもなし難いということであった。

植民地政治との関わりからみれば、台湾新知識人の間に恋愛に関する討論が盛り上がった二〇年代とは、植民地民族運動が始動した時期でもあった。一九二一年に台湾文化協会が設立され、一九二三年からは台湾議会設置運動も開始された。自由恋愛、婚姻問題はこのような植民地の社会改革の文脈のなかに位置づけられた。『民報』系列の雑誌、そして全島で数多く行われた講演会の題目にも示されているように、彼らは植民地政治を論じながら文化運動も推進した。しかし、台湾総督府の厳格な取り締まりのため、台湾人留学生の結社活動と出版物の編集・刊行は相当な制限を受けていた。恋愛結婚の討論は、ほとんど台湾文化協会の出版物や活動を中心に展開されていたため、こうした政治的要素の影響は免れ得なかった。

日本の台湾統治に対して、恋愛結婚の論議は一見したところ植民地政治批判のようには脅威とならず、総督府からの弾圧とは無縁なもののように見えたが、実際はその言論の展開する方向によって、当局の干渉を受ける場合もしばしばあった。そのなかで「婦人運動」への広がりは新生の知識人集団である新女性の動員を引き出し、台湾人女性エリートが抗日民族運動に吸収される危険を伴うため、当局にとっては最も敏感な側面であった。

1・2 思想的綱引き

一九二〇年一一月、台北女子高等普通女学校（後の第三高女）田川辰一校長と向山斧太郎、澤夕メ両教諭は、師範科の二七名の生徒を率いて、同校初めての内地修学旅行を行った[2]。同月一八日、東京台湾人留学生による旅行生歓迎会の席上、台湾人女学生らの前で王金海が講演し、女子教育に政治教育を加えるべきことを主張し、女学生たちの社会的関心に向けて呼びかけを行った[3]。講演の詳しい内容についてはすでに第三章で触れたが、彼の大胆な発言は、校長や教諭陣に衝撃を与えた。実際、同校初回の内地修学旅行は、台湾人女学生たちに対する国民精神教育の一環として行われたものであった。学校当局は内地旅行中の台湾人女学生に和服を着用させ、皇太神宮の参拝まで手配しながら「多大の効果を収めた[4]」が、台湾人留学生との一度の接触によってそれまでの苦心はすべて水泡に帰した。数年後、ある視学官はこのときの接触について、『台湾民報』の記者に「第三高女の学生が一回の修学旅行で思想が一変。それ故以後旅行隊は留学生と接触すべからず」とした、と語っている[5]。結局、同校の内地修学旅行の慣行は、一九二〇年の一度を最後に廃止となってしまった。

このように、女学校という植民地統治権力の旧来からの独占的な聖域は、二〇年代に入って新知識人からの挑戦を受けることになったのである。第三高女当局は、この時期の緊張感について「大正九年頃から台頭した誤れる思想にかぶれた在京本島人男学生達の、本島人女学生誘惑運動は、当時の学校当局者の最も苦心警戒した所のものであつた」と述懐している。この時期の「思想悪化」についての高女当局の対応策は、「訓育上殊に国体観念の養成に主力を注」ぐというものであった。それは新しい対策を打ち出すというよりは、大正期に入り、統治上の必要からようやく台湾人女子教育を重視しはじめて以来の、「国民精神」教育を一層強化しようとするものであった。

具体的な施策として、校内・校外の国語の常用化を断行し、一九二六年には校内監督係および校外監督係が設けられた。そして「国民的趣味は国民精神の基調であるとの見解から」、図画、唱歌など各科目をはじめ、雛祭・端午・七夕・神社参拝などの「国民的行事」を通じた教化に着目した(6)。つまり、女子学生を男子学生の「危険思想」から隔離する一方で、内地的規範に近づけることを最高の教育理念とし、礼儀作法、生活様式全般まで絶対的な影響力を及ぼそうとした。卒業して母校の教諭になり、第三高女に通算一六年間にわたり在籍した楊毛治によれば、台湾の社会運動が高まり、文化協会が頻繁に活動を行い、民族意識の覚醒を呼びかけていたこの時期では、台湾人女性中心の第三高女は、とくに当局の警戒の対象となり、当局が当時総督府文教司視学官の小野正雄を同校の校長に任命したのは、こうした情勢を反映するものであったという(7)。

女学生をめぐる台湾知識人と統治側の綱引きは、北部の第三高女にとどまらず、同様に台湾人を対象としていた彰化高等女学校でも激化してきた。一九二二年夏、彰化出身の留学生らが内地から帰省した際、青年たちの社会改革の理念を講演を通じて宣伝する目的で、彰化学生懇親会が開催された。ある女性の奔走の結果、彰化高女卒業生の三〇名が懇親会に参加することになったが、これが彰化高女の学校当局の知るところとなり、ただちに警察に依頼、警察の干渉により卒業生等の会への出席は禁じられた(8)。こうした高女学校当局のやり方に対して、同地の知識青年らの不満は大きかった。

台湾人女子教育機構の閉鎖性に不満を持っていた新知識人は、やがて学校当局と真っ向から衝突することになった。「八卦山事件」はその代表例である。(9) 一九二四年七月一四日の早朝五時頃、彰化高等女学校教諭の柴山は同校の女学生を率いて八卦山に登っていた。(10) 一行が頂上に着いたあと、教諭は女学生らを相手に鬼ごっこの遊びを始めた。ところが内地人男性教諭が「鬼」の役を生徒と交替せず、女学生のなかの比較的年長の娘にばかり頻繁に抱きつく不審な挙動が、偶然現場に居合わせた彰化人士に目撃されるところとなった。同地の台湾文化協会彰化支部を中心とする新知識人は、この事件をきっかけに、父兄大会の開催を通じ、女学生の父兄らを動員して学校当局の閉鎖的なあり方を打破しようとした。しかし当局は迅速に反応し、これに参与した台湾人父兄は子弟の退学処分をほのめかす一方で、今後は父兄の意見を受け容れるという硬軟両様の手法を用いて、父兄大会の切り崩しを図った。さらに警察、司法権力を動員し、運動の中心メンバーを名誉毀損と出版物法違反の名目で起訴し、女子教育という「聖域」に挑戦する台湾知識人に懲罰を与える姿勢をとった。

結局、名誉棄損罪の部分には無罪判決が下り、出版物法違反の方は罰金を支払うという形で決着が付いたが、その後、台湾新知識人は新女性の組織化を試み、彼女らを社会運動団体の傘下に収める方向に進みはじめた。翌年二月、台湾文化協会彰化支部の指導下に成立した「彰化婦女共励会」はその最初の試みと言えよう。統治側との新女性をめぐる争奪戦は継続されていった。

2　組織化の試み
——彰化婦女共励会——

2・1　成立の経緯

一九二五年二月、台湾史上最初の婦人団体である「彰化婦女共励会」が成立した。その際の新知識人の見解は次のように整理できる。すなわち、女性に深く関わる諸問題は、なによりも女性自身の自覚を促し、女性の手によって解決するのが良い。とくに教育を受けた「新しい女性」への期待が大きい。新しい女性の自覚により、彼女ら自身を含む知識階層の婚姻問題が解決されるとともに、婦人運動に集結する新しい女性の行動により、民衆社会の広大な女性大衆の問題の解決も期待できる。こうしたことから、「彰化婦女共励会」の成立に新知識人は大きな期待を寄せたのである。

一九二五年二月八日午後一時に、彰化婦女共励会は彰化の体仁医院分院にて発会式を挙行した。当日は楊咏絮女史が開会の辞を述べ、蔡鳳女史が会員を紹介し、潘貞女史が創立経過を報告、王琴女史が会則の審議を担当し、阮素雲女史をはじめ、その他の来賓が演説を行った後、職員の選挙を行い、六時に解散した。会員の大多数は新教育を受けた彰化地区の女性であった(11)。

同会は台湾人新世代の女性による自発的な行動の結果ではあったが、文化協会彰化支部の成員の支持も無視できない。三月七日の第一次例会の後には、王敏川、王金海、荘垂勝、施至善ら数人が賛助者の立場で演説を行い(12)、会の成立の後、王敏川はいち早く『台湾民報』で「希望智識階級婦女的奮起」（知識階級婦人の奮起に期待する）と題する一文を発表し、会に祝賀の意を表し、期待を寄せた(13)。彼らはいずれも文化協会彰化支部の中心メンバーであった[14]。

文協との密接な関係を持ちながらも、会の運営と諸活動は、新女性自身の手によって着実に展開された。まず、第一次例会では国語（日本語）、漢文、ローマ字、礼儀作法を勉強する定例講習会の実施案が採択されたほか、五月に会員四〇余名をもって体育会を組織し、また会員によって教育社会劇の上演を計画した[15]。七月以降、会員を弁士とする講演会も企画、開催されたほか、当時訪台していた中国廈南女子師範学堂校長の余佩皐女史を当会の講演会に迎えた[16]。会の財源についても、会費と賛助金の外、みずから製作した手芸品を展覧会で即売し資金を集めることも行った[17]。

彰化婦女共励会の誕生によって、台湾の「婦人運動」に対する新知識人の関心が高まった。留意したいのは、文化協会を中心とする男性知識人のみならず、中国留学の台湾人女性による長篇論文の寄稿も出はじめたことである。女性の行動についての女性知識人自身による論評は初めてのことであり、彰化婦女共励会の成立と同様に世間の目を引いた。まず六月に『台湾民報』で、廈門の集美学校に留学中の張麗雲による「我所希望於台湾女界者」（私が台湾の婦人界に期待すること）と「親愛的姉妹呀、奮起！努力！」（親愛なる姉妹たち、立ち上がって努力せよ！）の二本の論文が連続して掲載された[18]。

こうして新知識人の待望するなかで誕生した台湾人女性団体は、当初から大きな使命を背負っていたといえる。それは婦人運動の担い手として社会、経済、政治に関する知識と能力を高めること、および知識層にとどまらない女性大衆の指導と解放の任務である。このような志向は、前述した王敏川の「希望智識階級婦女的奮起」（知識階級婦人の奮起に期待する）のなかで新しい女性に対する、①社会問題の学習、②一般婦女の苦しみに対する理解と救済、③一般婦女の経済的独立の方法の考案と指導、④勉学の精神、学問が運動の基礎たること、⑤政治に対する関心、⑥女性の間でリーダーシップを取ろうとする婦女は、その言動に注意すべきこと、という六条の提言内容にも反映されていた[19]。

こうした「婦人運動」の文脈は、これまでの恋愛、結婚の諸課題にどのような関わりを持つだろうか。台湾人女子留学生の中国からの寄稿、たとえば張麗雲の場合は、まず第一の論文では台湾における植民地統治の圧迫と不平等や、封建社会の風習と道徳に対し、男性の方が自覚して闘っているのに対して、女性の方は沈黙を守りまた無自覚である点を指摘している。しかし女性の後進性の原因は、社交の自由を恋愛の機会と誤解した青年男女の行為が世間の批判を招き、女性の活動に悪影響を与えていることにも起因するとして、女性側の無自覚を追及することはなかった。そこで彼女は台湾の婦女界に「旧風習に束縛されず真理を追求する」、「外見上の美を重視して男性に媚びるという〈形式上の愛情〉を避ける」、「事理の分からない父母が他人の財を貪るために売買式の結婚を取り決め、我等の幸福と人格を犠牲にするままに任せるな。自由な結婚をすべきである」「両性間の交際を恋愛の機会と間違ってはいけない。互いに人格を尊重し、誠実の情誼を用いて、永久の良友となる」などの提案を行った[20]。また第二の論文において、彼女はさらに結婚、家族問題に即し、「旧礼教」と呼ばれる女性を束縛する封建社会の規範と道徳の存在を指摘した[21]。

このように張麗雲は、女性自身の婚姻自由としての恋愛の理念を持ちながらも、「社交」と「恋愛」の概念の混乱が女性の社会活動に与える影響の重大さを明らかにした。その後、翌年の二月から上海大学の女子留学生玉鵑の論文も頻繁に『台湾民報』紙上に現れるようになるが、詳細は次節に譲りたい。

当時の新知識人の期待を反映した形で、彰化婦女共励会の成立直後の発展方向も、内部に向けての会員間の読書、研究組織としての性格と、外部に向けての社会運動団体としての性格を持っていた。おそらくその最終的目標は後者にあったと思われるが、現実上は前者から着手しなければならないという状況であった。言いかえれば、広い意味での台湾女性の解放を実現するためには、新しい女性はみずからを解放し、行動するための実力を身につけなければならない。もちろん両者は別々のものではなく、定例研究会こそ挫折を余儀なくされたものの、数回にわたった講演会は会員の自己訓練であると同時に文化運動の一環としての意味を兼ねていた。

2・2　統治側の態度

次に一九二五年の婦人解放の風潮について、運動と理論の二つの側面に分けて検討したい。まず総督府側は、彰化婦女共励会を文化協会彰化支部の影響下にある婦人団体として認識していた[22]。そのために、運動の側面においては台湾総督府の弾圧は当初から大きなものだった。会員は常に督学と特務、巡査の干渉を受け、中心メンバーである公学校教員の潘員と張腰の二人は、教育当局によって彰化付近から遠隔地の学校への異動を余儀なくされた[23]。また、定例研究会の案の申請も却下された[24]。文化協会の指導下で知識女性が抵抗運動に動員・組織化される可能性に対する、総督府側の警戒がここにうかがわれる。

婦人運動の思想に対する日本統治側の態度は、植民地の内地人社会と台湾人社会のそれぞれについて異なっている。内地人に対しては、当時の内地の婦人運動の状況や言論の報道についてとくに干渉は加えられなかった。それどころか、台湾総督府の管轄下の『台日』の日本文の紙面には、常にこうした話題が掲載されていた。例えば恋愛物について安部磯雄の「選択なき恋愛は最後には失敗する」があり[25]、また当時の婦選運動の主たる論客であった市川房枝の「職業婦人よ自覚せよ」も掲載された[26]。なかで最も興味深いのは、山川菊栄の「婦人と経済的独立――婦人解放を叫ぶ前に先ず此問題を解決せよ」が六回に分けて連載されたことである[27]。しかし台湾人社会に対しては、日本人側の言論は恋愛結婚、聘金廃止など陋習改革の課題をめぐって、とりわけ台湾人女性の自覚を呼びかけたにもかかわらず、実際に新世代の台湾人女性が動きはじめるや、彰化婦女共励会など文化協会につながるような「婦人運動」は危険視され、弾圧の対象となっていったのであった。

2・3　旧知識人の態度

こうした総督府の動きと照らしてみれば、台湾人の旧世代の反応は微妙であった。青年層の間での婦人解放運動の風潮の高まりと新しい女性自身の運動への参与という二〇年代中葉の著しい変化を、旧世代も感じ取っていた。『台日』漢文欄では「近年来、自由の声は男子の間に高唱されているのみならず、婦人の間でも甚だしく伝わっている」という観察もあった。(29)

それでは旧世代は「婦人解放」にどのような態度を持っていたのか。「婦人解放」「自由恋愛」を滑稽化、風刺するものも多かったが、この時期の旧知識人の見解にみられる論理を最も明快に示したのは、一九二五年八月二〇日から漢文欄の「脩炎録」というコラム欄で連載された「過渡時代婦女問題」(過渡期の婦女問題)と題する一文である。(30)要約すれば、第一に、婦人解放問題は時代の思潮ではあるが、台湾では婦女を解放する必要はない。その理由ついて、①従来の台湾人、とくに中年以上の人は婦女にいやらしい言葉をかけることがなく、その人格を尊重する。ただし近年は来旧の道徳が滅び、婦女を誘惑し手紙を送るようなことも現れてきた。②昔の台湾なら纏足と家への閉居という婦女への圧迫があったが、女子教育の普及につれ、こうした抑圧はすでになくなった。③男女不平等の妾問題についても、法律の変更によって解消された。つまり妾の名義で入籍することができなくなり、妻たる者が外の男と不倫関係をもつことと同様に非合法な行為になった。(31)④通姦罪の問題について、夫が妻の不倫相手を現場で殺害することを許す旧慣も法律で禁止された。第二に、唯一改革する余地があるのは聘金問題であるが、聘金の全廃ではなくその金額と嫁入り道具の制限を提案した。第三に、婚姻改革の必要は認めたが、従来の父母主導のやり方は放棄せず、子女主導の自由恋愛を否定した。第四に、台湾人女性の家庭内の妻としての地位は高いことを主張し、「上流社会の男性の六、七割が恐妻家である」としている。第五に、夫婦の愛情がなくなれば離婚してもよいという新知識人の主張には反対する。要は夫婦の義理、責任と夫婦愛を育てることである。第六に、女性の生理的違いに基づいて男女の分業を肯定し、女性が男性と職業上の平等を要求することを否定した。

旧知識人の基本的な態度を端的にまとめれば、恋愛への反対と婦人解放の不要であるといえよう。新知識人は、自由恋愛、婚姻問題から女性解放問題までのさまざまな課題の解決を婦人運動の実践に託したが、旧知識人の見解はどちらかといえば婚姻と聘金問題を父母の理解だけで解決できるものととらえ、ほかの問題の存在と婦人解放の必要性とを切り離して考えた。こうした「婦人解放に同情する男性」と「解放を主張する婦人」あての「忠告」は、ただちに新知識人の反発を招いた。『台湾民報』は一九二五年九月一三日の社説「没有問題的婦女界」(問題のない婦人界)と一〇月二五日の社説「婦人解放的当面問題」(婦人解放の当面の問題)を発表、『台日』漢文欄の言論に反論し、台湾社会の婦人問題と運動の方向性を再確認した(32)。

つづいて彰化婦女共励会に対する旧知識人の姿勢について見ると、会の成立当初、『台日』漢文欄は賛意を示していた。なぜなら、会の成員は彰化地区の名望家の娘たちを含む新しい女性たちであり、とりわけ彼女らは漢文学習を定例研究会の内容にしており、同地の著名な漢学者洪以倫を教師に迎える動きもあったためである(33)。同年八月の会の資金を捻出するための三日間の手芸品即売会には、漢文欄も非常に興味を示し、記事のなかで「会員の作品が多く陳列され、見るだけの値打ちがある。ゆえに入場者は絶えることはなく、会場はかなり混雑しており、売り上げも好調であった」と好意的にとりあげた(34)。

しかし、彰化婦女共励会主催の講演会への文化協会の男性知識人の弁士の参与が回数を重ねると、漢文欄は同会と文協との関係に気づき、報道の姿勢は徐々に変化、ついには後援する文協の男性知識人と彰化婦女共励会に批判の矢先が向かうこととなった。九月頃に行われた彰化婦女共励会の講演会で、反文協の保守派人士による妨害事件が起こり、これが『台日』と『台湾民報』の紙面を借りての論戦にまで発展した。[35] これを導火線として、文協批判はついに婦人運動と彰化婦女共励会への批判に向かっていった。とくに『台日』に掲載された彰化からの寄稿は、まさに新旧衝突の最も激しい地域の状況を反映し、「彰化街の自由女と自称する者が作った共励会に内紛が起こった」、「会員の中には『新女子』と称していても、実際に裏では売春婦となっている者が少なくない」、「間もなく解散する」[36] などと彰化婦女共励会への中傷を意図した言論が多く現れた。

3　「保守─改革」の対立
──彰化恋愛事件　その一──

3・1　事件の経緯

こうして新旧衝突がエスカレートしていくなかで、彰化恋愛事件が発生した。『台日』と『台湾民報』の報道によれば、事件の経緯は以下のようである。

一九二六年二月、彰化街長楊吉臣の三男楊英奇と、台中霧峰の名門林家の林季商の息子林士乾の二人は、呉進縁[37]、楊金環、潘貞、謝金蘭、盧銀の五名の女性を連れ、密かに廈門へ渡航する予定であった。逃走の途中で呉氏らは家族の捜査を断念させるため、基隆から実家に宛てて、前日の便で既に出航したという内容の電報を送り、これをきっかけに事件が発覚したが、これら七名のうち林士乾と楊金環のカップルは渡航に成功した。[38]

事件に関わった複数の青年男女はほとんど台湾中部の名門の出身であったため、二月二〇日の『台日』が初めてこれを報じた[39]後、一躍世間の注目を集めた。事件発生後、楊吉臣は鹿港の辜家と霧峰の林家に奔走して息子への援助を求めたようであるが、即時の解決はできなかったらしい。その最中に、「誘拐された」女性の一人の呉進縁は、彰化有数の名望家である呉徳功一族[40]の出身であるから彼らに謝罪するのは構わないが、その他の女子は相手にする必要はないという楊吉臣の発言が広まり、事件関係者と地方人士の反発を招いた。

同年三月には、楊英奇の父親である彰化街長楊吉臣を引責辞職させるための風紀粛正街民大会を開く動きが伝えられた[41]。五月二〇日、事件に関わった女性の父兄たる関係者の陳鴻謨、詹椿柏、林黎、呉上花[42]など街協議会員をはじめ、街庄助役吏員、学校教員、医師、方面委員、保正総代、甲長、壮丁および同街の長老、組合役員、商人など約三三一人の連名で、古河台中地方法院検察官長宛に陳情書が提出された。これまで『台日』漢文欄は、息子を甘やかしすぎた楊吉臣の過ちを責める一方で、風紀粛正大会については、これを完全に文協彰化支部の新知識人の自作自演であると批判した。つまり文協彰化支部は、自由恋愛を提唱した自分たちの責任を逃がれるために、息子英奇が起こした事件を利用し、旧来からの楊吉臣への恨みを晴らそうとしているというのである。しかし、大規模な陳情活動が高まってくると、漢文欄も楊吉臣の引責辞職反対から賛成の立場に変わるなど、動揺を見せた。結局、事件の解決は、検察官が台中から彰化の郡役所に南下し、楊英奇を呉家の呉上花に対し土下座で謝罪させることで、両方を和解させた[43]。楊吉臣は死去するまで街長の地位を保持した。

『台日』と『台湾民報』の間で応酬された恋愛論争に直接関わる記事と論文の本数は、二月の事件発覚から六月までの四ヵ月で約六〇件にのぼった（表5-1参照）。ちなみに両紙の発行部数についてみれば、週刊であり唯一の白話文雑誌であった『民報』は一九二五年で一万部余、台湾総督府の「官報」と呼ばれる『台日』は一八、九七〇部である（楊肇嘉［1970：423-424］）。

恋愛・結婚問題についての論戦の過程は、事件の報道のかたわら、両紙がそれぞれ新旧の派に分かれて各自の恋愛論に基づいた論争を展開するというものだった。旧知識人側は新旧文学論争の延長線上に立ちながら、事件を利用しつつ新文学への攻撃を続けた。他方で、彰化の詩社「崇文社」も風俗の壊乱、事件の論評や防止策などをテーマに、従来の論文募集を通じて、旧知識人に積極的に呼びかけを行った。新知識人側は、社会の現場における事件の発生により、二〇年代初期以来、熱烈に呼びかけてきた恋愛結婚論の反芻作業を余儀なくされた。そこでは中国の台湾人女子留学生が論戦に加わったことに注目したい。最大の打撃を受けた彰化婦女共励会は、会員除名などを通じて会の危機を乗り越える努力もしたが、再建を果たすことはできなかった。事件は途中から彰化の街長辞任請願まで発展していき、恋愛論争の範疇を超え、植民地政治あるいは地方派閥の闘争などの要素と絡みながら拡大していくことになる。

彰化恋愛事件の展開を左右していた要素は、台湾人社会内部の二つの対立軸によって整理できる。一つは伝統文化と社会改革の見地の対立をめぐる「保守―改革」の新旧衝突、もう一つは植民地の政治的立場の相違をめぐる「協力―抵抗」という対立であった。以下では、まず文化運動と社会改革の理念に関する「保守―改革」の対立軸に沿って考察を行いたい。もう一つの「協力―抵抗」の軸については次節で詳論する。

知識青年の思想指導の役割を担った『民報』系列の雑誌における自由恋愛、婚姻問題の討論の比重は、一九二五年にピークに達した。内容から見れば、新知識人の婚姻改革論の関心の焦点は最初の自由交際、自由恋愛から、聘金廃止や女性解放運動など具体的な主張へと展開していった。こうした変化は、当時の植民地民族運動の活発化と社会改革風潮の高まりに対応している。他方で、漢学世代の主要な拠点であった『台日』漢文欄は、『民報』の恋愛論、伝統の婚姻制度批判に対する反論をエスカレートさせた。

3・2　対立の形成前史

まず、事件に対する旧知識人側の見解についてみてみよう。自由恋愛と男女交際が、両性間の規範を乱し、社会を混乱させるという主張は、彼らの恋愛批判に一貫した論点であった。しかし彰化恋愛事件の発生については、

表5－1　彰化恋愛事件をめぐる論戦

掲載紙	日付	巻号	作者	見出し
台湾日日新報	1926年2月20日朝刊			女二名を誘拐し　一萬四千圓を捲上げた名家のドラ息子三人
台湾民報	1926年2月21日	第93号		小言　聘金害死人
台湾民報	1926年2月21日	第93号	張我軍	南遊印象記㈢
台湾日日新報	1926年2月22日夕刊			共謀拐誘婦女
台湾日日新報	1926年2月23日夕刊			共謀拐誘続聞
台湾日日新報	1926年2月24日朝刊			詹炎録
台湾日日新報	1926年2月24日朝刊			不孝婦虐待老姑
台湾日日新報	1926年2月25日		老生常談	對於所謂新詩文者(上)
台湾日日新報	1926年2月25日夕刊			節婦
台湾日日新報	1926年2月27日夕刊			無腔笛　女学生与家庭（続前)
台湾民報	1926年2月28日	第94号	蔡孝乾	学芸　従恋愛到結婚㈢
台湾日日新報	1926年2月28日朝刊		老生常談	對於所謂新詩文者(中)
台湾日日新報	1926年3月3日夕刊			趣語
台湾日日新報	1926年3月5日夕刊			咄咄一部小児之暴論
台湾日日新報	1926年3月5日夕刊			私奔脱離戸籍
台湾民報	1926年3月7日	第95号		
台湾日日新報	1926年3月9日夕刊			耳濡目染
台湾日日新報	1926年3月9日朝刊			翰墨因縁　崇文社課題
台湾日日新報	1926年3月11日夕刊			是是非非
台湾日日新報	1926年3月12日夕刊			彰化特訊
台湾民報	1926年3月14日	第96号		考察彰化的恋愛問題
台湾民報	1926年3月14日	第96号		小言　這也是恋愛嗎？
台湾日日新報	1926年3月16日夕刊			趣語
台湾日日新報	1926年3月16日朝刊			訂正一則
台湾日日新報	1926年3月16日朝刊			*
台湾日日新報	1926年3月18日夕刊			虚栄女因姦迫夫
台湾日日新報	1926年3月20日夕刊			薄情婦欲殺夫
台湾民報	1926年3月21日	第97号		彰化婦女共励会奮起　此後着実進行決議排斥邪女
台湾日日新報	1926年3月22日夕刊			是是非非
台湾日日新報	1926年3月22日朝刊			無腔笛
台湾日日新報	1926年3月23日夕刊		台南　許子文	
台湾日日新報	1926年4月3日夕刊			無腔笛
台湾日日新報	1926年4月3日朝刊		黄子玉	
台湾民報	1926年4月4日	第99号	浪花	雑録　剖自由恋愛是人道的正宗祇怕人悪用
台湾日日新報	1926年4月5日朝刊			是是非非
台湾日日新報	1926年4月6日夕刊			無腔笛
台湾日日新報	1926年4月6日朝刊		苗栗　羅吉頌	来稿　時勢感言
台湾日日新報	1926年4月9日夕刊			是是非非
台湾日日新報	1926年4月12日夕刊			編曲家之奇縁
台湾日日新報	1926年4月12日夕刊			翰墨因縁　崇文社掲暁
台湾日日新報	1926年4月17日朝刊			無腔笛

台湾民報	1926年4月18日	第101号	雲萍生　士林	創作　到異郷
台湾日日新報	1926年4月22日朝刊			楊街長夫人出殯
台湾民報	1926年4月25日	第102号	玉鵑女士	旧思想之弔鐘―彰化「恋愛問題」的回響―
台湾民報	1926年4月25日	第102号	白洲	衛道家的淑女与妓女
台湾民報	1926年4月25日	第102号	李金鐘	＊小説　失恋
台湾日日新報	1926年4月28日朝刊			厄介な家出女
台湾日日新報	1926年4月30日夕刊			両女誘拐問題　火の手を挙ぐ
台湾日日新報	1926年4月30日夕刊			
台湾日日新報	1926年4月30日朝刊			彰化街民排斥街長
台湾民報	1926年5月2日	第103号	亜民	南北二句半
台湾日日新報	1926年5月4日夕刊			読者之声
台湾日日新報	1926年			格言
台湾日日新報	1926年5月8日朝刊		石崖生	内地漫遊感想(十二)婦女界之向上
台湾日日新報	1926年5月9日朝刊		王祖武	来函節略　世紀末語言又復抬頭起来一部男女界之変態心理
台湾日日新報	1926年5月22日夕刊			彰化街の風紀を紊乱し　良俗を破る不良青年　楊街長の三男を排斥する陳情書を検察官長へ提出　署名者三百餘は何れも同街の有力者
台湾日日新報	1926年5月22日夕刊			無腔笛　陳情書（訳文）
台湾日日新報	1926年5月25日夕刊			彰人排斥街長問題　為楊英奇君誘淫婦女　倡自由恋愛論者　不応反悔極図善後乎
台湾日日新報	1926年5月30日朝刊			＊社説＊　彰化の婦女誘拐事件　風船玉の様な軽薄思想の祟
台湾日日新報	1926年6月4日夕刊			無腔笛
台湾日日新報	1926年6月4日夕刊			
台湾日日新報	1926年6月4日夕刊			是是非非
台湾日日新報	1926年6月5日夕刊			彰化誘拐問題　街民三百餘名憤起連署陳情検察之真相
台湾民報	1926年6月6日	第108号		民報日記
台湾日日新報	1926年6月9日夕刊			文壇　崇文社百課集序
台湾民報	1926年6月13日	第109号		社説　衛道家的哀鳴
台湾民報	1926年6月13日	第109号		論評　什麼是『文協』主義
台湾日日新報	1926年6月16日夕刊			赤崁牆茨不掃
台湾日日新報	1926年6月17日朝刊			湖口男女教員自由乱愛中毒　私生児暗地埋葬
台湾日日新報	1926年6月25日夕刊			是是非非
台湾民報	1926年6月27日	第111号	玉鵑　上海	斥台日紙上王某的愚論
台湾日日新報	1926年6月27日夕刊			是是非非
台湾日日新報	1926年6月27日朝刊			愈具体化した彰化神社建設　楊吉臣氏を委員長とし　現記念碑の附近に無腔笛　装飾要倹約

これまで概ね庶民層を中心に多発していた青年男女の「家出」や「淫奔」の現象が、中・上流階層にも波及してきたことの兆しであるとして、これを厳しく受けとめた。なぜなら、事件に関わった五名の女性の中で四名までが彰化婦女共励会の会員であり、とくに楊英奇と「恋愛関係」を持ったといわれる潘貞は会の中心メンバーでもあった(44)。彼女らは、いずれも彰化高等女学校の卒業生で、なかには公学校に勤める女教員もおり、いわゆる地元の「新しい女性」であった(45)。

このような風紀の紊乱が新しい女性たちに及んだ原因は、女学生等がいわば中毒していた自由恋愛の説が婦女界に流行していたからだと主張した。自由恋愛の女性に対する弊害を挙げながら、「今日の女学生が常に誘惑されていること、また最近彰化で起こった現象も、もっぱら恋愛を描写し、道徳を書かない〈軟文学〉を読みすぎた結果である(46)」と、責任を新知識人が提唱する自由恋愛と新文学運動に負わせた。

伝統文化と社会改革問題をめぐる見方の相違は、二〇年代初期から新旧知識人の間に存在していたものであったが、それは一九二四年末から二五年初めを境に「保守―改革」の対立として表面化してきた。そのきっかけは、五四運動以降、対岸の中国の知識青年による伝統文化批判と社会改革の思潮と運動に同感する台湾人青年の多くが、新知識人の言論機関である『台湾民報』および文化協会が主導する文化運動の中心的位置を占めるようになったことである。それにより「保守―改革」の対立は、新知識人の伝統批判の展開に伴って激化してきた。

新旧知識人の間に論争を引き起こしたのは、一九二四年一一月二一日発行の『台湾民報』第二巻第二四号に掲載された、旧文壇批判を行う張我軍（筆名一郎）の論文「糟糕的台湾文学界」（むちゃくちゃな台湾文学界）であった。張は引き続き、同誌第二巻第二六号（一九二四年一二月一一日）に「為台湾的文学界一哭(47)」（台湾文学界のために泣く）を発表し追い打ちをかけた（河原［1997：146,156-157］）。これ以降、新旧文学論争のみならず、従来の『台日』と『台湾民報』系列の雑誌の間に存在した恋愛・結婚問題もそれに巻き込まれる形で互いへの攻撃が表面化したのである。

張我軍の攻撃に対する旧知識人の反論は、『台日』一九二五年一月五日の漢文欄での、悶芦蘆生の「新文学之商確」（新文学とは何か）という一文により開始された(48)。内容はもちろん新文学に対する批判であるが、注目したいのは、この論文の後半約三分の一が青年たちの聘金廃止の動きをとりあげて、これに攻撃を加えていることである。その内容をまとめると、第一に、白話文と聘金廃止の提唱のどれもが、ぐうたらな青年の言い分であること。すなわち「現在の極端な新青年が漢籍の読書に時間をさかず、敢えて白話字を主張する。女を引っかけるのが好きである故、聘金廃止を主張する」というものである。第二に、人身売買の色彩を帯びる聘金は貧困層だけのものであり、士紳階層における「聘金の意義」は正当なものであることを暗示しながら、高額な聘金や実際に人身売買にかかわる聘金には賛成しないというものである。聘金を廃止するのであれば父母の意思によるべきであり、青年がみずから要求するものではない。聘金廃止と自由恋愛により理想的な結婚を追求する新知識人の主張には不賛同の態度を示した。

従来の台湾文学研究のなかでは、悶芦蘆生のこの論文を旧文人の反論の開始点とする見方が一般的であるが、その際には前半三分の二の文学批判の部分のみが注目され、後半の聘金問題の部分は常に分析の対象外とされてきた。実際に、当時の新文学の若い論者たちは、「新文学之商確」という論題の下で聘金問題が持ち出されていることに当惑したようである。これははたして張我軍らが批判するように、単に「話が本題から離れた」だけの、文章の巧拙の問題であったのか。

文学と聘金問題を結びつけたポイントはまさに、「旧」に向けての青年たちの改革要請に対し、旧知識人の間に蓄積されてきた不快感の吐露にあった。張我軍の旧文壇攻撃は、文学の問題に限定されず、新知識人が主張する婚姻改革に対する旧世代の不平不満を一気に引き出すものだった。旧知識人からみれば、自由恋愛、聘金廃止、そして目前の旧文学批判を含め、全ては一部の「過激な青年」の不届きによるものであった。新文学に反論しながら聘金問題を持ち出したのは、青年に対する一種の懲らしめの意味が含まれる。たとえば悶芦蘆生による一文掲載の数日後、「無腔笛」というコラムでは恋愛結婚に即して、「二〇歳前後の青年の一部は、性の研究に熱中し、しきりに恋愛問題を談論する。……その言論は非常に過激で、父母の頭が古い、自由結婚を許してくれないとののしる」と青年を批判した(49)。

旧世代の最初の標的となった「青年」は、当然ながら旧文壇に正面切っての攻撃を行った張我軍である。とくに一九二五年一月から二月にかけての『台日』漢文欄では、新文学と恋愛結婚問題をとり混ぜながら、張我軍本人に対する名指しの批判が絶え間なく行われた(50)。実のところ、この時点では『台湾民報』の紙面に掲載された恋愛結婚関連の論文のなかに、張我軍の手によるものはなかった。にもかかわらず、恋愛結婚論攻撃が張我軍に集中したのは、彼の名前が旧世代にとって、まさに父老の権威に挑戦する「不良」青年の代名詞であったからである。そのため、新文学に対する反論と合わせて婚姻問題をめぐって青年を咎める一連の文章は、一九二五年から一九二六年にかけての『台日』漢文欄の紙面に続々と現れた(51)。

こうして新知識人の旧文壇批判に対し、旧知識人の反駁はいきなり恋愛結婚問題にも及ぶことになった。それ以前の恋愛結婚関連の言論は、世代間の敵対を示すようなものはほとんどなかった。旧知識人の恋愛結婚反対を受けて、新知識人側も応酬を開始した。そのことは、『台湾民報』で発表された旧文壇攻撃と、恋愛結婚問題における旧世代攻撃の時間的な前後関係から判断される。論者の輪には、従来この問題に相当に力を入れた張我軍、蔡孝乾など新文学運動の提唱者のみならず、張麗雲や玉鵑など中国留学の台湾人女性も加わった。また論争の内容については、まず聘金問題から口火が切られ、次第に家族制度全般の改革、女性解放運動にまで広がっていった。

3・3　論争の展開

一九二六年以前の新旧知識人の理念的対立という背景をおさえた上で、彰化恋愛事件に立ち戻って議論を進めよう。

前述したように、彰化婦女共励会と文化協会彰化支部との関係に気づいた後、同会に対する旧知識人の態度は、好意から敵意へと大きく転換した。これを背景に、同事件の発生に対し、旧知識人の攻撃は、まずこれを自由恋愛、男女交際を提唱したことに帰因させ、文化協会に関わった新知識人らに対する責任を問うものとなった。『台日』の漢文欄が最初に事件をとりあげたのは一九二六年二月二二日であったが、旧世代は事件を新知識人の自由恋愛の提唱の弊害として、次のように批判を展開した。

彰化街は嘗て島内各地に率先して、婦人解放の大講演会を開催したことがあり、青年男女の間に恋愛の神聖や婦女個性の尊重などという主張が盛んでもあり、同街の一部分から反対と攻撃とを受けた。その後某彰化人の雑誌［『台湾民報』をさす］は、逆に反対者を罵り……。今このようなことが起こったのは、実に皮肉なことである。楊と呉の二人の女性は既に縁談が決まり、まもなく嫁に行く所であったが誘拐されてしまった。これはまさに恋愛至上主義の新語の悪影響を受け、中毒した結果ではなかろうか〔文〕。[52]

旧知識人の見方では、不良青年は言葉巧みに女性を誘惑し、その貞操を奪ったうえで駆け落ちを強要したとされる。[53]例えば事件の主人公の楊英奇は、自由恋愛などの新思潮を口にして女遊びに耽る上流家庭の子弟の典型とされ、妻帯者であるにもかかわらず数人の妾を囲んだり、美貌の娼妓を奪ったりした例が列挙されていた。[54]他方、新しい女性の側も自由恋愛や婦人解放などの新思潮に魅了された結果、自分の名誉を損なった被害者として見られた。このスキャンダルは、自由恋愛、男女交際または婦人解放の思想の提唱がもたらした結果であった。

そのなかで「耳濡目染」というコラムの批判は、事件に対する旧知識人の代表的見解といえる。

新論を主張する者は自由平等を掲げ、父母の命令に従って、媒酌の言に拠る従来の結婚を、女性に不幸と悪縁をもたらすものと見なしている。したがって世界は革新すべきものだと思い、平等と恋愛、解放と自由を高唱し、これを文明の現象であると自認していた。思いもよらず、彰化では恋愛という新名詞が災いし、大きな不祥事が起きた。彼等は人品が低くなく学問も浅くないが、ただ思いのままに振る舞った結果、その名声は社会の批判の標的となった。恋愛の提唱者は彼等を誤らせた。一人の呼び掛けに多くの人が応ずる。それは思春期の者にも、女たらしにも乗じる隙間を与えた。病原菌は目には見えないが害虫になると形が現れる。虎を描いて犬に似る［高望みをしてかえってまずい結果をもたらすこと］。恋愛が極まって駆け落ちに転じた。その害は甚しいものであった。故に従来の規範と儀礼を行動の基準として遵守することは、女子を正しい道へと導く。恋愛神聖を高唱する者は、自ら痛快な理論と思っているが、社会に災いをもたらす事に気づかない。文明に心酔する多くの女子を誤らせる恋愛提唱者の罪は言うまでもない［文］[55]。

自由恋愛のほか、非孝論は事件発覚の当初、旧世代が非難を集中させたもう一つの名目であった。これは「婦女誘拐」の男性主人公の一人と報じられた霧峰林家の息子林士乾に関わるエピソードである。士乾の父の林季商は、中国大陸での事業発展のために一九一三年に中華民国籍に加入し、一九一五年に日本国籍を放棄した台湾人であったが、一九二五年に軍閥の張毅に殺害された[56]。台湾士紳階層の名士であったことから、九月以来四ヵ月間、

『台日』ではこの殺害事件に関連する報道が続いていた。(57) 林季商の死がなお記憶に新しい時期に、今度はその息子が女性を誘拐して逃走したことは、まさに「父殺しの不倶戴天の仇を討つことを忘れ、台湾民報の一郎［張我軍のペンネーム］の教える通り、恋愛至上主義を実行し、喪中の苦悶を恋愛によって慰めるものではないか」と非難される行為となった。(58) しかし林士乾の事件への関与に関しては、誤報の可能性が大きいと思われる。林家の族譜によれば、林季商の息子のなかには林士乾という名前は見あたらず、経歴からみれば林正乾と取り違えた可能性が大きい。林正乾の妻楊金釧のインタビュー記録によれば、彰化出身の彼女は楊吉臣の母が仲人をして一七歳で林家に嫁いだという。結婚後しばらくは霧峰と台中に住み、一九二六年に中国大陸に移住したという（許［1998b：1-2］）。林士乾と林正乾、楊金環と楊金釧の名前が似ていることと、渡中の時期が彰化恋愛事件に重なることから、誤伝された可能性が高いと考えられる。そのためか、以後の報道ではこの件は全く触れられることがなくなった。

一方で新知識人側は、事件は男女の淫奔であり、自由恋愛などではないという見解を示した。事件を自由恋愛の提唱に帰因させようとする『台日』の批判を否定し、むしろ女を誘拐する悪名高き「女たらし」等が起こしたスキャンダル事件にすぎない主張した。

彰化の二、三名の少女が誘拐された後、某紙が恋愛自由の提唱者を大いに嘲罵したが、このような私通と淫奔は、恋愛と何の関係があるのであろう。彼等の狂態は一顧する価値もない。恋愛自由を提唱する者は、世の中の青年男女に淫らな行為、詐欺、見栄、騙されることを教えてはいない。我々は騙された知識未開の少女に同情する一方、少女を誘拐する淫らな詐欺師、常習者に対して社会の制裁を加えるべきことを、世人に期さなければならない(59)〔白〕。

事件が自由恋愛の範疇から排除されるべき最大の理由は、男女の間に純なる恋愛感情というよりは欲念、虚栄心などが含まれていたと判断されたことであった。とくに楊英奇の場合は「女たらし」と伝えられ、地元での評判が悪かった[60]。このような悪評の男に惹かれる彰化婦女共励会の潘貞は、まさに彰化の有数の素封家である楊家の社会的地位と財産に惑わされ、玉の輿に乗る夢を見ていたのではないかとも評された[61]。

しかし、この事件を「淫奔」と見なし、自由恋愛と区別した新知識人の見解は、旧知識人にはとうてい納得できないものであった。両者の見解の間にある根本的な違いは次のようなものである。旧知識人にとって、自由恋愛の提唱、男女を自由に交際させること自体が、未婚男女の性欲を伝統の礼、道徳規範により制御された状態から放任することであり、自由恋愛の提唱者が性の問題について個々の性のモラルや自制心に任せるのがそもそも不当であると考える。したがって、自由恋愛の理念、男女交際などの新思潮に影響され、事件の青年男女が淫奔に走ったことについて、自分たちは自由恋愛を提唱しているのであって淫奔を教えていないなどと新知識人は言うべきではないという[62]。事件のなかの名望家出身の女性たちは、もともと深窓の内に、道徳的に厳しい環境のなかで育てられ、「女たらし」の者に簡単に誘惑されるものではなかった。まさに自由恋愛の説に熱中したため、悪徳の男子に機会を与えることになったのである。つまり自由恋愛という「隙間があったから乗じられ、要領を悟ったから誘惑することができる[63]」。事件を反面教師として、旧知識人は性の道徳秩序の崩壊を導く自由恋愛の提唱には堅く反対したのである。

事件をめぐるこの時期の新知識人の論調の特徴は、とりわけ「旧礼教」と呼ばれる封建社会の道徳規範との対決という中国の五四運動の影響が色濃く見られることである。新知識人の言論のなかで、彰化恋愛事件を借りて自由恋愛の提唱に猛烈な攻撃を加える旧知識人は、まさに「旧礼教」の擁護者、代弁者、「新」しい社会改革を阻碍する「旧」勢力と見なされた。

中国留学の知識人の恋愛結婚論は、日本留学の者による論説と比較してみれば、旧世代の保守的な態度に容赦なく厳しい批判を加える特徴を持っている。論者のなかで、玉鵑のペンネームを使った前出の謝玉葉[64]（上海大学留学生）の論説は突出したものであった。玉鵑の活動についての最初の記録は、一九二五年の夏休みに上海から帰省した際に、台北青年体育会後援で景尾地区の青年が主催した体育講演会で、「対女子体育的管見」（女子の体育に関する意見）という演説を行ったというものである。[65]張麗雲の中国からの寄稿の後に続き、一九二六年二月、ちょうど彰化恋愛事件が発覚した時点で、玉鵑の「猛醒吧！　黒甜郷裏的女青年！」（目覚めよ！　ぬるま湯の中の女青年たち！）という一文が『台湾民報』に二回に分けて掲載された。[66]台湾女性に自覚を呼びかけるこの論文の最初は、やはり婚姻問題に焦点を当て、中華民国の元内務総長湯化龍の娘佩林が、嫁ぎ先で虐待されて死亡したことを実例に挙げていた。「中国と台湾の封建道徳は同じ一つの鋳型から取り出されたものであり、彼等中国のことだからといって構わないというわけにはいかない」との視点に基づき、玉鵑は、婚姻問題をはじめ、封建道徳に束縛された女性問題全般への自覚、封建道徳との闘いを台湾の女性青年たちに呼びかけた。

五月九日の『台日』には王祖武の読者投書「世紀末語言又復擡頭起来・一部男女界之変態心理」（世紀末の言葉が再び台頭・一部の男女の変態心理）が掲載され、『台湾民報』第一〇二号の白洲と玉鵑の二人に対して名指しの批判が行われた。[67]王は玉鵑論文のうちの次の二点をとくに問題視した。それは①恋愛感情のなかには精神欲と性欲の両方が存在する。ただし性欲の部分は、青年男女の絶対的隔離、男女交際、自由恋愛の禁止という封建思想に長期間に抑圧されてきたため、性の教育と社交の訓練が欠けている。つまり事件の起因は旧思想による性欲の抑圧にある。②精神的契合を優先すること。つまり「誠心誠意に相手のことを愛するならば、三角関係であろうがなかろうが、駆け落ちであろうがなかろうが、私は彼等に反対するつもりはなく、逆に彼らを褒め、支持してあげたい」という姿勢であった。[68]これに対し王祖武は、「女史自身が欲求不満なのではないか」として人身攻撃を行い、また女性論者は少数で珍しかったため、実は女性のペンネームを使った男性ではないかと疑ったりもした。

「斥台日紙上王某的愚論」(台日紙上の王某の愚論を斥ける)の一文で、玉鵑は王祖武からの侮りを論理的に退け、①恋愛は青年男女の自然な感情であるのに、古い道徳の擁護者からの圧迫に耐えられず駆け落ちになったのであり、罪は伝統社会にある。②風習、道徳は不変のものではない。③口では旧思想の青年男女の性欲を否定し、自由恋愛に反対する反面、自らは花柳界で性欲を発散させているのではないかと、封建道徳の擁護者らに反駁した。玉鵑の寄稿は、従来の封建道徳に固執する旧世代をこのように批判する一方で、台湾女性の自発的な女性解放運動に期待し、世界各国そして中国大陸の女性解放運動の紹介、台湾の婦人問題分析、婦人団体の組織、運営方法、女性解放運動のノウハウの方に重点を置くようになった。[69]

二〇年代初期からの恋愛論の提唱は、こうして彰化恋愛事件のなかで重大な危機に直面することになった。別の側面から見れば、旧世代との論争過程において、その理念全体が再検討を余儀なくされた。新知識人の基本的認識は以下のように要約できる。[70]

第一に、自由恋愛は婚姻問題における社会の進化、自然の法則そのものであり、理想でもある。自由恋愛の理念には反対すべきではない。第二に、自由恋愛の精神は、個人の自由意思により、男女相互の人格を尊重し、精神的結合を重視する。性欲の存在は否定できないが、精神的結合を基礎に派生してくるものである。要するに、自由恋愛は、金銭欲、肉欲などをその動機から完全に排除した、二人の純愛による、いわゆる「清潔の精神的契合」[71]にほかならない。第三に、金銭欲、肉欲など不純な動機を含むのは、まさに資産階級の婚姻の本質、封建思想の害毒である。

以上のような論理に基づき、新知識人は自由恋愛を事件とははっきりと区別した。他方、『台日』漢文欄を中心に提出された旧知識人の見解は、「文明」志向を有してはいたものの、「文明諸国」の「恋愛を基礎とする結婚」をそのまま受け入れるでもなく、また全面的に拒否するわけでもなかった。それは結婚問題という原点において、新世代の婚姻改革の要請には父母の婚姻決定権を強調し、未婚男女の交際への要求は否定しながら、聘金問題と蓄妾問題については柔軟な態度を見せた。

4　「協力―抵抗」の対立
――彰化恋愛事件　その二――

4・1　二つの対立軸

ここまで見てきたように、新思潮の移入、伝統への変革要請に対する態度は、おおよそ革新派と保守派に分けられた。前者は若い世代、または西洋の学校教育を手本とする近代教育を受けた者、後者は前者の父にあたる世代、または伝統的漢学教育を受けた世代に相当する。こうして社会内部の対立は、少なくとも植民地政治問題をめぐる抵抗と協力の軸に加え、文化面における伝統の変革を争点として形成された革新と保守の軸を内包するものとなる。

一般的に植民地統治史における「抵抗」と「協力」は、被統治側が外部の統治者に向き合う際の二つの政治的姿勢として捉えられてきた。しかし、社会史的な文脈でこれを眺めれば、「抵抗」と「協力」という政治的立場の相違により、被統治側の社会内部において二つのグループが発生した側面がより重要である。台湾議会設置運動、文化協会の設立過程においては、「抵抗と協力」の基準によって人の政治的属性を判断することが台湾社会で一般化し、社会内部の亀裂を深めていた。抵抗と協力の識別の日常化について、民衆の間には「文化的」と「御用的」という二つの語彙が流行したことが、『台湾民族運動史』（呉他［1987：325-327］）によって指摘されている。「文化的」とは、会員であるかないかを問わず、台湾議会設置運動、文化協会と関係のあるあらゆる人々、文化協会の味方をする人々をさしている。極端な場合、議論好きであったり正義感の強い者、とくに警察や御用紳士に批判的態度を示す者さえも「文化的」であるとされた。「文化的」の対称語は「御用的」であり、すなわち御用紳士をさす。後者の起源は不明であるが、いずれも文化協会成立後から流行しはじめた。

社会に現れてきた上記二つの対立図式は、場合によって重なり合うこともあった。『台湾民族運動史』は、以上二つの対立図式を民族意識上の（「抵抗」－「協力」）および思想的対立（「改革」－「保守」）と称しながら、「上司や社長は保守派、職員は文化派という対立はまだ大した問題ではない。もし上の人が保守派兼御用紳士であれば、問題はさらに複雑になる」と、政治面と文化面の一致が相乗効果をもつ現実にも触れている。

二〇年代の台湾社会では、こうした二つの対立軸が重なり合うことにより問題が深刻化する事態がたびたび発生した。(72) 恋愛結婚論をめぐる新旧衝突が、一九二六年の恋愛事件をきっかけに植民地社会の政治的要素に巻き込まれエスカレートしていった彰化の事例はその代表的なものであろう。

ところで彰化が衝突の舞台となったことには、この地の文化と政治風土とが密接に関連していると思われる。台湾中部は同時期の植民地民族運動の中心地であった。清朝時代から文化・教育の発達した地区であり、士紳らは子弟の教育を非常に重視し、島内と島外で中等以上の教育を受けた者の層は厚かった。また東京留学生のなかでも台中州の出身者数は第一位であった。そのせいか時代の新しい変化や思潮の流入も早く、同地における台湾議会設置運動と文化協会関連活動はきわめて活発であった。そこで植民地政治問題と伝統文化の改革をめぐって新旧世代間の対立も同時代においても際立ったものとなった。一九二五年に彰化を取材で訪れた『台日』漢文欄の記者の観察にあるように、「［彰化の］青年の思想言動は、最も問題となっているようである。青年たちの態度は、中年以上の者と一致しない」という状況であった。[73]

彰化恋愛事件における政治的立場の対立図式は以下のようであった。旧知識人の攻撃のターゲットは自由恋愛と男女交際の思潮であり、事件を文協による新思潮提唱の悪果と見なし、さらに事件に関わる女性たちは彰化婦女共励会の成員であったため、文協攻撃の格好のチャンスと見なした。他方、新知識人側の実際の反撃は、楊英奇の父親であり御用紳士として知られた楊吉臣に照準が当てられていた。

まず『台日』の旧知識人の「文協」への名指し批判についてみる。恋愛事件の発生当初の報道からそれは早くも始まっていた。文協指導下の雑誌『台湾民報』紙上での恋愛思潮の提唱、青年男女の組織活動に支持する態度が、まずは批判の的となり、[74] また同紙への林資彬の結婚記事の掲載も、林が文化協会に大きな資金援助を行った霧峰林家の一員であった事実にこと寄せて、『台日』は「資本家の飼い犬」であると攻撃した。[75] 論戦の中で旧知識人に対し最も激しい批判を行った中国留学経験を持つ新知識人に対しては、「北京、上海、廈門に留学し、ちょっとばかり上っつらを学んだだけで、恋愛云々、階級闘争云々と家庭と社会で声を上げ、彼等に騙された者も少なくない。……我々老輩は頭が古い、頑固、御用などと様々な理由で彼等にやたらに罵倒された」とやり返した。[76]

社会一般の駆け落ちや恋愛事件の頻発は、「〈文協〉が提唱する恋愛至上主義」が青年男女に口実を与えた結果であり、彰化婦女共励会の成員の「恋愛事件」もむしろ文協に責任があったと断じた。[77] 六月五日の漢文欄で「投稿」と記された「彰化誘拐問題」と題する長文は、以下のような批判を行った。

彰化の某会一派は、常に彰化と本島文化の先鋒を自認している。……欧米の真似をして、いわゆる新思想、新文化を島内で大いに宣伝している。東洋未曾有の大発見と自慢し、公然と高唱して傲慢である。さらに去年の春には彰化婦女共励会を創立した。会の設立趣旨は即ち婦女解放、男女の自由恋愛等であった。この会はまさに今回の彰化高等女学校誘拐事件の禍根である。……要するに某派が婦女共励会を創始したのが災いの元であり、不良青年が自由恋愛の美名を悪い欲望を満たすために利用した結果、その弊害が社会全体にもたらされた。某派の連中は責任を免がれようとしている。(78)

次に新知識人側が楊吉臣を名指し批判したことの背景について説明しておきたい。一九二一年より台湾人の自治権を要求する台湾議会設置運動が展開されて後、総督府の弾圧は台中地方に照準を合わせ、運動に対する切り崩しが図られた。楊吉臣は、この総督府の策動に特に積極的に協力した人物であった。

楊はもともと文化協会の協理という役職に就いていたが、策動が開始された直後の二二年七月に辞職した。切り崩し策動の実際の指揮者である台中州知事常吉徳寿は、文化協会の中心人物である林献堂と親戚関係にある楊吉臣を通じ、林に台湾議会設置運動中止を勧告させ、向陽会という御用団体を作って林をその役員にするとともに、林を含めて文化協会、台湾議会設置運動に関係してきた名士八名と当時の台湾総督の田健治郎を会見させ、田から直接に中止を勧告した。その結果、林献堂は総督府から加えられた事業経営に対する圧力に耐えられず、まもなく台湾議会設置運動からの離脱を表明（後の二四年に復帰）、二三年に行われた第三回請願では公職関係の署名者が激減し、二四年中に行われた第四回、第五回の請願では皆無となった。一方、変節してこの切り崩し策動に協力した楊吉臣に対しては、一時とりあげられていた彼の息子に対する阿片仲買人の利権が回復され、楊自身は二三年三月、林献堂が総督府評議会員を罷免されるのと入れ替わりに任命され、四月には勲五等を与えられた（若林［1983：192,205］）。

変節した士紳らに対する青年たちの不満が高まった。前述の士紳と台湾総督の会見は、「八駿事件」と名づけられ、彼らが総督に才能を認められ重用されたことが皮肉を込めて語られた（張［1981：140-141］）。議会設置運動の中心人物であった林献堂の一九二二年の脱退については、青年たちの反応は一層激しかった。『台湾』雑誌では風刺小説「犬羊禍」[79]が掲載され、楊吉臣と林献堂がモデルとしてあてこすりの対象となった。

彰化恋愛事件の展開方向は、こうした植民地政治によって台湾人の間に形成された「文協的」―「御用的」の対立に大きく左右されたことは明らかである。自由恋愛への賛否という単純な枠には収まり切らなくなり、複雑に政治的要素が織り込まれていた。

恋愛事件発生の翌月から四月にかけて、反楊吉臣側の人士の間に風紀粛正と街長辞任の街民大会を開催する声が高まったが[80]、実行には至らなかった。『台日』漢文欄によれば、「当局はそれ［「不良青年」による風紀粛正の街長排斥大会］を無意味なことと見なし、最初は警告する予定であったが、結果的に賛成者が少なかったために取り合わなかった」[81]。同様の経緯は同紙の和文面にも「楊街長排斥の火の手を挙ぐるに至ったが、その後街民一時鳴を鎮めていた」と報道された[82]。その裏での統治側の巧妙な動きについては、台湾議会設置運動を支持する士紳に対して、また一九二四年の八卦山事件の父兄大会開催に対して用いられた切り崩しの手法を想起したい。さらに注目したいのは、こうした統治当局の動きを利用しようとする姿勢であった。漢文欄の同記事は次のように述べる。

今回淫奔事件を起こした潘貞、呉進縁らは、いずれも街長反対者の奨励により出てきた者であった。自業自得であり、楊街長の責任にするべきではない。一般の与論も楊街長の無実を主張し、無知な青年の非を叱責している。また前日、某紙は内地人も街長排斥に同意すると述べていたが、それは実は共励会の某父兄による虚偽の宣伝であった。内地人の本意は、潘貞の淫奔には強く反対するもので、楊街長に対しては少しも反感を持ってはいない。

街民大会の開催は挫折したが、その一方で四月末以来、検察局に嘆願する運動が着実に進行していた(83)。五月二〇日、事件に関わった女性の父兄たる関係者を含む街協議会員、および街庄助役吏員、学校教員、医師、方面委員、保正総代、甲長、壮丁、同街の長老、組合役員、商人など、約三三一人の署名を集めた陳情書が、古河台中地方法院検察官長に宛てて提出された(84)。同地の有力者の大多数が動員される情勢に至ってくると、漢文欄は文協に対する批判を続ける一方で、楊吉臣の街長辞任については反対から賛成に転じる論調も現れてきた(85)。

こうしたなかで、統治側がいかに裁きをつけるのかについて注目が集まった。まず、日本人側与論の事件に対する姿勢は、五月三〇日の『台日』の和文社説に示されている(86)。社説は、事件は主として①楊吉臣に対する文協の「復讐」と、②文協の自由恋愛の提唱に起因させており、文化協会批判の立場を強く打ち出していた。事件の起因としては「兎に角文協一派の所謂〈新しい思想〉なるものに禍ひされて、自由恋愛を説き、婦人の解放から進んで性の無制限解放に迄及び、そして之を実行したといふにある」とされた。それまで同紙の和文面は、報道姿勢にせよ、文芸欄の作品選別にせよ、普遍的な概念としての恋愛理念、婦人解放運動の新思潮に対して、全体的には肯定的な立場にあったが、しかし統治される側の恋愛事件について、とりわけ文化協会が提唱する自由恋愛については別個の問題として扱っていた。すなわち「相当に教養のある青年男女の間に、可なり露骨な性の解放が実行され、貞操堅固な若い男女が却て古くさい人間だと貶されたり、女学生に公然恋文を送る抔の不良性［ママ］に対して若し何等の法律的又は社会的制裁が無かつたとしたなら所謂公序良俗の維持は何に据つてなされるのであるか」とし、その制裁について「彰化に巣喰うて居常文化を口にしながら、その實甚だしく非文化的？？否非孝論や性の解放などを高唱し実行している點で寧ろ動物的と言つた方が適当な或る少数一味の罪を飽くまで糾弾しなくてはならない」と述べた。事件への公権力の介入を要請するのみならず、その制裁の標的は文化協会におかれていた。

このようないわば「文協狩り」を掲げた『台日』の社説に対し、六月一三日付の『台湾民報』は、「什麼是〈文協〉主義」（〈文協〉主義とは何か）という題する一文で以下のような反論を行った。(87)

五月三〇日の台日紙の社説は、〈彰化婦女誘拐事件〉の見出しの下に、「……陳情書は、疾うに滑るべくして猶ほ現地位に留まつてゐる彰化街長を趁ふべく、文協一味が投じた最後にして必死的爆弾である」と言った。……その執筆者がどういう下心を持っているのか我々には分からない。事実無根の事を言って人を中傷する。もし〈御用〉政策に従うものの、攻撃のための攻撃であるならば、同情する余地がある。なぜならこのような言動をとらないと彼等は飯の食い上げになるからだ。もし「〈文協〉主義」を理解していないための独断であれば、彼等が虚心に考察する態度を欠いていることがわかる。同事件が恋愛事件であるか否かについては、本誌第九六号で既に評したので、ここでは繰り返さないが、同社説が賞賛する風紀粛正会は、皮肉にも彼等が最も敵視する文協の主唱によるものであった。逆に同社説が最も不快感を示す陳情書は、確かにその中に文協会員の署名を含んではいるが、九九パーセントまでは文協と関係ない人々の嘆願であった。……近年来、在台湾日本人の間でも「恋愛事件」が増加してきたが、この現象も文協一派の「軽挙妄動」の一端と見なすことができるというのか（白）。

最終的に、台中地方法院の検察官は、前記の如く楊英奇を彰化の郡役所に呼び出し、関係者の父兄である呉上花に土下座をさせ謝罪する形で和解を進め、事態は収束に向かった(88)。大規模な嘆願運動に集結した同地の有力者層の感情を損なわず、かつ楊吉臣の面子をも保とうとした玉虫色の解決策であったと考えられる。事件後の六月に、楊吉臣は彰化神社の建設委員長の職に就いた(89)。彼は後々まで地方の長として活躍し、死去するまで街長の座を降りることはなかった。

4・2　社会的影響

旧知識人は事件を自由恋愛による淫奔・誘拐事件とみなし、新知識人は事件を自由恋愛とは無関係ではあるが、同じく淫奔・誘拐事件であるという主張の上に立って文化的次元での「保守—革新」の論争を展開したのであったが、政治的次元では明らかに「文化協会叩き」対「楊吉臣引責辞職運動」という「協力—抵抗」両陣営の間のせめぎ合いであったといえよう。二〇年代台湾の社会運動は、女学生を中心とする新しい女性を陣営内に吸収することを試みたが、一九二六年の彰化恋愛事件により大きくつまずいた。これがもたらした影響については以下の二つの側面を指摘することができる。

運動参加と「恋愛」への敬遠

当時の報道を見るかぎり、当事者各自の渡中の動機、互いの関係については、謎のまま残された部分が多い。複数の青年男女の「多角恋愛」なのか、男性が自由恋愛をもって女性を騙した「誘拐」事件であるのか、様々な憶測がなされた。報道内容は矛盾を含む箇所が少なくなく、林士乾と楊金環を除き、呉、盧、謝の三人と楊英奇の関係も疑われたが事実は確認できなかった。確実に恋人同士であることが判明していたのは楊英奇と潘貞の二人だけである。

ともあれ「恋愛」論は、彰化恋愛事件を契機に大きな衝撃を受けることとなり、一九二六年後半に入ると、自由恋愛関連の記事は紙面から消失していった。事件を自由恋愛の「中毒」として見る観点であれ、「誤解」「悪用」と解釈する見方であれ、自由恋愛というものが世人に「誘拐」「淫奔」を連想させるものとなったのは確かである。とりわけ楊吉臣の悪名高い「不良息子」と彰化婦女共励会の会員という組合せは、新知識人が提唱してきた自由恋愛の純愛志向に大きな難題を投げつけた。報道によれば、事件発覚の後、潘貞は母親、兄と口論し、家族の叱責に対して「恋愛の責任は自分で取る」と反駁したという。また、楊と潘は彰化当局に召喚され事件について取り調べを受けたが、にもかかわらず二人は自動車に乗り、公園をドライブして周りの視線を気にせず堂々と逢い引きをしていたとされる。家族がこの二人を戸籍から抹消しようとしている話も伝えられた(90)。結局この二人は、旧知識人には「淫奔」とならびに負の意味合いでの「自由恋愛」のレッテルを張られる一方で、新知識人側からも最初から「楊街長のご令息の淫奔事件(91)」と見なされて、「自由恋愛」の範疇からは除外されていた。

自由恋愛について前引の「誠心誠意、相手のことを愛するならば、三角関係であろうがなかろうが、駆け落ちであろうがなかろうが、私は彼等に反対するつもりはなく、逆に彼等を褒め、支持してあげたい(92)」と言いきった玉鵑も、やはり楊英奇と「恋愛」するヒロイン潘貞の動機は男の権力と財力であり、真の恋愛ではないと考え、当事者らの言動に対しては否定的な姿勢をとった。

新旧陣営を問わず、男女それぞれの動機を批判する際には、「誘拐」論的文脈からは「悪徳の男子」対「単純、幼稚な女子」、または「金銭欲」と「性欲」論的文脈からは「悪徳の男子」対「無恥、軽薄な女子」とみなす点においては一致しており、これは二〇年代初期以来、庶民層を中心とした駆け落ち、家出事件を見る視点と変わりはなかった。これによって逆に、世間における「自由恋愛」と「淫奔」の間の認定基準における紙一重の危うさが浮かび上がることになった。恋愛事件の論戦と展開は、自由恋愛のみならず、男性同様の社交の自由を求めはじめた台湾初代の新しい女性たちの行動に大きな制限を加えることになった。

婦人運動の阻害

彰化恋愛事件のもう一つの影響として、自由恋愛を連想させレッテルを貼られることを恐れた結果、婦人運動に従事する者は意識的に「自由恋愛」と距離を置くようになったことがある。「恋愛」などのレッテルを貼られることを恐れて社会運動への参加そのものを差し控えることは、彼女らが中・上層家庭の出身であることから考えても不思議ではない。

事件後の三月四日、彰化婦女共励会は総会を開き、事件に関係した会員である潘、盧、謝、呉の四名の除名処分を決定した。会員間の結束を図るため、婦女解放の理想を呼びかけた(93)。決議の後、会員の演説を行い、事件はたんなる一時的な現象であることを強調し、しかし、会が事件から受けた衝撃は想像以上に深大であり、最後までそこから立ち直ることはできなかったのである。戦後、呉三連、蔡培火、葉栄鐘ら、かつての文化協会の中心人物により出版された『台湾民族運動史』[1987：323]では、「婦人運動は台湾抗日民族運動の中で最も弱体な一部分であるとも言える」と評された。とりわけ最初の婦人団体である彰化婦女共励会は、「創立して間もなく、会員が既婚男性と駆け落ちをした事件により、まだ利を見ぬ以前に、害が先に立つことで当地の父老に厳しく苛まれ、とうとう再起することはできなかった」と述べられている。

彰化婦女共励会が実際に活動停止になって後、台湾南部の嘉義では、同市の碧成堂の店主で靜修女学校の卒業生の許碧珊の呼びかけにより、一九二六年七月に諸羅婦女協進会が成立した。発会式は文協会員の黄三朋宅で開催され、女性会員と協賛の男性知識人による演説も行われた。諸羅婦女協進会は、組織形態と活動様式からみれば彰化婦女共励会と大差はないが、彰化恋愛事件を相当に意識した結果、会則の中には会員の素行に応じて除名を行う項目が設けられた(94)。しかし創立後の同会の活動は、断続的な講演会の開催を除き、とくに目立った発展は見られなかった(95)。

不正な男女関係を暗示しての「恋愛」のレッテルは、社会運動者を中傷する手段としてしばしば統治側に用いられたため、社会運動で活躍する新しい女性も「自由恋愛」を敬遠する傾向が生まれた。後述するように、農民組合との接触で一九二八年に退学処分を受けた高雄高女学生の張玉蘭は、退学の原因が恋愛関係であるとの誤解を受けないため、わざと公開の形で声明を行い、みずからの反資本主義の運動理念および農婦に対する時勢の解説を行ったことが学校側の処分理由であることを説明した（韓［1997：73］）。

二〇年代の社会運動対策を担当した当時の警務局長の本山文平によれば、「過激な運動をする青年層に対しては、彼らの陥りやすい、アヘン吸入、姦通、賭博、詐欺等の、いわゆる破廉恥罪で、ねらい撃ちに検挙する方針」を取ったという[96]。代表的な例は、一九二八年六月に農民組合の幹部であった簡吉が、高雄高等女学校四年生の簡娥を誘拐した疑いで台中警察署に留置された事件である。簡娥は前出の張玉蘭の同級生であり、張の影響を受けて農民組合の活動に熱心に参加していた一人であった。彼女は簡吉が高雄第三公学校に勤務した際の教え子であったことから、簡吉が高雄に来訪した時は、必ず彼女の兄の経営する旅館に泊る習慣であった。この関係が、学校側と警察側の双方から左傾分子として監視・干渉を加えられる理由となった。この兄の経営する旅館が規模を拡張するに当たり、許可願書を当局に提出したところ、当局はその兄や母に対して、もしも簡娥が簡吉とのつながりを絶つならばと暗にほのめかしつつ許可を差し控えた。ちょうど張玉蘭の退学事件が起こった時期で、運動に専念しようとした簡娥も張に続いて自主退学したが、この行動は家族の猛反対に遭った。学校においては監視と圧迫を蒙り、家庭においては家族の叱責を受けた結果、彼女は五月二六日に家出を決行し、台中の農組に身を寄せた。結局、警察側は彼女の家族に教唆し、簡吉を誘拐の罪で提訴させた[97]。

一九二八年五月末、総督府影響下の三大新聞は某高等女学生と農民組合員の「恋愛」と「性の関係」「誘拐事件」について一斉に大きく報道し、ニュースは一時に全島に広がった[98]。この後、簡娥は法廷に出頭し、家出は自分の意志であり簡吉の誘拐ではないことを証言、簡吉は証拠不充分で放免されることになった[99]。三大新聞の中傷報道に対し、彼女は「誘拐かどうか、今後の私の行動を見ればわかる」と憤慨した[100]。後日の簡娥の話のなかでも、噂になった農組会員の簡吉との「恋愛」関係については断固として否定した。彼女によれば、自分の行動は社会主義思想の影響によるものであり、日本の特務が彼女の名誉を傷つける目的で宣伝したように、あるいは世間が推測したように、恋愛関係のためではない。恋愛関係を取り沙汰するのは、女性社会運動家への蔑視であると述べた（韓［1997：86-87］）。

一連の社会運動家への中傷事件について、分裂した後の新文協の左派機関紙『台湾大衆時報』は、以下のように分析している。すなわち「葉陶女史……張玉蘭女史、蔡愛子女史、蘇英女史、侯春花女史等女傑の農民組合への進出……は、台湾婦女の積極性を物語っている。しかしこの現象を目にしてビクビクしたのは支配階級であった。彼等はすべての機関を総動員し、婦女を中傷するために使う馬鹿な言葉を、〈情夫〉か、〈情婦〉か、〈高等売春婦〉か、〈不貞〉か、〈不徳〉か、〈誘拐〉か等々声が枯れるほど宣伝していた。これは、〈中国武漢市の婦女ヌードデモ〉や〈ソ連の共産公妻〉など、彼等がかつて捏造した報道と同じ手口であった。支配階級の御用新聞は、これまでソ連、中国、日本婦女の×××員を中傷する手法を以て、台湾の婦女運動の先駆者を扱っているわけである」（白[101]）と、男女関係にこじつけて、社会運動に参加する女性を中傷するという統治側の謀略を指摘した。

恋愛結婚の「婦人解放」から階級解放の「婦人解放」へ

最後に新世代の男性知識人側の変化について検討したい。

一九二七年一月には台湾文化協会が分裂した。会の主導権を握った左派は、体制内の改革を図る台湾議会設置運動から脱退し、農民運動と階級闘争に専念する方向に会の運動路線を大きく転換させた。そして文協から退陣した右派は、新たに台湾民衆党を組織して議会設置運動を継続した。その後、台湾民衆党内の穏健派と急進派がふたたび分裂し、穏健派は別に門戸を構えて「台湾地方自治同盟」を成立させたのである。

一九二七年以前のいわゆる統一戦線時期の文協内部には、大別すれば三つの異なる主張の派閥が存在していたことになる。社会主義派は連温卿、王敏川を中心とし、日本の社会主義運動の影響を受けていた。民族主義派は、祖国派とも呼ばれ、蔣渭水を中心に、中国の辛亥革命からの影響を受け、強烈な民族主義的傾向を帯びていた。もう一つは蔡培火を中心とする合法的民主化運動路線であり、「台湾派」とも呼ばれる（張［1981：201-202］）。

ところが当時の日本内地と中国大陸の左翼思想と運動は、台湾の知識人に大きな衝撃を与えることになった。とくに一九二五年から台湾島内の学生罷課事件、製糖会社と農民の衝突などいくつかの事件は時代の左傾化の空気を強めた。こうした時代の思潮に影響され、恋愛を「発見」し、「婦人問題」「婦人解放」にまで関心を広げてきた新世代の台湾知識人は、一九二〇年代の後半になると、その「女性問題」への関心を自由恋愛、婚姻改革に大きく関わる「婦人解放」から、農工階層の女性を中心として経済的不平等を意識した、階級的視点に基づく「婦人解放」へと転換させていった。

一九二六年以降の『台湾民報』の言論の変化について、楊翠［1993：259］は、婦人解放言論の婚姻・家族問題への関心が、各種の解放運動と結合していくプロセスであったと指摘し、一九二六年二月から一九二七年一月まで玉鵑が発表した一連の論文に現れた主題の推移はこの過程を物語るものであるとしている[102]。

社会主義の階級的観点から恋愛に疑問が提出されはじめたのは、社会主義思想が台湾青年の間で次第に流行し出した一九二四年前後であった。ここに至って、青年の恋愛の理想は、社会主義への信仰との間で揺れ動くことになる。このような心理的葛藤は、同年の『台湾』に発表されたＳＢ生の日文小説「出さなかつた手紙」に如実に反映されていた[103]。

小説は回想の形式で、キリスト教徒の家庭で新教育を受けた「新しい女」のMに惹かれる社会主義青年「僕」の内面的葛藤を追ったものである。「綺麗な西洋間で大きなオルガン」「朝早く行くとA女史は妹さん（M）と二人で歌を歌ひながら巾をかけたり掃除したりした」というブルジョワ家庭出身のMに、青年はこのような「文化生活」をさせる経済的余裕がないと判断し、友人からのMとの交際の勧めを断った。しかし理性においてはそのような答えを出しても、感情的にはそこから離れることができなかった。その際に社会主義青年は、自分と思想信条を共有していない新しい女を「意志の弱い女」などと批判することを通じて心理的矛盾を超え、不満を発散させようとした。台湾を離れた後、青年は好意を持ちながら相手の悪口を言う自分の卑怯を認めつつMに手紙を書いたが、ついに最後まで出すことができなかったという結末である。「僕」は手紙を出さなかった理由について、「当時の僕はもはや恋の遊戯等のやうな暇はなかつた。僕は大衆の中に飛込むか、大衆から離れるかの境目にあつた」と綴り、また日記のなかでも自らの信念を、「私共貧乏人は恋愛の自由よりは、先づ経済の自由だ、それがなければ恋愛の自由なんかないよ。金などで縛られた娼妓などを見よ。あゝ、もう恋愛等のやうな贅沢な遊戯はやめることにした」と確認したのであった。

社会運動の左傾化以降、自由恋愛を資産階層の専有物とする論調が次第に強まってきた。一九二六年四月に『台湾民報』に発表された小説「失恋」は、北京留学中の二人の台湾人青年の対話を通じてこのような観点を提示しており[104]、また克敏の「失恋和遅婚的朋友們応当怎様？？」（失意・晩婚の友らはどうすべきか）という一文は、自由恋愛における「無産青年」の挫折と幻滅から同世代の恋愛結婚の信仰に疑問と怒りとを投げつけたものである[105]。作者は恋愛結婚論のなかに潜んでいる階級問題をえぐり出し、その解決には「無産青年」が教育権と政治権力を勝ち取り、階級問題を根本的に解決することが必要である点を強調した。

近来の青年男女は、この階級社会において経済、政治、教育の不振に関心が無く、彼等が唯一熱心に語り合い研究するのは婚姻問題である。結局青年は誰でも最も優れた異性を求めている。しかしこのような社会における我々無産青年は、如何にして相手を探せばよいのか。これは非常に難しい問題である。自由恋愛と文明結婚であろうか。経済的束縛が問題だ。父母の命令、媒酌人の言うことに従ってしまうか。窮屈だ。そのために現在多くの青年男女は失恋や晩婚に悩んでいる。私もその中の一人である。……諸君、〈性〉の戦場で苦しめられた友よ。我々はもう二度と騙されない。この社会は私達に武器を与えてくれないくせに、学者先生達は私達を戦場に駆り立てようとする。この私達は失敗しないのか。我々多数の貧苦の青年はただ犠牲になり、彼等少数の幸運児が性の闘争の勝利に与れるだけなのである。

一九二六年後半、特に二七年以降になると恋愛結婚論の退潮が観測できるが、これは自由恋愛への関心が失われたことによるものではなく、社会の側からの一つの解答（または幻滅）が与えられた結果と考えられる。

他方、社会主義思潮の流行にともない、言論の焦点におかれた「婦人問題」の主役は二〇年代初期の「新しい女性」から、徐々に中流以下のいわゆる労働階層の女性に移行していった。そして従来の自由恋愛問題は単独のトピックとして扱われることがなくなり、その代わりに経済的不平等、階級的要素に規定された付随的要素として位置づけられるようになった。これは、前期の新しい女の社交開放、男女交際の自由、経済的独立の論にとって代わり、後期の童養媳問題と聘金問題を中心とする議論を再燃させることにつながった。再浮上した童養媳問題と聘金問題は、婚姻理念の問題として前期との連続性を持ちながらも、関心の重点を下層に移してきていることは明白であった。(106)

5　婦人組織の存在形態

5・1　抵抗的婦人運動の不振

『台湾総督府警察沿革誌』は、彰化婦女共励会と諸羅婦女協進会について、文協指導下の青年運動の一部と見なしているが、「夫々数回の講演会等を行ひたるのみにして、爾後活動として見るべきものなし」と評注を付している。[107] 他方、当時の運動者は婦人運動の不振について、前引の『台湾民族運動史』(呉他 [1987：323])では、文協の「内憂外患」による力不足と婦人指導者の人材不足という二つの理由が挙げられていた。文協側の原因については、「総督府からの強圧に対応するのに既に精一杯の状態であり、婦人運動にまで気を配る余裕はなかった」のであった。上述したように、抗日民族運動に直接・間接に関わる社会活動に参加した新女性は、官憲など統治側からの干渉と圧力を受けねばならない上に、二つの対抗軸における台湾人内部の社会改革・政治的立場の対立により、みずからの社会からの攻撃と誹謗にも直面せざるを得ず、新女性が反体制の婦人運動に組織的に集結することはできなくなった。

そのため、彰化婦女共励会の恋愛事件による打撃を受けて以降、女性の組織的活動、とくに社会運動志向のものは敬遠されがちとなった。その後も独立した形での婦人団体の結成が何度か試みられたが、いずれも短命であった。楊翠 [1993：545-565] によれば、彰化婦女共励会と諸羅婦女協進会の後、少なくとも一〇個以上の婦人団体が現れている。だが留意したいのは、①同氏が列挙した婦人団体のうち、汐止女子風俗改良会、台南婦女青年会、台北婦女革新会については創立にまで至ったかどうか定かではないこと、②ほとんどは三〇—五〇人程度の小規模の団体で、また同氏も認めているように、発起の関連活動などが一、二回報道されただけであり、その後の会の存続や活動状況は全く確認できないこと、③ほかの社会運動団体に付随するものでなく独立した組織であるという共通性を除き、「婦人団体」としての性質は実に様々であった。なかでも宜蘭婦女読書会、高雄婦女共励会、汐止女子風俗改良会と、台南婦女青年会、苗栗婦女読書会、台北婦女革新会は、講演会や会員の読書会を活動内容とし、早期の二つの婦人団体と比較的近い性格を持ち、香英吟社は女性の漢詩の詩吟を中心とした文学組織と見なすべきであるが、ほかに台中婦女親睦会は一般教養の向上などを内容とし、社交サロンの色彩が濃厚であった。最後に馬偕看護婦協会と嘉義の鈴蘭珈琲屋女給の争議団体は、一九三〇年前後に高まってきた労働争議のなかで結成された一時的な組織である。

以上のうち「台南婦女青年会」の例を見てみよう。一九二八年末に台南では荘綉鸞、林好、龔温卿、蔡鳳治、高綉圓など数名の新女性が中心となって会の創立計画に奔走していたが、発会式を前に、発起人と会員のなかで父兄の反対、夫の無理解、および警察当局の干渉などにより脱退する女性が多数現れ、結局発会式は立ち消えとなった。一九三〇年八月に同じメンバーが再起を図り、有志者会を開き、九月の発会式の開催を目標に定めた(108)。しかし楊翠［1993：550］によれば、同会は再び準備段階で頓挫し、創立に至ることはできなかったようである。二回目の挫折については「市内の有識者の間では、これは頑固な父兄の圧迫のせいなのか、当局の無茶な干渉のせいなのか、それとも発起人の不熱心のせいなのかという疑問が渦巻いている」と報道された(109)。発起人のうち、荘綉鸞は台南地方の文化協会主要幹部の韓石泉の妻であり、林好も同じく文協系の活動家の盧丙丁の妻であった(110)。社会運動への弾圧が厳しくなった一九三〇年代以降では、こうした反体制勢力との関わりから会の結成は一層困難となったろう。

全体からみれば、社会運動に参加した女性は、婦人団体に参加するよりも個人で活躍する形態の方が主であった。婦人団体が不振である反面、少数の成員が個別に活動を行っていた実例について、楊翠［1993：543］は次のような事例を挙げる。例えば諸羅婦女協進会の主幹であった黄碧珊は、一九二七年一〇月に文協改組後の第一回全島代表大会で台南州中央委員として選ばれたほか、同州嘉義支部の重要幹部であり、また文協婦女部の部員でもあった。他に農民組合では葉陶、張玉蘭、簡娥等数人が活躍していた。

むろん、個別の運動参加にあっても、統治側と家庭からの干渉は避けられない。張玉蘭の場合は、一九二七年に高雄高等女学校の三年生であった頃、文化協会と農民組合の講演会の常連参加者であったため、警察と学校当局に要注意人物と見られて繰り返し警告を受けた。だが相変わらず農民組合の大会に顔を出したため、高等特務の報告が頻繁に学校に送られ、結局学校側は張の兄を呼び出し、退学願いの提出を求めるに至った。しかし張は学校の要求に応じず、一九二八年一月に学校側から退学処分を言い渡された[111]。退学処分に納得できない張は、ただちに校長に宛てて声明書を提出する一方で、同校の女学生全体に宛てて「我が姉妹に告げる」という手紙を出し、退学前後の経緯と学校側の処分の不公正さを訴えた。張の行動が発覚した後、校長は急きょ全校を動員し、既に配布されていた張の手紙を全て回収することを指示すると同時に、官憲側に通報を行った。二月に警察側は鳳山、屏東、潮州各地の農民組合事務所に対し捜査を行い、張の書信と関係書類を押収、張と組合幹部数人を検挙し、高雄警察署に留置した[112]。司法審判の結果、一一月に張は出版法違反の罪で三ヵ月の禁固を言い渡された[113]。社会運動のなかに高女生が初めて関与したこの事件は、社会の大きな注目を集めた。

社会運動の高女生への影響・動員に対して統治側は明らかに強い警戒を示していた。同校の女学生への「我が姉妹に告げる」という書信の配布は、張玉蘭が起訴されたことのおもな理由であった。初審の公判当日、法廷の傍聴席は台南高等商業学校の男子学生によって埋めつくされた。裁判所側は学生紛争の再発を恐れ、傍聴禁止の措置を採るに至った[114]。

5・2　民間・社交型婦人組織の成長と限界

社会運動に関わる婦人団体の状況とは対照的に、一般教養、社交を目的とする婦人組織は着実に会員を獲得していった。一九三〇年一〇月に成立した台中婦女親睦会はその代表例である。同会は、「会員の交流、知識の増進、婦女生活の進歩向上」を宗旨とし、郭東周博士夫人、大東信託専務陳炊（沂の誤植）夫人、体仁医院長陳朔方夫人、陳逢源夫人、彭華英夫人蔡阿信（清信医院院長）を含む市内の紳商の夫人たちにより組織されたものであった。[115]林献堂の妻楊水心を理事長に迎え、新式教育を受けた世代の女性だけではなく、「旧女性」の参加も目立ったという。[116]しかも、社会問題に関する講演会、文協男性幹部の支援演説など、前述した社会運動に関連する婦人団体のような活動は全く見られず、中部の名門女性を中心に親睦を目的とする社交場の様相を呈した。同会に刺激を受け、台北の台湾人名門家庭の女性も類似の親睦団体を組織する計画があったが、実現には至らなかったようである（楊翠［1993：563］）。

台湾人女性の組織化に対する統治側の警戒は、島内の社会運動に吸収されることのみならず、内地からの婦人運動に接近することも同様にその対象に含まれるものであった。一つの事例は、一九三〇年一月に婦人毎日新聞社の主催により全島巡回の形で行われた日本内地の女性弁士たちによる婦人文化大講演会であった。講師のなかには生田花世、松崎天民、堀江かとえ、林芙美子、北村兼子、望月百合子、山田やす子など当時全国的に名を知られた女性論客が含まれていた。[117]「婦人文化の先端を行つてゐる諸豪傑」かつ「好事家には好箇の話題を提供するもの」[118]であり、在台の日本人社会で高い関心を集める一方、「婦人解放運動の猛者連ばかり来るか」[119]と台湾人知識青年側にも同様に期待が高まった。総督府の疑念を解き、その理解を得るために、興行を目的とする主催側は事前の根回しに苦心した。まず、社長等が講演団より一歩先に台北に入り、総督府はじめ関係各局、新聞社を訪問、協議を行って準備作業を済ませた。[120]次に、講演団の一行が台北に到着した後、真っ先に訪問した先は総督官邸であった。「着台早々総督訪問で御馳走で好い気になって居る評判」は、事前に期待を高めていた台湾人知識青年を失望させたようであった。[121] さらに、全島巡回中の講演団一行の言動は完全に総督府の監視下に置かれていた。まず第一に、言論上の制限があり、各弁士の演説中に、しばしば席上の警察に注意されたり話途中で中断を余儀なくされていた。[122] 巡回中、アナキストの望月百合子は、講演内容が「スッカリ骨抜きにされた」ために憂鬱になっていたようである。[123] 講師の一人であった北村兼子は、訪台後に出版された旅行記『新台湾行進曲』のなかで、「支配者が治安維持の名において不当の束縛を加えるのはよろしくないが、私の経験したところでは思ったより寛大であった。寛大であったの上に思ったよりと限定副詞が付いているのを見逃してもらっては困るが、内地でも東京大阪を離れたら台湾以上の束縛を加えられるところが少ない」と微妙な言い回しを用いて皮肉を述べている。[124] 第二に、団員の行動への監視があった。北村によれば、講演団一行のなかには尾行された者もあった。[125] 加えて「台湾の同志」への紹介状を持参している者が、その人たちの居所を尋ねたところ、案内者がとりあってくれなかったり、講演会の日程終了後、ただちに講師たちが内地に戻ることを強要したりという話も伝えられた。[126]

日本人主導、日本人対象の「婦人解放」の女性の組織化では、台湾人の関与はさらに厳重にチェックされた。一九三一年一〇月、婦人公論社社長の中島雄作と下村千秋の二人が訪台し、全島の各都市で婦人座談会を行った。その行程で二人は、台湾における婦人解放団体の不振の原因が家族の無理解や女性の自覚不足にあると考え、婦人公論社の読者に自主的に団体を組織するように鼓吹した。台南では同社の読者が組織した団体が百余名に登ったが、大部分は日本人であり、台湾人女性は約二〇名のみであった。台南市第二幼稚園で七年間勤務した林好は、中島社長の指名により唯一の台湾人幹事となった。だが前述のように、林の夫の盧丙丁は三一年当時、台湾民衆党の重要幹部となっていたことから、会の活動は再び警察側からの干渉を受けることになった。第一次幹事会では林が幹事の職務に適任かどうかが議論されたが、結局林は同会に迷惑をかけまいとしてみずから辞退した。しかしその後、警察側からの監視と干渉は相変わらず止むことがなく、会の活動は進展を見ることができなかった[127]。

5・3　体制内的婦人組織の役割

台湾人女性の反体制の社会運動への参与や組織化は、このように総督府によって厳しく制限され成果を上げることはできなかった。もっとも、二〇年代の段階では総督府はまだ台湾人女性の体制内への組織化について必要性を感じることはなかった。三〇年代に入って戦時の動員が逼迫した課題となる過程で、総督府は初めて台湾人女性の役割に注目しはじめ、組織化を通じて統治権力の下に掌握する必要性を認識するようになった。以下では、同窓会、愛国婦人会、処女会と女子青年団などの主要な組織に即して検討を進めたい[128]。

同窓会

まず同窓会の性質について、これは卒業生による自主的組織というよりは、学校主導の組織であった。台湾人女性を対象とする第三高女を例にしてみれば、同校の同窓会の設立は一九二〇年のことであり、それ以前は母校で教師となった卒業生らを中心とした自然発生的な集まりであったが、卒業生の増加にともない学校側も組織化の必要を感じるようになった。一九二〇年八月に行われた発会式では同校の校長より同窓会規則および役員の原案が提示・可決され、同校長が会長に就任、役員を委嘱して会の組織を成立させるという手続がとられたことからもわかるように、学校主導の色彩が濃厚であった。しかし、活動形態は従来と変わりはなく、学校と卒業生との連絡はおもに教師を媒介にして行われるほか、年一回の夏季講習会参加者の懇話会のみであり、総会の開催も毎年ではなく、同校の記念誌の言葉を借りれば「組織を設けて結束を堅くし、又は独自の事業を営んで会員の教導に尽すこともなかった」という[129]。

学校側が卒業生の組織強化に本格的に動き出したのは一九二七年からで、当時の校長の小野正雄がその中心人物であった。同氏の女子教育の姿勢については前の各章においてすでに触れたが、「卒業生指導を以て生徒教養の根本啓培」を行うという理念のもとに、同窓会の組織改革は小野の在任中に大幅に進められた。改革の重点は、①卒業生との連絡および教導方針の確立、②全島各地における支部の設立という二つに置かれていた。前者については卒業生の内地視察旅行、島内の修養旅行の実施のほか、音楽、手芸その他を内容とする様々な講習会が開催された。後者については、全島各地に支部区が設置され、全島と内地、対岸中国を含め三一支部九直属区が設立された。発会式の際に同窓会会長でもあった小野校長は、自ら各地を巡歴し、卒業生たちに面会して訓示を行ったのみならず、その後も頻繁に巡回訪問を行い、同窓会の各種の活動に積極的に参与した。組織確立による重要な変化は、全島に散在する卒業生の掌握であった。かつての母校の旧師を経由する形での、個別の人的ネットワークに依存した構造から脱却し、卒業生状況を支部から本部、そして母校へと通信し、母校と本部は支部を通じて卒業生に各種の伝達を行うという制度的な掌握・伝達ルートが確立された[130]。同時期の同窓会の組織化作業は、戦争期の女性動員についても重要な意味を持ち、のちの愛国婦人会による台湾人女学生および卒業生に対する動員のための道具立てとなった。

愛国婦人会

愛国婦人会は、島内では一九〇四年に設立された婦人団体の老舗である。組織面では各地方長官の妻を幹事部長、夫を顧問、そして官僚の妻たちを役員として構成され、植民地行政システムに緊密に対応した体制内的婦人団体であった。役員層は日本人官僚の女性家族を中心としており、会員層は日本人のほかには全島各地の台湾人名望家の女性家族も広く入会していた。台湾人会員数は、一九一五年に七〇、五三三人で会員総数の九〇%、一九二九年には九三、三二五人で会員総数の八四%という圧倒的な比率を示したが、ほとんどは名簿会員であった。一九一〇年代には、総督府の山地討伐の軍事救護と遺族救済などの事業で大いに役割を果たしたが、実際に活動に携わったのは役員層の日本人女性であった（洪［1995：8-9,85,94］）。台湾人女性の入会の意義について、愛国婦人会側にとってみれば、資金面と会員募集の成績の上で台湾人の入会が必要とされており、また統治当局としても、協力者層を確実に把握する点から台湾人名望家の女性家族員との交流には肯定的であった。他方で台湾人側の動機についていえば、一族の地元における権力基盤を保持し、事業を円滑に運営するためには、当地の日本人官僚との関係を円滑に保つことが不可欠であった（洪［1999：167-169］）。

一九一〇年代末から一九二〇年代にかけて、同会は軍事救護団体から、台湾人女性との交流に重点を置く親睦団体への転身を試みた。日本人官僚と地元の名望家の家族ぐるみの付き合いが日台女性間の社交の基本的形態であるが、一九二〇年代以前は纏足による行動の不便、言語上の障碍などが、両者が接触する際の根本的な困難として存在していた。一九二〇年以降、日本の女子教育を受けた最初の世代が社会のエリート層の妻となってから、それまでの両者間のコミュニケーションの障碍が取り除かれ、社交の様式は変化しはじめた。例えば許丙の妻で第三高女出身の葉白は、二〇年代の末から三〇年代初期にかけて、日本人の高官夫人たちと親しく往来を重ねた（許［1996：189-191］）。ただし、このような社交は、日本人官僚と地元の名望家の女性家族員の間での、あくまでも限定的なものであった。

一九三一年の満州事変を契機に、台湾人女性に対する思想統制強化と銃後動員の必要が認識され、体制内の婦人組織の強化が急がれた。主要な改革方向は、①愛国子女団の設立と②分区の設置であった。台湾人女性への影響に即して説明すれば、①愛国子女団は学校を単位に結成され、高等女学校を中心に、小・公学校の女学生と卒業生までを対象とした。全島高等女学校における愛国子女団の結成により、未婚の女性知識層がほぼ体制内に把握された。②台湾の地方行政制度から見て、市・郡レベルにおける「分会」レベルにとどまっていた会の組織は、三〇年代以降さらに末端の街、庄レベルにまで拡張され、「分区」の増設が行われた。街・庄長は分区顧問、街・庄長夫人は分区長に任命されたほか、地方行政機関における台湾人公務員、地方の有力者本人と女性家族員もほぼ体制内に組み込まれた（洪［1995：47-52］）。

処女会・女子青年団

処女会と女子青年団は、日本内地に習って作られたものであった。渡辺洋子［1997：407-408,411］によれば、処女会とは、義務教育終了後の未婚女子の修養を目的とする団体であった。一九〇〇―一九二〇年代にかけて、農（山漁）村部を中心に発達し、おもに村の有力者（村長や校長、篤志家など）が中心となって、時代的・社会的要請を受けつつ上から組織されたものである。その形態や名称はさまざまであったが、「処女会」と総称された。一九一七年には内務省の主導で全国的な連絡調整機関である処女会中央部が設置された。その後の一九二六年には、内務省・文部省の青年女子団体に関する共同訓令が出され、処女会中央部は解散に至り、傘下の団体は一九二七年に結成された大日本連合女子青年団へと吸収・再編されていくことになった。それまで青年団の「内助的」団体として出発した「処女会」は、青年団と並び自ら「国民」「公民」としての資質を向上させるための補習教育機関としての女子青年団へと、質的に転換していくこととなった。

台湾での処女会は、一九一八年に桃園郡の興風会女子部のなかに設立されたものが、女子青年団の場合は一九一九年に台南塩埕処女会をベースに作られたものが最初であるとされる（游［1987：225-226］、楊雅慧［1994：25］）(131)。両者とも初等教育の女子卒業生を対象に、台湾では国語普及を目的とした社会教育機関として機能した。規模からみれば、処女会は一九二八年段階では全島で三八団体、会員数は九、〇〇一人、うち台湾人女性は八、五八一人を数え、女子青年団は一九三七年段階では全島で六一五団体、会員数は四一、一四五人に及んだ（游［1987：225-226］）。

女子青年団らの指導者は、高等女学校の卒業生、なかでも台湾人女教師であった点に注目したい。女子青年団等の組織は、国語普及を中心とする社会教育の役割が重視された時期においては、彼女たちは本業の傍らこうした活動にも携わっていたのである。三〇年代以降、一般民衆層の女性を対象とする銃後動員の訓練が要請された時期にも、彼女らの地元の婦女界に対する影響力と指導力は統治側に一層重視されるようになった。反体制社会運動への参与が総督府の厳しい取締りに遭遇する一方で、体制内の婦人組織における彼女たちの参与と活躍は大きな伸長を見せた。

第六章　新エリート家庭の形成

本章では、日本の学校教育を受けた世代における女性の家庭内役割の変化について、新エリート家庭の形成の側面に即し考察していきたい。

一九二〇年代以降、従来の家族のあり方とは異なる新しい家族を示すものとして、「家庭（ホーム）」という言葉が登場し、盛んに論じられはじめた。台湾文化協会を中心とした文化運動は、『台湾民報』系列の言論雑誌および巡回演説を通して従来の家族制度への批判を行い、あるべき家庭像を論じて家族制度の改革を高唱し、新世代の知識人の青年男女の関心を引きつけた。こうした言論からは、二つの顕著な特徴を見て取ることができる。第一に、夫と妻、親と子の愛情を強調し、それを体現するものとして伝統的「家」から区別されるところの「家庭」に大きな価値を与えること、第二に、「家庭」における新しい妻・母役割を果たす女性の重要性を強調することである。

新世代の青年男女に理想的な家庭像がふくらむのと同時に、彼／彼女等のなかで実際に婚姻に向き合った一部のカップルは、みずからの家庭生活における理念の実践を試みはじめた。その結果、二〇年代以降、新しい様相

表6-1　台湾人エリートの学歴状況の変化

<table>
<tr><th colspan="2" rowspan="2">学歴</th><th colspan="4">1910年代</th><th colspan="4">1930年代前期</th><th colspan="4">1940年前期</th></tr>
<tr><th colspan="2">人数</th><th colspan="2">%</th><th colspan="2">人数</th><th colspan="2">%</th><th colspan="2">人数</th><th colspan="2">%</th></tr>
<tr><td colspan="2">漢学</td><td colspan="2">146</td><td colspan="2">48.3</td><td colspan="2">256</td><td colspan="2">23.9</td><td colspan="2">64</td><td colspan="2">4.1</td></tr>
<tr><td>公学校</td><td rowspan="6">新教育出身者</td><td>33</td><td rowspan="6">131</td><td>10.9</td><td rowspan="6">43.4</td><td>110</td><td rowspan="6">686</td><td>10.2</td><td rowspan="6">64.0</td><td>201</td><td rowspan="6">1306</td><td>12.9</td><td rowspan="6">83.9</td></tr>
<tr><td>中学</td><td>6</td><td>2</td><td>74</td><td>6.9</td><td>235</td><td>15.1</td></tr>
<tr><td>師範</td><td>19</td><td>6.3</td><td>170</td><td>15.9</td><td>219</td><td>14.1</td></tr>
<tr><td>専科</td><td></td><td></td><td>3</td><td>0.3</td><td>23</td><td>1.5</td></tr>
<tr><td>医学校</td><td>70</td><td>23.2</td><td>150</td><td>14</td><td>251</td><td>16.1</td></tr>
<tr><td>留学</td><td>3</td><td>1</td><td>179</td><td>16.7</td><td>377</td><td>24.2</td></tr>
<tr><td colspan="2">不詳</td><td colspan="2">25</td><td colspan="2">8.3</td><td colspan="2">129</td><td colspan="2">12.1</td><td colspan="2">187</td><td colspan="2">12.0</td></tr>
<tr><td colspan="2">合計</td><td colspan="2">302</td><td colspan="2">100.0</td><td colspan="2">1071</td><td colspan="2">100.0</td><td colspan="2">1557</td><td colspan="2">100.0</td></tr>
</table>

出所：呉〔1992：表3-13、3-14、3-15〕により作成。

の家庭が台湾人エリート層内部に徐々に形成されることになった。

この現象の社会的背景については、二点を指摘できる。第一に、同時期の台湾人エリート層における新・旧知識人の世代交代である。植民統治の初期、中期、後期の名人録に基づき新旧エリートの交代について分析を行った呉文星［1992：151-157］によれば、エリートの教育・学歴状況は、一九一〇年代の時点では漢学＝旧教育出身者が約半数を占めていたのに対し、一九二〇年代以降になると四分の一前後にまで減少し、徐々に増加してきた新式教育出身のエリートに取って代わられたとされる。さらに四〇年代前期に入ると、旧教育出身者の比率はわずか四・一％となり、新式教育出身者が台湾人エリート層の主体となった（**表6-1**）。

第二に、新式教育出身の青年たちは、同じく新式教育を受けた女性を理想的な結婚相手として求めている。前の二章では新知識人の結婚に対する思潮と傾向について検討したが、解纏足運動の成功と中流以上の台湾人家庭を対象とする女子教育の普及は、理想的な結婚相手の要請に対して重要な基盤を用意するものであった。新しい女性による家庭の変容は、ある程度期待されていた結果でもある。束縛のない健康的な身体と、日本語能力を含む知識と技能を有する、文明的な妻、母、嫁として家に貢献する女性像は、一九〇〇年以降の解纏足運動および女子教育を提唱した台湾知識人が夢見た次世代の理想であった。

以下、第一節では、纏足から脱却し日本教育を受けた新世代がエリート層の妻の座に就くのにともない、この層の家庭への影響も徐々に現実のものとなったことから、新世代の希求した理想的家庭像について明らかにする。第二節以降では形成途上にあった台湾人新エリートの家庭生活について、女性の妻・母・嫁役割に即して分析していく。第二、三節では「妻」と「母」それぞれの女性の家庭内役割の変容を言説と実態の双方からまとめ、第四節では、伝統的家庭規範と新家庭の間に生じた諸問題・葛藤について「嫁」役割を通して検討する。最後の第五節では植民地統治の政治・社会環境に関わる側面から、新エリート家庭における女性役割がどのように期待され、また実際に機能したのかについて考察する。

1 新エリート家庭の理想像

1・1 家族意識の変容

新式教育を受けた男性とともに女性の側も、理想的な家庭の建設を新世代の男女自身の責務として認識していた。「家庭の民本化」を提唱する黄周の「提倡家庭的改造」（家庭の改造を提唱する）論文は、「精神の改造は宗教と教育の力を借りねばならない。だがこれを学ぶ事は教会や学校というよりも家庭で行うべきことである。……国家・社会を改造しようとする者は、みずからの家庭から改造しなければならない」と主張した。(1) 前引の女子留学生林双随は「これから新家庭を造る方法は男女共に、宜しく宇宙の理法に背反しない様に希ひたう御座います。又かゝる家庭を改良してゆくのは教育を受けた青年男女の力によらなければなりません」と提言した。(2)

新世代の知識人がどのような家庭像を求めていたのかについて、ある論者は台湾人家庭の新・旧イメージを次のように対比している。

まず甲家は、「一家健康であり、父たる者は官庁や会社で奉職し、母たるものはみずから教育を受けた者であったために、家政と子女の教育に専念する傍ら、雑貨店を経営し、接客も記帳を行うことができる。長女は高等女学校卒業後、婚約が決まるのを待ち、小・公学校で奉職しており、唱歌も体操も教えることができる。長男と次男はそれぞれ中学校と小学校に在学中であり、放課後、母の手伝いをして、役割を分担している。このような家庭はみな身体は壮健であり、生産に従事することができ、家庭内は自然に温かく、仲は睦まじい」という家庭である。

これに対し乙家の場合は、「父たるものは毎日アヘンを吸い、体は衰弱し、病気も多い。母たる者は纏足のために家に閉じこもり、ほとんど外出しない。したがって世間を知らず、知識も浅い。店の経営を任せられないどころか、小包の送り方さえ分からない。長女は教育を受けず、迷信を深く信じている。終日部屋に閉じこもり、生理不順であっても医師の治療を受ける代わりに、神に頼ったり占いに見てもらったりする。長男は品行が悪く、性病を罹っている。末っ子だけは従順で勤勉であるが、まだ小学校四年生で、大学を卒業して父母の労を分担するまでは一三、四年も待たなければならない。このような家庭は、数万円、数十万の資産が有ったとしても、最終的に存続できるどうかは未知数であり、子孫が繁栄することができないのはすでに明らかである」というように対照的に描かれている(3)。

上述の二つの家庭のやや誇張的に表現された雰囲気の相違からわかるように、理想とされた前者の健康、知的で、明るく、温かい家庭のイメージに対し、後者は陰鬱、無知、迷信的で、暗い印象が与えられ、「アヘン」「纏足」など伝統的な家庭を象徴するイメージによって描かれていた。家族成員間の愛情・親密さという感情的結合が新世代の青年男女に大きく期待されていることは、二〇年代の一つの重要な傾向として注目に値する。

家庭内の温かいムードへの憧れは、当時の新知識人の間では普遍的であった。例えば商大の陳崑樹の論文では、理想とされた家庭の雰囲気は「家庭を羈舎と見ないで、放埓に失せず、道義の範を超えざる程度で、男女老幼相挙つて大に笑ひ、大に戯れ、大に歌ひ以て家庭をして感興あり、趣味あるものとしたら妾を蓄へ又は花柳大学に通はなくても、人生自然の欲求が満されるのである」と主張し、新世代男女の結婚要件の一項目として「思想・趣味の共鳴」が推奨された(4)。またSB生の小説のなかで、自分の「一番理想としてゐるのは晩一家楽しく集つて、夫がオルガンを引き妻と子供が讃美歌を唱ふにある」ような「温い家庭」であると。新しい女性に恋したある知識青年の口を通じて語らせている(5)。

家族員間の愛情が、理想的な温かい家庭の建設に不可欠であることも同様に強調されていた。具体的には親子関係と夫婦関係の改善が主張された。

親子関係

親子関係において両者の距離の縮小と心的交流が求められ、権威―服従という伝統的家庭のあり方は強い批判の対象となった。例えば伝統的な家について、陳崑樹は「我々の台湾家庭は、多くは感興なく、趣味なく、快楽なく、最も陰欝［ママ］に最も無味乾燥な家庭であり、長上は子弟に対するや猶ほ儒学者がその門下に対する威厳らしい形式的態度を以てするが、その裏面を観察すると大抵は花柳大学に学籍を置いている」と批判を加えた(6)。また陳瑞虎の長篇論文「文化運動と家族制度の改善」は、家長専制の弊害とその改善の範囲について次のように主張した。

専制政治のような家長専制制度は、家族制度の最大の欠点である。家族の生活、一切の権利を全て家長に従属させることは、自治の精神を忘却することではなかろうか。家族の行動全般は家長の干渉を受けている。

我々は家長の干渉に絶対的に反対するものではなく、一定の限度内の干渉を求めているだけである。言いかえれば、家風と家庭の平和を破壊しない範囲内で、家族の行動の自由を尊重すべきである〔白〕。(7)

実際のところ、在台日本人家庭の存在は、新式の教育世代の身近な観察対象でもあった。第三高女卒の陳愛珠は、自分の家庭と日本人の友人の家庭とを比較した際の心境について、次のように回想している。

その時の私は日本人の同僚の家庭の温かく和んだ雰囲気を非常に羨ましく思った。私の知る限り、台湾人の中流以上の家庭の雰囲気は厳粛であった。一家そろって遊んだりピクニックをしたりすることはほとんどなかった。私の家庭はまさに全くそういった趣を欠いていた。父親の地位は高く、一つの権威であり、厳格であった。父は母や私たち子供を叱りつけるわけではないが、私たちは父に冗談を言ったりする勇気はなかった。私は母親に対してもあまり冗談を言うことはなかった。いつも礼儀正しくきちんとしていた。

日本人女性の友人を多く持っていた彼女は、さらに日台の違いについて細かく比較を行った。

日本人男性は亭主関白であり、妻の方は夫にきわめて従順であったが、父親は子供とは常に一緒に遊んでいた。羅東の時の親友［羅東女子公学校の同僚］の父親は羅東水利組合長であったが、彼女等の家庭の雰囲気は非常に良かった。家族はいつも喋ったり笑ったりして、一家団欒をして和やかであった。そのために私は日本人の同僚と一緒に居て彼女の家庭の温かさを楽しむのが好きだった（游［1994a：269-270］）。

彼女の観察した日本人の家庭を、単純に当時の典型と見なすことはできないが、新女性が期待していた親子関係の理想像の一つをここに見て取ることができよう。

夫婦関係

他方、夫婦関係は新しい家庭の建設においてとくに重視された。父母の取り決めによる伝統的婚姻が、夫婦間の愛情の欠如をもたらし、妾問題を引き起こすという論調は普遍的に見られた。この点は、上述の親子関係の改善とも不可分であることも指摘されている。先に挙げた陳瑞虎は次のように論じていた。

最も緊要な適例は、家族の結婚問題に対する家長の態度である。恋愛結婚であっても、家長の同意を得ることができなければ破滅することになる。その結果として、因習的に強制された婚姻は、後日に至って夫婦喧嘩、家庭の不和、人倫の混乱、道徳の破壊、犯罪、離婚など様々な不祥な現象を生じることになる。……離婚の現象は夫婦感情の不和、意見の不一致の結果であるため、相互理解に基づく結婚こそが、この不祥な現象を解決する唯一の方法である。婦人運動の重点の一つもここに置かれている。文化生活の精神に背反しない恋愛結婚に、家長の反対と阻止を加えるのは不当である(8)〔白〕。

理想的な家庭の実現に向け、妾の慣習を取り除くことの重要性も多くの論者に認識されていた。その中で女子留学生の林双随は「家庭は多くは乱れています」と嘆き、その問題の所在は「一家に第一、第二、第三、といふ様に多くの妻が互いに己が権力を張らんとして、暗闘を続けるとは、円満にゆく道理がありません。か丶る家庭の子女は実に可憐であります」と指摘した(9)。さらに黄呈聡は剣如のペンネームで発表された論文「家族制度的将来」の中で、「男子が妾を囲むこと自体が社会の批判を受けないために、妾の習慣は自然とこのような婚姻制度から生じてくる。妻と円満・幸福な家庭を建設するのは、人生の至福である。最愛の人でなければ、如何にしてそれを建設できるのであろう」と、夫婦愛に基づく家庭を強調し、その結論として「個人に個性を自由に発揮させること、恋愛結婚の自由を容認すること、子女の嗜好を尊重し親権で束縛しないこと。趣があり、進歩的な家庭を改めて建設するためには以上の各項を研究する必要がある」と呼びかけた(10)。

1・2 女性の家庭内役割

先に挙げられた甲と乙の両家の家族成員を比較してもう一つ気づくことは、男性家族員よりも女性成員のイメージの相違が目立ったことである。新しい時代の家庭の妻・母として、従来とは異なる能力条件を備えた女性が必要とされた。女性に期待された役割について、ひとまず以下の三点を指摘することができる。

第一に、女子教育を受けていることが基本的条件とみなされた。例えば旧式家庭として描かれた乙家の母は、纏足、無学であり、娘も同様に無学で迷信に囚われていたのに対し、理想的な家庭とされた甲家の女性家族成員のイメージでは、「官庁」や「会社勤め」の父、いわゆる新エリート男性の妻として相応しく、母は教育を受けているだけではなく、娘はより具体的に「高等女学校卒」とされ、しかも卒業後・結婚前の段階では女教師として学校に勤めている点である。

第二に、教育を受けた女性の対外的な交流能力が期待された。これは、家事と子女の家庭教育を担う一方で、「接客」と「記帳」の能力を備え、家計を助けるための商業経営にも従事している甲家の母・妻の姿に表現されていた。他方、近代社会の生活日常を象徴する「小包を送る」という行為「さえ分からない」旧式の母・妻はそれとは対照的に呈示された。しかし留意したいのは、女性が部屋に閉じこもり、家を唯一の生活の場として、外の世界を一切知らずまた接触しないことは明らかにマイナス・イメージで捉えられていたが、女性が社会的知識を備え、外部との接し方を知ることも、また家という場を離脱することなく、時代に相応しい家庭を経営する着眼点から要請されていることである。つまり、「接客」「記帳」をこなすことは、外部での職業に付くことではなく、あくまでも家という場に立脚した対外的能力として期待されているのである。

第三に、家庭教育を担う能力への期待である。甲家の母がみずから教育を受けたことにより、子女の家庭教育に携わることが可能になる点、さらに娘の方は女教師であるため「唱歌」「体操」を「教える」能力を有する点が強調された。知力と体力を学校で鍛えられた新世代の台湾人女性に対して、職業上の能力だけではなく、家庭教育上、および優生学上の期待が与えられている点も見逃すことはできない。無学者の虚弱さ、陰鬱さに対し、教育を受けた女性の健康、明朗なイメージは、両家を比較する際に対比的に用いられていた。

以上は新知識人の理想的家庭像の俯瞰であったが、このような家庭像は、当前のことながら言説として語られた家庭にすぎない。しかし、このような家庭があるべき理想像として志向されていたことは現実である。しかもこれらは後にみるように、実現不可能な架空の家庭ではなく、現実にごく少数ながらも存在し得る潜在的可能性はあり、実際に時代が下るにしたがってこのような家庭も増加していったのである。

2　新エリート層の家庭生活と妻役割

2・1　夫婦愛の重視

忠誠と対等関係

まず、新式教育出身者の夫婦関係においては、互いの忠誠心と信頼感が強調された。そこでは、女遊びや妾を囲むなど夫の不倫・不徳はそれまでの夫婦仲の不和、家庭崩壊の要素として警戒の対象となった。これをもって自戒する男性側は進歩的知識人として、男女平等、夫婦同権の概念から家庭における婦女の地位を向上させることにより、理想的な夫婦関係を築こうという意欲を見せた。例えば陳瑞虎は次のように論じた。「妻の不倫は不徳の行為であるが、その原因をみれば夫が外で女遊びをすることに起因しており、妻が孤独に耐えられなくなるからではなかろうか。この場合、大半の責任は夫にある。妻を責める前に、自分の品行を反省すべきである。そのために我々は、夫婦同権を提唱しなければならない」。その延長線で妾制度のみならず、童養媳などの旧慣についても反対した。(11)

ただし、ここで意味するところの対等の夫婦関係とは、男女の役割分担の原則を基本とするものであった。「夫婦同権は絶対的な意義のものではなく、夫婦の職分と互いの人格に対して論じることである。例えば、妻が夫の服を洗濯することは、社会通念では妻の当然な職分であるが、夫が妻の服を洗濯することは、夫のすべき職分ではない。我々が主張する同権ではない。我々の夫婦同権の意味は、夫婦の職分を互いに理解し、相手の人格を尊重する。……夫が外で女遊びをしたり外泊したりすることは、自らの人格を失うばかりか妻の人格に対する侮辱でもある。しかもこの行為は彼の職分ではない。これは夫婦同権とはいえない。我々の主張は、欧米の女尊男卑ではなく、旧慣の男尊女卑でもなく、真の男女平等である。〈夫婦相敬如賓〉［夫婦が互いに賓客のように尊敬しあう］こそが我々の主張に合致する」(12)。このような思考は、二〇年代以降の男性知識人の間に普遍的に存在していた。

趣味の共有

夫婦間の対等関係と並んで、共通の趣味の重視は、もう一つの顕著な趨勢であった。夫と妻の趣味の共有は、積極的な意味合いとして、互いに理解し合うことより、堅実な夫婦関係が保証されるという側面、消極的意味合いでは、夫婦間に情緒的なきずなが欠落しているために生ずるとされた不倫の予防策として考えられた。こうした論は、一九三〇年代に台湾島内で発行された唯一の婦人雑誌『台湾婦人界』の記事にも見出される。『台湾婦人界』は、元台南新報記者の柿沼文明により一九三四年五月に創刊された台湾島内最初の婦人雑誌であった。同誌の最大の競合誌は、内地から台湾に流入する多種の婦人雑誌であった。しかし内地婦人雑誌の扱う内容は、衛生、料理、化粧などの実用記事から、婦人問題、家庭、社会問題に至るまで台湾の風土と民情からはかけ離れており、この点『台湾婦人界』は台湾独自の婦人、家庭雑誌を自任することができた。(13)

台湾人エリート層の家庭像の分析に『台湾婦人界』雑誌を用いる理由の一つは、同誌は発行当初から、販路拡大のために不可欠な読者層として、日本教育を受けた台湾人エリート層女性を想定していたことである。創刊第二号では宣伝効果を図り、多くの台湾人エリート女性の母校であった台北第三高女の校長小野正雄による推薦文が掲載され、台湾人女学校卒業生の恰好の家庭読物として宣伝された。(14)読者層の興味が考慮された結果、台湾人エリート家庭の紹介や名士とその夫人へのインタビューなどの記事が頻繁に企画された。こうした企画に対応するために、第三高女卒の陳玉葉がこの時点での唯一の台湾人記者として採用された。言論雑誌と異なり、新世代女性を基本的読者層とした同誌は、記事の多くが本人の語りに比較的忠実に、口語体を用いて書かれていた点に特徴がある。台湾人新エリート層の家庭生活、家事管理から夫婦関係、育児などの模様が誌面からよくうかがわれるのはそのためである。

興味深いのは、夫婦間の趣味の共有とは、夫と一致する趣味をもつことが、男性の情緒を妻と家庭に引き留める作用を持つという考えから、妻が夫の趣味に合わせるという意味で認識されていたことである。全島有数の名望家である辜顕栄の長男岳甫に嫁いだ辜顔碧霞(15)（第三高女卒）は次のように語った。「男は我儘ですよ。自分の妻が気に入らなくなると、勝手な口実をつけて離婚したり、又は自分の妻が無学だ、経済観念がなくて困るのと言つて遊びに出ます。さてその遊びの相手はと見れば自分の妻よりも無学な女であるのはほんとに驚かされますね。

私はよくそんな事をきかされてね、やはり夫の趣味に一致出来るやうに努めるのが本当ではないかと思ひますの。さうすれば夫も家庭に興味を持つやうになり出て遊びたがらないと思ふんですよ」[16]。また、一九三四年一〇月号「旦那様を語る」という企画の中で、画家楊佐三郎氏夫人の許玉燕のインタビュー記事が掲載された。許は夫の従妹である第三高女の同級生の紹介を通じて恋愛結婚をしており、訪問を受けた当時は三児の母であった。夫と十分なコミュニケーションを有する「友達同士みたい」な夫婦関係を語り、当時男性間に流行していたカフェー遊びについて尋ねられると、「たまに兄さん（台南新報記者楊承基氏）経営のカフェー・エルテルへ顔を出す位」「二人の心が互に解り合つているからそれは大丈夫ですの。それにカフェー遊びは下卑だと思つているし、お酒はちつとも飲まないし、その点本当に安心ですの」と答えている[17]。

また、台湾人女性読者の関心事であった、エリート男性の趣味や好みの女性像に関する内容が誌面でも見られる。例えば「趣味のページ」というコラムでは、台湾人を含む男性の趣味が紹介された。そのなかで夫婦の趣味の共有について、陳永輝は、自分の趣味のマージャンを「妻にも教えたら屹度妻も余の心を理解して呉れる」「名案」が成功を収めたことを、「遂に余の心を理解して呉れたいやいやと云うよりも妻も終に三度三度の飯も忘れて余と相勝負を為すようになつた。おかげで雨の日など出られない場合は、何時も妻が相手となつて呉れる。近頃は殆ど家でやるようになつた。何としても家庭和楽が出来て心太平だ」と披露している[18]。

また、「談話室」というコラムで台湾人の高等官僚としては最高位にあった劉明朝は、読書習慣について女性に注文をつけた。「本島人の習慣では婦人に本を読ませるといふ事はしない。第一文字を教へない。所謂愚蒙政策をとつて男が家庭の専制君主然とやつて来た。そうした習慣が自然婦人に読書といふような事をしらせないしきたりになつて来ている。近来一部の教育を受けた婦人は読書といふ事をやらぬでもないが、それでも家庭に這入ると忘れ勝だ。台湾婦人界が恁うした方面の啓発に尽して貰えるなら幸甚である」[19]。台湾人女性の家庭内にお

表 6 - 2　新エリート家庭の概況

番号	妻氏名	妻学歴	妻職業	夫氏名	夫学歴	夫職業	住居形態	子供数	家庭生活と子女教育	家事状況	出所
①	邱鴛鴦	台北第三高女講習科	公学校訓導（結婚退職。家は裕福なので働かなくともいい）	頼淵平	台北第一師範学校	公学校訓導、保正、実業家	姑と同居（一番目の義兄は花蓮に、二番目は死去）	女 4	夫婦は息子に恵まれなかったが夫は妾を取らず。夫は親不孝の後ろめたさから妻に対して多少高圧的。が基本的に関係は良好。	使用人 3 人	游鑑明、1994
②	蔡素女	台北女子高等普通学校師範科	公学校教諭（結婚退職）	林麗明	台北医専	医師	夫の家族と別居（線西郷公医時代。実家を世話するため北港で開業。夫の兄弟姉妹の勉学に経済的援助）。	男 5 女 1	夫が医師のため家庭生活が忙しく、妻は実家と緊密な関係。子供の教育のため愛国婦人会に入会	使用人有、本人も参加	游鑑明、1994
③	陳愛珠	台北第三高女補習科	公学校教諭（結婚退職）	呉大海→陳光甫	第二師範学校	公学校訓導、中学教師	実家の両親と同居。死去した兄の子供 3 男 2 女を養育。	男 1 女 3	夫は妻と一緒に出掛けることを避ける。妻は婿養子である夫の劣等感に配慮	使用人有り、本人、母、夫も参加	游鑑明、1994
④	荘季春	広島高等女学校→東京女子薬学専門学校	薬剤師、薬局経営	林永賜	中央大学法科	満州国製紙事業、麻豆製糖会社、嘉義蒜頭紙糖会社課長	実家の父母と同居（結婚条件）	男 2 女 1	結婚後は暫く夫の実家で生活、妻は台湾語が流暢ではなく周囲の嘲笑を受けるが、姑が詩を作ってこれを庇う。	使用人有、本人も参加	游鑑明、1994
⑤	蔡娩	台北第三高女→昭和女子薬学専門学校	薬剤師（戦後）	林清安	岩手医科大学	教師→医師	結婚直後は夫と子供二人の家庭生活。日本留学時期は姑との同居か一人暮らし。帰台後、竹南に居住する姑がたまに同居	男 2 女 1（女死亡）	夫は医師、妻は薬剤師のため家庭生活は忙しいが平穏な関係。夫は節約家のために女遊びせず。夫婦の収入は個別管理、家計は夫の給料から	使用人有。母と姑も子育てに協力	游鑑明、1994
⑥	石満	台北第三高女→東京女子医学専門学	医師	陳呈祥	名古屋医科大学	医師	夫婦二人と子供。	女 5 男 3	忙しい家庭生活。独身時代のテニスも不可能。夫は妻の婦人会活動、男女同権を支持。	使用人有。子供達に乳母	游鑑明、1994

		校							住居と医院が隣接、子供の世話が可能。愛国婦人会に入会するが、子弟は公学校に入学させる		
⑦	陳焦桐	台南第二高女	主婦	施江南	京都帝国大学医学部	医師	結婚後鹿港で12日間、夫の仕事のためすぐ台北に転居。三階建ての洋館で一階は医院、二階は病棟、三階が住居。台北で就学中の夫の家族と実家の家族の子弟がここで下宿	女5	家事と育児が忙しく外との接触無し。娘の教育は妻、遊びは夫。休日は草山温泉旅行。陳逸松と草山の別荘を購入。長女の幼稚園時代から小学校三年生まで教師用の教科書で娘の予習・復習指導	本人	張炎憲等、1997
⑧	楊毛治	台北第三高女→東京女子美術専門学校高等師範科	第三高女教師	呉鴻麒	日本大学法科	弁護士	両方の実家と別居。	男1 女1	それぞれの社交圏を持ち、互いの生活を尊重。読書の後、互いに意見交換。夕食後に二人で実家まで散歩		張炎憲等、1997。応大偉、1996。沈秀華、1997
⑨	方西雀	台北第三高女→東京の高等女学校	主婦	林旭屏	東京帝国大学法科	総督府山林科。司法科高等文官試験合格後は屏東市助役。新竹市助役、竹南郡郡守、台南州商工水産課課長。課長兼総務課長等。新竹州地方1942年に総	夫の転勤が多いため親とは同居せず		夫婦関係良好。妻は持病の喘息のため、家事はせず。子弟の教育は妻と姑が担当		張炎憲等、1997

						督府専売局参事、煙草課長、1944年戦時中にジャワ、陸軍司政官					
⑩	陳仙槎	台南第二高女→日本の洋裁学院		王育霖	東京帝国大学法科	京都地方裁判所検察官	結婚後に再度渡日。長男は京都で出生		京都の検察官勤務時は、帰宅後も仕事。夫婦関係良好		張炎憲等、1997
⑪	一	彰化高女	主婦	林連宗	中央大学予科	弁護士		女1	親子関係良好		張炎憲等、1997
⑫	邱已妹	淡水女子中学→日本針灸専門学校	主婦	李瑞漢	中央大学法科	弁護士		男2 女1	娘の刺繍、ピアノなどの文化的教養のために投資		張炎憲等、1997
⑬	藍慎	基隆高女	主婦	李瑞峯	中央大学法科	弁護士					張炎憲等、1997
⑭	張捷	公学校	主婦	陳澄波	国語学校師範、東京美術学校	公学校教員、画家			夫は写生に娘を連れていく。娘の幼稚園の活動にも参加	使用人有	張炎憲等、1995a
⑮	許素霞	日本東洋女子歯科	主婦	潘木枝	東京医専	医師	新婚生活は日本。後に帰台	男7 女2	子供を非常に可愛がり、体罰せず。仕事が忙しくても子供との時間をもつ		張炎憲等、1995a
⑯	林秀媚	嘉義高女→東京女子医専	主婦	盧鈵欽	京北歯科	歯科医		4			張炎憲等、1995a
⑰	謝玉露	嘉義高女→東京女子医専	医師	陳纂地	大阪高等医専	医師			愛妻家。妻の洋服の出費に夫は干渉せず。夫は多忙な妻の身辺の世話を焼く		張炎憲等、1995b

⑱	林玉英	目黒の日出高等女学校	彰化税務署勤務	許壬辰	拓殖大学	郡役所柔道教師。嘉義県警察局督察。嘉義地方法院書記	法院宿舎	男1 女1	夫婦仲は不良。妻は「お嬢さん」、夫は「日本精神」濃厚、妻が夫の政治活動に干渉することを嫌う		張炎憲等、1995b
⑲	翁式霞	台北第三高女	教師、夫の事業の補佐	陳？	国語学校	医師、実業家	継母が妻を虐めたため、妻が22才の時に夫婦で大家族を出る	男2 女4	教育重視。娘には甘く、息子には厳しい	使用人5人	江文瑜編、1995
⑳	林素	台南第二高女師範科	主婦	阮朝日	福島高等商業学校	実業家、台湾新民報社広告、販売部長	夫の仕事のため夫の実家の屏東から台北へ夫婦で引っ越し。最初は賃貸、後、織物商の張亦泰の別荘へ引っ越し。近所は中流以上。子供の教育環境のために三回引越。最後に百五十坪の土地を購入、持ち家に	5	愛妻家。夫婦そろって社交界で活躍。夫は子弟との家庭生活を詳細に記録。娘の音楽、書道、日本舞踊等の教育に積極的に投資	子供5人全員に乳母	阮美姝、1992
㉑	楊純	―	主婦	張雲昌	台北第二師範	教師		男4 女1	夫婦関係良好。夫は音楽に興味、夫婦で台北の音楽会に		応大偉、1996
㉒	蔡月鳩	彰化高女	主婦	蕭静懐	東京留学	医師	医師の夫の仕事のため結婚後、東京に		家庭生活重視		応大偉、1996
㉓	劉玉英	台北第三高女師範科→東京女子師範保育科	公学校、幼稚園教員	李澤祁	広島高等師範	広島県府中中学教員	夫の教職のために結婚後に広島へ。若夫婦と子供のみ	男4	家事と育児を夫婦で分担。ヴァイオリンで子弟と交流。休日には家族で外出		李遠輝・李菁萍、1998

出所：筆者作成。

ける読書習慣について、同誌主催の家庭の読み物を語る座談会では、総督府評議員であった郭廷俊がその発言のなかで「読み物にもよるが女等は公学校卒業位の頭しかないから読む力がないですね。一旦女学校を出ると本を見る様な事はないです。特に教育の任に当つて居る女教師位で、児童の教育方面のものは別として家庭婦人となれば書物を見ることはないのです」と批評している。[20]

インタビュー調査から見た夫婦関係

新式教育を受けた世代の家庭における夫婦関係を重視する傾向は、従来からの台湾人家庭に新しい風を吹き込んだ。教育世代の女性たちを対象に行われた各種のインタビュー調査からも、この点を見て取ることができる(表6-2)。

まず、知識と文化教養とをともに備え、二人そろって活動し、趣味と考え方を分かち合う新教育世代の夫婦が、現実に現れてきた。事例⑧の第三高女教師の楊毛治と弁護士である夫の呉鴻麒の結婚生活を見れば、彼らはそれぞれ別々の交際圏を持ち、互いの生活を尊重し合っていたという。つねに二人そろって「日光堂」書店へ出かけて各自の興味のある本を購入し、交換して読んではその内容について話し合った。夕食後、しばしば二人で散歩して妻の実家を訪問していた。台南第二高女卒業後、日本の洋裁学院に留学した事例⑩の陳仙槎は、京都地方裁判所に検察官として勤務していた夫の王育霖が帰宅しても仕事を続けていた。妻は家事を終えた後、いつも夫の側で「小説を読むように夫が書いた判決書を読んだ」という。福島高等商業学校卒で台湾新民報の重要幹部であった阮朝日は、台南第二高女師範科卒の妻林素［事例⑳］とそろって社交界で活躍していた。娘によれば朝日は愛妻家で、妻の衣服は全て彼がみずから選んだ物であり、「母は父のお姫さまのように可愛がられていた」。台北第二師範卒業後、教師となった張雲昌に嫁いだ事例㉑の楊純は、夫の音楽の趣味で夫婦二人は常に自宅のある宜蘭から台北の音楽会に出かけ、「結婚後の生活は幸福であった」と述べている。

次に、「男は仕事、女は家庭」の論理は言説のなかではゆるぎなく掲げられていたが、しかし一部の新エリート家庭において、この点は実態としては比較的に緩かだった点が確認できる。家事や育児をお嬢さん育ちの妻にさせたくないなど、家庭重視の愛妻家の姿も見られる。東京帝国大学卒、総督府山林科、市助役、郡守などの公職を勤めていた事例⑨の林旭屛は、妻の西雀に喘息の持病があったことから、妻に家事をさせたくないとしている。事例⑰の東京女子医専卒の女医謝玉露によれば、愛妻家の夫は服を買うのが大好きで贅沢だった妻に、お金を自由に使わせて一切干渉しなかったという。のみならず、早起きの夫は、妻を遅くまで寝かせておき、同じ医師同士で多忙な中にあっても朝御飯の牛乳を妻に用意するのを欠かさなかった。事例⑳の林素夫婦については前述のとおりである。事例㉒の彰化高女卒の蔡月鳩の夫は家から離れた南投の開業医であったため、毎日の帰宅時間は真夜中だった。「こうした彼は帰宅して真っ直ぐ私の所に来て、手に手をとって子供部屋に行って子供の寝顔を覗いた。幸せだった」。さらに事例㉓の東京女子師範保育科卒の劉玉英は、広島県府中中学の夫の教職のために、内地で若い夫婦と子供の家庭を築いた。家事と育児は夫婦二人で分担していたという。

これらの事例を総合的に眺めた上で印象を述べれば、次のようになろう。夫婦がともに過ごす時間が長く、感情的なつながりが密接になったのは、舅姑の同居がなく、夫婦と子供からなる核家庭の生活形態と関連するように見える。夫が公職や弁護士など新興の職業に従事する若い夫婦は、その勤務の便宜から、故郷に残って父母と同居することが不可能になった。こうした若い夫婦は、結婚して後の短い時期のみ形式的に夫の実家に住み、その後は夫の勤務地あるいは留学先に戻るというやり方が普遍的であった。転勤が頻繁で、宿舎に住む夫婦もまた多く見られる。舅姑の視線と干渉を気にする必要がない夫・妻・子供中心の家庭空間は、若い夫婦の心理的・物理的距離が接近することについて良好な環境を提供したと考えられる。

2・2　エリート妻の社交能力

妻役割における社交能力は、一九〇〇年代初期に解纏足運動と女子教育を推進した漢学世代による期待を受け、新世代の言論のなかではさらに核家族における必要性の視点から捉えられるようになった。新しい家族構成において、夫の代行者として妻に欠くことのできない対外的折衝能力が、「深窓から応接間へ、外に出て個人として接触を行うことは、時代の要求である。家対家の交際は、すでに時代の遺物となり、大家族制度は崩壊して小家族制が現れた。この時代に際して、父兄たる者は時代の要求に応じるため、平素から子女弟妹を訓練するべきである。妻たる者は、夫の代わりに訪客を招待し、世事に関わらなければならない[21]」のように改めて強調された。

このような応対能力を持つ妻は、一部の台湾人新エリート家庭では現実に見られるようになっていた。前引の『台湾婦人界』のインタビュー企画「旦那様を語る」で登場した二人の台湾人女性、画家の楊佐三郎の妻許玉燕、および医専教授と中研技師両方の仕事を勤めた杜聡明の妻林双随はその実例であった[22]。インタビュー記事の内容から次の諸点が指摘できる。

第一に、夫婦に子供だけの家族構成と、「夫が仕事、妻が家庭」という役割分担は二人の家庭に共通している。さらにこのインタビューに応じた妻の様子は、夫の不在中の、主婦の姿そのものであった。記者の訪問を迎えた許玉燕は以下のように描かれた。「『さあ、どうぞ』と二階に案内される。御不快の為御休みであつたところへ御邪魔した記者であつたが夫人は快く迎えてくださる。明るいモダンな、長い簡単服が夫人によく似合う」。そして林双随宅の訪問は次のような光景であった。「御障子張りの最中、それに四時からは御客様が御見えになると云う御忙しい中を快く御通し下さいました。五人の御子様が皆客間にはいつていらしてニコニコして記者を見ていらつしゃる。傍らに大きなオルガンがある」。

第二に、同誌の記者のインタビューに応じたエリート妻の流暢な言語である。日本人との付き合いが日常化していた中流以上の台湾人家庭では、妻が十分な社交機能を果たすには日本語が欠かすことができなかったが、新エリート家庭の妻たるものは、必要とされる言語能力は既に女子教育を通じて備わっていた。二人の学歴を見れば、許玉燕は高等女学校卒、林双随は前述のように東京の青山女学院卒であり、小学校からの教育は全て内地で受けたものであった。

第三に、家庭における社交的役割は、彼女らにとって自らの責務として意識されているようであった。「御主人のお友達が入らしつたら、奥様応待されますか」という記者の質問に対し、許玉燕は「それはします。主人のお友達ですもの。よく本島人の中には自分の夫のお友達が来ても、知らん振りしていたり、逃げ廻つたりするが無礼ですわ。第一主人の面目が立たないぢゃありませんか。寧ろ仲間入をして、明るく冗談でもいつた方が好いと思ひますの。さうすればお客様も気兼ねなしに遊んで行けますし……近頃よく離婚問題がうるさい程、続出して来たんですが、又カフェー遊びをするものなども多くなつて来たが此等は単に男のみの罪ではありませんね」という見解を述べた。

2・3　家計管理

こうした新エリート家庭において、妻による家計管理が見られるようになった。この新しい現象について、第一に、新式教育を受けた女性たちの家庭管理に関する近代的な知識・技能の習得と、第二に、家族形態の変化という二つの側面から説明しておきたい。

新式家計管理者としての妻

妻が家計の管理者になるには一つの重要な要素がある。それは、新式教育を受けた女性たちの家庭管理に関する知識・技能の習得という点である。読み書き、算数などの基礎学力はもちろん、高等女学校教育のなかでは

「家庭経済の管理」が家事科の一部として扱われた。一例として、司馬遼太郎［1994：499］との対談のなかで李登輝が、第三高女卒の妻曽文恵について「家内は日本の教育を受けているから、家計簿をつけるのがうまいです。だから、ぼくは安心して仕事できる」と語った箇所がある。

さらに、当時高等女学校の出身者が愛読する婦人雑誌も、彼女たちの家計知識の一つの重要な情報源であった。戦前の高等女学校卒業生に対する山本礼子と新井淑子のアンケート調査によれば、教科書以外の読書については『婦人倶楽部』を筆頭に、『主婦の友』や『婦人公論』などの婦人雑誌名が多く挙げられた（高等女学校研究会プロジェクトチーム［1995］、山本［1999：139］）。中里英樹［2000：185-196］によれば、日本の婦人雑誌は大正期に隆盛を極め、幅広い読者層を獲得した。こうした婦人雑誌は、主婦に家計管理の重要性、家計簿記帳の作成方法について相当に力を入れた解説を行っていた。これに関連する記事や家計簿広告のほか、読者の家計相談および家計のやりくりに関する投稿が豊富に掲載されていた。家計管理に関しては、女性が実際に家族を持ってからの情報源として各雑誌が非常に重要であった点を中里は指摘している。

台湾人女性読者の家計管理への関心は、唯一の島内発行の婦人雑誌『台湾婦人界』によってもある程度うかがえる。一九三四年一〇月号で同誌は、読者を対象に家計体験の原稿募集を行い、そこで選ばれた六篇が次号の「我家の家計簿」という記事で掲載された。そのなかの台湾人女性読者による二篇の家計体験記を概観すれば、以下の二点を指摘することができる(23)。

第一に、家計簿をつけるという行為は、結婚生活上の必要にともない、主婦としての自覚により自然に始まったように見える。ちなみに、林阿月の場合は月収六〇圓の月給取りの家庭で、まだ子供のない本人夫婦、姑、夫の幼い弟と妹による同居五人家族であり、何月琴の場合は月収六〇圓の会社員家庭で、本人夫婦と子供三人の五人家族であった。結婚して半年になる林阿月の場合は最初、「結婚後の月末に不足を見ましたからあわてて、予

表6－3　台湾人・在台日本人若夫婦の家計簿（1930年代）

	林阿月の家計簿			何月琴の家計簿			堀井ふさの家計簿	
項目		金額(圓)	項目		金額(圓)	項目		金額(圓)
月収		60.00	月収		80.00	月収		150.00
支出	家賃	9.00	支出	電灯料	3.20	支出	副食物代	24.00
	電灯料	2.20		水道	1.00		米・燃料・調味・菓子費	28.55
	水道料	1.12		食費	15.85		住居費	5.70
	米	10.00		米	6.00		家具費	1.00
	野菜	8.00		副食物代	6.20		被服費	1.20
	醤油	0.80		主人煙草代	3.60		交際費	9.00
	塩	0.10		調味料	1.05		教育費	12.00
	副食物	8.00		薪	0.50		職業費	15.00
	薪	0.50		木炭	0.50		修養費	5.25
	木炭	2.00		交際費	8.00		娯楽費	5.00
	母小遣	0.50		被服費	5.00		医薬費	3.00
	弟学資（小学）	2.00		貯金	22.00		公共費	4.00
	妹（まだ小さい）	0.50		主人小遣	6.00		消耗費	1.50
	履物代	0.60		化粧品代	3.50		お手伝給料	5.00
	交費	1.00		子供玩具	5.00		特別費	18.00
	化粧代	1.50		牛乳	2.00			
	常備薬	0.80						
	布代	1.30						
	小計	47.42		小計	89.40		小計	138.20

出所：「我が家の家計簿」(『台湾婦人界』1934年11月号、78-80、84-86）により作成

算をつけ、家計簿をつけはじめた」。もう一人、何月琴の状況も類似している。「結婚しまして約一年と半になりますが始めの二、三箇月は、月末になると定まつて赤字が重なるばかりでありました。で、之ではいけないと思いまして、家計簿をつけはじめてから、貯金などのゆとりも出来まして、心嬉しく思つて居る次第で御座居ます。……家計簿をつけたおかげで、今では日々の生活も楽々と出来るようになり月末にはまごつかくなりました。それにしても、家計簿をつけない前とつける今と、こんなにも差が出て来るのは只々驚くばかりで御座居ます」。

第二に、収入の全体から、家庭の各種の支出、家族員への割り当てまでを明確に把握・管理することのできる主婦の様子がうかがえる。また、夫の小遣いは二件とも支出項目として見なしている点から、月給は残らず妻に渡されたものであり、夫より受け取った一部ではないと判断される。林阿月の例に示されたように、姑、夫の幼い弟と妹が同居するにもかかわらず、妻が家計管理者の地位に就いている点

は興味深い。

家計簿で記された収支内容は**表6-3**の通りであるが、その家計管理の様子を理解するために、少し長くなるが林阿月の体験談も合わせて引用しておこう。

　余裕を出さうと思つても仲々思ふ通りに行かないわが家の生活であります。幸ひにめつたにお客様が見えないので、交際費も余り入りません。化粧代も、女性の身だしなみとして、ほんの僅かな然かも極安いものを使つて居ります。又自分でつけものもしてありますからお菜もそれ程には入らないですませる訳であります。心強いことには主人は煙草もお酒も得手でないのには助かりました。又、勤先から帰つて来てはめつたに廻り路したことなく、だから小遣銭も入らない理であります。お母様も幸ひにテンソクでなく、普通では大抵下駄で間に合ひますし、子供の方は簡単服ですませて居ります。非常時の今日、貯金の余裕を見出せない私は行先が案ぜられるのです。今に子供でも出来たら、と、つとめて生活費をきりつめては居りますけど、やはり、それだけのゆとりが出ないのであります。せめて月八圓の貯金でも出来たら、と、心ひそかに思つていますけど、実現される日は何時やら、計り知れず、主婦として誠に面目ない次第であります。

このような家計体験の投稿に対し、次の号では第三高女教諭の田中シヅによりコメントがつけられた。例えば家族五人の会社員家庭の家計について、①家賃を払わなくて済む分は積み立てをすべきだ。②食費を節約し交際費、被服費、化粧品代に充てることは間違い。③本島人の多額の飲食代に注意。客の招待またはお祭りごとはコックを雇い入れるよりも主婦の手料理を勧奨。④精神生活への支出の欠乏を指摘し、新聞その他の読み物、ラジオなどを勧奨するなど、家計管理の方法について具体的な提言を行った[24]。多くの新エリート家庭の妻の出身校である第三高女の家政指導に携わる教員により、台湾人を含む読者に模範的な家計管理を示したのであった。

妻と家計管理の関係

実際のところ、女性による家計管理そのものは伝統的台湾家庭にも存在しており、決して新しい現象ではなかった。伝統的台湾社会では女性が家庭経済に対し、比較的多くの自主権を有していたことが従来より指摘されてきた（游［1995a：216］）。ただし、このことは家庭のなかのすべての女性成員の経済的自主権を意味するのではなく、ほとんど既婚女性に限定されるものだった。具体的にいえば、第一に、姑という家庭内における女性の最高地位にある場合に限り、状況によって男性家長に代わり家の経済権力を握ること、第二に、結婚した時の持参金――現金だけではなく実家から贈与される不動産およびここから得られる収入も含まれる――の支配権がある。

伝統的な大家族の居住形態は、親夫婦と一組以上の子供夫婦、およびその子供などにより構成されるいわゆる複合家族となっており、家族全体の日常生活の費用は、姑により管理される。これについて池田敏雄は以下のように記述した。

親族が住居と財産を共にするその生活は、当然炊事を共同にし、共食せねばならなかつた。嫁が三人をれば一月を三分して一人十日間づつと云ふ風に炊事を分担した。こうすることを輪煮と云つた。その日その日の食費は、家計をあづかる姑が、毎朝一定の金額を炊事当番の嫁に渡す。嫁はその範囲で一日の食事を賄はなければならない。もし料理が不味ければ凍銭（金を吝嗇する事）したと云つて他の嫁や家族に陰口を云はれたり、憎まれたりす［ママ］ので、正直な嫁は多少支出が超過しても家族に喜ばれようとした。支出の超過も時たまであれば姑も心よく出して呉れるが、度重なると小言の二三句は云はれる。小言がいやさに、皆自分の懐から出して埋合せをつけた。(25)

大家族全体の家計と、そのなかにある小さい単位である各自の子夫婦の家計の間に、どのような相互関係が存在していたのか。池田は次のように記している。

農村と都市、あるひは都会地でもその家業の如何によつて異なるであろうが、家族がそれぞれ任意の職に就いている場合、財産のある家では、各自の所得になることが多いが、暮向きの豊かではない家は、それぞれ稼高の一部を家のために差出す。従つて夫に収入のない妻の立場は著しく悪かつた。子供が病気にかかつたり、あるひは衣服の新調等の、多額の出費を要する際には、姑が負担するが、それでも自分の子供のみが何時も病気をなし、病院通ひばかりしていたのでは、嫁としては他の家族に対して気のひけるのが人情である。たとへ姑に愛されていても、他の家族から憎まれたくないばかりに、他から工面して、自分で遣繰りするのである。[26]

このような伝統家庭における姑の家計管理の慣習に対し、新世代の嫁の家計管理はきわめて限定的なものであると考えられる。新エリート夫婦の間でも家計管理の多様化は、有職の女性に対する游鑑明の聞き取り調査のなかにも見られる〈前出表6-2の事例①～⑥〉。

例えば、①邱鴛鴦夫婦の場合、夫の長兄が花蓮に住み、次兄が死去したために、寡婦暮らしの姑と同居することになった。夫の収入は家計を管理する姑に渡して、妻の収入は自分で管理するというケースであった。その長女の証言によれば「父親の収入は母親に渡したことがなかった。すべて祖母によって管理された。偶には祖母も母親に小遣いを渡すが、ほとんど家の生活用品を買うためであった。祖母が亡くなった後も、父親の収入は母親には渡さなかった。すべて組合に預けていた。しかし母親が金を必要とする時には電話一本で用務員が現金を家まで届けてくれる」。邱鴛鴦はみずから管理することのできる持参金と貯蓄による個人資産が多かったために、このような家計管理について別段、不自由は感じなかったようである。「姑は長年寡婦暮らしをしていたため、倹約の習慣を身に着けていた。そのため私はできるだけ彼女の金を使わないことにした。しかし姑はよくひそかに小遣いをくれた。……私の貯蓄は徐々に増えていった。婚約の時に男家から二〇〇圓、結婚の時に四〇〇圓の礼金を受け取った。それと、もともとの貯金六〇圓を加えると六六〇圓のへそくりとなった。そのほか、結婚する以前の毎月の給料は全部実家の母親に渡した。結婚後、それまで稼いできた給料はすべて自分で処理することができた。そのため、私自身のへそくりで十分間に合っている。実家に帰るときにも姑の金を一切使わずに済ませることができた」。これは、前引の「我家の家計簿」の林阿月と同様に姑と同居するケースだが、家計管理者が姑か嫁かの違いが見られる。

⑤の蔡娩の家庭は時々姑が来て同居するタイプであった。結婚直後には夫婦と子供だけの家庭生活もあったが、のちに夫婦ともに東京に留学した時期に、姑が同居するために来日した。台湾に戻って開業後、姑は基本的に実家に居住するが、偶に来て同居することもあったという。この家庭の家計は、「夫が節約家であるために、金の遣い方は非常に慎重である。うちの家庭支出は全部夫に任せている。彼の収入は彼自身で管理し、私の収入は私が自分で使う」というやり方であった。

②の蔡素女と⑥の石満は、親の同居がなく、夫婦と子供による家族構成、妻が家計管理者である点が一致している。前者は「私たち夫婦の間には秘密がなく、全て公開している。彼が稼いだ収入は全て私に任せてくれる」。後者は「家計について夫婦の給料はごちゃ混ぜにしている。私がまとめて管理する。家の支出は基本的に私たちが稼いだ収入で間に合う。家産にまで手を出すことはほとんどなかった。……一部の女性は結婚後も実家に対す

る経済的援助をしなければならないが、私の実家の経済状況は良かったため、その必要はなかった」。このように家計管理者が妻であるとき、元教師で結婚退職した蔡素女の場合は医師である夫の収入を家計管理の対象とするのに対し、医師として共稼ぎの石満の場合は二人分の収入をまとめて管理していた。

以上の事例により、新世代の妻と家計管理の関係の変化には一定の傾向が見てとれる。

第一に、同時代の社会背景のなかで、家計簿の記帳を行うなど家計管理者としての妻役割は、一部の新エリート家庭で形成されはしたものの、「主婦」と「家計管理」がただちに結びつく程度にまでは発展せず、台湾人エリート層のみを見ても確立されるまでには至らなかった。二〇年代以降、妻が管理を行う事例が増えてくると同時に、姑や夫による管理も依然として広く見られる。そこにはいくつかの類型が見て取れる。(1)大家族の家計全体ではなく、みずからの収入分だけを管理する子供夫婦が実際に存在している。ただし(2)夫が無収入の夫婦は自然と大家族の共同家計に依存し、独立した家庭経済を持たない。さらに、(3)就学または就職のために親の実家から離れ、息子夫婦を中心とする家庭生活単位が形成されるにともない、息子夫婦みずからの家計管理が現実上の必要として生じた。数世代の複数夫婦が同居し、家業と家計の分離が明確ではなかった伝統的な家族形態とは異なり、若い夫婦と子供から構成され独立した生活形態において、世帯単位の家計管理が比較的可能になったと考えられる。

第二に、各事例からみれば、家計に関わる財源は主に、(1)大家族の家長（舅・姑・息子など）管理下の「家産」、(2)子供夫婦の「収入」、(3)妻の「持参金」（収益を含む）の三つに分けられる。

(1)「家産」との関係について、⑥のように新世代の夫婦の間では自分たちの収入を家産とは意識的に区別しているようであるが、両者は決して互いに不干渉の関係ではなかった。池田が示したように、子供夫婦の家計が困難である場合は、大家族の家計を管理する姑からの援助も存在し[27]、⑤の蔡婉のように夫婦そろっての留学生活においては、地主家庭の家計管理者として定期的に小作料を取り立てる姑から生活費や小遣いを受け取る場合もあった。逆に経済が豊かではない大家族には、子供夫婦は収入の一部を実家に入れるか、事例①のように伝統的な慣習上、または同居する親への親孝行の表現として夫の収入を渡す場合も見られる。

⑵独自家計を行う新世代の家庭のなかでは、家計管理者が夫か妻かを問わず、通常、子供夫婦みずからの収入分、特に夫の収入を対象としている。妻が主婦の場合は夫一人の収入に頼るのは当然であるが[28]、共稼ぎの場合でも基本的に夫の収入を以て家計を立てることが当然であるとする傾向が見られる。

⑶さらに妻の「持参金」との関係をみてみよう。台湾社会の慣習では妻も私有財産を保持することができ、個人資産に対しては比較的大きな経済的支配権を有していた。結婚の際に持参した金銭、動産、不動産、および不動産の運用はすべて自由である（処分には夫の同意を要する）。また、結婚後の妻みずからの労働による収入、親族らから贈与された財産、妻が勤倹蓄積した金銭で購入した不動産などは、いずれも妻の私有財産に属し、自由に運用できる（処分には夫の同意を要する）[29]。ここから新エリート家庭においても、結婚時の礼金および実家から持ち出された個人資産については、妻本人の裁量権が尊重されることになった。妻の収入分が家計収入に入るかどうかは、本人の意思によりケース・バイ・ケースである。⑤の蔡娩のように、妻の収入分は妻が自由に使用する場合もあり、⑥の石満のように家計の一部として用いる例もあった。

さて第三に、直接に家計を管理するか否かとは別に、新世代の妻の家計への影響力は一段と大きいものと見受けられる。実家が裕福で多額の持参金を所有し、または自分の職業からの収入のある妻はとくにそうであった。有職女性に対する游の調査［1995a：97］によれば、豊かな家庭出身の女教師の多くは、家庭内において比較的高い経済的自主権をもっていた。未婚の女教師の給料は親に渡す習慣となっているが、その場合も自主権を放棄したことにはならず、必要なとき随時親から取り戻すことが可能である。親が保管してきた給料は結婚する際に彼女たちの持参金となる。したがって女教師は自分の私産に対し比較的大きな支配権を持っていることが指摘されている。他方、妻の所有する資産と収入は、夫の収入を主とする家計に対しては重要な調整弁として常に機能している。

池田が指摘するように、(1)同居する大家族の嫁たちが食費の不足分に「皆自分の懐から出して埋合せをつけ」る場合、または(2)夫の収入が豊かではなく、大家族を管理する親に贈与する金、(3)自分の家庭に予算外の支出がある場合は、妻たるものは私産によりその場を凌ぐことが可能である[30]。積極的な面では、妻は家計の範囲に含めなかった私産をもって各種の投資を行うことにより、家庭の貯蓄を増やすことも普遍的であり、この点は②蔡素女と⑥石満の事例にも反映されている。家庭財政における夫婦の力関係は、このような私産を持つ妻の強い立場により影響されると考えられる。夫婦関係にとどまらず、嫁姑関係においても妻にとって私産は重要な武器であった。経済的に余裕のある妻は、日常生活の費用について姑が管理する夫の実家の資産に頼る必要がなく、逆に姑に対し快く物や金銭の贈与を行うこともできた。①の邱鴛鴦はその好例であった。

第四に、一部の新世代の夫たちは、「男は仕事、女は家庭」という思考を持ち、自分の仕事に専念するために、家庭の細かい事務などを敬遠し、全て妻に一任する傾向も見て取れる。大家族の共同生活から脱却しつつあった新エリート家庭では、子供夫婦みずからが家計を管理することが可能となり、そのなかで妻が管理者の適任者として現れたのである。林阿月と何月琴らの家庭に代表されるように、妻が女学生時代から習得してきた簿記を中心とする体系的家計知識と技能はここに至って大いに必要とされたのである。

3　母役割

前節の妻役割に見られたように、いわゆる「近代的」な新興職業に就く新エリート男性の妻たちは、家庭内全般を掌理する「近代的」主婦にまでは至らなかった。新教育を受けた妻の役割で評価の対象となったのは、対外的には訪客を接待するなどの社交能力、および家庭内部においては夫婦間で趣味を共有することができるという文化教養の側面であった。家計管理者が妻に限られないことに示されるように、仕事を男に、家庭を女にというような男女の厳格な役割分業は確認できない。分業というよりも、夫の補助者としての妻の役割が求められていたといえる。家庭内での仕事は、男性の不足を補う意味のものであり、そこから男性が排除された完全な女性の領分というわけでもなかった。女性の結婚後の勤めは、奨励されることもない代わりに、批判されることもなかった。台湾人の新エリート家庭の妻役割に現れたこのような特徴について、今度は「母役割」に即して考察を進める必要がある。子育て、家事、および家庭教育に関わる領域は、全面的に主婦の職分とされたのか否か。もしも全面的ではない場合は、母たる者の仕事は、どの範囲まで、どのような方式で行われたのであろうか。以下、引き続きインタビュー調査資料を基に、台湾人新エリート家庭の母役割の特徴について考察していきたい。その際に子育ての変化、幼児教育への関心、学校教育に平行する形で取り組まれた学齢児童の家庭教育という三つの側面から検討していく。

3・1　良質な育児と家事管理

積極的な育児観

いかに良質な子育てを行うかは、新世代の母においては漠然とではなく、意識的なかたちでつねに考慮されていたようにみえる。「良質さ」への志向性は、従来の育児習慣にある「迷信」の部分を見分け、科学的な知識を積極的に取り入れる態度に現れている。

一例として、一九三七年の台湾社会事業協会主催の乳幼児選奨会では、全島五千人以上の応募者のなかから、男女各一〇名が優良児に入選し、そのなかには台湾人の乳児男女各三名が含まれていた(31)。「乳幼児の愛護思想の普及と涵養」を目的とし、五月五日の子どもの日の一行事として行われたこのコンテストは、まず全島各州の同会支部が市・街のレベルで予選を行い、本部が各地方の入選者から全島優良児を選抜するという仕組みであった。毎年の参加者が著しく増加していくなかで、日本人参加者の数には及ばないながら、台湾人の参加も目立っていたようであり、コンテストの台湾人参加者は「国語常用家庭」に限定するという条件を加えるべきという声もあった(32)。これらの台湾人参加者は、赤ん坊の体重を計ることを忌避する「迷信」にとらわれず、赤ん坊をひたすら太らせるよりも、健康状態と均整のとれた身体を重視する「科学的」な評定基準に同調していた。

育児に関する科学的知識を重視する新世代の母の態度は、女学校時代の教育による部分が大きいであろう。『台湾婦人界』雑誌の育児講座のコラムに掲載された読者投書のなかには、竹東に住む王金里から、子供の痃を取る方法について質問があった(33)。育児日記を用い、子供の成長を記録する母親も現れてきた。一九三五年一月号の『台湾婦人界』で、ある母親はみずからの育児日記を次のように披露した。

始めて人の母となつたせいでせうかもう赤ちゃんの何から何迄気にかゝつて仕方がありません。世の母親達がよくおつやいます通り本当に我が子の為に気の狂ふことがたまたまあります。これは幼育日誌（愛児の姿）の一日ですけれどとてもおかしくてなりません――「午後七時半頃、勉強に来た黄和火君が鉛筆箱を取り落し、その音にびつくりして我が子は大泣きしました。本島人の迷信とは思ひつゝも黄君の着物を洗つた水で我が子の手足を拭いてやつて、自家安心、平安を祈りました」此の子の父が私に代つて書きました。(34)

この育児日記の記事から二つのことを読み取ることができる。一つは、前述したように、「迷信」であることは承知の上で、無害であれば安心のために取り入れてもかまわないとするのは、明確な科学意識をもつ新世代ゆえの反応であろう。もう一つは、育児を意識的に重視する姿勢は新世代の母だけではなく、父たるものにも共通していることである。母の育児日記を父が代筆している事実から、新世代家庭では父が決して子育てから排除された存在ではなかったことが示されている。同じように表6-2の⑳の阮朝日の娘によれば、父親の日記のなかには子供たちの成長記録がほとんど毎日のように綴られていたという。乳児の時から親子間の接触に重きを置き、子どもとの距離を縮小しようとする意識は、新世代の父親には顕著であった。この点は、第一節において彼／彼女等の家庭言説にみられた家族構成員の情緒的結合への高い期待と重なってくる。

育児の管理責任者

指摘しておかねばならないのは、新世代の育児重視の傾向は、育児に付随する実際上の家事労働の重視には直接結びついていなかったことである。哺乳については、自分で行う者と乳母を雇う者があったが、それ以外の育児労働については、家事とともに全て使用人に任せる点において一致していた。新エリート層の母親の間では、有職女性、専業主婦の別を問わず、乳母をつける場合が普遍的であった。子育ても姑、使用人、他の家族で分担する例が多かった。高等女学校卒業生に対する山本礼子［1999：205］のインタビュー調査によれば、「家庭を省み、子女の教育に万全の配慮を払う姿勢、出身階層のよさを示す子供一人ひとりにつける乳母・女中の例は、何回か耳にしたことであった」という。職業婦人に対する游の調査でも、育児の様式は全員類似している。前出の表6-2を参照すればわかるように、育児に関する記述のあるデータのほとんどに、女中または乳母を雇っていたことが示されていた。

そもそも伝統的台湾人エリートの家庭にとって、乳母や使用人を雇って育児と家事に従事させるのは従来からの習慣でもあった。二〇年代以降、近代的な職業の出現など社会全体の構造変化にともない、大家族の居住形態の他には、舅・姑と同居する直系家庭あるいは夫婦と子供のみの核家庭が一部現れていても、乳母・使用人は相変わらず各類型の家庭において存在していた。日本の新式教育を受けた母たちは、育児にともなう労働には直接には参与せず、使用人の労働力に頼り、主として近代的な育児観、知識などを活かして育児の「管理」に携わるというスタイルが普通であった。

興味深いのは、新世代の女性たちの母親としての自己評価も、良質な育児環境を提供することに関心を払っているか否かという観点から行われている点である。例えば②の蔡素女は「育児のために私は全力を尽くしていた。六人の子供は全て母乳で育てられ、子育てを援助するために家ではつねに女中を雇っていた」と述べている。⑤の蔡婉も子どもを母乳で育てたが、のちに女学生時代の東京留学の希望を叶えるために内地留学中の夫の後を追い、「姑や実家の母に何も事前の相談はせず、二人の子供を一人ずつ預け、私は一人で船に乗り内地に渡った」。一段落した後、子どもを内地に引き取るが、心配した姑が子どもの世話をさせるための二人の養女を率いて内地にやってきたという。女医であった石満の子育ては「診療時間のためにみずから哺乳を行うことができなかった。子どもたちはみな牛乳で育てられた。哺乳時間については私が乳母に伝えておいた。私が乳母を選択する基準は非常に厳しかった。それぞれの乳母が来た後、最初の一ヵ月は私と同じ部屋で寝ること。そうして彼女らが信用できるかどうかを観察してから子どもを安心してあずけることができた」という様子であった。

使用人付きの家事管理

前述のことは家事全般にもあてはまる。家族の居住形態とは関係なく、新世代の女性たちは、結婚後の家事労働はほとんど家事使用人を雇うことでまかなっていた。①の邸の長女によれば、公学校教員で結婚退職した母は「仕事を持っていないのによく外出していた。……いつも食料品を買いに自転車で街に出たが、購入したものを家に宅配させ、自分はまた自転車で友人宅を訪れて彼女たちとお喋りしたりしていた。母の訪問対象はほとんど第三高女の学友であった。……当時家では女中三人を雇っており、そのうちの一人は炊事、他の二人は私たち姉妹の世話を担当していた。そのために母はよく外出していたにもかかわらず、私たちは放任されている感じは全くしなかった。祖母は家事をしない母を責めたことはなかった」という。

石満は家事管理について、「私たちは仕事が忙しいため、家ではつねに女中を雇っていた。薬局では二人の助手が居たほか、炊事の女中と乳母を大抵三、四人は雇っていた。幸いにも当時、使用人の給与水準は低かったため、それだけの人員を雇っても負担にはならなかった。家には使用人がいたが、私は数十年来、自分で買い物をする習慣を続けてきた。博愛医院に勤めた時も朝出勤する前に、食料品を買い、家にいる使用人に届けるよう頼んだ。結婚する前に私は全く料理をしたことがなく、結婚後も料理をする必要はなかった」と回想している。陳愛珠の場合も「私は一男三女を設けた。仕事が忙しかったため、乳母を雇って手伝わせた。実家の母と夫も面倒を見てくれた。夫は子どもをとても可愛がっていた」といった様子であった。

前引の林双随の女中付きの家事・育児管理については、夫の医専教授杜聡明の回想録［1983：221-222,232,245］のなかで以下のように記述された。まず家庭内の歴代の女中について、「戴劉阿銭は板橋人。筆者が京都から帰台後［一九二二年］まもなく家に来た。家族の一員のようであった。炊事、買い物、掃除などで妻を補助し、長女、長男の誕生後、彼女は二人の子育てをしてくれた。非常に忠実な女中であった」。もう一人の楊簡阿縁は「大正街三条通に居住していた時期に来た。一〇年以上勤めていた良い女中であった。板橋人。一般の家事、炊事のほか、次男・三男と四男の養育を手伝い、夜も子供たちに添い寝をした」。「この時期［一九四〇年代］に我が家は四男一女がおり、それぞれ幼稚園、小学校、中学校に通学していた。家のなかに女中がいたにもかかわらず、双随は育児と子供の教育管理の任を尽くした」。妻の家事管理について「数十年来、毎日家計簿をつける習慣であった。毎日支出の記帳と月末の決算があり、非常にはっきりして且つ体裁が整っている。……一九四〇年以降は、毎日の重要な生活内容について日記を付けるようになった」。

なお、戦前期日本の都市中間層の世帯にも、少なくとも一人か二人の下女がいた。このことを可能にした決定的な要素として、上野千鶴子［1997：168］は住宅の広さというより、むしろ家事使用人の賃金水準と雇い主の収入との格差という要因を指摘する。この経済的要因は、戦前期台湾人の新エリート家庭における家事使用人の存在を説明するものとしても有効である。当時、統治者と被統治者の間で俸給格差が存在したことは知られているが、台湾人社会内部においてもまた貧富の格差は小さくなかった。

新エリート家庭の収入と使用人の賃金を比較してみれば次の通りである。一九三七年一一月―一九三八年一〇月の統計によれば、台湾人家庭の毎月の実収入について公務員は九四、一六圓、銀行・会社職員は一〇五、二六圓、学校教職員は八七、八六圓であり、これに対し、同時期の女中（食事付き）の月給は台北市六圓、台中市八圓、台南市五圓であった（台湾省行政長官公署統計室［1946：846-855,867-871］）。必要であれば使用人を雇って家事労働を任せることは十分に可能であったといえよう。内地ではその後、女工の賃金の上昇に影響され、女中が不足する現象が起こったが、植民地台湾では女工を必要とする工業が少なく、台湾人の女性労働者に対しては最低限の学歴条件として初等教育が要求されたことからも、女中の供給源は比較的安定していた。

なお、第四章4・3ですでに触れたように、結婚時、新婦に「査某嫺」（下女）を付ける旧慣の存在も無視できない。裕福な家庭では、嫁に行く娘を世話させるために一人から数人の「査某嫺」を用意することは普通であった。日本統治時期では人身売買の色彩を帯びる「査某嫺」としての登録が禁止されたために、戸籍上はそれが養女や同居人の名義で登録されることが多かった。しかし「査某嫺」の旧慣は、実態としてはまったく変化することなく続いていた。この現象は全島各地の上流家庭出身の女性たちを対象とした前出の（表6-2）の事例のなかでも確認することができる。①の邱鴛鴦には結婚当時、「査某嫺」一人が付いていた。②の蔡素女は、結婚する前に、実家の母が三人の「下女」（査某嫺）を使っていた。そのうちの一人は母の専属であり、ほかの二人はそれぞれ二人の娘によって使用されていた。蔡によれば「下女［査某嫺］制度は私の若い頃には非常に盛んであった。それを別段悪いこととは思っていなかった。……私の下女は私が結婚する時に一緒に連れて行った。姉妹のように互いに面倒を見ていた。彼女は一五、六歳の時に家が貧困であったために私の家に売られてきた。私はずっと彼女を家族の一員とみなしていた」という状況であった。

社会階層の観点からみれば、新世代のエリート女性の家庭生活は、こうした貧困層の女性の労働力によって支えられた部分が大きい。「査某嫺」を存続させた社会的要素として、前述の杵淵義房は、「陪嫁」の習俗とならんで、上流家庭における女性の家事労働への忌避をもう一つの重要な要因として指摘していた。[35]二〇年代以降の新世代の女性たちにおいても、こうした傾向が直ちに払拭されてしまったとは考えにくい。娘時代、女学生時代の身の回りの世話をはじめ、結婚後の家庭生活に付随する家事労働に至るまで、貧困層の女性労働力は依然として欠かすことのできない存在であった。[36]

3・2　文化資本の伝承――家庭教育の担い手として

母役割における最大の変化は、家庭教育におけるものであったと考えられる。士紳層の家族戦略であった教育重視の伝統は、新世代に引き継がれた。清朝台湾社会の上層の家族がその地位を維持するための方式の一つは、積極的に経済活動に従事し、持続的に財源を開拓することにより経済的基礎を固めることと、もう一つは、子女の教育を重視し、科挙の称号を取得させることにより、家族の権力と声望を維持・拡大することであった（蔡[1980：205]）。日本統治時期に入って日本教育の主要な対象となったのはまさにこうした旧社会のエリート層の子弟であった。新式教育を受けた士紳層の次世代は、専門的知識と訓練を授けられた新しい集団として父兄の社会的・経済的地位を確保・継承し、それを基礎に植民統治下の新エリート層として、前の世代を越える社会的声望と影響力とを獲得したのである（呉[1992：141,160]）。新エリート層は、みずからの世代で蓄積した教育・文化資源を、さらに次の世代へと伝授する意欲をもっていた。

そこで、教育を受け、知識・技能と文化的教養を身に付けた母たちは、こうした新エリート層の子女教育において重要な役割を演じたのであった。具体的には、第一に、学校教育と受験における次世代の競争力を増強することであり、第二に、出身階層を表象する文化的教養を、家庭教育を通じて身に付けさせることであった。この家庭教育重視は漢学世代と新教育世代の親との最も大きな相違であった。漢学世代の親の教育熱心さは、積極的に投資し、子女を上へ、さらに内地へと進学させることにとどまった。家庭改革を主張する陳瑞虎が批判したように、「台湾の父兄や母姉は、児童教育についてあまりにも無関心である。学校教育に任せれば、家庭とは無関係であるという考え方が普遍的に存在している。これは大きな間違いである。児童の体育、知育、徳育は家庭側の配慮と支援がなければ成功しない」のであった[37]。家庭教育の普及への期待は、日本教育を受けた青年男女によって作られた新エリート家庭のなかで、徐々に実体化される動きが見えてきた。漢学世代の親を越えて、新世代

表6－4　幼稚保育概況（1904-1944年度）

年度	園児数（台湾人）	園児数（日本人）	幼稚園数	保母数（台湾人）	保母数（日本人）
1904		42	1		1
1905		86	1		3
1906		78	1		2
1907					
1908		145	2		9
1909		144	2		7
1910		195	3		8
1911		235	3		7
1912		193	3		5
1913		137	2		4
1914		130	2		6
1915		203	4		8
1916	74	434	9	3	15
1917	267	387	12	9	14
1918	434	388	14	15	12
1919	435	466	15	15	19
1920	625	654	19	12	24
1921	556	600	27	17	36
1922	577	762	28	19	39
1923	731	832	33	23	41
1924	850	904	36	17	43
1925	881	1175	41	21	54
1926	955	1403	43	25	54
1927	1077	1461	45	25	69
1928	1340	1600	49	24	73
1929	1471	1802	53	31	81
1930	1830	1838	59	33	95
1931	2050	1637	61	40	95
1932	2193	1694	66	44	100
1933	2269	1764	69	45	104
1934	2297	1607	71	48	98
1935	2546	1695	72	46	100
1936	3023	1766	76	56	109
1937	3675	1876	83	64	124
1938	4225	1962	85	76	122
1939	4557	2121	87	92	133
1940	5229	2203	91	92	142
1941	5734	2593	98	95	136
1942	5712	2855	97	100	139
1943	6119	3258	96	98	153
1944	5690	2941	95	134	139

出所：台湾省行政長官公署統計室編〔1946：1237〕を一部修正

の夫も妻も、教育の指導能力を持つ親として、次世代が家庭の外部での競争に勝ち抜くために、家庭のなかから次世代の教育にみずから取り組むこととなった。とくに教育指導のできる母親の存在は、仕事に時間をとられ家庭教育にまで手が回らない父親にとって力強い片腕となった。

学習指導

一九二〇年代以降、台湾人の幼稚園児数は持続的な増加を見せた。台湾における幼稚園の設立は一九〇四年に始まったが、しかし最初の収容対象は日本人の子どものみであった。台湾人の園児数が統計上に現れたのは一九一六年であったが、その当時から二〇年代にかけて日本人園児と同等の人数を維持していた。さらに三〇年代以降は日本人園児数を上回り、四四年度まで持続的な成長を見せた（表6-4）。

子どもの幼稚園通学について、台中在住の弁護士夫人葉節娥は三〇年代に、「私共の子どもも幼稚園に行つています。知らない間に国語も上手になり、御行儀もよくなりました。近頃、本島人間にも幼稚園へ、喜んで出す人が多くなりましたのも私同様の考へからだと思ひます」と語っている[38]。

一例として、大稲埕幼稚園保母蘇笑によれば、「幼稚園教育も本島人家庭に次第に理解され喜ばれる様になりました。以前は昔の書房教育の様なものを要求したり小学校へ入学させる過程としていれたのですが、最近は幼稚園そのもの、価値、又国語力と云ふことに覚めて呉れましたし、今年も七三名の卒業に対して共学の希望者は二三名です。幼稚園教育が小公学校の様に教材を教へるのでなく遊戯の中に生活を導くのでありますから、特に内地人のよい方面の生活に最も近づく様にし云ふ事を建前として及ばずながら努力としています。又幼稚園ですので子どもの親が始終ついて来ますおこがましい云ひ分ですが先づ家庭から、家庭の内地化からと云ふ事を念頭において、子どもと一緒に親御さんの教育をと心掛けて居ります」という状況であった[39]。これと同じ時期に、彫刻家夫人黄秋桂が内地留学経験者の女性同士で幼稚園を経営する計画も浮上した[40]。

前出の表6-2のデータも新エリート家庭の子女の教育に対する熱心さを物語っている。事例①の邱鴛鴦の長女によれば、その家庭教育の様子は次のようなものであった。

外出が好きな母は、子どもの勉強に対してもいい加減ではなかった。土日、休日や夏・冬休みには私たちを畳のある部屋に集め、宿題をさせていた。母は私たちに作文と日本語を教えた。上手くできなかったり、静かにしなかったりすると手の甲を竹で叩かれる。それでも厳しすぎることはなかった。母にくらべて父の教育は非常に厳格であった。小学校四年生の時、鶴亀算ができなかった私に、父は鶴と亀の絵を描くことを命じた。算数なのになぜ絵を描かなければならないのかと戸惑ったが、父は怒り出すと恐いので、私はあえて尋ねることができなかった。勉強以外では、母は私たちの体育を重視していた。嘉義高女の入学試験が学科以外も懸垂のテストがあるために、庭で練習させられた。当時鉄棒のある家庭は非常に少なかったため、クラスメートはよく家に練習しに来た。そのほか、母はオルガンを弾きながら私たちに唱歌を教えた。このオルガンは母の嫁入り道具であった。ほかには母は蓄音機も持っていた。外出した母は常にレコードを買って来て私たちに聞かせた。そのお陰でわが家の姉妹は、日本時代の童謡ならばみな唱うことができた。[41]

②の蔡素女は次のように述べている。

子供が小さい頃から日本人中心の幼稚園に入園させた。日本人の学校に入園するには試験を受けなければならなかった。幸いにも受験の内容は初級日本語であったため、子供たちは無事に合格した。幼稚園卒業後は、台湾人を対象とする公学校ではなく、日本人の小学校に入学させた。小学校に入れたのは子供にそれだけ良い教育を受けさせたいからであった。公学校の教材の質は小学校のものには遙かに及ばなかったからである。私の子供への期待は、日本人にバカにされないよう、さらに上に向かって進学することであった。

⑦の陳焦桐も娘の教育には余念がなかった。長女の幼稚園時代から小学校三年生までみずから付き添って勉強させた。娘が入学した学校では台湾人は彼女ただ一人であった。この台南第二高女卒の母は、教師用の教科書を用いて娘の予習と復習を指導していた。

夫婦とも開業医であった⑥の石満は、子どもの勉強にみずから付き添うことはなかったが、子どもの教育環境を工夫し、近くで見守るようにした。本人の話によれば「自分で哺乳はしなかったが、住居と医院が隣接していたために、往診を除いて大部分の時間は家にいた。子どもの様子を完全につかむことができ、何かあれば迅速に対処することができた。教育についても、子ども一人一人に学習用の席を与え、自分で勉強、宿題をさせた。特別に指導することはなく、自由にやらせた」。

本人が新竹高女卒、母が第三高女卒の杜潘芳格の家庭教育は「幼い頃、母の教育は厳しかった。まず宿題を完全に終えることを要求し、さらにチェックをしてくれた。出来が悪ければ叱られた」というものだった（曽・江[1995：13]）。

教育世代の女性たちは、家庭内の子女のみならず、一族中の次世代の教育にも責任を負っていたようである。③の陳愛珠は元公学校の教師であったが、自身の子供の教育問題に直面する以前に、まず亡兄の子女の教育に取り組んだ。「結婚後、私は仕事をやめた。夫に反対されたのではなく、［亡くなった］兄が遺した三男二女の子供の面倒を見なければならなかったからだ。当時［兄の］子どもたちはみな小学校に通っており、実家の母は少しは字が読めるものの、やはり力不足であった。そのために、私はこれらの子どもの教育に協力しなければならなかった。しかも結婚前の私は家事をする必要がなく、結婚後も母の協力を得ることができた。しかし家の事務を色々と学ばなければならない時期に来ており、戦争中には雑務も多かったため、私は辞職を決めた」。

このように、公学校女教師が教育指導の専門家としての経験により、自分の家族員に教育サービスを提供できるという考え方は多く見られた。陳愛珠の事例では教育サービスの提供対象は夫の家族であったが、②の蔡素女の場合は自分の弟であった、家の唯一の息子である弟は同年に台南第一高等学校の受験に失敗し、第三高女師範科卒業生の彼女は、父親の強い要望に応えて、弟の受験勉強を指導するために、内地留学の希望を捨て実家近くの公学校の教職に就いた。

文化教養

授業・受験勉強以外の人間形成に関わる広い文化的教養について、⑤の事例を見てみよう。医師の夫を持つ蔡娩は、自身も薬剤師であった。東京から帰台後の生活は「毎朝七時に出勤、午後四時半に帰宅。ほかの用事がなければ、家に帰った後、本を読んだり、家を片づけたり、子どもの相手にしてたりして一日を過ごした」のであり、息子たちへの教育は学業だけではなく、科学への好奇心、写真、音楽まで含まれ、幅広いものだった。彼女は次のように述べた。

> ずっと自分の仕事が忙しかったが、できるだけ子どもの要求や好奇心を満足させようとした。私の嫁入り道具――蓄音機は、子どもの最も興味をもった物であった。この小さな器械からどうして音が出るのか。子どもは非常な好奇心を持って、蓄音機を解体して音が何処から出たかを調べようとした。案の条、それで蓄音機が壊れてしまった。彼等は材料を買ってきて、階段の下で暗室を作り自分で写真の現像を試みたりもした。私はあまり子どもの勉強を指導しなかった。彼等は興味があって自ら教科書以外の本を読んでいた。で

も息子たちは化学の実験をやる時にだけは私に手助けを求めてきた。とくに次男は私に頼み、試験管や試験紙などを買ったりしてよく一緒に実験をした。次男の興味はその後オルガンに移った。家のオルガンは私の長兄が買ってくれた物であった。次男はよく作曲を試み、完成したら私に聞かせて、意見を求めた。真夜中でもそうであった。

⑳の阮朝日の長女の美姝は、建成小学校一年生であった一九三五年から日本舞踊の稽古を始めた。

当時台湾人の子女の中で日本舞踊を学ぶ者は少なく、私の知る限りの親戚と友人の中でも私一人だけだった。舞踊教室は京町にあった。……日本舞踊の稽古は学費のほか、中元・歳暮も欠かすことができず、また和服も用意しなければならなかった。周知のように着物は当時でも高額であったので、日本人でも裕福な家庭でないと稽古に通うことはできなかった。家庭経済は裕福とはいえなかったが、父と母は当時八歳の娘への教育投資を惜しまなかった。

父親の参与

元来、伝統的な家庭での教育担当者は父親であり、母親はそれを担うための知識・能力を持たなかった。エリート層における女子教育の普及につれ、母親も家庭教育の新しい担い手となりはじめた。とはいえ、母親が家庭教育に参与することは決して父親の退場を意味したわけではない。これまでの事例を見る限り、家庭教育がもっぱら母親のみに任されることはなく、両親がそろって熱心に教育に従事する傾向が目を引く。母親と家庭教育との排他的な結びつきは見られず、父親も同様に実際上の家庭教育に関わっているという点に注目したい。

例えば、①の邱家では四人の娘の教育に当たっては、夫婦二人が常に学習に付き添っていた。夫は数学、妻は作文を担当し、とくに夫の指導は厳格で真夜中まで続くことがたびたびあった。お陰で子供の成績は優秀であったという。

可能な限り子どもと接することに努める父親の姿は、家族にも深い印象を与えたようである。⑮の医師潘木枝の子女（長男台北中学・長女嘉義高女・三男嘉義農専）は、父親について「子どもを非常に可愛がり、体罰は与えなかった。仕事が忙しくとも子どもとの時間を大事していた」と語っている。

息子だけではなく、娘をも含む子どもへの直接的な愛情表現は、この世代の父親の一つの特徴ともいえよう。⑪の弁護士林連宗のインタビュー調査記録の中には、父親と娘が身を寄せ合って一緒に本を読んでいる一枚の写真がある。写真の中の娘、台中第一高女卒の信貞によれば「父にはとても可愛がられていた。娘の私がもう一三、四歳の年になったのにも気づかず、外出の時は私の手をしっかりと握ってくれた」。戦前台湾の名画家陳澄波⑭の嘉義高女卒の次女は、父娘二人で写生に出掛けたことと、幼稚園の行事に父も参加してくれたことを回想している。

父と娘の感情の深さについて、⑳の阮朝日の長女の美姝の回想のなかの次のようなエピソードがある。一九三七年四月、台北公会堂の落成式で娘が日本舞踊を披露するのに備え、父親は十数匹の着物の生地を購入した。母親の考えでは、手持ちの数枚の着物から一枚を選べば十分であったが、父はそれに応じず、娘のために新たに演出用の着物を仕立てるつもりであった。結局は夫婦喧嘩となり、最後には一匹だけを残し、ほかは全て店に返品することで解決した。

父の芸術に対する趣味は私の一生に影響を与えた。華南銀行の蘇嘉和氏は父の親友であり親戚でもあった。

小さい頃から両家の子どもは一緒に遊んでいた。その時蘇家の娘たちはピアノを習っていた。私はもともと音楽に興味を持っていたからとても羨ましかった。父と母は私の気持ちを察し、小学校の時にオルガンを買い与え、蘇家の娘たちと一緒に習いに行かせてくれた。音楽のほかに、父と母は私たち兄弟に書道、日本舞踊なども習わせた。そのために私の芸術との接触時期は早く、その分深いものとなった。

もう一つの傾向として、家庭教育が妻という適任者に任せられることもあってか、子どもの遊び相手となる父親の姿も多く見られる。⑦の陳焦桐の家庭では、娘の教育は妻、遊びは夫という夫婦の役割分担となっていた。聞き取り調査集には台北新公園で撮影した家族写真が掲載されている。妻の陳焦桐によれば、休日にはつねに一家そろって草山の温泉旅行に出かけていたという。また、同温泉地には友人陳逸松とともに購入した別荘があり、家族そろっての休暇を重視する家長の趣向が見て取れる。内地で家庭を築いた㉓劉玉英に見られたのは、父親がヴァオリンを弾いて子どもを喜ばせたり、休日には家族を連れ出し、春には花見、夏には川遊び、秋には紅葉を見に行くという生活であった。こうして二〇年代前期の言説のなかで描かれていた理想的な家族風景は、少なくとも三〇年代初めから実体化されてきたと言えよう。

以上のように、台湾人新エリート層では家庭教育における夫婦の役割分担の形成はさほど明確ではなかったと言える。学校教育で習得した知識、能力、専門的技能と文化的素養の活用に当たって、新エリート家庭の妻・母であった彼女たちは、体系化された家政管理と次世代の家庭教育の主要な担い手として立ち現れてきた。この変化は彼女が専業主婦であるか職業婦人であるかに関係なく、普遍的に見られたことである。従来通りの家政の責任に加えて、家庭教育という新しい務めを女性に上積みすることになったとはいえ、使用人のほかに、姑・夫などを含む家族成員による代行・援助も現実には可能であり、妻・母役割と教育役割とは排他的な結びつきとはならなかった。その要因として二つが考えられる。

第一に、父親側の要因から考えてみれば、台湾では都市新中間層の形成が決定的ではなく、内地のような職住分離状況は普遍化することはなかったこと。植民地政治・経済政策の制約の下で、台湾人社会エリート層の旧世代の政治的・経済的地位は相当な連続性をもって新世代に引き継がれ、それゆえ社会全体としては大きな上方移動は見られなかった(42)。また植民地行政システムに関わる公職ポストは基本的に台湾人には開かれておらず、司法・行政などの部門を含めて登用される台湾人の数は依然としてわずかであった。他方、前の世代はすでに地主あるいは資産家から、中小資本の実業および金融業の経営者に徐々に転身しており、次世代はこの基盤を受け継ぎ、地方の有力な実業家や資本家となっていた。『台湾人士鑑』にも見られるように、新エリート層のおもな職業は、各種の実業家と並んで、医師・教師・弁護士（律師）が最も尊敬される「三師」であった。いくつかの実例を見たように、新エリート層にとって仕事と家庭の時間、空間は、相互に隔離されてはいなかった。古い家族関係に強い不満を抱き、家族員相互の深い情緒的交流に期待を寄せる傾向は、新世代のエリート男性の間に共有されており、彼等の願望の実現は現実においても比較的容易であった。

第二に、新エリート層の女性たちは比較的高い教育を受けた点で、子女の家庭教育と良質な家事管理について高い期待を受けることになったが、こうした要請は職業を継続することへの阻害要因とはならなかったこと。そこでさらに三つの要因を指摘することができる。(1)都市中間層の不在のため、専業主婦層の生成が必要とされなかったという構造的要因。エリート社会は一つの専業主婦層の形成についてそれほどの強い必要性を感じていなかった。(2)彼女たちのおもな職業とは、前記の「三師」のなかの「教師、医師」であったため、こうしたエリート女性の就職は地元の家族の権力と地位に照らしても比較的容認されやすかったこと。結婚後、医師、女教師などの仕事を続けた事例は、同世代には珍しくはなかった。(3)前述のように、階層間の経済的格差および下女付きの結婚慣習も加わり、使用人を使って家事全般を全うすることはごく自然なことであり、社会的には抵抗感を伴わなかったことが、彼女たちの家庭外の活動と仕事を可能にしたと考えられる。当然ながら「男は仕事、女は家庭」の社会通念は台湾社会でも例外でもなかったが、使用人による家事労働が可能であったため、新世代の母親は最も重要な子弟の教育と学習指導の役割とを果たすことができれば、あとは完全な家庭内的存在である必要はなかった。

4　嫁役割

4・1　夫婦愛と孝の相剋

新世代はあるべき女性像については、つねにみずからの視点に立って「妻」と「母」の役割に重点を置く傾向があったが、上の世代にとってはむしろ新女性らの「嫁」の役割こそが緊要であったろう。従来、家族関係のなかで最も重視された親子間の「孝」の優位性が、恋愛を基礎とする若い夫婦の親密性によりおびやかされる危惧が、舅姑世代の間に生じた。

「恋愛」「非孝」の思潮と並んで、ともに学校教育を受けた世代の「文明夫婦」に対する非難は、二〇年代半ば前後に『台日』漢文欄の紙面に頻繁に掲載された。台湾社会の変化、および若い夫婦に対して上の世代が抱いた違和感については、次のような記事からある程度うかがうことができる。

時には夜間の市内のネオンサインの下に、無数の若い男女が囁き合っている。このような文明夫婦を田舎の年配者はなかなか受け入れることができない。今の若い夫婦は愛情が深いという。或いは夫婦の愛情が深すぎると往々にして父母を顧みない。[43]
今の人の言う愛は、妻に対するものであり、父母にまで及ぶものではない。[44]
世の気風はにわかに悪化し、平等自由の説が興り、尊卑上下の名分は廃れる。恋愛非孝の説が興り、従来からの常道が失われる。……今日では愛が孝の地位に取って代わる……それ故吾人は平等自由恋愛非孝の説が天下を乱すと謂う。[45]

親に向かうべきの息子の関心が、嫁ばかりに吸収されるのではないかという危機感をそこに読み取ることができよう。

また女性像への期待について、新世代の知識人はみずからの世代にとっての切迫した人生の問題として、妻と母役割に重点をおく傾向があったが、彼／彼女らの上の世代、つまり一九〇〇年以降の解纏足運動と女子教育を提唱した旧世代の知識人の言論は、「家族の発展」の視点からの文明的な女性の重要性に注目しており、そこでは妻・母・嫁の三つの役割にほぼ同じ程度の比重が置かれていた。

二〇年代中葉に入ると、「かの文明的嫁は、我が旧式の舅姑の手におえない」などの、嫁に対する不満の声が『台日』漢文欄に見られるようになった。[46] 別の寄稿では、次のような現状批判が行われた。「現在の新しい婦女界は、……勝手に弁舌をふるい、家族と衝突する。きれいに着飾り、人の目を騙す。家政に関心を持たず、女同士で頻繁に付き合う。婦人の守るべき道に関して称賛できるところは一つもない」。[47]「無腔笛」というコラムでは、女学生を中心とする新しい女性の言動に批判を加え、中国大陸の論者の「女学生、治外治内不可偏廃」（女学生は家庭の外にも内にも偏ってはならない）の主張を引用し、「もしも学校の教育が科学のほかに婦徳の養成、家政などをも重視するならば、学生は自然と習慣を身につけるだろう。将来学校を出て、人の家の嫁、主婦になった時、自ずと家事にも習熟することができ、内助の効果はただちに現れよう」と呼びかけた[48]。実際、第一部で考察してきたように、当時の植民地女子教育はすでに家事と婦徳に重点を置いていた。従来の伝統的女性規範が繰り返し強調されていたことは、社会の移り変わりに触発された旧世代の危機感を物語るものである。

4・2　役割の変容

さて、教育世代の女性側は、自らの嫁役割についてどのような位置づけをしていたのか。夫の家族との関係は、家族の居住形態に大いに規定される。前述したように、新エリート層は就学中の学生であったり、また公務員、弁護士、医師など新興の職業に従事していたが、これにともない、都市部を中心に夫婦と子どもだけの核家族や親を含む直系家族が見られるようになった。嫁役割からみれば、複数の世帯が同居する伝統的大家族に比べれば、核家族や直系家族における「嫁」を取り巻く人間関係はより単純なものとなった。

伝統的な大家族の家庭生活に対する違和感は、新教育を受けた一部の女性に見られた。中部の名門霧峰林家出身の林双随が杜聰明と結婚する際には、自身の家庭のような複雑な大家族を避け、家族構成の単純さを重視した点を挙げていた（杜［1983：226,246］）。大家族の嫁としての妻の苦労を不憫に思い、夫が妻をつれて大家族を出、自分たちだけの家庭を作る事例もあった[49]。

同居の単純化

まず、核家族や直系家族の嫁と夫の家族との関係から見てみよう。

嫁の家族内の役割は、家長の複数の妻およびそれぞれの息子と嫁などからなる複雑な家族関係から、せいぜい夫の実の親のみを対象とする嫁役割へと限定化されてくることになった。実際には核家族よりも舅または姑との同居型が多かったようであるが、嫁同士などの横の付き合いが日々の家庭生活から消失することにより、嫁役割は対義父母という単線的関係に縮小された。インタビュー調査記録からは、単純化された役割について嫁たちが相対的に余裕をもって対処していたことがうかがわれる。

例えば姑と同居していた事例①の邱鴛鴦の嫁姑関係について、その長女は「母は美食家であったため偶には子どもたちを連れて外食をすることもあった。公会堂の付近の噴水カフェーに行ったこともある。当時この店は洋食屋であった。食事はお皿に盛りつけられ、フォークとナイフを使って食べる。食事して帰った後、私たち子どもは毎回祖母にその様子を興奮しながら伝えた。祖母も大変興味を示した。ある日、私たちと母は祖母を連れて映画を見に行った。終わった後、ついでにあの噴水カフェーに食事に立ち寄り、祖母にもその場の雰囲気を体験させた」と回想している。

もう一つ注目したいのは、別居であるか同居であるかを問わず、夫の家族員の勉学を手助けすることが、独立した家計を営む年長の者の責務としてつねに求められたことである。いくつかの事例のなかで、このことは嫁の心得の一つとして語られていた。たとえば②の蔡素女は、夫の家族との関係について次のように説明している。

夫は長男であったことから、下の兄弟が進学を希望している場合は、彼等は舅に言われて私たちの意見を聞きに来た。私たちが同意すれば、彼らの就学費用を負担しなければならない。例えば、夫の末の妹が台南の長栄高女に合格した後、私たちは布団、衣類、日用品を用意し、彼女を連れて学費を納付しに行った。私は子供に教育を受けさせることに賛成なので、彼らの勉学についても当然支持した。夫の兄弟のうちの三番目から七番目にまで私たちは援助を行った。そのために、結婚後は夫の家族と同居していなかったが、兄弟の家族同士で互いに尊重し、交流も多かった。

さらに⑦の陳焦桐・施江南夫婦の例をみよう。夫の実家は鹿港であったが、台北で開業医となった。三階建ての洋館を借りて一階は医院、二階は病棟、三階は住居としたが、これも夫婦と子供のみの住居ではなく、台北で就学中の夫の家族の子弟や実家関係の子弟も下宿していた。

こうしたつながりは、前引の林阿月の「我家の家計簿」にも反映されていた。見出しは「月収六〇圓の月給取、家族三人の家計簿」とされているが、家計範囲は母の小遣いのほかに、小学校に通う義弟の学費と義妹の出費まで含まれていた。独立した家庭をもった若い夫婦が実際には夫の家族とのつながりを保持していたことがここからわかる。

改革への契機

同時期に、大家族との生活に組み込まれる嫁は依然として少なくなかった。だが、表面的には慣習と伝統に順応しつつも、これらの教育世代の嫁たちに変革の契機が持ち込まれたことも確かである。霧峰林家に嫁いだ藍炳妹はその回想のなかで、素封家の家庭生活について、嫁の視点から突き放した観察を行っている。

> 彼［彼女］らの考え方、やり方は封建的であった。幸いにも舅の系統の一家はみな読書人であったため、割合に開明的であった。嫁に来た当初はなかなか馴染めなかった。当時はまだ若く、自分の理想を実現しようとしていた頃であった。……嫁いできた最初から、林家の人々には、長く居ることはできまいなどとすでに色々噂されていた。実際にも何度かこの家を出ていこうと考えた。新時代の教育を受けたため、自分自身に理想と夢を持っており、ここでの頽廃的な環境にはいつも矛盾と葛藤を感じていた（許［1998b：85,90］）。

伝統的な嫁の生活は家庭が属する階層により若干異なるところがあるが、嫁の一日は基本的には以下のようであった。朝起きるとまず朝食の支度に取りかかり、その合間に掃除を行う。朝食が終わればその後片づけを済ませた後に洗濯に取り掛かる。三度の食事に火を起こすほかには、午後は縫い物の針を運び、夕暮れ近くなると洗濯物を取り入れ、それを畳んで夕飯の支度に取り掛かる。夜は夕飯の後片づけを済ませた後で、衣服にアイロンをかける。(50) 経済的に裕福ではない家庭では嫁が家庭の働き手となるのに対し、上層の嫁は下女を使うことでこれらの責務を果たす。そのほか、一家の主婦たる姑に対しては、まず早朝は洗面用の面桶水と歯杯水、夕には行水用の脚桶水と面桶水を手落ちなく用意せねばならなかった。

藍は結婚した当初、嫁の役割を演じた自らの心境、および漢学教育を受けた姑の開明的な態度について次のように語った(51)（許［1998b：77-78,92-93］）。「姑は開明的な人であった。嫁に来た最初の頃、朝起きて支度の後、ただちに使用人を遣り、姑の部屋に洗面水を運んでいった。姑の身仕舞いが終わるのを待ち、お茶を運び朝の挨拶に行った。そうすると姑はこのようなことをしなくても良い、こんなに気を使われるのであれば、今後はわざと遅くまで寝ると言ってくれた。姑の考えでは女は一日中舅姑の世話ばかりすると、ほかのことができなくなるという」。名門の大家族の嫁となった藍の日常生活は「ふだん、昼間は読書をし、偶には部屋を出て手伝う位であった」。彰化高女卒の藍によれば、女学校時代の礼儀作法と家事訓練を受けた同世代の台湾人女性は家事と料理の知識を持っていたため、結婚後は実際の生活に応用し、料理・家政・家計の管理に長けた者は少なくなかったが、家事は自分でしないために概して得手ではなかった。藍によれば、鹿港の名望家の娘であった義姉（長男の嫁）も同じように家事を行わなかった。婚家には慣習通りに下女を同伴し、みずから料理することは稀であった。このような台湾人エリート家庭における主婦の生活様式は、日本人家庭のそれとは大きく異なっていた。戦時中に行われた「銃後のお台所問題座談会」における主婦の家事労働合理化に関する討論のなかで、台湾人エリート家庭の主婦生活に詳しい第三高女の教諭田中シヅは、「無駄と言いますと、本島人婦人は台所へ使う時間が内地人婦人に比べましてずっと少ないですから、その時間をもっと生活水準の向上に使われると、これも又無駄の排除になります」と指摘していた(52)。

教育世代の女性にとっての「嫁」役割、とりわけ伝統的大家族のなかの女性の位置を論じるのに、辜顕栄の長男の嫁であった辜顔碧霞の自伝小説『流』[1999]ほど適切なものはない。名望家の王医師一族に嫁いだ美鳳は、結婚して数年後に夫を亡くし、精神的な支えを失っただけではなく、大家族のなかの複雑な人間関係に一人で直面しなければならなかった。そこでは新世代女性としての作者の、伝統的な上流家族のあり方への疑問が、高等女学校教育を受けた嫁の美鳳の目を通じて提示されている。この素封家では舅が三人の妻を娶り、それぞれの子女とともに同居する大家族であった。作者は、同家の嫁となったヒロイン美鳳に、権力関係が複雑に絡み合う状況を、「いやだった。領台後四〇年も経った今日、しかも中産以上の家庭なのに、これらの人々の顔色を窺わねばならない。自分の本音を抑えて、私利、得失を気にするばかりの生活を送っている」と嘆かせ、これについて「結婚する前に彼女はこのような世界の存在について想像すらできなかった」としている。

嫁と文化的習慣という二重の齟齬から生ずる苦悩は、同世代のエリート女性の多くが共有した問題であった。台湾人高女卒業生の活動に力を入れた第三高女校長小野正雄は、同校から世に送り出された台湾人エリート女性をめぐる「新進婦人の苦悩」について、「本島家庭の大部分が、前記のやうに無知頑迷な老婦人の勢力下に支配されてゐる今日は、此のトーチカ家庭［堅固で閉鎖的な家庭——引用者］に育てられ又は此処に嫁いで来る新進婦人の誰しもが等しく体験する悩みは、家庭生活の各般にわたって実に数限りもなくあるのである」と指摘している(53)。

その一つは、家庭のなかの老人が嫁たちの外部との付き合いに大きな抵抗を示した点であった。「昔は一般に婦人は深窓に垂れ籠めてゐて、萬やむを得ない場合の外は妄りに外出すべきもので無いとされてゐた。この旧慣を今なほ墨守してゐる家庭では、たとへその娘や嫁が他から尊敬される同窓会の役員などになつてゐても、同窓会に出席したり、旧友を訪問したりすることを喜ばないので、無論会のために尽力することはできないのである。甚だしいのになると、旧師が訪問して行つても、快くその若嫁に逢わせぬ家さへある。かう云う要害堅固な家庭に閉じこめられてゐる新進婦人の生活はどんなものであらう[54]」。

もう一つは、嫁の日本語の使用に対し日本語のできない女性家族員が抱く嫌悪感であった。「国語使用の問題でも、近来真に国語を常用してゐる家庭が殖えて来たのは誠に喜ばしいことではあるが、頑迷な老人が横暴に振舞つてゐる家庭では、学校へ通つてゐる可愛い孫たちが国語で話してゐるのは大目に見のがしてゐることはあつても、若い嫁女が来客などと国語で愉快に話してでもゐようものなら、嫁のくせに何か自分等の悪口を言つてるに相違ないと、すぐひがみ根性を起して、当り散らされるやうなことがないでもない[55]」。

だが小野の観点は、内地への文化的同化という観点から論じられたものであったため、そこには「新進婦人」の苦悩を代弁するというよりも、彼女らを「内地的・日本的」文化の体現者と見なし、その反面、彼女らを受け入れようとしない一部の旧世代を「無知頑迷」者として、ある種の文化的な障碍物として位置づけるものであった。戦時下において彼の取りあげた「新進婦人の苦悩」はまた「植民統治者の苦悩」とも読み替えられる。日本語使用の障碍について「国語常用を遠慮してゐるうちに、何時しか国語を使ふことを忘れて台湾語生活者となつてしまふ」という危惧に、外出の忌避は結局「銃後の後援だとか慰問奉仕だとかの活動が、こんな家庭から出てくるのは果して何時のことであらうか」という政策的次元の問題としてとらえられた。

日本人側の見方はそれとして、新エリート女性自身は新旧世代の衝突をむしろ自然な過程として受け入れる向きもあった。統治側が期待する即時の改革ではなかったが、エリート女性は上の世代に対しては比較的理解のある態度を見せた。ただちに上の世代に対して変革を要求するよりも、みずからの世代が家長・姑の座に就き実権者となるまで改革を保留しようとする考え方である。

この論理は前引の、教育世代のエリート女性の改革の理想を代弁した文学作品『流』に如実に反映されている。それは、慣習の「流」れに順応しながらも、それを肯定することなく、自分の世代を最後として変革を実行できるよう、嫁から姑に変わる日を待機しようとする意志であった。これは小説のなかで、高女教育を受けている主人公の言葉を通じて次のように呈示された。

今の時代では我々の理想通りに生活することは難しいでしょう。無理に実行することもできるかもしれないけど、風習は一挙に取り除こうとしても人をそれに適応させるのは難しいわ。結局、年寄りを悲しませ、自分も苦しめるだけです。

……私たちが一人で受け持つ主婦になる日が来るのを待って、その時から理想の目標に邁進しましょう。私たちには子供がいるではありませんか。自分一人では微弱でも、次の世代に教えていくことはできます。彼等の世代になってから、私たちは彼等の考え方をいちばんよく理解できる母親として協力してあげる。その時になれば、台湾の気風も一新されるのではありませんか。

辜顔碧霞のこの自伝小説が一九四二年に出版された時、辜家の一族は大騒動となり、結局は家族の圧力の下に出版された小説はすべて回収されることになった。同書がふたたび出版の日の目を見たのは約半世紀後の一九九八年、彼女が中国信託商業銀行頭取の辜濂松の母親として世に紹介された頃のことであった。

5　植民地政治と女性の役割

ここで最後に残された一つの課題は、家庭の外部にある植民地政治と新女性との関係である。新世代のエリート家庭に生じた女性の役割の変容は、台湾人社会の内部で自己完結する家族社会史的な変動であろうか。それとも植民地的環境と何らかの関わりを持ちつつ、それと連動するものなのであろうか。章を締め括るに当たって、本節ではこうした問題を中心に検討を行いたい。

5・1　夫人外交

家族の利益

前の各節で明らかにされたように、教育世代の台湾人女性の日本語を中心とする知識・技能は、母・妻・嫁の役割に新たな変化をもたらした。彼女たちは優れた家政管理者であり、また夫の補佐を行う外交家であり、家庭教育の担い手でもあった。これはエリート社会に呈示された新しい基準であり、彼女ら自身にも内面化された地位であった。こうした家庭内の新しい需要とともに、彼女たちが日本による学校教育を通じて習得した日本語能力と各種の知識とは、台湾人エリート家庭と外部の日本人植民者社会との橋渡しの場面で有用となった。とりわけ子どもの教育問題と夫の仕事上の交際という二つの側面において、日本人統治者を頂点として構成された植民地政治権力と女性たちとの間に重要な接点が生じることになった。

まず日本人児童と同様の優れた教育資源を子弟に確保するため、エリート家庭の母たちの日本人社会との交際の必要が生じた。これは主として植民地最大の婦人団体であった愛国婦人会への参加を通じて行われた。台湾の愛国婦人会は、総督府を頂点とする植民地行政組織に対応する形で組織され、植民地政府の中央から地方までの各級官僚、有力者およびその女性家族員を包括していた。上流夫人など女性の交流の場としてのみならず、植民地官僚が実際の会務運営に携わることから、植民地政治権力の非公式機構としての色彩が創立当初から濃厚であった。既述のように、この愛国婦人会内部では、台湾人女性が大きな比率を占めていた。

台湾人女性の同会への入会動機と入会者の家庭出身について、②の蔡素女は自分の経験を踏まえて次のように語っている。

台湾人女性の入会目的の多くは、子供を小学校や名門中学校に入学させるための便宜を考慮したものだった。あるいは日本人官僚の奥方たちと交流し、日本語を学び、和服を着て、彼女らに同化することを目的に入会する者もいた。私の場合は子供の教育のために入会したのであった。

類似の経験は、⑥の石満の回想の中にも見られる。

日本統治時期での開業期間に、私は診療のほか、日本人の勧誘に応じて現地の愛国婦人会にも参加した。……ふだん、私たち夫婦は日本人とはあまり積極的に付き合わなかった。愛国婦人会の団体写真も壁に飾ったことなどなかった。しかも私たちは子供を小学校に入れる必要もないと思ったため、みな公学校に入学させた。

以上のように、彼女たちの愛国婦人会入会の最大の動機は、子弟を日本人中心の学校に入学させることにあった。統治者集団に集中する様々な資源の配分にあずかるには、母または妻としても当集団と交流し、「夫人外交」の作用を発揮することが不可欠であった。そこで、子どもの教育などのような直接的な動機にとどまらず、日本人官僚の奥方と交友を結んだり日本語を学んだり和服を着たりすることで、統治集団との間にコネを保有することが重要な意味を持つことになった。

ただし、利益供与の代償として植民地権力が彼女たちに求めたのは、優位の文化への「同化」そのものであった。そもそも、女性の家庭内役割を通じ、家庭の内部から台湾人エリート層に影響を与えることは、植民統治の各時期の必要性に応じてつねに取り組まれていた統治上の課題であった。この側面について彼女たちは無自覚であったわけではない。例えば蔡素女の話にも、子女の教育という目的を強調する反面、みずからを同化志向をもつ者から区別しようとする傾向を見て取ることができる。石満の場合は、一応勧誘を断ることなく入会したが、子どものための教育機会への要求を持たず、むしろ現実上の必要性に鑑みて日本人集団との接触を決めたタイプであった。

抑圧の構造

統治者集団を相手とする「夫人外交」は、植民地社会の台湾人エリート家庭における新たな「内助の功」の様相を呈していた。この新しい機会が加わった反面、「同化」あるいは日本人集団との接触を拒絶しようとする者には、ある種の抑圧が加えられた時代でもあった。日本教育を受けた新エリート夫婦の間に、互いの政治姿勢の違いによる衝突が持ち込まれていたことが、いくつかの調査記録の中に記されている。以下は、母が長栄高女卒、父も高等教育を受けたという典型的な新エリート家庭の事例である。

母は高女教育を受けたため、物事について自分の考え方を持っていた。不合理なことに対して母は全て素直に従うのではなくときには反抗した。例えば当時父は梧棲役場で勤めており、日本人の上司が台湾人の部下に改姓名を強要したことがあった。が、母は名前を捨てることは祖先に対する不敬だと反対し、そのために父と喧嘩になり手を上げられた(56)。

女学生時代の教育は、日本人集団にアクセスする能力の養成に役立った反面、その体験は一部のエリート女性の民族意識および政治観の形成を促し、政策への協力、日本人上司との円滑な関係作りなど、植民地社会の「内助の功」ないし「夫人外交」の必要性についての彼女たちの経験的判断力を養うことにつながった。しかし妻たちの植民地政治への姿勢は、かならずしも夫または家族員のそれに一致するとは限らなかった。

現実の台湾人の家庭と夫婦関係は、「植民地」から完全に隔絶された純粋な私的領域ではありえなかった。日本統治時代の揺れ動く家族の内面を鮮やかに浮き彫りにした客家女流詩人の杜潘芳格による回想は貴重である。彼女は植民地統治下の父親の苦悶について次のように語っている（曽・江［1995：18-19］）。

小さい頃の私は、日本人の子供にいじめられた時、台湾人であることはとても悲しいといつも思っていた。でも父はきっと私より悲しかったと思う。父は中国に憧れ、三民主義と五四運動の本を密かに読んでいた。しかし日本統治下では彼は無力だった。鎮長の部下であるために、父は日本人の上司と台湾人同胞の間に挟まれていた。多くの不平等を目にして反抗・革命を思いつつも実行できず苦悶していた。このことが父の性格に影響を与えて、父は帰宅後も全く喋らなくなった。……私と弟を見ても他人のような知らぬ顔をして忘れてしまったようであった。内心の苦悶を話せない状態は父が老年になるまで続いた。

恋愛結婚で結ばれた両親であったが、父はストレス発散の方法として酒を飲み母に暴力を振るう。

母は父が酒を飲むことに反対した。父は酒を飲んで帰ったら母をいじめたり殴ったりした。私はその場を見たことがなかったが、母の話によれば、父は子供の目に入らないところ、例えば裏の豚小屋や倉庫で殴ったという。その理由は、自分が苦しんでいるのに、妻が分かってくれない苛立ちだった。だからますます怒った。父と母はいつもこのように喧嘩していた。当時日本人の圧迫は既に深刻であり、父は日本で新思想を吸収して帰って来たが、しかし日本人は彼を利用するだけだった。だから父は苦しかった。一方、日本人を招待して酒を飲んだり、相手にする必要はないと母は考えていた。

君臨する植民政治権力に対し、自己の無力さを実感したエリート男性は、この無力感の裏返しとしての攻撃性をもつ。その直接の対象となったのは妻たちであった。配偶者に深い情緒的結合を求めるこの世代は、妻をみずからの内に同化する。この事例はかつて恋愛を経験し、親の反対を押し切って結婚した夫婦のものである。自分に反対する妻の意志と主張が、自分の苦痛を理解できず、それを分かち合うことができないように映ったことが、ますます夫の苛立ちを拡大している。妻に対する暴力は、自傷、自虐行為にも似てくる。エリート家庭の親の自意識から、意図的に子どもの目を避けはしたが、こうした父親の葛藤と苦痛に満ちた心理状態、揺れる夫婦関係は長女の杜潘芳格には見透かされていた。その後の戦争時期に入ると、台湾人側への動員の重圧は、拒絶か協力かのジレンマをさらに拡大させることになった。

5・2　戦争動員への協力

統治側の動員論理

従来の総督府側の女性政策は、教育世代の台湾人女性の家庭への文化的影響力に重点をおいていたが、一九三七年以降は戦争動員の必要の増大にともなって積極的な協力要請が始まった。一九三七年末の台湾軍司令部の調査報告では「尚多衆島人殊ニ婦女子ハ無智頑冥ノ徒多ク固陋ノ民族的僻見ヲ有スル一部有識者ト共ニ依然教化警備上留意警戒ヲ要スル状況ニ在リ」と記録された（春山［1990：133-134］）。民衆層女性の動揺と不穏が全体に広がる危険性と、エリート層の一部の抵抗的態度への警戒が当局を規定することになった。エリート層の女性の動員に課せられた役目は、この二つの不安定化要素に対応していた。一つは名門出身の彼女たちの地元社会における影響力である。民衆層女性を対象とする戦時下の教化と動員に際し、民衆から信頼の厚い彼女たちを草の根の指導者として力を発揮させることが統治側の狙いであった。もう一つは彼女たちを体制下に編入することを通して、台湾人エリート層の家庭を内側から把握することである。

このような変化は『台湾婦人界』雑誌の誌面にも反映された。台湾人女性関連の記事といえば上流エリート家庭、奥方と令嬢の紹介と写真掲載のみであった同誌は、一九三七年半ば以降、「本島人婦人」を対象に論述したり、呼びかけを行う記事が急激に増加した。いずれも家庭に対する台湾人女性の影響力を強調し、「皇民化は婦人から」という論点に立っていた。例えば安藤正次の文章では、「本島人」という差別的な称呼で呼ばれなくなるためには、家庭内部から根本的な日本化・内地化に努めることを「本島人の婦人の方々」に向けて呼びかけた。

本島人の婦人の方々が、一度をここに致されて、言語において、風俗において、習慣において、すべて日本的のものを取入れて、一日もはやく同化の実を挙げることに努められゐと希望するのであります。……国語の常用、生活の改善に一歩一歩、賢〔ママ〕実な歩みを進めてゆく婦人の力によつて、その家庭は明朗なものになり、その愛する夫、その愛する子女は、立派な国民として立つことも出来るやうになるのでありま す。(57)

また、台北太平公学校訓導村上健次の寄稿は、教育現場で観察された台湾人生徒の日本語力、家庭の内地化程度における母親の役割の重要性という経験則に基づき、「種々の行事に出るのは、今迄大抵男ばかりで女は余り出ていない。……然し皇民化といふことは、男のみを対象とすべきではなく、寧ろ女の方に主力を注がなければならないのではなからうか」と主張していた。(58)

台湾人側の動員論理

引き続き実態を眺めてみれば、皇民化運動に示されたように、全島各地の台湾人エリート家庭の妻たちは、夫の職業と社会的地位に相応して、保甲組織、部落振興会、皇民奉公班などの地域組織、また愛国婦人会、戦争末期には国防婦人会などの婦人団体の中に再編された。その主要な任務は、第一に、民衆層の台湾人女性を対象とする日本語教育、皇民教育と呼ばれる思想的な教化および政令の伝達、第二に、防空、救護訓練、家庭経済にかかわる戦時下の生活指導であった。

戦時下の動員は、新エリート家庭の女性たちにどのような影響を与えたのか。まず第一に、人的接触の増加が指摘される。頻繁になったエリート層女性の家庭外活動は、通常期の伝統規範では好まれないものであったが、戦争動員の要請により正当化された。妻たちの外的活動が容認される背景には、植民統治権力の絶対的存在のほかに、夫の地位・職位に相応しい「内助の功」として家の側から期待された側面も重要であろう。例えば前引の杜潘芳格は、母の戦時下の婦人会活動について次のように述べた。

家は地元の名門であったため、日本人は父を利用しようとした。当時父は庄長となった。……その時は母もかわいそうであった。和服を着て「愛国婦人会」や「国防婦人会」のたすきを掛けなければならなかったからである。父は庄長であったため、母もこれらの会の会長となった。模範を示さなければならない。……演説、宣伝、戦争への協力呼び掛け、後援活動、慰問袋の製作など。……母は乗り気ではないが、父と同じで仕方がなかった。外で忙しくして帰宅すればまた祖母の指揮を受け、家事に追われた（曽・江［1995：22-23］）。

また、戦時下の銃後活動に参加することは、エリート女性にとっては家庭的の日常的人間関係からの一時的離脱による気散じの側面もあった。辜顔碧霞の小説［1999］の中に描かれた大家庭の嫁はこの類型に属す。彼女は姑との不和な雰囲気から逃げだし、国防婦人会の廃品回収や慰問袋、千人針の製作に熱中するようになった。

しかしながら、この外的活動の増加は彼女たちの職業的進出に結びつくものではなかった。楊雅慧の研究［1994：93-94］によれば、戦時下の労務動員は教育を受けた女性と受けなかった女性の双方について職業進出の拡大をもたらすことはなく、戦争期以前の台湾人女性の職業分布と大きな差は見られなかった。だが、戦時中のエリート女性は、地元における動員を通じて、民衆層に対する実際の教化活動の経験と人脈、声望を集積した。その代表的な事例は、戦後嘉義市の参議員に選ばれた邱鴛鴦であった。彼女の回想によれば、「私が参議員選挙に推薦されたのは日本統治末期の末端での仕事の経験に関係がある。当時夫は保正であったため、私は保正および里長の女性家族員による保甲婦女団に参加させられた。当時南門町は八つの保に分けられ、保甲婦女団の成員はこの八つの保の婦女であった。戦局の進展に合わせ、保甲婦女団の団員は学校の近くの空地に野菜を植え、食糧生産の増加を図ったりしたほか、地域の婦人をリードして傷兵の慰問を行ったりした。戦後、私たちは蔣夫人［宋美齢］の婦聯会に加入した。保甲婦女団の時期の首席保正の夫人は、字が読めず外出したこともない伝統的な婦人であった。逆に私はもともと教師であったため、話も上手く、発言にも積極的だったので保甲婦女団では非常に目立った存在であった。こうしたことから、参議員選挙の時に推薦され当選することができた」という。邱の長女は保甲婦女団における母親の活躍ぶりについて次のように語っている。「戦時下の保甲婦女団の医療、慰問活動には母もよく参加していた。最も印象的なのは、戦争時期に食料品の配給制度があり、母親とその団員たちが配給の監督役を務めたことである。……母親の保甲婦女団での活躍はその後の選挙にも役立った」（游［1994a：86-87, 92-93］）。こうして戦時中に獲得された運動経験は、日本教育世代のエリート女性の戦後における政治参加と密接な関連をもっていた。

葛藤の深刻化

植民統治権力からの動員に抵抗を感じる台湾人エリートにとり、内面的な葛藤、自分自身のアンバランスな心理状態にいかに対処するのかが重大な課題となっていた。そのなかで台南州北門郡佳里街の呉新栄・毛雪芬夫婦の動員体験は、逃避の心理状態から転じてみずからの文脈で現実を受け入れるに至った一つの事例である。夫の呉新栄は医師を務める同地の名望家であり、台南第二高女卒の妻とともに組織に動員されることになった。夫婦二人が動員された状況とその心境について日記のなかでは以下のように綴られている（呉［1981：52, 84］）。

一九三七年一〇月二日　雪芬は愛国婦人会と佳里婦人会に参加している。毎日前線の兵士への慰問用の日の丸を刺繡している。私は防衛団員および軍機献納会幹事に任命された。銃後の大衆の指導者となるために時折り集合を掛けられた。これも時勢であり、潮流であるから仕方があるまい。

同一〇月一六日　強風が砂を吹き飛ばし、垣根は壊れ木も折れた。私は国民精神総動員の佳里分会の役員に、妻は愛国婦人会佳里分区の委員にそれぞれ任命された。誰もが所属を決められ、誰もが時勢に従っている。

地元の台湾人指導層に組織化された妻の多忙な日々の活動振りについては、次のように記されている。

一九三九年八月一七日　昨日、台南第二高女同窓会の北門支部の集会があった。雪芬は支部委員であるために、学校の先生、卒業生と在校生を家に招待し、庭の八角亭で会を開いた。今日は軍営で仕事を終えた後の台南愛国婦人会会員のグループが来訪。みな男が妾を囲むことに対して勇敢に抗議し、そのなかには実際にそういう悲劇の苦痛を経験した人もいるから有閑階級の主婦とは相当に違う。共通の理念に基づいているせいか、彼女らの団結は固いように見える。

当時の知識人に共通した反応で、戦争初期においては呉の精神的落ち込みにも激しいものがあった。意識を麻痺させることで現実から逃避しようと酒、マージャンに耽溺した。まもなく自省し、悪習をやめるべく徐々に調整を試みたようであった（張［1987：243］）。彼の記録からは、戦時下の動員活動を通じエリート層の妻たちの間に現れた頻繁な接触を見て取ることができる。地域のエリート女性たちの横の連携および互いの意見交流の活発化が、銃後動員により促された。留意したいのは、統治側の目的であった銃後の教化・動員は、新たに女性のエネルギーを凝集させることにより、男性の妾問題など、自身にかかわる社会改革をめぐって女性間の意識の共有を訴えるという方向性をも生み出したことである。巨大な統治権力に直面しながらもみずからを追いつめることをせず、自分の文脈に引きつけながら課題の転換を行い、時勢に「順応」していく可能性がそこに示されている。

逆に統治権力に抵抗を試みようとする類型は、前記の杜潘芳格の母親に見ることができる。

ある日母は怒りに任せ、左手を使って父の上司に告発の手紙を書いた。……当局は調査を行い、……高等教育を受けた女性の手によるものに違いないと判断した。……とうとう母の所に来た。その時、日本の憲兵は母に「自分が宋美齢になったつもりでいるのか」と怒鳴った。……しかし日本人も頭を痛めることがあった。父を利用する必要もあり、母も愛国婦人会の会長［正確な肩書は分区長］の身分であり、上に報告しても、また報告しなくても都合がよくない。事件担当の二人の憲兵はちょうどその時分には戦場に召集されており、事件は結局うやむやになってしまった（曽・江［1995：24-25］）。

統治側にとって台湾人エリート女性の能力と出身は、銃後動員にとり最適の指導力と映ったが、その反面、地域の指導層としての彼女らが当局に抵抗を示した際には、逆のリスクもともなってくることになる。家庭の側面からすれば、「順応」への拒絶は妻が夫の仕事に協力するという戦時下の「内助の功」と衝突し、家庭内危機をも招来することになったのである。事件の後、父が母を離縁しようとして長女に阻止された一連の騒ぎは、こうした問題の顕在化であったといえよう。

終章　台湾近代史との対話
――「新女性」が語るもの――

以上の各章でみてきたように、台湾社会における解纏足運動と女子教育の展開は、植民統治者そして台湾男性が新しい女性像を追求する過程において要請されたものであった。そして、それに続く台湾人女性を対象とした言説の産出および運動、事件の生起は、植民地統治期全体の大規模な社会変化のなかで、台湾社会のジェンダー関係も何らかの変容を余儀なくされたことを意味していた。ここで最後に当初の視角に立ち戻り、本書の議論を再整理しておきたい。

1　「新女性」誕生の規定要因

近代台湾女性史の展開を規定する二大要素は、日本国家による植民統治戦略と台湾社会の家族戦略である。植民統治権力の側から見れば、社会のエリート層への影響力の拡大を図るなかで、家庭の経営に携わる台湾人女性らに対して関心が払われたという側面がある。他方で植民地支配下に置かれた台湾人側にあっては、家族の利益を最大化する戦略的考慮に基づき、とりわけ男性家長により女性に対して働きかけが行われた。この二つの要素に規定された枠のなかで、植民地権力により台湾人の社会関係自身が政治化されることになった。こうした植民地政治構造にジェンダー関係が組み込まれ、両者は新女性の誕生過程から諸社会関係における位相までを規定していた。

1・1　植民地権力の性格

第一に、植民地の新しい政治的秩序が打ち立てられる過程で、ジェンダー関係は統治権力の構築と強化を目的として使用されたといえる。

一九〇〇年前後の台湾総督府の働きにより、全島数百人の台湾人士紳は日本内地観光に訪れた。台湾人エリート男性を対象とする大規模な見学旅行の日程のなかには、明治期日本の女子教育現場の参観活動が組み込まれていた。近代的な知識・能力を有する日本人女性に象徴される文明像を通じ、「日本人男性、日本人女性、台湾人男性」のように序列化された位階の構図を喚起・示唆することがそこでは意図されていた。近代文明の優位性は支配関係の顕示であるとともに、当時島内で進められていた「陋習」改革に対しあるべき文明の基準を開示するという意味も含まれていた。

第二に、統治権力が従来の台湾人のジェンダー関係に構造的変化を求めなければならなかった理由は、「家族」のはたらきに関わっている。

消極的側面からみれば、植民地男子教育の成果により体制への協力層として養成された台湾人エリート男性の行為が、彼らの母、妻である台湾人女性らにより阻害されないようコントロールすることである。積極的な側面から見れば、女性の妻・母役割を通じ、台湾人エリート層の家庭の内部から彼女たちの夫または次世代の台湾人男性に対して影響力を行使することであった。エリート層との間に安定した関係を確保するためには、世間とはほとんど接触のなかった有力者家庭の女性たちに対し女子教育を与えることによって、男性同様の同化と忠誠心の植えつけを行い、日本語の普及と習俗の改革を家庭内部に及ぼすことが必要であった。

ただし、植民地統治はその必要性・合理性ということが第一であったことから、台湾人社会と家族に対する統制・介入の度合いは状況により局部的・限定的でもありえた点が重要である。植民地の政治権力と家の関係のあり方は、「国民国家」の形成が見られたほかの社会での国家―家関係からは明確に区別される。例えば明治以降の日本国家の建設においては家庭への管理・介入が重要視されまた不可欠であると考えられたが、植民地経営においては被統治者側の家庭を全面的に把握することは必ずしも所与の目標ではなかった。現実にはむしろ、各時期の情勢に合わせて生じる統治上の必要や、政治資源投入上の採算の方が重視される傾向が強かった。実際に影響力行使の対象となった台湾人家族は階層的に見ればエリート層に限定され、またそうした影響力は時期的に見ても連続性のあるものではなかった。

解纏足運動に見られるように、初期の統治の安定のために、植民統治権力はきわめて慎重に運動を推進していた。総督府の基本的認識では、女性の纏足は男性の辮髪と同様、明らかに「清国人」の身体的装飾であり、「日本臣民」には相応しくなく、中国への所属感や共感を喚起する標記と見なされることから、この「陋習」は改革されなければならなかった。しかし実際の対応は非常に慎重であり、台湾人に刺激を与え、反抗を引き起こすような強硬措置については意識的に回避しつつ、外との接触を忌避する女性本人よりは台湾人エリート男性に働きかけながら、纏足の問題化、誘導、モデルとなる女性像の提示など漸進的な手法が採用された。台湾人男性の自発的な行動が現れ、改革の気運が確実なものになるまでの長い時期において、統治側は運動の背後にあって表に出ることなく、間接的にこれを左右したのである。

さらに台湾人女子教育の展開も、統治サイド内部の「同化」重視と「植民地主義」という二つの路線の折衷の産物であった。国家との関係により新たに見出された明治期日本の女子教育の思想的文脈に関連し、教育関係者を中心とする「同化」重視者は、植民地統治の見地から台湾人女性を通じての影響力を重く見たが、台湾人女子教育への投資は「植民地主義」に基づく経営方針と政策的コストの観点から終始抑制されていた。このような台湾人女子教育の植民地的特徴として、以下の三点が指摘できる。第一に、教育理念では同化作用を期待しての国語教育が主軸であったこと。第二に、教育内容については、学費自己負担を原則としたために、在来社会の女子教育に対する期待である手芸重視をある程度受け入れざるをえなかったこと。もっとも、手芸の在来色は漸次薄れ、日本色にとって代わられた。第三に、制度的には女子初等教育の拡張と中等以上の整備が行われなかったことである。

1・2　在地社会の家族戦略

現実主義的性格を帯びる植民地権力の政略に向き合うのは、統治される側の家族戦略である。権力と社会とが互いに他者であるという心理によって根本的に規定されるこうした植民地の政治文化は、台湾において人々の間で「家族本位」の思考様式を助長する要因になったと考えられる。支配者の交代や外的な政治情勢の変化によって被る損失を最小限にとどめるために、台湾家族は独自の「家族戦略」を持つに至ったのである。植民地的家族戦略の配置のなかに、台湾人女性もまた一つのコマとして組み込まれるようになった。新女性の誕生過程から社会的位相に至るすべてのストーリーがこの要因の規定を受けていた。

あるべき台湾人女性像に関する言説が台湾人エリート男性の間で大量に産出されたのみならず、彼らの言説のなかに現れた理想像は、解纏足運動と女子教育熱によって実体化されていった。その具体的な内容としては、(一) 家政を管理する体力の増強および優生学的観点からの解纏足と、(二) エリート女性の新しい教養として、伝統的な刺繡など手芸を継承するとともに、作文、算数、国語としての日本語などの新しい知識・技能の習得が要求された。そこにはエリート男性の側の二つの意図が見え隠れしていた。一つは、「日本人女性」と同じラインの上で台湾人女性の改造を行うことで、より高い位階にある台湾人男性みずからの権力の所在を主張し、植民者によって示された優劣順位の図式に対して抵抗しようとすること。もう一つは、統治側によって開示された文明的な女性像を新たな実利をともなう家族戦略の文脈のなかで再解釈しつつ取り入れることである。

新女性の役割における可能性は、もっぱら家族利益からのみ位置づけられていた。すなわち (一) 束縛のない健康な身体と日本語能力を含む近代的な知識・技能を備えることの実質的な意味は、対内的には妻・母役割を通して良質な育児、家事管理および次世代の教育に取り組み、進歩的な家庭の建設に貢献することであった。さらに象徴的な意味として、地方名望家同士の通婚に見られるように、女性家族員の学歴は家族の社会階層を示す重要なシンボルともなった。そして (二) 対外的には、植民地の政治空間に特有の女性家族員の社交機能が「発見」されたことが重要である。妻役割においては夫の事業、母役割においては子女の教育資源の確保などの必要が生じ、それぞれの場面において新女性は独自の社交機能を発揮することになった。

1・3　複合的制約

近代台湾女性史は、以上のような植民者の統治権力と在来社会の家父長制という二元的権力構造の下に展開されていた。しかしながら、このような力の場は新女性の誕生を可能にすると同時に、その発展の限界をも暗示していたと言わねばならない。各種の社会関係における「新女性」の位相は、植民地政治社会の構造的制約が体現されたものでもあった。

植民地権力と家父長制のそれぞれの利益構造のあり方から、新女性の活動を制約する次のような境界線が設けられた。

まず植民統治権力側は、女性を台湾人の家庭から引き出し、教育を通じて植民地における「公」的世界との関係性を持たせることにより、台湾人の家庭空間に影響を与えるためのもう一つのパイプを作り上げようとした。しかし、植民地の公共空間における台湾人女性の活動は決して無制限なものではなく、統治基盤の確立にとり不利な動きは厳格に規制された。第五章でとりあげたように、婚姻改革の問題をめぐって新世代の青年男女の旧社会への反抗が高まりを見せた際に、統治側は恋愛結婚、女性に関する婚姻弊習の廃除などの論調に対して比較的同情的な立場をとったが、これに新しい運動のエネルギーが加わり、抗日的民族運動に接近しはじめると統治側の立場は一変した。また第六章で見たように、体制内の婦人団体を舞台として「夫人外交」を行う限りでの新女性の社会的活動は奨励されたが、反体制的社会運動への参与や組織化は、島内の抗日運動のみならず、内地の婦人運動への合流までもが厳しい制限を被った。

次に台湾社会の家父長制において、女性のライフ・サイクルは家を中心軸として想定されていた。男性成員を中心とする家族利益に結びつくことによって新女性の形成が可能となったものの、家族利益にとって必要と思われる以上の外部との接触は認められることはなかった。そのために、女子教育を目的に娘を学校へと送り出しはしたが、学校以外の社会との接触は忌避される傾向にあった。両性関係の側面では、自由恋愛に憧れた二〇年代の知識青年は、女性に対して家が設けた境界線の存在に気づき、「家―学校―家」の送出と回収のルートを打破しようとした。だが、新しい婚姻様式の形成に見られたように、現実においては異性間の接触は家の合意を前提

とすることではじめて容認されたのである。社会活動の側面では、新女性の抗日民族運動との接触は個々の家庭

でも危険視された。抗日運動の中心人物の家庭においても、女性家族員の運動参与は積極的に奨励されることは

なかった。結婚後の女性の妻・母役割においては、家族戦略として必要な場面においてその社交機能が期待され

るが、女性が外部社会で必要以上の人脈を持つこと、あるいはこうした家庭外活動が嫁姑関係、夫婦関係などの

家庭内の権力バランスの失調を来す危険性は注意深く回避されていた。

上記二つの権力関係の制約は別々に作動するものではなく、両者が相乗効果を生むことにより新女性の活動可能性はさらに大きな制約を被る。その代表的事例は抗日運動への参与の場合に見られた。「植民地民族解放」の陣営への女性の加入の必要性が見出されたとしても、実際には女性家族員の運動参与への心理的抵抗感は大きく、植民地政府の徹底的弾圧とも相まって二重の牽制となった。

しかし、それのみならず社会内部からの制約は統治権力の下にあってより複雑な様相を呈した。第五章の彰化婦女共励会をめぐる一連の事件で明らかになったように、新女性の婚姻自由から社会活動の可否に至るまでの問題は、単純な「保守—革新」の近代的文化運動の次元での論争ではなかった。これに加えて、植民統治下の政治的姿勢の相違により男性世界が「協力と抵抗」の構図により二分され、政治的立場の分岐により形成された二大陣営の相互関係がそこで複雑に絡み合っていた。

近代台湾に形成された新しい女性の性格は、以上のような植民地政治の「力の場」に密接に関連したものであった。

2　「新女性」誕生の社会的影響

一九二〇年代以前の植民統治前期においては、エリート層における纏足の終焉と入れ替わりに、若い世代の女性の就学が徐々に普遍化してきた。従来の纏足慣習からの脱却と植民地女子教育の受容は、台湾女性史にとって画期的な意味をもっていた。こうした歴史的変動の過程のなかに、一つの世代としての「新女性」が誕生したからである。

2・1　世代の推移

統治側の意図と台湾人エリート男性の間に形づくられた文明的な女性像が相俟って、台湾では約一五年間という比較的短い期間内に解纏足運動が成功をおさめた。従来の社会通念にあっては纏足は女性の美であり、結婚の基本条件であり、また社会階層標記でもあった。纏足に付随するこれらの価値観は、新女性像の形成とともに崩壊していくと同時に、女子教育によりとって代わられた。そのために娘の解纏足と就学を同時に断行した家庭と、纏足のままで学校へ通わせるという過渡的形態があったが、一九二〇年前後に至ってエリート層における纏足世代から学校教育世代への交代が完了することになった。

中・上層における女子教育の確立は、台湾人女性のライフ・コースを大きく変容させた。娘から妻へという伝統的なライフ・コースの中間に、「女学生」という猶予期間が新たに挿入されることになった。「女学生」の期間の長さは、公学校卒業、高等女学校卒業、さらには内地留学に至る場合も含め、それぞれの条件と背景により様々であったが、それら新しいライフ・ステージとして中・上流階層の女性の間にほぼ確立された。そのなかで、「高女」の存在は進学ルートの中で核心的な位置を占めていた。「高女」は女子教育世代の台湾島内における学歴の頂点であると同時に、さらに上級に進学しようとする場合の基本的な学歴条件となった。纏足から学校教育世代への移行期に、女性の学歴は新しい身分的表象として現れはじめた。世代の移行が一段落し、高等女学校の制度も確立された一九二〇年代に入ると、新世代の婚姻問題に絡んで「高女」の学歴は普遍的な価値観として定着し、急速にエリート社会に浸透していったのである。

2・2　生活と意識

植民地女子教育は生活スタイルと意識面で女性の変化をもたらした。

生活のスタイルの面では、第一に活動圏の拡大が挙げられる。伝統的な中流以上の家庭においては、女性の外出の機会はほとんどなく、家が彼女らの唯一の生活空間であった。しかし就学・進学という経路が新たに加わることにより、二〇年代以降の女性のライフ・コースはそれまでと違う形で展開されるようになった。まず就学により、生活空間が家から学校にまで延長され、通学または遠足、旅行などの学校行事を通じ、女性らは初めて開かれた外の世界に対して解放感と興奮とを覚えた。さらに進学により公学校から高等女学校への「島内留学」あるいは日本内地の留学、卒業後の就職を含め、新女性の生活圏は大きく拡大した。

第二に学縁関係の形成である。伝統女性の交遊圏は血縁関係を中心としたものだった。ところが女子教育が開始されて以後は、学校を媒介として女学生同士、そして師弟の間に新しい人間関係が形成され、卒業生、先輩・後輩間の人脈、および台湾人、日本人双方の教員を含む師弟関係が、卒業後においても婚姻、就職などの局面において新たな作用を果たすようになった。特に一九二〇年代以降、公学校生徒の間では街庄大の学縁、中等教育（一九一九年以前では附属女学校）の女学生の間では台湾大の学縁の役割が顕著になってくる。

第三に娘時代に必要とされる教養の中身の変化が挙げられる。それは以下の二点にまとめられる。ひとつは、台湾人の娘の基礎的素養としての手芸の学習が、家庭のなかでの女性の伝習の形式から離れ、徐々に学校教育に求められるようになったこと。だが、植民地女子教育はとうてい在来の娘教育の肩代わりをすることはできなかった。伝統的な教育期待としての手芸は、一九一〇年代中葉以降、比重を減らされるとともに、内容的にも内地色が強められて徐々に換骨奪胎されていった。もうひとつは、植民地時期に就学した台湾人女性の、前世代との間にある最も大きな違いは、国語である日本語の習得ということにほかならなかった。日本の統治下にあって、読み書きをはじめとする近代的知識の習得とは、とりもなおさず日本語の習得ということを意味した。新女性の知的能力の獲得は、台湾人社会のジェンダー関係に新しい変数を加えたのみならず、「国語」を媒介として台湾人女性と植民地統治の関係性を生じさせることになった。

また意識の面では、「日本色」に依存しての自己現実と、それに付随した抑圧の構造との矛盾があげられる。一九二〇年代より、台湾人女性について「小／公学校→高等女学校」という進学のモデル・コースが示されることで、女子教育をとりまく序列・競争意識が浸透していった点も重要である。進学コースの提示と競争意識の生成は、この時代の女性たちに自らの人生設計の必要を強く意識させ、自覚的行動のための土台を築くことになった。

知識と文化的教養は、エリート層の妻に相応しい能力の養成を最大の目的としていたが、「高女」教育を基礎として、同世代の女性たちの間には知識欲と自信が醸成されることになり、一部の新世代の台湾人女性はそこに自己実現の道を見出すようになった。植民地教育を基軸として、台湾女性は初めて家庭以外の場で、それまでになかった自己の能力への承認と評価とを得た。同時に、この上昇のルートに乗れば乗るほど、彼女らの「日本」との関わりも深まっていった。

高女世代の中の「日本」化は、自己実現の角度からは彼女らの可能性を広げるものであると同時に、個人の発展に大きな制限を加える要素でもあった。植民地社会における階層的優位性を獲得・確保する反面、統治階層に対しては劣位にあることを自覚させざるを得ないという意味で、それは明らかに二面性を帯びていた。学校での成績、および各種の活動で得られた評価は、高女合格と同様に彼女たちの人格形成において重要な影響力を持っていた。女学生たちに与えられることになった優劣の評価基準たる「日本色」は、他方で植民地特有の物差しとして、高女世代の成長過程に適用された。

植民地における女学校の二重性とは、それが外部から遮断された修業の場であると同時に、植民地社会へ開かれた唯一の窓でもあったことにより生じたものである。戦前の学校教育は台湾社会では「日本教育」と呼ばれた。そして女性らの「日本教育」は、台湾の在来社会の土壌から遊離して、直接に「和」「洋」折衷の新階層文化へのアクセスを可能にする場であった。他方、従来は家庭を唯一の生活空間としていた台湾人女性にとって、学校は「日本」という他者との直接的接触を日常化する場となった。とくに「高女」にまで踏み込んでいけば、彼女たちの中の「日本」は接触経験の蓄積に比例して複雑化した。すなわち女学生時代が、台湾人女性の被差別の原体験となった。植民統治権力を頂点として形成された社会構造のなかで、「日本」への接近度は台湾人社会における地位、権力、文化などの象徴となった。しかし、「日本」に接近すればするほど、また日本人との場の共有が多くなればなるほど、在来社会の中、上階層出身の娘たちは、民族的差別に遭遇せざるを得なかった。この点は男性の場合と選ぶところがなかった。

2・3　家庭内役割

女性の変容は家族関係の変化としても反映された。新女性がエリート層の妻となるのにともない、家庭内の母・妻・嫁の役割に新たな変化がもたらされた。日本統治時期のエリート家庭に生じた女性の役割の変容は、台湾個有の社会史的レベルでの変動であると同時に、植民地的環境と密接に連動するものでもあった。日本語を中心とする新女性の知識・技能は、台湾人エリート家庭の文明化の需要と、日本人の植民者社会の橋渡しという二つの側面において、とりわけ子どもの教育問題と夫の職業上の交際が必要となる場面で欠かせない存在になった。彼女たちは家政管理者であり、また夫の補佐を行う外交家であり、家庭教育の担い手でもあった。植民地社会に呈示された新しい基準は、彼女ら自身にも内面化されたのであった。

妻役割

妻役割について、第一に、夫婦関係では夫と妻の間における情緒的結合が期待され、共通の趣味が重視された。そして高女世代の妻たちは新知識人たる夫と同様の文化的嗜好を共有するだけの基盤を有していた。第二に、新式家計管理者としての妻である。新女性の基礎学力と家政知識により、新エリート家庭の一部において、妻による家計管理が見られるようになった。とくに大家族の共同生活から脱却しつつあった家庭では、子ども夫婦みずからが家計を管理することが可能となり、そのなかで妻が管理の適任者と見なされていった。ただし、仕事を男性に、家庭を女性にというような男女間の厳格な役割分業は形成されることはなかった。第三に、統治者集団に集中した様々な資源の配分にあずかるには、当集団と交流し、「夫人外交」の作用を発揮することが不可欠であった。日本人官僚の奥方と交友を結んだり日本語を学んだり和服を着用したりすることで、統治集団との間に個人的関係を保有することが重要な意味を持つようになった。日本人との付き合いが日常化していた中流以上の台湾人家庭では、妻が十分な社交機能を果たすには日本語は不可欠であったが、必要とされる言語能力は女子教育を通じてすでに獲得されていた。家庭における社交的役割は、彼女らにとってみずからの責務として意識されているようであった。だが、「夫人外交」という新たな「内助の功」を果たす反面、日本教育を受けた新エリート夫婦の間には、互いの政治姿勢の違いによる衝突が持ち込まれてもいた。女学生時代の教育は、日本人集団にアクセスする能力の養成に役に立つ反面、植民地政治権力の動向に対する彼女たちの経験的な判断力を養うことにつながった。

母役割

第一に、より良い子育てと家事管理を求める志向性は、伝統的な母に比べて顕著なものになった。科学的な知識を積極的に取り入れる新世代の母の態度は、女学校時代の教育による部分が大きい。指摘しておかねばならないのは、彼女たちは、育児と家政に付随する実際上の家事労働には直接参与することなく、使用人の労働力に依存するか、あるいは同居する他の家族において分担していたという点である。つまり、母としての新女性の特徴は、自らの手で家事を行い、子どもを育てることよりも、むしろ近代的な育児観、家政知識などを活かして良質な「管理」を行うという点にあり、彼女たちの母親としての自己評価もこのような観点から行われていた。

第二に、一九二〇年代以降の台湾エリート層の母役割における最もドラスティックな変化は、家庭教育であったと考えられる。具体的には、(一)学校教育と受験における次世代の競争能力を鍛えることであり、(二)出身階層を象徴する文化的教養を、家庭教育を通じて養成することであった。そのため彼女らは、幼稚園段階をはじめ、家庭における子女の学習指導の担い手となった。自ら付き添って勉強させ、予習と復習を指導し、また子どもの教育環境を工夫して見守るのである。高女教育で得た知識を充分に活用し、なかにはもと女教師としての職業上の経験を生かし、自らの家族員に専門的な教育サービスを提供する場合もあった。他方、授業の補助と受験勉強以外に、広い意味で人間形成に関わる文化的教養は、エリート家庭では新女性である母親により伝えられた。とくに音楽、芸術、文学、スポーツに至るまで、男性家長と教養を共有していた妻たちは、母としても大きな役割を果たした。

第三に、植民地社会の母の特殊な役割として、日本人児童と同様の優れた教育資源を確保する目的において、エリート家庭の母たちには日本人社会と交際を行う必要が生じた。統治側主催の婦人団体への参加の多くは、子弟を日本人中心の学校に入学させる目的の下にあった。

最後に、新エリート家庭の妻・母であった彼女たちは、体系化された家政管理と次世代の家庭教育の主要な担い手として立ち現れてきたが、彼女らはそうした妻・母役割とは決して排他的な結びつきにはならなかった点に注目したい。従来通りの家政の責任に加えて、家庭教育という新しい務めが女性に課せられたとはいえ、使用人のほかに、姑・夫などの同居家族員などの家事代行・援助も現実上は可能であった。家庭教育に母親が参与することは、決して父親の退場を意味するわけではなく、親子間の親密性を重視する新世代の父親も教育に参加していた。妻・母であった彼女たちは、仕事に時間をとられ家庭教育にまで十分手が回らない夫・父たちの力強い片腕として、むしろ補助的な存在として位置づけられていたのである。

嫁役割

まず第一に、舅姑との関係に限定すれば、その特徴は次のように整理できる。嫁の家族内の役割は、家長の複数の妻およびそれぞれの息子と嫁などからなる複雑な家族関係から、せいぜい夫の実の親のみを対象とする嫁役割へと限定化されてくる傾向が見られた。ただし夫の家族員、特に子弟の勉学を援助することは、独立した家計を営む年長者の責務として常に求められた。

第二に、上述のような家事の管理、接客および次世代の家庭教育の水準を向上させる知識や技能は、家族の発展を望む舅姑にも重視された。これは嫁役割ついての画期的な変化である。だがその反面、新女性の特質は舅姑との関係に新たな緊張感をもたらした。ひとつは、女性像への期待について、新世代の知識人は自らの世代にとっての切迫した人生の問題として、妻と母役割に重点を置く傾向があり、従来の家族関係の中では最も重視された親子間の「孝」の優位性が、若い夫婦の親密性によりおびやかされる危惧が舅姑世代の間に生じたことである。

もうひとつは、新女性である嫁が備えている外部の植民地社会へのアクセス能力が家族利益にプラスに働くように期待される反面、嫁姑、嫁同士、夫婦関係などを含む家庭内の権力関係に影響を与える可能性から、従来とは異なる新しい「嫁」に対しては一定の不信感が存在したことである。それは、嫁が外部との間に期待以上の交際を行うことに対する抵抗感、および嫁の日本語使用に対し日本語のできない女性家族員が抱く嫌悪感などに現れていた。こうした苦悩を共有する新女性である嫁自身は、表面的には慣習と伝統に順応しつつも、みずからの世代が家長・姑の座に就き実権者となるまで改革を保留することで対処しようとした。

3 「新女性」の近現代史的意義

3・1 家族と女性の関係性の再編

日本植民統治下における台湾人エリート層家族の発展・自衛戦略に、女性の役割が新しく組み込まれたことは、近・現代台湾の社会構造に深い影響を与えた歴史的出来事であった。ここでは二つの点を指摘できる。

第一に、女性の学歴価値の成立である。家の社会階層的シンボルの形成、通婚相手のランクの保持、次世代の家庭教育、さらに女教師、女医師に付随するきわめて高い社会的地位など、家族利益に直接に関わる点が考慮され、エリート層では女性の教育に大きな関心が払われるようになった。当然ながら、地方社会の権力基盤を確保・強化するために、伝統的な観点にとわれず男女の別なく教育投資を行うことが可能であったのは、経済的に、また開明度においてとくに恵まれた家庭であった。ところが植民統治の期間内に、後期において顕著になった女子教育熱に反映されるように、こうした家庭が量的に拡大していくのにともない、「高女」に代表される女性の学歴価値は戦前のエリート層全体においてほぼ定着することになる。さらに、戦前において教育資源を享有できたのはエリート層のみに限定されていたが、戦後に至ってはそれまで教育とは無縁であった民衆層をも含む国民教育の実施と経済的発展にともない、女性への教育投資をみずからの家族戦略に取り入れる傾向が普遍化するようになった。戦後の台湾では、女性の学歴志向は男性と何ら差はなく、さらに海外留学＝博士号の取得を頂点とする学歴階梯が形成されていく。

第二に、対外的な家族本位の性格である。一見したところ新女性の役割は従来のように母・妻・嫁役割を中心に構成されていたが、前項で指摘したように、次世代の教育に携わり、夫の事業を助け、家族に貢献するには、植民地社会という条件の下で日本語を中心とする知識および文化的教養、社交能力が必要とされるなど、対外的な性格が濃厚であった。そこで、女性の活動領域は、家庭内に限定される必要はなく、逆に家族戦略上の考慮に応じて全方位わたって対応することが要求された。そこでは役割を家庭内に限定したり、とくにもっぱら母役割に結びつけるような規範は希薄であった(1)。結婚後にも医師、女教師などの仕事を継続する事例は、同世代のエリート層においては珍しいものではなかった。とりわけ戦時下に植民統治当局からの動員要請がいっそう強まったことと、夫の地位・職位に相応しい「内助の功」として家の側からの期待を受けたことも含め、エリート層女性の家庭外での活動は通常期よりも頻繁となった。つまり、政治的環境、家庭外的活動を家族の利益から評価すること、さらに家事労働に従事するよりも管理するという家政形態が、このような家族本位主義の対外的性格を生み出した要因であるといえる。

さてこうした出来事の延長線に、戦後の（一）台湾人エリート層女性の政治参加、（二）中小企業における「頭家娘」の出現、（三）新興の中間層に現れた高学歴の女性の職業志向などがあると考えられる。まず政治的側面では、戦後初期に開始された台湾省議員選挙に、日本統治時期に高女以上の教育を受けた台湾人女性が多数出馬し当選した。彼女らの半数以上は教職の経験を持ち、また戦時中の動員経験をもつ者であった。彼女たちのほとんどは地方の有力家族の出身であり、その参政は家族の政治的利益を代表するものでもあり、またその当選・再任の可否も当家族が地元で蓄積した人脈や政治資源に大きく左右された（梁雙蓮・朱浤源［1993］）。

次に、経済的側面では、戦後台湾の経済発展における特殊な役割を果たしていた「頭家娘」と呼ばれる女性たちがいた（高承恕［1999］）。彼女らは中小企業の経営者の妻でありながら会社の一員でもあり、掃除、日常的な管理から営業、財務など実際の方針決定まで、経営上の必要に合わせ不特定の部門に柔軟な形で対応している。求められる女性の役割が「内」の家庭領域に限られず、「外」の家族企業の経営にまで広がり、家族を中心として完結する点には、戦前の新女性のあり方からの連続性を見出すことができる。

最後に、高学歴であればあるほど強いキャリア志向を持つという傾向である。地元の名門家族出身の女性たちは女医師、女教師、戦後には婦女会の会長、政治家として地方または全島レベルで活躍し、高い尊敬を集めた。こうした日本教育世代の女性たちの生き方は、戦後世代の台湾人女性にとっても見習うべき身近なモデルとなっていった。他方で、女性の家事労働は社会的規範によってプラスの価値を与えられることがなく、ほかの家族成員の支援や社会的サービスによって家事を代行するという傾向は戦後においてさらに拡大し、今日の膨大な共稼ぎ夫婦の存在を支えているといえよう（洪［1998a］）。

3・2　二つの階層文化

新女性の誕生は、台湾社会のエリート層の階層文化を大きく変容させた。そしてこの階層文化の変貌は、一般民衆層との間に歴然として異なる二つの文化景観を呈示させることになった。

この階層文化を支えているのは、日本教育を受けた女性たちに染み込んでいる「高女文化」であった。国語＝日本語という第一義的価値とともに習得された「日本の伝統と西洋のハイカラ」の「和洋折衷」のインテリ文化は、理科、地理・歴史、家事など「科学」知識の伝授、そして声楽、ピアノ、美術、生花、茶道などの文化的教養にかかわるもの、テニス、卓球、登山、水泳などのスポーツ、または短歌、俳句などの文学趣味など、さまざまな分野にわたった。こうした進歩的かつ「ハイカラ」な文化様式の吸収について台湾人エリート家庭は意欲的であった。娘が学校外で自主的に行う稽古事などの文化的出費に対しては、家庭は全面的にこれをバックアップした。さらに新エリート層の妻となりはじめた二〇年代後半以降には、新知識人たる夫と教養・嗜好を共有する家庭文化が形成され、家庭教育を通じて次世代に伝授され、台湾人エリート層の「階層文化」として定着していったものと考えられる。

今日の日本人が相対的に多くの接触機会を持ち、親近感を抱く「台湾人」とは、こうした意味での階層文化をもつ人々のイメージが濃厚である。戦後初期の台湾社会を描いた映画「悲情城市」においてカメラのレンズが向けられた家族がそうであり、『台湾紀行』のなかで司馬遼太郎が接した「台湾人」がそうであり、戦後から現在に至るまでの『台湾万葉集』の歌人たちもまたしかりであった。

戦後台湾における主要な使用言語の基準から「台湾語人」「日本語人」「中国語人」の区分（若林［1997：5-6］）を用いるなら、本書が究明してきたのは、まさに「日本語人」的世界の形成過程であった。一九四九年前後に国民党政権とともに「外省人」が大量に来台するが、それ以前、日本語人の世界の裏側には、巨大な「台湾語人」の世界が存在していた。そこに生活してきた台湾人の多くは教育を受けることはできず、国語である日本語を話せず、短歌、俳句、ピアノ、礼儀作法などとは無縁であった。戦前から戦後にかけ一貫して台湾語を唯一の言語としてきた彼／彼女らの世界は、これまで十分に認識されてきたとは言いがたい。

日本的世界の浸透度には、日本語人と非日本語人（台湾語・客家語または先住民言語）の区分けに見られる階層的な区別が大きく関わっていた。日本の植民統治下の台湾では、エリート層と民衆層の経済的分化と同時に、階層間の文化的な分化も進行していた。エリート層を対象に限定的に資源を投入する植民地政策がこうした階層化を助長することになった。こうした境界線は、民衆層の一部では痛切に意識されてもいた。解纏足運動から女子教育の開始にかけて、エリート層の男性が「文明的」女性像を追求し初めた時点から、こうした影響は既に表面化していた。一部の家庭では娘たちの纏足を断念したものの、娘を学校に行かせることができないという現象も見られた。また、貧困家庭の総力を挙げての限界的投資により教育資源を獲得した一部の「無産青年」は、二〇年代後半に至って、憧れの新女性が身に付けているインテリ文化や流行りの「恋愛」が、最初から資産家階層の占有物であったという階級的な限定性に気づかされることになった。この境界線を突破した例外的な民衆層出身の女性の一人は、自学自習で日本語を学び、エリート知識人主体の抗日民族運動に身を投じ、のちに共産主義をみずからの道として選択した謝雪紅である。しかし大多数の台湾語人は、相変わらず壁の向こう側に隔離されたままで戦後をむかえることになったのである。

このように、戦後台湾の社会文化の性格は「日本時代」に深く規定されており、新女性の理解はその解明のための一つの重要な手がかりであった。同時に、そこから分離された民衆的台湾社会の史的考察は、本研究を完結させるために今後避けて通ることのできないもう一つの課題となる。

注

序章

(1) このような視点に立った研究成果として、鈴木裕子[1992][1993]、倉橋正直[1994]のほか、吉見義明・林博史編[1995]、吉見義明[1995]などが挙げられる。

(2) その中で北村嘉恵[1998:15-27]は、「被統治者」側、生活者側に立脚した社会史研究に着目し、とりわけ台湾学界の研究蓄積を日本の植民地研究に取り入れることの重要性を指摘した。

(3) 呉密察のシンポジウム報告「台湾史研究はいかにして成立するか？——台湾ナショナリズムの歴史記述戦略」(『日本台湾学界会報』第一号、一九九九年)を参照。題目からみれば、呉は台湾史構築の諸課題について、台湾史という学問分野の誕生を裏づけた台湾ナショナリズムの形成という命題を切り離すのではなく、正面から組み入れることを企図しているように思われる。日本近代史研究における国民国家批判、脱・国民国家(国民国家嫌悪？)の傾向について理解しながらも、あえて台湾ナショナリズムという命題を主張した同氏は、過去の抑圧経験による台湾史記述の自覚性に、「一つの歴史」ではなく、開放的、多元的、動態的歴史記述の達成に希望を託した。つまり「台湾国民を造形することになる台湾史の記述は、同時にその構築の価値源泉である台湾ナショナリズムの暴力化をけん制する力を持たねばならない。それゆえ、ファンダメンタリズムのような台湾ナショナリズムは成長する余地が存在していない。つまり、二一世紀に向かう世界の中の、また宗教をその養分としない新興のナショナリズムの歴史記述として、台湾ナショナリズムの歴史記述は、一九世紀のそれのように〈振り返らず、前進あるのみ〉とはいかないのである……台湾史構築のプロセスは、不断に模索・対話する記述過程となる。それは、次から次へと彼我の合意が累積され総合される、あるいは不断に総合に入れ替わり合う、そういう過程である」。

(4) 游鑑明の研究に関しては、[1987][1992][1994a][1994b][1995a][1995b]を参照。

(5) 台湾において慰安婦問題が注目されはじめたのは、一九九二年二月当時に国会議員であった伊東秀子が防衛庁研究所の図書館で台湾人慰安婦の存在を裏づける三つの電報を発見したことがきっかけであった。この件が報道された後、台湾の婦女救援基金会はいち早く反応し、日本、韓国の民間団体と積極的に接触し、台湾人慰安婦の調査に取り組むことになった。同会による数回の調査報告[同会の出版による『台湾慰安婦報告』(1999)に収録]のほか、学界の動向については、ここに挙げられた江の論文を除いて、李国生[1997]の一部で扱われるのみであった。また、先住民女性の証言を取材した柳本通彦[2000]の著書は、現時点では台湾の慰安婦を主題とする唯一の日本語出版物である。台湾の慰安婦関連議論の特徴としては、上野千鶴子が日本と韓国の慰安婦議論について指摘したような、民族言説との結びつきの傾向がほとんど見られず、女性運動団体の主導により、研究者の協力をともなう実態の究明を通じ、日本政府の戦争責任と賠償を求めるという、救援運動として現れている点が挙げられる。

(6) 女性解放の視点から謝雪紅の生涯を解釈することの妥当性について、筆者は別稿(洪[1998b])で論じた。筆者の見るところ、一人の女性としての謝の人生遍歴と、共産主義者として左翼運動理論に規定された彼女の女性解放理論はあくまで別物のように思われる。言い換えれば、謝は「女性左翼運動家」ではあっても「左翼女性解放論者」ではなく、共産主義に出会ってからの彼女の活動をフェミニズムの観点でとらえることは困難に思える。

(7) フェミニズム歴史学に関して彼女は、女性が研究の対象でありながら主体でもあり、「ジェンダー」を新しい歴史分析カテゴリーに加えるというスコットの主張を取り入れ、同時にフェミニズム法学者のCarol Smartの「権利」の概念、つまり政治資源と新しい可能性を獲得する反面で、国家、家父長制の管理もともなってくるという「権利」の両面性を重視する見解を援用している。

(8) 楊の結論としては、ヨーロッパやアメリカ、日本における第一次、二次大戦の戦争動員が、女性たちに労働参与と社会進出を促すことにより、女性の職業領域も拡大、多様化し、女性の伝統的役割を大きく変化させたが、植民地台湾における女性の戦争動員はこのような変化を生み出さなかった点が強調される。

(9) 代表的な研究として、駒込武[1996]および小熊英二[1998]が挙げられる。

(10) 国民国家の形成と家の関係は、近年の日本家族研究では核心的な問題となり、優れた業績も数多い。これらの研究成果は、本書が植民地社会の政治権力と家庭の特徴について考察する際に比較の視点を提供してくれた。とくに、牟田和恵[1996]、小山静子[1993][1999]、上野千鶴子[1997]の議論は本書の執筆のうえで理論的な刺激を与えてくれた。

(11) 台湾人家族史の特徴の一つとして「家族戦略」を捉えた業績として、許雪姫[2000]を参照。台湾人エリート層の性格については、蔡淵絜[1980]と楊永彬[1996]を参照。

第一章

(1) 台湾総督府臨時台湾戸口調査部編『明治三八年臨時台湾戸口調査記述報文』一九〇八年、三五三、三五五頁。

(2) 同前、三五六頁。

(3) 前掲『明治三八年臨時台湾戸口調査記述報文』三五五頁。

(4) 台湾総督府警務局編『台湾総督府警察沿革誌II』一九三八年(復刻版は緑蔭書房、一九八六年)七四一―七四二頁。

(5) 同前。

(6) 前掲『台湾総督府警察沿革誌II』七四一頁。

(7) 井出季和太『南進台湾史攷』誠美書閣、一九四三年(復刻版は南天書局、一九九五年)六七頁。

(8) 男性たちの断髪運動は、一九一〇年から一九一一年の一年間に全島各地で大々的に繰り広げられた。台湾の最高学府の国語学校と医学校を先駆けとして開始され、一九一一年、辛亥革命を機として起こった中国の断髪の風潮と日韓併合時の韓国の断髪風の影響を受けて、台湾でも集団的規模の断髪運動が現れた（呉［1992：265,267,281］）。

(9) 以上、各発言の引用はいずれも「天然祝辞」『台日』一九〇〇年三月二四日（三）。

(10) 「天然祝辞」『台日』一九〇〇年三月二四日（三）。実は発会式の前年に『台日』に寄稿の「天然足会論」において黄玉階はすでに「維新」の論理と女性の纏足問題を結び付ける見解を示している（『台日』一八九九年一二月二四日［五］）。

(11) 「辮髪と纏足」『台日』一九〇〇年二月二一日（一）。

(12) 同前。

(13) 日本は台湾を領有する際、台湾住民に国籍選択権の行使を許した。これは一九世紀後半の世界の潮流に乗ったものであり、日本側の提案により日清講和条約に規定されていた。内地から大量の移民を誘致するための台湾住民追い出しは一つの便法として検討されたが、結果的に台湾住民が従来どおり定住しやすいようにする方策がとられ、一八九七年三月一九日に総督府は管下官庁に内訓として「台湾住民分限取扱手続」を発した。結局、最終期限の一八九七年五月八日までに登録を済ませた退去者は総計約四五〇〇人で、当時の台湾総人口の〇・一六％にすぎなかった。（黄［1988：51-55］）

(14) 士林の名望家柯秋潔の孫の柯徳三氏は、祖父の内地観光について「明治政府の文明程度が台湾に比べてどれ程高いと見せるために、また誇示の意味もあり、伊沢修二［総督府の初代学務部長］は祖父と朱俊英を連れて東京に行った」と語っている（張・高［1996：118］）。

(15) 李春生「東遊六十四日随筆」『台湾新報』一八九六年九月二三日（一）。

(16) 「台湾人の観光」『台湾協会会報』第八号、一八九九年五月、五六―五七頁。『台湾人士鑑』を参照したところ、「凍鴻謨」は「陳鴻謨」の誤りであり、さらに「陳瑞昌」は「陳鴻謨」の別名であることが確認された。

(17) 「東遊日記　附序」『台日』一八九九年一〇月二二日（六）。

(18) 林希張「東遊日記　承前」『台日』一八九九年一一月三日（六）。

(19) 許又銘「共進会日記　続」『台日』一八九九年一二月二二日（四）。

(20) 葉文暉「東游［ママ］日記」『台日』一九〇〇年二月二二日（四）。

(21) 許又銘「東游［ママ］日記　続」『台日』一九〇〇年一月九日（四）。

(22) 林希張「東遊日記　承前」『台日』一八九九年一一月二九日（四）。

(23) 葉文暉「東游［ママ］日記」『台日』一九〇〇年二月二三日（四）。

(24) 王名受「本国旅行日誌（続前）」『台湾教育会雑誌』第一七号、漢文欄、一九〇三年八月二五日、一八―一九頁。

(25) 王名受「本国旅行日誌（続前）」『台湾教育会雑誌』第一九号、漢文欄、一九〇三年一〇月二五日、一九―二〇頁。

(26) 呉文藻「本国旅行紀要」『台湾教育会雑誌』第一八号、

漢文欄、一九〇三年九月二五日、一八―二〇頁。

(27) 新樹「上游紀聞」『台湾教育会雑誌』第一七号、一九〇三年八月二五日、五〇―五二頁。

(28) 「立天足会」『台日』一八九九年一二月一二日（三）、「後来閨秀」『台日』一九〇〇年二月七日（三）。

(29) 「雑報　女子教育風化」「教妻入学」『台湾教育会雑誌』第一八号、漢文欄、一九〇三年九月二五日、二一頁。

(30) 「雑報　台湾女子教育の趨勢」『台湾協会会報』第六〇号、一九〇三年九月、四一―四二頁（同月の『台湾教育会雑誌』第一八号の漢文欄に掲載された「女子教育風化」は、これとほぼ同じ内容のものであった。ただしこの引用文は、『台湾協会会報』の記事では最初の段落に当たるが、『台湾教育会雑誌』漢文欄の記事では見当たらない）。「島内記事　島内学事情況」『台湾教育会雑誌』第一八号、一九〇三年九月二五日、四七―四八頁。

(31) 林黄氏阿娥「三十年前の女子教育」台北第三高等女学校同窓会学友会編印『創立満三十年記念誌』（以下『記念誌』）一九三三年、三七五―三七六頁。

(32) 本田茂吉（元第三附属主事）「在職当時の感想叢談」同前『記念誌』三一九頁。

(33) 潘栄春「生徒出席状況と督励の苦心」、李張氏査某「尊い女教師の名に憧れて」同前、三三九、三七九頁。

(34) 田中敬一（元国語学校長）「纏足の悲哀と小生の杞憂」同前、三〇八頁。

(35) 「機械到台」『台日』一八九九年一〇月一九日（三）、「新店機織業の成績」同二九日（二）、「機織成業」同三一日（三）。

(36) 「新店の機業拡張計画」『台日』一九〇〇年一月二七日（四）。

(37) 同前、および前掲「新店機織業の成績」を参照。

(38) 前掲「新店機織業の成績」。

(39) 前掲「雑報　台湾女子教育の趨勢」。

(40) 同前。

(41) 「天然足会」『台日』一八九九年一二月六日（三）。

(42) 「天然足会設立の認可」『台日』一九〇〇年二月八日（二）、「天足許可」同二月九日（三）、「天然足会成る」同三月二三日（二）。

(43) 「天然足会に望む」『台日』一九〇〇年三月二四日（二）。

(44) 「解陸登舟」『台日』一九〇〇年三月二九日（三）。

(45) 「天足会の開会式」『台日』一九〇〇年三月六日（二）、「天然足会発会式に就て」同七日（二）、「集議発会」同八日（三）、「天然足会発会式」同九日（二）。

(46) 同前「天然足会発会式」。

(47) 前掲「天然祝辞」。

(48) 「諸紳遠遊」『台日』一九〇〇年三月二三日（三）。

(49) 大東学人「揚文会員の帰郷を送る」『台日』一九〇〇年三月二八日（二）。

(50) 投稿者の背景について、呉文星［1992：284］によれば、科挙合格および伝統的な漢学の出身者は少なくとも一三人、国語学校卒業生は五人、医学校卒業生四人、他に二名の女性も含まれていた。ここから纏足が改革すべき陋習であるという認識は新・旧知識層に共有されていたことを呉は指摘する。
(51)『台日』一九一五年一月一日（四二）。
(52)羅樵山「論纏足之弊害及其救済策」『台日』一九一五年一月一二日（三）。
(53)黄爾璇「論纏足之弊害及其救済策」『台日』一九一五年一月六日（四）。
(54)翁俊明「論纏足之弊害及其救済策」『台日』一九一五年一月一〇日（三）。
(55)廖学枝「論纏足之弊害及其救済策」『台日』一九一五年一月一日（五三）。
(56)前掲『明治三八年臨時台湾戸口調査記述報文』三七二―三七三頁。
(57)同前、三七三頁。
(58)林黄氏包「士林女学校時代の思出」前掲『記念誌』三八一―三八二頁。
(59)童養媳は養媳、媳婦仔とも言う。昭和一三年に高等法院上告部判官であった姉歯松平によれば、「媳婦仔又ハ養媳ト称スルハ尊属親カ将来自己ノ直系卑属タル男子ノ妻トスル目的ヲ以テ養入シタル幼女ノ名称テアル」（姉歯松平『本島人ノミニ関スル親族法竝相続法ノ大要』台法月報発行所、一九三八年［復刻版は南天書局［1994：25］を参照）。
(60)林瑞美「柚柑好美味」（江編［1995：234-235］所収）。
(61)例えば、一八八二年生まれの盧柚柑が娘に告げた生涯で最も忘れられない二つのこととは、四、五歳から母親に強制され、苦痛に満ちた童年と少女時代を経て完成した纏足の経験と、一四歳に日本軍が上陸したときに、母親に顔を黒くさせられ、襤褸の服を着せられて、暗室に逃げ込んだ恐怖の記憶であった（同前）。
(62)卓［1993：65］より重引。
(63)前掲『台湾総督府警察沿革誌II』七四二―七四三頁。
(64)同前、七四四―七四五頁。
(65)例えば、黄玉階が士紳たちに天然足会の話を持ちかけた歩蘭亭での会は、詩吟の集会であった。また、台湾の商業界で有力な組織であった大稲埕茶業公会も、全会一致で天然足会に加入した（「天然足会と台湾協会」『台日』一九〇〇年三月三日［二］）。
(66)前掲『明治三八年臨時台湾戸口調査記述報文』三七三頁。
(67)陳翁式霞「我的一生」（江編［1995：8］所収）。
(68)前掲『明治三八年臨時台湾戸口調査記述報文』三七三頁。
(69)前掲「天然祝辞」。
(70)黄氏真珠「論纏足之弊害及其救済策」『台日』一九一五年一月三〇日（三）。
(71)前掲本田「在職当時の感想叢談」。
(72)同前。
(73)西外二投「慈善音楽会所感」『台日』一九〇四年一〇月一五日（五）。
(74)「台湾少女の知能」〈一〉『台湾慣習記事』第五巻第三号、一九〇五年三月、六七―七一頁。
(75)国語学校附属学校時代の同校は、本科と手芸科に分かれ、本科の生徒は年齢八歳から一四歳、手芸科の生徒は一四歳から二五歳と規定された。前者は初等教育機関であった公学校に相当し、後者は台湾女子の中等教育の濫觴とされた（前掲『記念誌』五一―五二、五六頁を参照）。

(76) 一八九八年の課程表に体育の科目はなく、但し備考のところに「毎日大凡三十分間遊戯ヲ課スヘシ」とあった。明治三九年の組織改正後、本科生を普通の公学校に転入させ、当校は中等教育に相当する女子師範に改組されることになった。再編された師範科、技芸科、師範速成科に、それぞれ約二時間の「体操」が新しい教科として加えられたが、その内容の欄には「遊戯」と記されていた（同前、五四、七四―八〇頁を参照）。

(77) 前掲林黄氏包「士林女学校時代の思出」。

(78) 脇野つい「本島生に対して家事教授の思出」前掲『記念誌』四〇〇頁。

(79) 前掲『記念誌』九三―九四頁。

第二章

(1) 前孟生「実験百話（承前）」『台湾教育会雑誌』第二四号、一九〇四年三月、四四―四五頁。

(2) 田中友二郎「附属女学校時代の思出」前掲『記念誌』三九〇頁。

(3) 同前、五四七頁。『台湾教育会雑誌』六六号、一九〇七年九月二五日、四四―四七、六五頁。

(4) 高木平太郎「本島女児の教育に就いて」『台湾教育会雑誌』七〇号、一九〇八年一月二五日、二二頁。同「本島女児の教育に就いて（承前）」『台湾教育会雑誌』七一号、一九〇八年二月二五日、三二頁。

(5) 同前高木「本島女児の教育に就いて」一八頁。

(6) 同前、一八、二一頁。前掲高木「本島女児の教育に就いて（承前）」三二頁。

(7) 「十行論壇」『台湾教育会雑誌』三二号、一九〇四年一一月、四七頁。

(8) 「慣習日記」『台湾慣習記事』第五巻第三号、一九〇五年三月、九一頁。

(9) 連横『台湾通史』北京、商務印書館、一九九六年、四五二頁。

(10) 池田敏雄『台湾の家庭生活』東都書籍株式会社台北支店、一九四四年（復刻版は南天書局、一九九四年）二〇四―二〇五頁。

(11) 「女学技芸」『台湾教育会雑誌』第七四巻、一九〇五年五月、二〇頁。

(12) 「台湾の女子留学生」『台湾協会会報』第六四号、一九〇四年一月、三六頁。呉氏笑「内地遊学当時の思出」前掲『記念誌』四〇七頁。

(13) 杜聡明『回憶録』杜聡明博士奨学基金管理委員会、一九七三年、二二七―二二九頁。

(14) 前掲『記念誌』一三六六、三七五―三七六頁。

(15) その後の同校の変遷と改編は以下の通りである。一八九八年、国語学校第三附属学校と改称。一九〇二年、国語学校第二附属学校、一九〇八年、国語学校附属女学校と改称。一九一九年、第一次台湾教育令により台北女子高等普通学校に改編。一九二二年の第二次台湾教育令により台北第三高等女学校に改称。

(16) 藤田捨次郎「我が台湾統治の黎明期を叙べ女教育の芽生に及ぶ」『台湾教育』一九二九年二月一日、八六頁。また、同「士林女学校開始当時の島状」(一九二九年一〇月一四日第三高女創立満三十年記念講演会講演) 前掲『記念誌』一九三三年、二七一頁。

(17) 前掲本田「在職当時の感想叢談」三一一—三一二頁。

(18) カークードの植民地教育に関する見解について、詳細は、小熊 [1998：78,82] を参照。

(19) 前掲本田「在職当時の感想叢談」三一二—三一三頁。

(20) 同前。

(21) 台湾語の紳士語と日常常用語の差異について、本田茂吉が挙げた例を借りれば、紳士語の「拝候貴府」(お宅に邪魔する) は常用語では「要去汝的厝」と言う (前掲本田「在職当時の感想叢談」三一一頁)。台湾語の発音を克服すれば、漢学の基礎を備えた明治知識人にとって紳士語はさほど困難ではなかろう。しかし口語体に近い常用語は台湾語の文法の習得などが必要となり、困難も大きい。

(22) 前掲『記念誌』九二—九三頁。

(23) 前掲本田「在職当時の感想叢談」三一四—三一五頁。大橋捨三郎「艋舺移転後の公学校裁縫教授の研究」前掲『記念誌』四一四—四一五頁。

(24) 山本礼子は日本語による入学試験の影響について、一九二五年度から一九三七年度までの各高等女学校の台湾人入学者の教育状況を分析し、「進学熱の上昇と共に、高等女学校進学がだんだん難関になっている様子をもの語っている。国語を常用する者としない者との差で初等教育の就学先を決定したので、必然的に日本語の普及が促進され、行政的にみれば、植民地教育の所期の目的を遂行した」と指摘している (山本 [1999：62])。ただし、進学競争による国語重視の現象は、小学校か公学校かという初等教育の区分が問題となるより早い時期、具体的には一九一四年の附属女学校の入学試験の実施を起点にしてすでに開始されていたのではないかと思われる。

(25) 前掲藤田「我が台湾統治の黎明期を叙べ女教育の芽生に及ぶ」八六—八七頁。同「士林女学校開始当時の島状」二七一頁。伊沢修二「台湾教育に対する今昔の感」『台湾教育会雑誌』第八一巻、一九〇八年一二月、三〇—三一頁。

(26) 前掲『記念誌』九三頁。

(27) 同前、六九—七〇頁。

(28) 前掲連横『台湾通史』四五二頁。

(29) 大橋捨三郎「士林時代初期の造花と裁縫教授」前掲『記念誌』三四八—三四九頁。

(30) 同前。

(31) 中島左一「女子教育奨励に関する予が経験」『台湾教育会雑誌』第五二号、一九〇六年七月、一九—二〇頁。

(32) 前掲大橋「士林時代初期の造花と裁縫教授」三五一—三

五二頁。

(33) 手芸の規格化の開示について、大橋捨三郎によれば、毎年の展覧会では公学校裁縫教授要目に準拠した標本を陳列し、または実際の教学においても雛型や実物大の紙型によって見積もり方、裁ち方の見本を作って生徒に習わせたという(同前、三五二頁を参照)。

(34) 久芳とし「本校刺繡科に於ける既往の発達及変遷(其二)」前掲『記念誌』四一一—四一二頁。

(35) 大橋捨三郎「台湾公学校六個年程度裁縫科教授細目案」『台湾教育』一二〇号、一九一二年四月、二三—三三頁。前掲大橋「艋舺移転後の公学校裁縫教授の研究」四一四頁。

(36) 内地庶民層を対象とした手芸教育が裁縫を主たる内容としていたことは、深谷昌志の研究[1998：48-49,74-75,182]からうかがえる。明治以前には各地に女子の裁縫塾が存在していたが、明治の学制発布の後、多数の縣の小学教則は、民衆の教育期待を反映させて、女子には裁縫を内容とする家庭科や手芸科を設けていた。裁縫は、中等教育レベルでは、同時期に多数設立された伝統形式の女紅場、裁縫学校および学校形式の手芸学校があった。その後、女子教育が確立された明治三〇年代以降では、下の補習女学校、技芸女学校から、実科高女、さらにはトップの公立の高等女学校に至り、各階層の家政教育期待に対応する形で各種の学校が序列化された。

(37) 久芳とし「本校刺繡科に於ける既往の発達と変遷(其一)」前掲『記念誌』三四七頁。

(38) 久芳とし「赴任当時の事ども」前掲『記念誌』三四二—三四三頁。同前、三四七—三四八頁。

(39) 前掲大橋「艋舺移転後の公学校裁縫教授の研究」四一四頁。

(40) 前掲久芳「本校刺繡科に於ける既往の発達及変遷(其二)」四一〇—四一一頁。

(41) 前掲大橋「艋舺移転後の公学校裁縫教授の研究」四一五頁。

(42) 同前、四一四頁。

(43) 前掲大橋「士林時代初期の造花と裁縫教授」三四八—三五〇頁。

(44) 台湾人女子を受け入れる教育形態について、游鑑明[1987：53-54]は男女両性の特質に対する配慮の有無により、「両性単軌教育」と「両性複線教育」という分類を行っている。前者は両性の差異をあまり考慮することなく、男女共学の教育を行うもので、公学校システムなどはこれに当たる。後者は両性の差異と特性に配慮し、女子専門の学校機構などに見られるようにとりわけ女性の特質などを重視する。国語学校の附属女学校はその代表的な存在であった。ただし、この二種類の教育形態は、教育行政当局を主体として行われた分類を示すものではなく、研究者が学校の性質に基づき行った客観的分類であることに留意したい。

(45) 前掲『記念誌』五七頁。

(46) 同前、五七頁。

(47) 台湾教育会編『台湾教育沿革誌』台湾教育会、一九三九年（復刻版は南天書局、一九九五年）二四八頁。
(48) 同前、二四七―二四八頁。
(49) 同前。
(50) 同前、二四八―二四九、二五一頁。
(51) 前掲『台湾教育沿革誌』二六五―二六六頁。
(52) 「女生分教」『台湾教育会雑誌』第七九号、一九〇八年一〇月、一五―一六頁。
(53) 前掲『台湾教育沿革誌』二六一頁。
(54) 前掲『記念誌』七五頁。
(55) 同前、八一頁。
(56) 同前、八〇―八一頁。
(57) 隈本繁吉「創立満三十年祝賀式挙行の報を聞きて」前掲『記念誌』三八六―三八七頁。
(58) その後の戦争期に台湾人の女性動員の必要が生じてくると、従来台湾人女性が教育の有無により選別されてきた点が問題化した。学校教育を受けた女性とは対照的に、国語を解せず、規律化されていない女性らは、銃後の動員には不向きである点が、戦時中に軍事当局に指摘されるに至った。
(59) 前掲『記念誌』六九―七〇頁。
(60) 同前、八一頁。
(61) 前掲伊沢「台湾教育に対する今昔の感」三一頁。
(62) 前掲本田「在職当時の感想叢談」三一九頁。
(63) 同前、三一九頁。
(64) 愛国婦人会台湾本部『愛国婦人会台湾本部沿革誌』一九四一年、一五五、一九八―一九九、二〇二、二五五。または、洪［1995：26］。
(65) 今村義夫『台湾の都市と農村問題』同氏発行、一九二五年、二八七―二八八、二九四―二九五頁。
(66) 駒込［1996：46-47］によれば、一八九〇年の日本内地の小学校の義務教育の実施には階級対立を防ぐ狙いが含まれていたが、その影響は台湾の植民地教育までには及ばなかった。
(67) 町田則文「台湾島に於ける女子教育の過去三十年を顧みて」前掲『記念誌』三〇〇頁。
(68) 「台湾風俗の推移」『台湾協会会報』第九六号、一九〇六年九月、三一頁。
(69) 前掲伊沢「台湾教育に対する今昔の感」三〇―三一頁。
(70) 加藤忠太郎「第二附属学校艋舺移転当時の回顧」前掲『記念誌』三八八頁。
(71) 李張氏査某「尊い女教師の名に憧れて」前掲『記念誌』三七九頁。
(72) 前掲本田「在職当時の感想叢談」三二一頁。
(73) 林黄氏阿娥「三十年前の女子教育」前掲『記念誌』三七六頁。
(74) 台湾新民報社編『改訂台湾人士鑑』台湾新民報社、一九三七年（復刻版『台湾人名辞典』日本図書センター、一九八九年）二三六頁。張李氏徳和「笈を負うて学都士林へ」前掲『記念誌』三八三―三八四頁。
(75) 張氏素梅「祝女学迪化」前掲『記念誌』三七五頁。
(76) 同前『記念誌』九四頁。

(77) 潘栄春「生徒出席状況と督励の苦心」前掲『記念誌』三四〇頁。
(78) 前掲久芳「赴任当時の事ども」三四三頁。
(79) 前掲本田「在職当時の感想叢談」三一三―三一四頁。
(80) 柯洪氏愛珠「士林の昔話」前掲『記念誌』三六七頁。
(81) 前掲大橋「士林時代初期の造花と裁縫教授」三五一頁。
(82) 中島左一「女子教育奨励に関する予が経験」『台湾教育会雑誌』第五二号、一九〇六年七月、一九―二〇頁。
(83) 前掲『記念誌』三七九頁。
(84) 同前、三六七、三七〇頁。
(85) 同前。
(86) 前掲柯洪氏愛珠「士林の昔話」三六七頁：蔡曹氏緑「遠い思出の中から」同、三七〇頁。
(87) 「台湾少女の知能」〈二〉『台湾慣習記事』第五巻第五号、一九〇五年五月、五七―五八頁。
(88) 前掲『記念誌』七〇頁。
(89) 前掲『愛国婦人会台湾本部沿革誌』一二―一三頁。
(90) 一九〇八（明治四一）年一二月一七日付け、愛国婦人会台湾支部新竹幹事部長里見瑛子からの梁阿昌、荘登尚、鍾石妹三氏の夫人に宛てた書簡による。この史料は三田裕次氏の提供による。
(91) 前掲『記念誌』五七頁。
(92) 游［1987：318］付表六―一を参照。
(93) 陳鐘氏腰凉「教育ある庭に光明あり」前掲『記念誌』四三〇―四三一頁。
(94) 同前。

第三章

(1) 前掲隈本「創立満三十年祝賀式挙行の報を聞きて」三八六―三八七頁。
(2) 前掲『記念誌』一一二頁。
(3) 前掲『台湾教育沿革誌』九一頁。
(4) 同前、八二八―八四〇頁。
(5) 前掲『記念誌』一一二頁。
(6) 同前。
(7) 前掲『記念誌』一二一―一二三頁。
(8) 前掲『記念誌』一二一頁。
(9) 同前、一二二頁。
(10) 同前。
(11) 台湾人の女子教育観について游鑑明［1987：75-81］は、一九二〇年以前を「斉家興国論」的女子教育観（斉家興国的女子教育観）、一九二〇年以降を「解放論」的女子教育観（解放婦女的女子教育観）に分類した。本節は同氏の分類に依拠しつつ、国家概念の問題と良妻賢母思想の二つの側面から修正を加えたものである。
(12) こうした女子教育論は、第一次大戦後の変化について、母親と子供の一体感が一層強められ、母役割がさらに強調されるようになる一方で、男女の同等性の理念により、女性は主婦として家庭の「主人」、つまり夫と対等な存在として捉えられ、家事、事業に差し支えのない範囲で職業に従事、社会活動に参加することが容認された。このような新しい役割を遂行できる女性を養成するために、女子教育の制度的・内容的な再編が行われていた（小山［1993：168］）。

（13）掲載された入選論文は以下の通りである。憂開民（一九一八年一一月三〇日［六］）、有慨（一九一八年一二月三日［六］）、王文徳（一九一八年一二月四日［五］、一九一八年一二月五日［五］）、巣峯山荘主人（一九一八年一二月六日［六］）、楊大邦（一九一八年一二月七日［六］）、王則修（一九一八年一二月八日［四］）、許仲熹（一九一八年一二月九日［四］）、林筱顔（一九一八年一二月一一日［六］）。

（14）王則修「女子教育論」『台日』一九一八年一二月八日（四）。

（15）有慨「女子教育論」『台日』一九一八年一二月三日（六）。

（16）巣峯山荘主人「女子教育論」『台日』一九一八年一二月六日（六）。

（17）王文徳「女子教育論」『台日』一九一八年一二月四日（五）、一九一八年一二月五日（五）。

（18）憂開民「女子教育論」『台日』一九一八年一一月三〇日（六）。

（19）前掲巣峯山荘主人「女子教育論」。

（20）天野正子［1987：71］によれば、日本内地の女子中等教育の制度化が急務とされたことには、この二つの現実的背景が存在していた。

（21）教養派と呼ばれる大正期の日本知識人の影響を受けた結果、台湾の新知識人は個性の伸張と人格の尊重などの問題に高い関心を持つようになった（若林［1983：222-225］）。このような現象は、「個性」「人格」などの用語が『民報』系列雑誌の論説全般のなかに頻繁に現れたことにも反映されている。当時の台湾新知識人の必読書のなかには、阿部次郎の『人格主義』があった（頼［1996：19］）。また教養派の必読とされた阿部次郎の『三太郎の日記』（唐木［1963：22］）は、李登輝［1999：23］の回想によれば、のちの三〇年代の台湾人高校生の愛読書でもあった。

（22）彭華英「台湾に婦人問題があるか」『台湾青年』第一巻第二号、一九二〇年八月、六五頁。

（23）このような集中現象は、楊翠の研究［1993］にも指摘されたが、両者の関連性について論及されなかった。また、これらの言論は同氏には「女性解放言論」として捉えられた。

（24）林双随「私の台湾婦人観」『台湾青年』第一巻第四号、一九二〇年一〇月、四三―四五頁。

（25）周桃源「婦人問題の根本義を論じ且つ台湾婦人界の悪現状を排す」『台湾青年』第二巻第四号、一九二一年五月、三〇―三二頁。

（26）前掲林双随「私の台湾婦人観」四四頁。

（27）蘇維霖「我的婦女観」『台湾民報』第二巻第一七号、一九二四年九月一一日、九―一一頁。韓石麟「婦選附與和婦女解放」『台湾民報』第二一七号、一九二八年七月一五日、一〇頁。

（28）陳英「女子教育之必要」『台湾青年』第一巻第二号、一九二〇年八月、一九―二〇頁。

(29) 王金海「婦人教育の理想」『台湾青年』第二巻第一号、一九二一年一月、五七―五八頁。

(30) 前掲周桃源「婦人問題の根本義を論じ且つ台湾婦人界の悪現状を排す」三〇―三一頁。

(31) 礦渓生「彰化学生懇親会に就いて」『台湾』第三年第八号、一九二二年、五二頁。

(32) 王敏川「對於廃娼問題的管見」『台湾民報』第三巻第三号、一九二五年一月二一日、五―六頁。

(33) 「台湾的婦女教育」『台湾民報』第一一〇号、一九二六年六月二〇日、四頁。

(34) 游の見解［1987：78］をまとめれば、「解放婦女的女子教育観」は、一、「良妻賢母」に対立し、二、「婦女地位の向上、婦女運動への参与、女性問題の解決」を目的とし、三、「女権運動と社会運動思潮の影響を受けた」「複合的目標を持つ教育観」であった。

(35) 前掲王金海「婦人教育の理想」五九頁。

(36) 前掲礦渓生「彰化学生懇親会に就いて」五二頁。

(37) 前掲周桃源「婦人問題の根本義を論じ且つ台湾婦人界の悪現状を排す」二七頁。

(38) 別名黄周。一八九九年、台湾彰化生まれ。早稲田大学卒業。新民会、東京台湾青年会など内地における台湾人留学生の民族運動団体で活躍。のちに台湾民報の記者を務め、一九二七年に成立した台湾民衆党の発起人の一人でもあった。

(39) 黄醒（ママ）民「新台湾婦人に望む」『台湾』第五年第一号、一九二四年、五七―六五頁。

(40) 小野寺克巳「創立百周年に寄せて」紀念専輯委員会編『光輝百年―台北第三高等女学校創校百年紀念誌』三高女校友聯誼会、一九九七年、二三頁。

(41) 北村兼子『新台湾行進曲』婦人毎日新聞台湾支局、一九三〇年、二五頁。女学生が台北市街頭に現れた光景については、台湾通信社編『台北市史』台湾通信社、一九三一年、四三八頁を参照。

(42) 『台湾民報』系列の雑誌は、内地で慣用的に用いられている日本語の「新しい女」の語を用い、中国語の文章では「新婦人」や「新女性」という語が使われた。また『台日』の漢文欄の場合は、通常「新女」と称されていた。

(43) 山川均（張我軍訳）「弱小民族的悲哀（続）」『台湾民報』一一三号、一九二六年七月一一日、一〇頁。

(44) この点は、当時の国勢調査をはじめ各種調査の職業分類を参照することで明らかとなる。

(45) 前掲『記念誌』一三五頁。

(46) そうした実例については、新井［1998：519-520］を参照。

(47) このような実例については、游［1992：32］を参照。

(48) 劉郭氏金玉「思出の糸をたどりて」前掲『記念誌』四七三―四七四頁。

(49) 内地の高等女学校への留学者数は、一九二二―一九四一年度の間で合計一、一五四人であった（游［1987：196］）。一九二〇年代において毎年二〇人前後であったのが、一九三〇年代に入ると急増していく趨勢が見て取れる。

(50) 游［1987：149］。また、台湾総督府のミッション系学校に対する政策と影響については、山本［1997］を参照。

(51) 同書の表五―四をみれば、女子職業学校の台湾人卒業生数は、一九三六年以前は累計総数で二一五人に過ぎなかったが、高女に入学できない女性の急増に対応して、家政を中心とする職業学校が設置された一九三〇年代後期以降その卒業累計人数は一九三九年の六五三人、一九四〇年の一、一三五人、一九四二年の二、九三七人と毎年大幅に拡大していった。

(52) 同書の表四―四によれば、入学者数は一九二二年の一〇六人から一九三〇年の八八九人、一九四〇年の二一〇九人に急増していた。

(53) しかし、植民地台湾において、これは各類別の学校の中から自らの意思や必要に合わせて選択を行った結果のものではなく、台湾人の間で高まった女子進学熱に後押しされる形で、三〇年代後半以降になされた調整と折衷の産物であった。

(54) 昭和女子薬学専門学校卒業生（一九四四年卒）の簡淑循氏への聞き取りによる（二〇〇一年五月一五日）。

(55) 同氏によればアンケートのなかでの学校に対する不満は、ほとんど戦争期に集中する。

(56) 台北第一高女卒の藍敏によれば、毎週土曜日に二時間の礼儀作法の授業があった。西洋式礼儀の学習の際には鉄道ホテルで実習を行い、日本式礼儀の際には校内の作法室を使用した（許・曽［1995：34］）。

(57) 『台湾民報』第二巻第四一号、一九二四年八月一日、九頁。『台日』一九二四年七月一一日（二）夕刊。または洪［1999：256,161］を参照。

(58) 前掲『記念誌』一五九頁。

(59) 林二「永遠被母親照顧的孩子」（游［1994a：204］）。

(60) 台湾新民報社編『改訂台湾人士鑑』台湾新民報社、一九三七年（復刻版『台湾人名辞典』日本図書センター、一九八九年）。

(61) 前掲劉郭氏金玉「思出の糸をたどりて」四七二頁。

(62) 「食前の反省」または「食前反省の歌」の作法の内容については、前掲『記念誌』一七四―一七五頁参照。

(63) また、こうした体験は戦前台湾の著名な女医であった蔡阿信の伝記小説の中でも言及されている（東方白［1996：452-454］）。

(64) 台湾の名望家の中で日本人妻を娶った事例も少なくなかった。家族内の日本人成員について日本語や礼儀作法を学習した例も見られた（許［1995：11-29］）。

(65) 黄氏鳳姿『台湾の少女』東都書籍株式会社台北支店、一九四四年、二二三―二二四頁。

(66) 前掲『記念誌』一五七―一五八頁。

(67) 游［1994a：260］を参照。また、静修女学校卒の楊千鶴は、それぞれの入学した高等女学校の雰囲気の違いによる娘仲間三人の性格の変化について次のように語った。「親友の純子は三高女に合格し優等で卒業したが、台湾女性をムリに大和撫子に訓練しようとしたコチコチ教育の校風を聞いて、わたしは負け惜しみではないが三高女を受けなくて好かったと思った。二高女［日本人中心］に入った秀蘭も卒業後、変に萎縮した感じになったことは、クラスメート全部の印象である」（楊千鶴［1998：82］）。

(68) 前掲『記念誌』一五九頁。

(69) 『台日』一九二六年三月一五日朝刊（三）。

(70) 「小言：錯了」『台湾民報』第九八号、一九二六年三月二八日、九頁。

(71) 周紅絨「ピアノの前に和装して」前掲『記念誌』四九〇―四九三頁。

(72) このような意識は、前引の山本［1999：140-143,177-185］によるアンケートとインタビュー調査の中にも反映されていた。

(73) 前川治「新教育令の公布と本島婦人の将来」『台湾教育』二三八号、一九二二年三月、五六―五九頁。

(74) 謝春木「前川女学校長の所論を読む」『台湾』第四年第三号、一九二三年、五四―六三頁。

(75) 楊氏千鶴「長衫」『民俗台湾』第二巻第四号、一九四二年四月、二四―二六頁。『台日』の記者として戦前活躍していた楊千鶴は、後年、自伝の冒頭で次のように述べている［1998：19-20］。「日本人でない自分が、日常に使わない日本語で書かねばならないということは、わたしが日本植民地時代の台湾に生まれたという、消すことのできない傷を背負っていることを物語ることとなるが、台湾人自身の国が新しく生まれようとしているこの晩、いつか台湾人自身の言葉で書けるよう努力することを自分に誓って、今は敢えてこの癒えることのない生傷をさらすことになる日本語で書いていく他ない」。

第四章

(1) 井上輝子によれば、結婚経験者の恋愛は社会的には強く批判され、とくに既婚女性の場合には姦通罪によって、法的にも処罰の対象とされたのである。生活の貧困と社会の非難とに耐えて恋愛結婚を全うした白蓮と宮崎は例外に属する。

(2) ここにとりあげた恋愛、情死事件については、朝日新聞社編［1999］を参照。

(3) 台湾総督府警務局編『台湾総督府警察沿革誌Ⅲ』一九三九年（復刻版は緑蔭書房、一九八六年）二四、一七四頁。

(4) 青年会幹事「東京台湾青年会春季例会状況―痛快な一つの新しい試み」『台湾』第四年第六号、一九二三年、七九頁。

(5) 追風「彼女は何処へ？」『台湾』第三年第四号、一九二二年、四一―四七頁。同第三年第五号、一九二二年、六六―七三頁。同第三年第六号、一九二二年、六四―六六頁。同第三年第七号、一九二二年、五六―六一頁。

(6) 蘭亭主人「滑稽問答」『台湾』第三年第五号、一九二二年、七三頁。

(7) 明台会　R、R生「《学界消息》学校だより」『台湾』第四年第六号、一九二三年、八八―八九頁。興味深いのは、「恋愛」の討論範囲について「但し台湾になるべく関係ある事」と定められたことである。

(8) 青年会幹事「東京台湾青年会春季例会状況―痛快な一つ

の新しい試」『台湾』第四年第六号、一九二三年、七九―八四頁。

(9) 二〇年代の台湾新知識人は日本の近代文学から相当な影響を受けた。たとえば陳崑樹は、台湾の婦人問題を論じる際に尾崎紅葉の小説『金色夜叉』に言及した。またLOVEという英語の訳語について、恋のほか陳も「ラブ」を意識的に使用した（陳崑樹「婦人問題の批判と陋習打破の叫び」『台湾』第一巻第四号、一九二〇年一〇月、二四―三〇頁）。

(10) 質問九の（三）「在学中に、教科書以外にどのような本や雑誌を読みましたか」に対する回答を参照。

(11) 「国語練習会雑観」『台日』一九二五年一一月五日夕刊（四）。

(12) 楊維命「（漢文）論婚姻」『台湾青年』第二巻第二号、一九二一年二月、三五頁。

(13) 黄朝琴「男女共学與結婚問題」『台湾』第三年第九号、一九二二年、三五頁。

(14) 陳崑樹「根本的婚姻革新論（続前）」『台湾青年』第三巻第五号、三八頁。

(15) 前掲陳崑樹「根本的婚姻革新論（続前）」三六―三九頁。進化論の観点は当時の恋愛結婚の議論の中に多く見られる。後に『台湾民報』に寄稿された車夫の「恋愛的進化観」は、恋愛の進化を三つの時期に分け、過去の時代の「恋愛」は肉欲、現在は表面的、外見だけを重視する「形式的」なものと捉え、将来の理想形は「精神的恋愛」と論じていた（車夫「恋愛的進化観」『台湾民報』一九二四年六月二一日、第二巻第一一号、一一頁）。また、蔡孝乾の「従恋愛到結婚」においても、人類の進化に伴い変化する男女両性の恋愛を三つの時期に区分するEmil Luckaの説を紹介した（蔡孝乾「従恋愛到結婚」『台湾民報』一九二六年一月二四日、第八九号、一六頁）。このように恋愛を三つの段階に分け、進化論的観点から論じることは、明治期日本内地の恋愛言説の中でも普遍的に見られた（佐伯[1998：10-13]）。

(16) 蔡孝乾「従恋愛到結婚」『台湾民報』一九二六年二月一四日、第九二号、一四―一五頁。同一九二六年二月二八日、第九四号、一四―一五頁。

(17) 前掲陳崑樹「根本的婚姻革新論（続前）」三八頁。

(18) 訳者醒民によれば、これは中桐教授の文学講座での講演内容であったが、その後『台湾民報』一九二四年五月一一日、第二巻第八号、一三―一五頁、一九二四年六月一日、第二巻第九号、一三―一五頁。連載は二回で未完のままである。

(19) 張我軍「至上最高道徳―恋愛」『台湾民報』第七五号、一九二五年一〇月一八日、一四―一六頁。

(20) 蔡孝乾「従恋愛到結婚」『台湾民報』第八八号、一九二六年一月一七日、一二―一三頁。同第八九号、一九二六年一月二四日、一五―一六頁。同第九〇号、一九二六年一月三一日、一五―一六頁。同第九二号、一九二六年二月一四日、一四―一五頁。同第九四号、一九二六年二月二八日、一四―一五頁。

(21) 於上海　太平洋「一個別開生面的結婚賀禮」『台湾民報』第二三六号、一九二八年一一月二五日、九頁。

(22) 前掲陳崑樹「根本的婚姻革新論（続前）」三五頁。
(23) 楊維命「論婚姻」『台湾青年』第二巻第二号、一九二一年二月、三四—三五頁。
(24) 張我軍「評論　聘金廃止的根本解決法」『台湾民報』第三巻第四号、一九二五年二月一日、四—五頁。
(25) 超今「応接室　父母代訂的婚約要怎様設法」『台湾民報』第二号、一九二三年五月一日、一五頁。
(26) 了癡「給家兄底信」『台湾民報』一九二五年一一月一日第七七号、一〇—一一頁。同八日第七八号、一二—一四頁。
(27) 前掲楊維命「論婚姻」三五頁。
(28) 前掲追風「彼女は何処へ？」『台湾』第三年第四号、四三—四四頁。
(29) 了癡　在上海「給家兄底信（続）」『台湾民報』第七八号、一九二五年一一月八日、一二—一四頁。
(30) 新營　秋峰生「今日の若き男女に」『台湾』第四年第四号、一九二三年、七二—七三頁。
(31) 「如是我聞」『台湾民報』第二八三号、一九二九年一〇月二〇日、一一頁。
(32) 「耳濡目染」『台日』一九二五年九月四日夕刊（四）。
(33) 「叢稿　服妖新語」『台日』一九二五年八月五日夕刊（四）。「無腔笛　婦女服装之変換」『台日』一九二五年一〇月二七日朝刊（四）。
(34) 「新竹特訊　女校同窓会」『台日』一九二五年八月六日夕刊（四）。
(35) 「對於台北職業婦人的芻議」『台湾民報』第七五号、一九二五年一〇月一八日、三頁。「台南織布工業的将来」『台湾民報』第一四一号、一九二七年一月二三日、一二—一三頁。
(36) 同前「台南織布工業的将来」『台湾民報』第一四一号、一九二七年一月二三日、一二—一三頁。「職業婦人」の場合については、植民地の社会背景に関連してやや詳しく説明する必要がある。ここで注目したいのは、戦前台湾における女工は内地の「女工哀史」のイメージとはかなり異なり、必ずしも貧困家庭出身ではなかったという点である。その原因は日本の植民地としての台湾が付与された経済的役割に関連し、大規模な工場が少なく、女子の労働形態は家庭内手工業または製帽、揀茶などの小規模な町工場の方が主流であった点にある。中・大規模の工場では殆ど官営の台湾総督府専売局の女工採用規程を援用し公学校卒業を学歴条件としていた。
(37) 「耳濡目染」『台日』一九二五年六月六日夕刊（四）。
(38) 前掲車夫「恋愛的進化観」一一頁。
(39) 去「恋愛的今昔観」『台湾民報』第二巻第一二号、一九二四年七月一日、一〇—一一頁。
(40) 本書での「新知識人」「旧知識人」あるいは「新世代」「旧世代」などの名称は、新式教育を受けた集団と伝統的漢学教育を受けた集団を区分するための便宜上の用語法であり、そのなかに「先進的」「後進的」などの価値判断を含めようとするものではないことを断っておきたい。
(41) 「無腔笛　女学生與家庭（続前）」『台日』一九二六年二月二七日夕刊（四）。
(42) 「無腔笛　女学生與家庭（続前）」『台日』一九二六年三

月一日夕刊（四）。

（43）「無腔笛」『台日』一九二五年一月九日夕刊（四）。

（44）「無腔笛」『台日』一九二四年八月九日朝刊（四）。「詹炎録 過渡時代婦女問題（上）」『台日』一九二五年八月二〇日朝刊（四）。

（45）前掲新營 秋峰生「今日の若き男女に」七二―七三頁。

（46）前掲「對於台北職業婦人的芻議」三頁、「台南織布工業的将来」二―三頁。

（47）「本島から内地へ駈落男女 門司で取押へらる」『台日』一九二五年六月一〇日夕刊（二）、「台中特訊」『台日』一九二五年六月一九日夕刊（四）を参照。

（48）翁沢生の経歴、謝玉葉の略歴及び二人の恋愛については、陳芳明［1998：102-103］。謝玉葉の略歴、渡中後の二人の生活については、台湾共産党の創始者である謝雪紅の回想録［1997：227-230,242-244］を参照。渡中の事実については前掲蔡孝乾「從恋愛到結婚」（『台湾民報』第九二号、一九二六年二月一四日、一四頁）。ちなみに渡中後の謝玉葉は玉鵑のペンネームで『台湾民報』紙上に数多くの女性解放言論を発表した。

（49）渡中の報道は同前蔡孝乾「從恋愛到結婚」を参照。一九二七年末の台湾総督府の調査によれば、黄細娥は第三高女中退、洪朝宗は上海大学中退の学歴であり、調査時点では二人は内縁関係であった（前掲『台湾総督府警察沿革誌Ⅲ』二一二―二一三頁）。

（50）第一章の注五九を参照。

（51）「耳濡目染」『台日』一九二五年五月六日朝刊（四）。

（52）「台中特訊 私奔□多」『台日』一九二五年八月一八日夕刊（四）。

（53）「近頃非常に多くなつた若い本島人娘の家出 金で賣られた養家から虐待を口実に逃出す 月平均三十件以上」『台日』一九二五年一一月二七日夕刊（二）。

（54）杵淵義房『台湾社会事業史』徳友会、一九四〇年、四九七―四九九頁を参照。こうした処理法は、行政系統、警察系統の見解に基づくものであった。対照的に、法系統においては民間の慣習を是認し、養家に将来夫となるべき男子がない場合の「童養媳」を認める立場をとっていた（大正一四年八月四日高等法院上告部判決。前掲姉歯『本島人ノミニ関スル親族法竝相続法ノ大要』五九五頁を参照）。

（55）「竟成連理枝」『台日』一九二五年五月一三日朝刊（四）。

（56）「基隆特訊 養媳無良」『台日』一九二五年八月二三日夕刊（四）。

（57）「誘拐人妻」『台日』一九二五年四月二日朝刊（四）。

（58）「背夫偸漢生事」『台日』一九二五年八月一四日夕刊（四）。

（59）「耳濡目染」『台日』一九二五年四月二一日夕刊（四）、「陽蘭［ママ］特訊 女生踪跡不明」『台日』一九二五年一〇月一六日夕刊（四）。

（60）一九二三年四月一五日の創刊当初は、白話文中心の半月刊雑誌であったが、同年九月の関東大震災の後、旬刊に変わり、また月刊雑誌『台湾』が頻繁に発売禁止となったため、

『台湾』の日本文の部分を『台湾民報』に移し、紙面は白話文三分の二、日本文三分の一の比率となった（楊肇嘉［1970：415,418］）。
(61) 「無腔笛」『台日』一九二四年八月九日朝刊（四）。
(62) 同前。
(63) 「無腔笛」『台日』一九二四年七月三日朝刊（四）。
(64) 「無腔笛」『台日』一九二四年八月九日朝刊（四）。
(65) 「是是非非」『台日』一九二四年七月一七日夕刊（四）、同七月一九日夕刊（四）。
(66) 「西瀛特訊　開家長会」『台日』一九二四年九月二一日朝刊（四）。「保甲会議制限聘金」『台日』一九二四年一〇月二九日夕刊（四）。
(67) 「又も最近に聘金辞退の結婚　斯くして古来の陋習も漸次に革まらう」『台日』一九二四年一〇月八日朝刊（七）。
(68) 同前。
(69) 「是是非非」『台日』一九二四年一一月五日朝刊（四）。
(70) または前掲『光輝百年—台北第三高等女学校創校百年紀念誌』八七頁。
(71) 前掲『記念誌』一二四頁。
(72) 陳翁式霞「我的一生」（江編［1995：9-11］所収）。
(73) 前掲林双随「私の台湾婦女観」四三—四七頁。
(74) 礦渓連光風「対於婚姻之我見」『台湾民報』第二巻第九号、一九二四年六月一日、一二—一三頁。
(75) 前掲陳崑樹「根本的婚姻革新論（続前）」三四—三六頁。
(76) 同前、三三頁。
(77) 許天送「《台北通信》講演　家庭改良と家庭教育（続）」『台湾』第五年第二号、一九二四年、六〇—六一頁。
(78) 蔡孝乾「従恋愛到結婚」『台湾民報』第九四号、一九二六年二月二八日、一四—一五頁。
(79) 前掲許天送「《台北通信》講演　家庭改良と家庭教育（続）」六一頁。
(80) 括弧の部分はBeigel, Hugo G. 1955. "Romentic Love" in Sourcebook in Marriage and Family ed. M. B. Sussman 井上論文より重引。
(81) 新婦の身の回りの世話のため、嫁ぎ先に女子使用人を随行させること。
(82) 「地方通信」『台湾民報』第二四六号、一九二九年二月三日、七頁。
(83) 「社説　実行新式結婚　廃除虚礼！節省冗費！」『台湾民報』第二六〇号、一九二九年五月一二日、二頁。
(84) 前掲姉歯『本島人ノミニ関スル親族法竝相続法ノ大要』一六五頁、萬年宜重『民法対照　台湾人事公業慣習研究』台法月刊発行所、一九三一年、二五頁、および前掲杵淵『台湾社会事業史』六四八—六五〇頁を参照。
(85) 前掲杵淵『台湾社会事業史』六二四—六二五頁。
(86) 「蘭陽特訊　門戸相当」『台日』一九二四年一一月六日朝刊（四）。
(87) 「聯婚二則」『台日』一九二四年一一月二五日朝刊（四）。
(88) 「聯婚二則」『台日』一九二四年一一月二五日朝刊（四）。
(89) 「李呉聯姻」『台日』一九二四年一二月七日朝刊（四）。

(90) のちに嘉義市議員。

第五章

(1) 前掲彭華英「台湾に婦人問題があるか」六〇―六七頁。
(2) 前掲『記念誌』一二三頁。
(3) 前掲王金海「婦人教育の理想」五六―六〇頁。
(4) 前掲『記念誌』一二三頁。
(5) 「如是我聞」『台湾民報』第一六七号、一九二七年八月一日、一二頁。
(6) 前掲『記念誌』一五七―一五八頁。
(7) 楊毛治「老人説故事」前掲『光輝百年―台北第三高等女学校創校百年紀念誌』二九頁。
(8) 前掲礦渓生「彰化学生懇親会に就いて」五九頁。
(9) 『台湾民報』一九二四年八月一日、八月一一日、九月一一日、九月二一日、一〇月一一日、一二月一一日、一九二五年一月一日、『台日』一九二四年八月二四日夕刊、九月一四日朝刊、九月二六日夕刊参照。
(10) 八卦山事件の直前の同月一日、彰化高等女学校前川治校長・柴山教諭など教職員六名が、同校の一三名の女学生を率いての新高登山に成功した。これは高等女学校のみならず、台湾人女学生による初めての記録であり、新聞紙上に大きく報道された（『台日』一九二四年七月一一日夕刊）。付近の八卦山への登山はこうした日常的な訓練の一環として行われていた。
(11) 「彰化設婦女共励会」『台湾民報』第三巻第七号、一九二五年三月一日、六頁。
(12) 「婦女共励会開第一次例会」『台湾民報』第三巻第一〇号、一九二五年四月一日、五頁。
(13) 王敏川（錫舟）「希望智識階級婦女的奮起」『台湾民報』第三巻第八号、一九二五年三月一一日、一一―一二頁。
(14) その中で王敏川は理事、施至善は評議員の肩書をもっていた。前掲『台湾総督府警察沿革誌III』一六二―一六三頁を参照。
(15) 「彰化設婦女共励会」『台湾民報』第三巻第七号、一九二五年三月一日、六頁。「彰化婦女共励会注重体育」同第三巻第一七号、一九二五年六月一一日、五頁。
(16) 「婦女共励会豫定挙行講演」『台湾民報』第五九号、一九二五年七月一日、五―六頁。「彰化之婦女講習会」同第六八号、一九二五年八月三〇日、五頁。「各地文化講演情報」同第六九号、一九二五年九月六日、六―七頁。「婦女共励会之活動」同第七一号、一九二五年九月二〇日、五頁。
(17) 「婦女共励会豫定挙行講演」『台湾民報』第五九号、一九二五年七月一日、五―六頁。「台中特訊　共励会展覧会」『台日』一九二五年九月五日夕刊（四）。「婦女共励会之活動」『台湾民報』第七一号、一九二五年九月二〇日、五頁。
(18) 張麗雲「我所希望於台湾女界者」『台湾民報』第三巻第一七号、一九二五年六月一一日、九―一〇頁。同「親愛的姉妹呀、奮起！努力！」『台湾民報』第三巻第一八号、一九二五年六月二一日、一二―一三頁。
(19) 前掲王敏川（錫舟）「希望智識階級婦女的奮起」一一―

一二頁。

(20) 前掲張麗雲「我所希望於台湾女界者」。張の論文のなかに見られる、封建社会の風習と道徳を打倒の対象とすることと、女性が家事だけではなく、国民の一人として国家社会の諸問題に参与することによって初めて男女平等の実現は可能になるという二つの論法は、当時の中国の論調に影響されたものいえよう。

(21) 前掲張麗雲「親愛的姉妹呀、奮起！努力！」。

(22) 前掲『台湾総督府警察沿革誌Ⅲ』一六七頁。

(23) 「順風耳」『台湾民報』第三巻第一四号、一九二五年五月一一日、八—九頁。

(24) 「倡設夏季学校」『台湾民報』第三巻第一八号、一九二五年六月二一日、一頁。「時事小言　社会教育上的一大問題」同、六頁。

(25) 安部磯雄　談「選択なき恋愛（上）　結局失敗である」『台日』一九二四年一〇月七日夕刊（三）、同（中）一九二四年一〇月八日夕刊（三）、同（下）一九二四年一〇月九日夕刊（三）。

(26) 市川房枝「職業婦人自覚せよ（上）」『台日』一九二四年一一月二五日朝刊（五）、同（中）一九二四年一一月二六日朝刊（六）、同（下）一九二四年一一月二七日朝刊（五）。

(27) 山川菊栄「婦人と経済的独立（一）　婦人解放を叫ぶ前に先ず此問題を解決せよ」『台日』一九二四年一二月三日夕刊（三）、同（二）一九二四年一二月四日夕刊（三）、同（三）一九二四年一二月五日夕刊（三）、同（四）一九二四年一二月六日夕刊（三）、同（五）一九二四年一二月七日夕刊（三）、同（六）一九二四年一二月八日夕刊（三）。

(28) 旧知識人の言説を検討する際に用いる『台日』漢文欄の性格について、簡単に説明しておきたい。『台日』は、一八九八年に創刊された台湾総督府の助成、監督下の新聞である。同紙は『台湾日報』と『台湾新報』が合併することで成立し、台南の『台南新報』（一八九九年に創刊。当時の通称は『南報』）、台中の『台湾新聞』（一九〇〇年に創刊。当時の通称は『中報』）と並んで台湾三大日刊紙と称された。三大新聞の中では、『台日』が全島規模の新聞紙であり、他の両紙を大きく引き離していた（橋本白水『台湾統治と其功労者』南国出版協会、一九三〇年、一四三頁）。一九二五年時点の発行部数は、『台日』一八、九七〇部、『台南新報』一五、〇二六部、『台湾新聞』は九、九六一部であった（楊肇嘉［1970：423-424］）。戦争末期の新聞統制時を除き、日本統治時期を通じて最大の新聞であった。創刊当初から、『台日』は漢文欄に二頁を割いた。漢文欄主筆と記者には清朝では秀才、廩生などだった伝統漢学出身の台湾人士紳が多数かかわり、総督府が漢学出身の台湾人士紳の筆を借りて設けられた漢文欄という言論の場は少なくとも三つの機能を備えていたと指摘される。それは、統治初期に漢詩の発表、贈答の形で台湾人士紳を懐柔し、日本人統治側との交流をすすめるのみならず、総督府への台湾人士紳の建言と、台湾社会への総督府の政令伝達が行われる場であった（楊永彬［1996：175-177］）。

(29)「耳濡目染」『台日』一九二五年一〇月一五日夕刊（四）。

(30)「詹炎録　過渡時代婦女問題（上）」『台日』一九二五年八月二〇日朝刊（四）、同（中）、一九二五年八月二一日夕刊（四）、同（下）一九二五年八月二三日夕刊（四）。

(31) 実際にはこの主張は正しくない。日本統治期を通じ、日本内地や朝鮮において妾制度は禁止されたのにたいし、台湾では法によって容認されていた。もしも「変更」された点があるとすれば、妾を持つためには正妻を有することが必要であるとした点、入籍の登録を行っていない妾は承認されないとした点、妾の側からの離婚の提出を積極的に認めるとした点であろう。（姉歯松平「台湾に於ける本島人間の婚姻成立」台北比較法学会編『比較婚姻法　第一部―婚姻の成立――』岩波書店、一九三七年、四九―五一頁、また離婚権については陳昭如［1997］を参照）。

(32)「没有問題的台湾婦女界」『台湾民報』第七〇号、一九二五年九月一三日、一頁。「婦人解放的当面問題」『台湾民報』第七六号、一九二五年一〇月二五日、一頁。

(33) 前掲「婦女共励会開第一次例会」。

(34) 前掲「台中特訊　共励会展覧会」。

(35) 同日、数名の女性弁士は、経験不足と緊張のためその場になって予定していた演説を取りやめた。穴をうめるために演説した文協の男性弁士と、引き続き登壇した女性弁士に対し、文協に対立する立場の地元の保守派は、客席から野次を飛ばした。直後の『台湾民報』では、会場の秩序を乱し、女性弁士に恥をかかせた人士の悪質な行為を指摘し、新しい女性の公的活動を見守るべきであると述べた（「一言奉勧」『台湾民報』第七一号、一九二五年九月二〇日、六頁）が、こうした指摘を受けたことと『台湾民報』の新知識人の言い回しに気を悪くした彰化の保守派人士は、『台日』漢文欄の紙面を借りて反論を行った（一彰人投「咄咄某紙之一言奉勧」『台日』一九二五年一〇月二四夕刊［四］）。

(36)「是是非非」『台日』一九二五年一〇月二〇日夕刊（四）。「彰化特訊　共励会不振」『台日』一九二五年一〇月二九日夕刊（四）。

(37) 報道された呉氏の名前は不統一で、縁、進蓮なども記載されている。

(38) 事件の経緯について：「女二名を誘拐し　一萬四千圓を捲上げた名家のドラ息子三人」『台日』一九二六年二月二〇日朝刊（二）。「共謀拐誘婦女」『台日』一九二六年二月二二日夕刊（四）。［この記事の前半は、同紙の一九二六年二月二〇日付の朝刊に掲載された事件の第一報の漢文訳であった］。「共謀拐誘続聞」『台日』一九二六年二月二三日夕刊（四）。「詹炎録」『台日』一九二六年二月二四日刊（四）。「私奔脱離戸籍」、「咄咄一部小児之暴論」『台日』一九二六年三月五日夕刊（四）。「彰化特訊」『台日』一九二六年三月一二日夕刊（四）。「考察彰化的恋愛問題」『台湾民報』第九六号、一九二六年三月一四日、一一―四頁。「彰化婦女共励会奮起　此後着実進行決議排斥邪女」『台湾民報』第九七号、一九二六年三月二一日、七頁。「無腔笛」『台日』一九二六年四月六日夕刊（四）。「両女誘拐問題　火の手を挙ぐ」『台日』一九二六年四月三〇日夕刊（二）。「彰化街の風紀を紊乱し 良俗を破る不良青年 楊街長の三男を排斥する 陳情書を検察官長へ提出 署名者三百餘は何れも同街の有力者」『台日』一九二六年五月二二日夕刊（二）。「無腔笛 陳情書（訳文）」『台日』一九二六年五月二三日夕刊（四）。

(39) 前掲「女二名を誘拐し 一萬四千圓を捲上げた名家のドラ息子三人」。

(40) 呉徳功は、一八九七年に楊吉臣と同様に辨務署参事に任命され、辨務署廃止後の一九〇一年には新たに彰化庁参事の職に就いた。参事は名誉職であり、署長や知事の地方行政事務に関する顧問、またはその命令に従い仕事をする。日本統治初期に参事として任命された台湾人は、清朝時期からの地方エリートであった。呉徳功本人は科挙の称号をもつ文士であり、地方の資産家でもあった（呉［1992：62-70,79, 172］）。

(41) 前掲「咄咄一部小児之暴論」。

(42) 呉徳功の弟呉汝翰の子。（呉［1992：172］を参照）。

(43) 「新案的審判法」『台湾民報』第一七〇号、一九二七年八月二一日、四頁。

(44) 「耳濡目染」『台日』一九二六年三月九日夕刊（四）。

(45) 同前。または「彰化街民排斥街長」『台日』一九二六年四月三〇日朝刊（四）を参照。

(46) 「老生常談 對於所謂新詩文者（上）」『台日』一九二六年二月二五日夕刊（四）、同（中）、一九二六年二月二八日朝刊（四）。

(47) 新旧文学論争について簡単に説明しておきたい。河原功［1997：146,156-157］によれば、中国本土の「文学革命」が台湾に持ち込まれたのは一九二二年以降のことである。最初は白話文運動のみに重きが置かれ、紹介という形で展開されたが、そうしたなかで、張我軍は『台湾民報』を舞台にして、新文学の紹介と旧文壇に対する猛烈な攻撃を加え、それまでの白話文運動を一挙に推し進めて、それにより一九二四年から一九二五年にかけての新旧文学論争が引き起こされたのである。同氏によれば、張我軍が白話文学問題をめぐって旧文人の伝統漢詩批判を初めて行ったのは、留学生として北京にいた一九二四年四月に、『台湾民報』に寄稿した「致台湾青年的一封信」においてであった。しかし本格的に新旧の衝突が引き起こされたのは、同年一〇月に張我軍が台湾に帰り、『台湾民報』の主筆を勤めてからの一年間であった。

(48) 悶芦蘆生「新文学之商確」『台日』一九二五年一月五日夕刊（四）。

(49) 「無腔笛」『台日』一九二五年一月九日夕刊（四）。

(50) 「是々非々」『台日』一九二五年一月一一日夕刊（四）、同一九二五年一月一六日夕刊（四）、同一九二五年一月一六日朝刊、赤嵌王生「告張一郎」同一九二五年一月二〇日夕刊（四）、「胡適之之奴僕」同一九二五年一月二七日夕刊（四）、張三「謝台湾文学界諸公」同一九二五年二月三日夕刊（四）、呉爾蔽「読張我軍大作書此以贈」同一九二五年二月三日夕刊（四）。

(51) そもそも二〇年代台湾の文化運動は、文学、社会改革にわたるさまざまな内容を含んでいた。その間に明確に線を引くことは容易ではない。文学問題でかつてないほどの攻撃を受けた台湾の旧知識人が、新知識人の改革の要求全般に敵意を持つようになったのも不思議ではない。旧知識人の反撃が、白話文という言語問題から恋愛結婚にまで及んだ原因は、文学問題の文脈に即して言えば、一、中国文学の伝統に、恋愛小説を軽蔑する傾向があること。恋愛を素材とするものは正統の文学と認められない。二、恋愛を主題とする新知識人側の創作のなかには、社会改革のメッセージが強く込められていた。これに関連して張競［1997：308］は、中国の近代文学のなかの恋愛について次のように評価した。「古来中国では文学の社会的ないし政治的効用を重視する伝統があったため、近代文学の草創期において〈小説〉も〈恋愛〉も無意識のうちに『政治改革』のアナロジーとされる一面があった。事実、近代小説は〈文学革命〉の、〈恋愛〉は〈文化革命〉の重大な使命を負わされていた。しかし、〈恋愛〉の両肩にはこの使命は重すぎる。新文学の作家たちはここで大きな壁にぶつかった」。これは台湾の情況にもあてはまると思われる。『台湾民報』を一つの場として、新知識人が白話文を使って試みはじめた小説の創作のなかで、恋愛・結婚を創作の題材とするものは普遍的に見られた。

(52)前掲「共謀拐誘婦女」。

(53)「詹炎録」『台日』一九二六年二月二四日朝刊（四）。

(54)「無腔笛」『台日』一九二六年四月六日夕刊（四）。

(55)「耳濡目染」『台日』一九二六年三月九日夕刊（四）。

(56)許［1998a］の序を参照。

(57)「林季商氏被銃斃　私邸被焚家族全捕　老母暮年次息幸脱」『台日』一九二五年八月二五日夕刊（四）、「華封奇禍與張毅近政　土匪逼地居民紛紛避難　林季商姨太将被拍賣」『台日』一九二五年九月四日朝刊（四）、「林季商氏追悼」『台日』一九二五年九月一五日夕刊（一）、「追悼林季商氏」『台日』一九二五年九月一五日朝刊（四）、「林季商死後之餘波」『台日』一九二五年九月二四日朝刊（四）、「林季商家屬控告張毅」『台日』一九二五年一〇月二七日朝刊（四）、「林季商家屬控告張毅（続前）」『台日』一九二五年一〇月二八日夕刊（四）、「林季商被殺之其後　令息正能発憤復仇」『台日』一九二五年一一月二五日夕刊（四）。

(58)前掲「共謀拐誘続聞」および「詹炎録」『台日』一九二六年二月二四日朝刊（四）。

(59)「社会無可制裁嗎？」『台湾民報』第九五号、一九二六年三月七日、八頁。

(60)「是是非非」『台日』一九二六年四月五日朝刊（四）、「無腔笛」『台日』一九二六年四月六日夕刊（四）。

(61)「考察彰化的恋愛問題」『台湾民報』第九六号、一九二六年三月一四日、一二—一四頁。玉鵑女士「旧思想之弔鐘—彰化「恋愛問題」的回響—」『台湾民報』第一〇二号、一九二六年四月二五日、九—一一頁。

(62)「無腔笛」『台日』一九二六年四月三日夕刊（四）。

(63)「是是非非」『台日』一九二六年三月一一日夕刊（四）。

(64)玉鵑が謝玉葉のペンネームであったことは、陳芳明

［1998：102-103］に指摘されている。

(65)「台北青年体育会後援景尾青年有志主催之体育講演会」『台湾民報』第六九号、一九二五年九月六日、五頁。

(66) 玉鵑「猛醒吧！黒甜郷裏的女青年！」『台湾民報』第九二号、一九二六年二月一四日、九―一〇頁。同、第九三号、一九二六年二月二一日、一一―一二頁。

(67) 王祖武「世紀末語言又復撞頭起来　一部男女界之変態心理」『台日』一九二六年五月九日朝刊（四）。

(68) 玉鵑女士「旧思想之弔鐘―彰化「恋愛問題」的回響―」『台湾民報』第一〇二号、一九二六年四月二五日、九―一一頁。

(69) 婦人解放運動の観点から玉鵑の言論を分析したものとして、楊翠［1993：472-485］を参照。

(70) 以下を参照。「考察彰化的恋愛問題」『台湾民報』第九六号、一九二六年三月一四日、二―四頁。浪花「剖自由恋愛的真諦　自由恋愛是人道的正宗祇怕人悪用」『台湾民報』第九九号、一九二六年四月四日、一三頁。前掲玉鵑女士「旧思想之弔鐘―彰化「恋愛問題」的回響―」九―一一頁、白洲「衛道家的淑女與妓女」『台湾民報』第一〇二号、一九二六年四月二五日、一一―一二頁。

(71) 前掲浪花「剖自由恋愛的真諦　自由恋愛是人道的正宗祇怕人悪用」一三頁。

(72) 例えば新旧文学論争については、「単に日本の中国本土切り離し政策に抵抗して本土との一体化をはかり、中国文化の保持、継承を求め、台湾文化を啓蒙するためだけではなく、新知識人の立場からする旧読書人のあり方に対する批判、中国本土における解放への共感から来る植民地支配に甘んじる者への批判でもあった」という指摘もある（河原［1997：169］）。

(73) 一記者「中南各地一瞥談（上）」『台日』一九二五年一〇月一一日夕刊（四）。

(74) 前掲「共謀拐誘婦女」。

(75) 前掲「咄咄一部小児之暴論」。

(76)『台日』一九二六年三月一六日朝刊（四）。

(77)「是是非非」『台日』一九二六年六月四日夕刊（四）。

(78)「彰化誘拐問題　街民三百餘名憤起　連署陳情検察之真相」『台日』一九二六年六月五日夕刊（四）。

(79) 柳裳君（謝星楼）「犬羊禍前篇」『台湾』第四年第六号、第四年第七号、一九二三年。尚、第四年第六号は台湾では発売禁止となった。

(80) 前掲「咄咄一部小児之暴論」。「耳濡目染」『台日』一九二六年三月九日夕刊（四）。「彰化特訊」『台日』一九二六年三月一二日夕刊（四）。前掲「考察彰化的恋愛問題」二―四頁。

(81) 同前「彰化特訊」。

(82) 前掲「両女誘拐問題　火の手を挙ぐ」。

(83) 同前。

(84) 前掲「彰化街の風紀を紊乱し　良俗を破る不良青年　楊街長の三男を排斥する　陳情書を検察官長へ提出　署名者三百餘は何れも同街の有力者」。前掲「無腔笛　陳情書（訳文)」。
(85)「彰人排斥街長問題　為楊英奇君誘淫婦女　倡自由恋愛論者　不応反悔極図善後乎」『台日』一九二六年五月二五日夕刊（四）。
(86)「彰化の婦女誘拐事件　風船玉の様な軽薄思想の祟」『台日』一九二六年五月三〇日朝刊（二）。
(87)「什麼是『文協』主義」『台湾民報』第一〇九号、一九二六年六月一三日、二一三頁。
(88)「新案的審判法」『台湾民報』第一七〇号、一九二七年八月二一日、四頁。『台湾民報』では「新式の法官、旧式の解決」の珍聞として揶揄された。
(89)「愈具体化した彰化神社建設　楊吉臣氏を委員長とし現記念碑の附近に」『台日』一九二六年六月二七日朝刊（五）。
(90)「私奔脱離戸籍」『台日』一九二六年三月五日夕刊（四）。
(91)「小言　這也是恋愛嗎?」『台湾民報』第九六号、一九二六年三月一四日、一二頁。
(92)前掲玉鵑女士「旧思想之弔鐘―彰化「恋愛問題」的回響―」九―一一頁。
(93)「彰化婦女共励会奮起　此後着実進行決議排斥邪女」『台湾民報』第九七号、一九二六年三月二一日、七頁。
(94)「諸羅婦女協進会出現了」『台湾民報』第一一八号、一九二六年八月一五日、一三頁。
(95)同会の活動状況を見れば、九月に同じく黄宅における諸羅婦女懇親会、一一月には大規模な婦女問題講演会の協賛と翌日には講演会参加者の青年男女約三〇名による茶話会の開催があったが、その後、約一年間活動は停滞し、一九二七年末に全島的規模の団体への発展意欲の表明、一九二八年初頭の「台湾婦女協進会」への改称、また韓国の婦人団体と提携する計画などの報道が散見されたほかには具体的な活動は見られなかった。
(96)本山［1971：90］。
(97)「簡氏娥農組で活動する決心　簡吉は艶罪?」『台湾民報』一九二八年六月一〇日、九頁と、韓［1997：87］を参照。
(98)「婦女的進出與支配階級和御用紙的逆宣伝」『台湾大衆時報』第九号、一九二八年七月二日、一一頁。
(99)同前。または韓［1997：87］を参照。
(100)「『是否誘拐、看我今後的行動就会明白了!』簡娥女史憤慨説」『台湾大衆時報』第八号、一九二八年六月二五日、一三頁。
(101)前掲「婦女的進出與支配階級和御用紙的逆宣伝」一一頁。
(102)「婦人解放」という語について、少なくとも台湾においてはいくつかの注意が必要である。まず、前述したように、二〇年代前期の「婦人解放」の概念の登場は、恋愛結婚理念の実現上における、一種の打開策とする見方が、新世代の男性知識人のなかでは根強く存在した。彼等の視線の向こうには、全階層の女性というよりは、自らの婚姻問題に直接に関わる中・上流階層（地主・資産階層）の女性達が存在していた。その関心は「婚姻家族問題」であるよりは、逆に「婚姻・家族」問題から派生した「婦人解放」問題であったと言うべきであろう。

(103) ＳＢ生「出さなかつた手紙」『台湾』第五年第二号、一九二四年、九〇―九九頁。

(104) 李金鐘「失恋」『台湾民報』第一〇二号、一九二六年四月二五日、一二―一三頁。

(105) 克敏「失恋和遅婚的朋友們応当怎様？？(上)」『台湾民報』第二七三号、一九二九年八月一一日、八頁。同(下)『台湾民報』第二七四号、一九二九年八月一八日、八頁。また、同様のスキャンダル報道においても、「性の自由と愛の楽章は一部分の特権階級、有産階級にのみ許される。圧迫された階級、無産階級の青年男女にとっては性の自由、愛の自由は問題となり得ない」ことを資本主義制度下の普遍的原理とし、資産家の娘が貧しい教員と東京に駆け落ちした事件を一種の珍聞と見なしていた(「恋愛至上　佳人別有新懐抱　不嫁高官嫁教員」『台湾民報』第二七七号、一九二九年九月八日、五頁)。

(106) この現象は文学にも反映された。小説創作の場合は、階級的圧迫と女性の題材が多くなり、初期の「彼女は何処へ」のような恋物語(恋愛結婚の挫折から婦人解放運動へ)の設定はほとんど見られない。

(107) 前掲『台湾総督府警察沿革誌Ⅲ』一六七頁。

(108) 「難産中的台南婦女青年会・有志再奮闘於組織・擬九月中挙発会式」『台湾新民報』一九三〇年八月一六日(二)。「小言　婦女団体的産生」同。

(109) 「台南女詩人組織香英吟社・婦女青年会為何難産呢？」『台湾新民報』一九三〇年一〇月一一日(四)。

(110) 韓石泉は一九二一年の文化協会創立当初からの重要幹部であり、二七年の文協分裂後、蔣渭水等によって新たに結成された台湾民衆党に所属し、同党の中央委員、台南支部主幹および同党指導下の「台湾工友総連盟台南区」の顧問をも務めていた(李筱峯[1997：125-127])。盧丙丁も同じく台湾民衆党中央委員であり、各種労働組合の活動家でもあった(前掲『台湾総督府警察沿革誌Ⅲ』四三五―四三九、四五二―四五四頁)。

(111) 「社会運動の廉で　高女生退学さる」『台湾民報』一九二八年二月五日、一二頁。原文日付の一月五日は二月五日の誤植。また「地方通信　高雄　高女無理被退学　因常傍聴講演」『台湾民報』一九二八年二月一二日、六頁を参照。

(112) 「地方通信　高雄　女生被退学続聞」『台湾民報』一九二八年二月一九日、七頁。

(113) 「潮州　張玉蘭三審判決・入刑務所服刑」『台湾民報』一九二八年一一月一八日、七頁。

(114) 「高女生張玉蘭判決　因憤傍聴禁止　農組幹部直接抗議」『台湾民報』一九二八年三月一一日、四頁。

(115) 「婦人智識階級団結！　台中婦人親睦会成立」『台湾新民報』一九三〇年一〇月四日(三)。

(116) 「台中婦人親睦会開春季総会」『台湾新民報』一九三一年三月二一日(三)。「婦人智識階級団結！　台中婦人親睦会成立」『台湾新民報』一九三〇年一〇月四日(三)。

(117) 「昭和新女性の叫び・婦人文化大講演会・一行けさ着台

先づ鉄道ホテルで・次いで全島各地で公開」『台日』一九三〇年一月五日（二）。「婦人文化建設の為の先駆者が叫び　婦人毎日主催の一行来台」『台日』一九三〇年一月六日（七）。「婦人文化大講演会・順次公開于全島・五日到北開第一回」『台日』一九三〇年一月六日（八）。

(118) 「女豪連の紅い気焔を聴く（婦人文化講演会）」『台日』一九三〇年一月七日（二）。

(119) 「婦人講演団一行は単純なる興行に終わったか　不起同盟と解散威嚇・副産物は何を残した？」『台湾民報』一九三〇年一月二五日、一一頁。

(120) 「昭和新女性の叫び・婦人文化大講演会・一行けさ着台　先づ鉄道ホテルで・次いで全島各地で公開」『台日』一九三〇年一月五日（二）。

(121) 前掲「婦人講演団一行は単純なる興行に終わったか：不起同盟と解散威嚇・副産物は何を残した？」。

(122) 一記者「女浪人講演傍聴記」『台湾新民報』一九三〇年四月二六日（四）。

(123) 前掲「婦人講演団一行は単純なる興行に終わったか：不起同盟と解散威嚇・副産物は何を残した？」。

(124) 前掲北村『新台湾行進曲』三頁。

(125) 同前、四頁。

(126) 前掲「婦人講演団一行は単純なる興行に終わったか：不起同盟と解散威嚇・副産物は何を残した？」。

(127) 「××××婦人会解散も辞せぬ：内地人婦人の無自覚・自己侮辱も甚しい処置」『台湾新民報』一九三一年一一月二一日（一四）と、「意地攤ない内地人婦人・折角出来た会が恐官病で滅茶苦茶」『台湾新民報』一九三一年一一月五日（一一）。以上は楊翠［1993：554-555］より重引。

(128) 游鑑明の研究［1987：225］では、教育を受けた女性に関連する婦人団体について処女会、女子青年団、同窓会の三団体が挙げられているが、実際には同窓会の組織は一九三〇年以降、ほとんどが愛国婦人会の指導下に吸収された。

(129) 前掲『記念誌』一六五、二一〇頁。游の研究［1987：226］では、同校同窓会最初の成立は一九一三年とされるが、游が引用した該当資料を参照した結果、それは在学生を対象とする学友会であることが確認された。

(130) 同前『記念誌』一六五、一六五―一六六、二一二―二二三頁。

(131) 台湾に限っていえば、処女会から女子青年団への改編過程では、同種類の団体であるにもかかわらず異なる名称が用いられ共存する場合もあり、厳格な区別は行われなかったようである。游によれば、両者の活動内容と経費捻出はほぼ同様であったが、ただし女子青年団の組織形態は処女会よりも体系化されており、戦時中の皇民化運動に結合されたため、活動は比較的活発であった。

第六章

(1) 黄周「提倡家庭的改造」『台湾民報』一九二三年五月一日（三）。

(2) 前掲林双随「私の台湾婦女観」四三頁。

（3）蘇惟梁「随感録（一）」『台湾民報』一九二六年一一月七日（一四）。

（4）前掲陳崑樹「根本的婚姻革新論（続前）」四五頁。

（5）前掲ＳＢ生「出さなかつた手紙」九一頁。

（6）前掲陳崑樹「根本的婚姻革新論（続前）」四五頁。

（7）陳瑞虎「文化運動與家族制度的改善」『台湾民報』一九二五年一〇月二五日、九—一〇頁。同一九二五年一一月一五日、一一—一二頁。同一九二五年一一月二二日、一〇頁。同一九二五年一一月一五日、一一—一二頁。同一九二五年一一月二二日、一〇頁。

（8）前掲陳瑞虎「文化運動與家族制度的改善」一九二五年一〇月二五日、九—一〇頁。

（9）前掲林双随「私の台湾婦女観」四三頁。

（10）剣如「家族制度的将来」『台湾民報』一九二四年四月二一日、三—五頁。

（11）前掲陳瑞虎「文化運動與家族制度的改善」一九二五年一一月一五日、一一—一二頁。

（12）同前。

（13）柿沼文明「発刊の辞」『台湾婦人界』一九三四年五月号、一一頁。

（14）『台湾婦人界』一九三四年六月号、五〇頁。

（15）台湾では彼女の名は辜顔碧霞（夫の姓を加えた形）で通用していることから、本書ではこの通称を用いる。

（16）「談話室（辜顔碧霞）」『台湾婦人界』一九三四年一一月号、六九頁。

（17）「旦那様を語る　夫婦といふよりは寧ろお友達の楊佐三郎氏夫人の楊許氏玉燕」『台湾婦人界』一九三四年一〇月号、九〇—九二頁。

（18）陳永輝「趣味のページ・マージャン」『台湾婦人界』一九三四年一一月号、一〇五頁。

（19）「談話室（劉明朝）」『台湾婦人界』一九三四年一一月号、六八—六九頁。

（20）「家庭の読物を語る座談会」『台湾婦人界』一九三四年六月号、一六—二九頁。

（21）「社説　婦人解放的当面問題」『台湾民報』第七六号、一九二五年一〇月二五日、一頁。

（22）「旦那様を語る　喧嘩する暇がない　杜聡明博士夫人杜氏双連」（杜氏双連は双随の誤植）、「旦那様を語る　夫婦といふよりは寧ろお友達の楊佐三郎氏夫人の楊許氏玉燕」『台湾婦人界』一九三四年一〇月号、八九—九二頁。

（23）「我家の家計簿」『台湾婦人界』一九三四年一一月号、八四—八六頁。

（24）田中しづ「我家の家計簿を拝見して　主婦の心得たい家庭経済」『台湾婦人界』一九三四年一二月号、一二二—一二三頁。

（25）前掲池田『台湾の家庭生活』二〇八—二〇九頁。

（26）同前、二一〇頁。

（27）同前。

（28）同前。

（29）前掲姉歯「台湾に於ける本島人間の婚姻の証明及効果」

六―七頁を参照。
(30) 前掲池田『台湾の家庭生活』二一〇頁。
(31) 「赤ん坊審査の成績を見る　立派な子宝の集ひ」『台湾婦人界』一九三七年六月号、一一―一五頁。
(32) 「婦人月評　赤ん坊審査会に就て」『台湾婦人界』一九三七年五月号、六頁。
(33) 「育児講座」『台湾婦人界』一九三六年五月号、一三三頁。
(34) 「談話室」『台湾婦人界』一九三五年一月号、一八九―一九〇頁。
(35) 前掲杵淵『台湾社会事業史』六二四―六二五頁。
(36) 新女性と呼ばれた彼女たちは、みずからを束縛する婚姻問題、妾制度または家庭改革に強い関心を持ちながらも、身近な家庭内の貧困層の女性については、これを問題視するような、いわば階層を越えた言動はほとんど存在しなかった。例外は、二〇年代後半に社会主義の影響を受けた数人であろう。その一人、張玉蘭の場合は、兄がたびたび出入りしていた関係で自分も偶然に訪れた農民組合屏東支部で、地主の横暴を泣いて訴える農婦に会ったことがきっかけとなった。農民組合の幹部に「張さんのような裕福な家庭で育てられたお嬢さんは、不思議に思うでしょう。しかしこれが台湾人民の本当の生活だ」と揶揄された彼女は、それ以降農民運動に身を投じた（韓［1997：72］)。
(37) 前掲陳瑞虎「文化運動與家族制度的改善（下）」一九二五年一一月二二日、一〇頁。
(38) 張葉氏節娥「一人一語・本島にも義務教育を」『台湾婦人界』一九三七年二月号、三三頁。
(39) 陳蘇氏笑「一人一語・両親再教育」『台湾婦人界』一九三七年四月号、二五頁。
(40) 黄氏秋桂「一人一語・よい仕事を」『台湾婦人界』一九三七年四月号、九一頁。
(41) なお、このインタビュー調査記録では邱鴛鴦が娘の幼稚園の行事に参加した際の写真も載せられている。
(42) 呉文星「日本統治下における台湾社会エリート構造の変容について」立命館大学国際言語文化研究所シンポジウム〈台湾現代化の諸問題〉一九九六年。また同（［1992：141, 160］)。
(43) 「耳濡目染」『台日』一九二五年六月二六日夕刊（四）。
(44) 「果報」『台日』一九二五年一二月一日夕刊（四）。
(45) 一名　新竹　彭鏡泉「崇文社課題　説倫常」『台日』一九二五年一二月一六日朝刊（四）。
(46) 「耳濡目染」『台日』一九二五年六月二六日夕刊（四）。
(47) 「格言」『台日』一九二五年八月一五日朝刊（四）。
(48) 「無腔笛　女学生與家庭（続前）」『台日』一九二六年二月二七日夕刊（四）。
(49) 陳翁式霞「我的一生」（江編［1998：4］所収）。
(50) 前掲池田『台湾の家庭生活』二〇七頁。
(51) ちなみに藍の舅には正妻のほかに三人の妻がいた。ここで言う姑は正妻をさし、当時夫の実母は既に死去していた。
(52) 「銃後のお台所問題座談会」『台湾婦人界』一九三八年一〇月号、八〇頁。

(53) 小野正雄「本島婦人と家庭の種々像」『台湾婦人界』一九三八年一月号、二一―二二頁。
(54) 同前。
(55) 同前。
(56) 王令儀「查某囡仔菜籽命」(江編 [1998：122-123] 所収)。
(57) 安藤正次「本島人の婦人の方々に」『台湾婦人界』一九三七年一一月号、三―四頁。
(58) 村上健次「皇民化は婦人から」『台湾婦人界』一九三八年四月号、五六―五七頁。

終章

(1) 瀬地山角 [1996：269-272] によれば、現代台湾社会において排他的な母役割が強調されないことは、戦後に台湾にわたった外省人の意識の影響であるとされるが、本書の議論からすれば、こうした特徴は戦前の新女性の世代においてすでに存在していた点が指摘できる。

あとがき

本書は、二〇〇一年一月に東京大学大学院総合文化研究科地域文化研究専攻より学位を授与された博士論文「近代台湾女性史序説――日本植民統治下における〈新女性〉の誕生」に若干の修正を加えたものである。章によっては、これまで学術雑誌に発表してきた論文に多く依拠する部分もあるが、基本的には全編を新しく書き下ろしたかたちになっている。

私にとっての「新女性」は、遠いようだが近い、近いようだが遠い存在であった。

「近い」という点で言えば、「新女性」は、台湾中部にある私の故郷でも生活風景の一部であった。かかりつけの医院の奥さん、祖母の知り合いの資産家の奥さん、母が子どもの時から可愛がってもらっていた小学校の先生や、実家の向かいに住む民意代表など。彼女らが町の「普通のおばさん」と違うことは、子どもだった私にも十分意識できた。たんに彼女らがお金持ちの奥さんであるということだけではなく、会話の中にさりげなく挟まれる日本語や、そこはかとなく漂う不思議な空気からも、彼女たちは容易に見分けられた。彼女らの誰かが「高女」卒だという話題に触れるとき、大人たちの表情と口調は尊敬と羨望に溢れていた。

ところが私自身の家族のなかには、「新女性」は一人もいなかった。健在である母方の祖母も、本書の主人公である「新女性」ではなかった。戦前の学校教育を受けなかった祖母は、日本語はおろか、文字さえも読めない。

博士課程に進学した年の夏休み、久しぶりに帰省したときの出来事だった。両親、祖母とともに車で台中市にある日本料理店に食事に出かけた。食事中、母が割り箸の袋に印刷された日本語の意味を私に聞いた。私が「夕焼け」と読み上げると、隣にいた祖母は静かに「夕焼けこやけの赤とんぼ……」と歌いはじめたのだ。そして一句もつまずくことなく終わりまで歌った。歌は少女時代に近所の女友達について習ったという。「じゃ、おばあちゃんのお友達は日本語がわかるんだね」と聞いたら、そういうわけでもなかった。その友達はさらに別の、日本語を知っている友人や親戚から習ったようだ。「実家の近くで学校へ行っている者は誰もいなかった」。後にわかったが、私の母も祖母が日本語の歌を歌うのを聞いたのは、このときが初めてだったという。

私自身にとって「近く」て「遠い」という微妙な距離感が、無意識のうちに私を「新女性」という研究対象に導いた一つの理由だったのかもしれない。空気のように当たり前の存在というわけでもなく、かといって日常的に無縁でもいられないことから、「日本式のおばさんと普通のおばさんの違い」について、私は自覚的に問いかけざるをえない立場にあったのだ。同世代のおばさんたちに刻印された「日本」に、甚だしい濃淡があるのはどうしてなのかと。

本書は日本の台湾統治の幕が下りるところで、同時に終わっている。「新女性」を誕生させた台湾の社会と文化がその後にどのような変遷を辿ったのかは、必然的に私の今後の研究課題となるだろう。実際、本書の執筆当初から「今の台湾女性はどうなのですか」と、いろいろな人に質問されてきた。こうした「現在」に関わる質問というのは、研究対象をそれ自体として扱い、現実からは切り離すことに慣れてしまっている歴史研究者に対しては、さまざまな問題を投げかけるものとなる。「外省人」の移入による社会構造の変化、旧エリート層・民衆層の区分だけではとらえきれないエスニックな問題の増大、または中国語を「国語」とする新しい教育制度の確立など、戦後の台湾社会では大きな変化が生じてきた。だが政治・社会の激しい変動の中で家族を存続させていくために、生活様式や教育＝次世代への投資の面で、それぞれの家庭がいかに状況に対応してきたのかは、依然として興味深い問題を提起するものであろう。

「新女性」の子孫でもなく、日本にはなにひとつ縁故もなかった私が、これまで研究生活を続けてくることができたのは、多数の方々の支えがあったからである。こうした意味で、財団法人交流協会、日本学術振興会、野村国際文化財団、ロータリー米山記念奨学会、富士ゼロックス小林節太郎記念基金に謝意を表したい。また本書の刊行にあたって、交流協会からは出版助成を受けることができた。一九九二年に留学の夢を実現させていただいたことに加え、日本での九年間の成果を公表する後押しをいただいたことについて、同会には深い恩義を感じている。

この本が完成をみるまで、研究の面においても実にさまざまな方々にお世話になった。

政治権力の構造を理論分析と歴史・現実の双方への認識から教えてくれた台湾大学政治学系の諸先生、また学部生の頃から来日直前までゼミに参加させてもらっていた台湾大学歴史学系の曹永和先生からの学恩も忘れられない。国家を単位とする政治史の限界を越えて、世界史と海洋史の視点から台湾史を世界の座標に位置づけるという曹先生の史観は、私の目を大きく開かせてくれた。政治学から台湾史への「転向」は、先生の学問に対する厳格な姿勢と謙虚な人格に魅了された部分も大きかった。

来日以来、私を指導してくださっている若林正丈先生には、言葉に尽くせないほど感謝している。一九九二年四月から東京大学大学院総合文化研究科地域文化専攻に研究生として在籍し、その後、修士・博士課程を通じて駒場で長い留学生活を送った。この九年間のうちには、問題意識の移動が起こったり、焦点がぼけたりしたこともたびたびあった。緩慢ながら前進しているように見えても、突然立ちどまってしまったり、やっと動き出したらまたとまってしまうという具合だった。もっとも不安と孤独を感じた執筆段階、東京から離れた地方都市にいた私を、先生はいつも遠くから温かく見守ってくださった。先日、大学のホームページ上で、二〇〇一年度地域文化専攻ガイダンスでの新入生への先生の挨拶文「孤独な登攀者」を偶然目にした。「皆さんが個々にのぼるその山においては自分の足で歩むしかない孤独な登攀者であります。われわれは矢内原先生に伴走した山岳部員のように、それぞれのエキスパティーズをもって皆さんを見守りたい」という箇所を、小さな山であれともかくも登り終えた今の私は、感無量の思いで読んだ。

若林先生とともに学位論文を審査してくださった京都大学の駒込武先生、東京大学の長谷川まゆ帆先生、村田雄二郎先生、三谷博先生にも感謝を申し上げたい。駒込先生には数年前から新世代アジア研究会に参加させていただき、また論文審査中にも容赦なく辛口のコメントをくださった。その後も出版に向けての修正のために、電子メールで丁寧なアドバイスをお送りいただいただけではなく、助成金の申請に際しては、推薦の言葉までいただいた。また、長谷川先生からは、日本女性史との比較をめぐる問題点および方法論に関し、重要な助言をいただいた。日本植民統治下の台湾を対象とするには、中国近代史および日本近代史研究の両分野への認識が不可欠であるが、これらについては、それぞれ村田先生と三谷先生に長い間お世話になった。研究生の時代からゼミに参加させていただき、私の修士論文、そして博士論文までおつきあいいただいたことに、心より感謝申し上げたい。

また東京大学の瀬地山角先生には、本書の公刊に仲介の労をとってくださっただけでなく、学位論文の構想発表の早い段階から、近代日本の女子教育思想および家族との連関などに関して、重大な示唆をいただいた。そのほか、台湾で女性史研究の先駆者として険しい道を切り開いてこられた中央研究院近代史研究所の游鑑明先生に敬意と感謝を表したい。学問的な助言や援助はもとより、この分野の先輩として、いつも私を励ましてくださったことに、どれほど勇気づけられたかしれない。いちいちお名前を挙げるのはひかえるが、有形無形の教示・激励を与えてくれた台湾と日本の多くの先生、先輩と学友の皆さんにも、この機会を利用してお礼を述べたいと思う。

最後になったが、私のような無名の著者による堅い内容の本を出版してくださった勁草書房、そして担当の町田民世子さんには、あつくお礼を申し上げたい。編集のみならず、個人的事情により出版の過程で生じたさまざまな困難についてまで面倒を見てくださり、就職活動の不振の中で自信を失いつつある私は、いくども励まされてきた。

このつたない小著を台湾の両親に捧げたい。

二〇〇一年八月二八日

洪　郁如

人名索引

ア行

カ行

サ行

タ行

ナ行

ハ行

マ行

ヤ行

ラ行

ワ行

事項索引

ア行

カ行

サ行

タ行

ナ行

ハ行

マ行

ヤ行

ラ行

資料・参考文献

著者の50音順

【新聞・雑誌】

『台湾日日新報』	1898年1月—1944年3月
『台湾新報』	1896年7月—1897年11月
『台湾青年』	1921年4月—1922年4月
『台湾』	1922年4月—1924年5月
『台湾民報』	1923年4月—1930年3月
『台湾新民報』	1930年3月—1932年4月
『台湾大衆時報』	1928年5月—1931年7月
『台湾慣習記事』	1901年1月—1907年8月
『台湾教育』	1914年—1942年
『台湾教育会雑誌』	1900年5月—1912年11月
『台湾協会会報』	1899年3月—1906年12月
『台湾婦人界』	1934年5月—1939年6月
『民俗台湾』	1941年7月—1945年1月

【中文】

王令儀　1998　「査某囡仔菜籽命」江文瑜編『阿母的故事』元尊文化

応大偉　1996　『台湾女人』田野影像出版社

韓嘉玲編　1997　『播種集　日据時期台湾農民運動人物誌』簡吉陳何文教基金会

紀念専輯委員会　1997　『光輝百年—台北第三高等女学校創校百年紀念誌』三高女校友聯誼会

阮美姝　1992　『孤寂煎熬四十五年』前衛出版社

許雪姫訪問・曽金蘭記録　1995　『藍敏先生訪問紀録』中央研究院近代史研究所

許雪姫編著　1998 a　『中県口述歴史、第五輯、霧峰林家相関人物訪談紀録　頂厝篇』台中県立文化中心

————　1998 b　『中県口述歴史、第五輯、霧峰林家相関人物訪談紀録　下厝篇』台中県立文化中心

呉三連口述・呉豊山記録　1991　『呉三連回憶録』自立晩報出版
呉三連・蔡培火等著　1987　『台湾民族運動史』自立晩報出版
呉新栄著・張良澤編　1981　「呉新栄日記（戦前）」『呉新栄全集 6 』遠景出版
呉文星　1992　『日据時期台湾領導階層之研究』正中書局
高洪興　1995　『纏足史』上海文芸出版社
高承恕　1999　『頭家娘――台湾中小企業「頭家娘」的経済活動與社会意義』聯經出版社
高天生　1987　「動乱時代的文学見証人――鍾理和」張炎憲・李筱峯・荘永明編『台湾近代名人誌』第四冊、自立晩報
高本莉　1995　『台湾早期服飾図録』南天書局
江美芬　1996　『台湾慰安婦之研究――慰安所経験及影響』台湾清華大学社会人類学研究所碩士論文
江文瑜編　1995　『阿媽的故事』玉山社
――――　1998　『阿母的故事』元尊文化
辜顔碧霞・邱振瑞訳　1999　『流』草根出版
蔡淵挈　1980　『清代台湾的社会領導階層（1684-1895）』台湾師範大学歴史研究所碩士論文
蔡慧玉　1995　「保正、保甲書記、街庄役場一口述歴史（三）」『台湾風物』1995-12
沈秀華　1997　『査某人的二二八』　玉山社
謝雪紅口述・楊克煌記録・楊翠華編印　1997『我的半生記』
蕭瓊瑞　1996　「『台湾人形象』的自我形塑」張炎憲・陳美蓉・黎中光編『台湾近百年史論文集』呉三連基金会
曽秋美訪問・江文瑜編　1995　『消失中的台湾阿媽』玉山出版社
曽秋美　1996　『南崁媳婦仔習俗之研究（1846-1970）』台湾中央大学歴史研究所碩士論文
台湾省行政長官公署統計室編　1946　『台湾省五十一年来統計提要』
台湾総督府警務局編・王詩琅訳　1988　『台湾社会運動史』稲郷出版社
卓意雯　1993　『清代台湾婦女的生活』自立晩報
張炎憲・高淑媛訪談紀録　1996　『衝撃年代的經驗：台北県地主與土地改革』台北県立文化中心
張炎憲・王逸石・高淑媛・王昭文　1995 a　『嘉義駅前二二八』財団法人呉三連台湾史料基金会
――――　1995 b　『嘉雲平野二二八』財団法人呉三連台湾史料基金会
張炎憲・胡慧玲・黎中光　1997　『台北南港二二八』財団法人呉三連台湾史料基金会

張建隆　1987　「医民医国一詩人——呉新栄（1907-1967）」張炎憲・李筱峯・荘永明編『台湾近代名人誌』第四冊、自立晩報
張正昌　1981　『林献堂與台湾民族運動』台北、出版社不明
陳其南　1988　『台湾的伝統中国社会』允晨文化
陳恵雯　1999　『大稲埕査某人地図——婦女的活動空間近百年来的変遷』博揚文化
陳昭如　1997　『離婚的権利史―台湾女性離婚権的建立及其意義』台湾大学法律学研究所碩士論文
陳東原　1998　『中国婦女生活史』北京、商務印書館
陳芳明編　1989　『楊逵的文学生涯』前衛出版社
————　1998　『殖民地台湾——左翼政治運動史論』麥田出版
杜聡明　1983　『回憶録』杜聡明博士奨学基金管理委員会
東方白　1996　『浪淘沙』南天書局
婦女救援基金会編　1999　『台湾慰安婦報告』台湾商務
游鑑明　1987　『日据時期台湾的女子教育』台湾師範大学歴史研究所碩士論文
————　1992　『日据時期的台籍女教師——以公学校為例』台北、日据時期台湾史国際学術研討会論文
————　1994ａ　『走過両個時代的台湾職業婦女―訪問記録』中央研究院近代史研究所
————　1995ａ　『日据時期台湾的職業婦女』台湾師範大学歴史研究所博士論文
————　1995ｂ　「日据時期的職業変遷與婦女地位」台湾省文献委員会『台湾近代史　社会篇』台湾省文献委員会
葉栄鐘著・李南衡編　1985　『台湾人物群像』帕米爾書店
葉粛科　1993　『日落台北城』自立晩報
楊永彬　1996　『台湾紳商與早期日本殖民政権的関係——1895年～1905年』台湾大学歴史学研究所碩士論文
楊雅慧　1994　『戦時体制下的台湾婦女（1937-1945）——日本殖民政府的教化與動員』台湾清華大学歴史学研究所碩士論文
————　1996　『阮的内心話：十位女性的生命告白』台北県立文化中心
楊翠　1993　『日据時期台湾婦女解放運動——以《台湾民報》為分析場域（1920-1932）』時報文化
楊肇嘉　1970　『楊肇嘉回憶録』三民書局
余陳月瑛　1996　『余陳月瑛回憶録』時報文化
李遠輝・李菁萍編　1999　『北郭園的孔雀——劉玉英的故事』新竹市立文化中

心
李国生　1997　『戦争と台湾人——殖民政府対台湾的軍事人力動員(1937-1945)』台湾大学歴史学研究所碩士論文
李筱峯　1987　「徘徊在診療室與街頭的医師——韓石泉（1897-1963）」張炎憲・李筱峯・荘永明編『台湾近代名人誌』第一冊、自立晩報
梁雙蓮・朱浤源　1993　「從温室到自立——台湾女性省議員当選因素初探(1951-1989)」『近代中國婦女史研究』中央研究院近代史研究所
林維紅　1993　「清季的婦女不纏足運動（1894-1911）」鮑家麟編『中国婦女史論集　三集』稲郷出版社
林瑞美　1995　「柚柑好美味」江文瑜編『阿媽的故事』玉山社
連横　1996　『台湾通史』北京、商務印書館
呂紹理　1998　『水螺響起——日治時期台湾社会的社会作息』遠流

【和文】

愛国婦人会台湾本部編　1941　『愛国婦人会台湾本部沿革誌』
朝日新聞社編　1997　『朝日新聞の記事にみる恋愛と結婚〔明治・大正〕』朝日新聞社
姉歯松平　1937　「台湾に於ける本島人間の婚姻成立」（台北比較法学会編『比較婚姻法　第一部——婚姻の成立』岩波書店）
————　1938　『本島人ノミニ関スル親族法竝相続法ノ大要』台法月報発行所（復刻版は南天書局、1994年）
————　1942　「台湾に於ける本島人間の婚姻の証明及効果」（台北比較法学会編『比較婚姻法　第二部——婚姻の証明及効果』岩波書店）
天野郁夫・浜名篤・吉田文・広田照幸　1989　「戦前期中等教育における教養と学歴——篠山高等女学校を事例として」『東京大学教育学部紀要』29
天野正子　1987　「婚姻における女性の学歴と社会階層——戦前日本の場合」『教育社会学研究』42
新井淑子　1998　『科研費研究成果報告書　植民地台湾における高等女学校出身の女教師の実態と意識』
池田敏雄　1944　『台湾の家庭生活』東都書籍株式会社台北支店（復刻版は南天書局、1994年）
井出季和太　1943　『南進台湾史攷』誠美書閣（復刻版は南天書局、1995年）

井上俊　1966　「〈恋愛結婚〉の誕生」『ソシオロジ』12-4
井上章一　1996　『美人論』リブロポート
井上輝子　1998　「恋愛観と結婚観の系譜」『日本女性史論集 4　婚姻と女性』吉川弘文館
今村義夫　1925　『台湾の都市と農村問題』同氏発行
上野千鶴子　1997　『近代家族の成立と終焉』岩波書店
――――　1998　『ナショナリズムとジェンダー』青土社
小熊英二　1998　『〈日本人〉の境界』新曜社
夏暁虹著・藤井省三監修　1998　『纏足をほどいた女たち』清水賢一郎・星野幸代訳　朝日新聞社
唐木順三　1963　『現代史への試み』筑摩書房
河原功　1997　『台湾新文学運動の展開』研文出版
北村兼子　1930　『新台湾行進曲』婦人毎日新聞台湾支局
北村嘉恵　1998　「被支配民族の主体性をどのように捉えるか――台湾史の視点から」日本植民地教育史研究会運営委員会編『植民地教育史年報 1――植民地教育史像の再構築』皓星社
杵淵義房　1940　『台湾社会事業史』徳友会
許雪姫　2000　「台湾家族史の回顧と展望」『日本台湾学会会報』2
許伯埏　1996　『許丙・許伯埏回想録』中央研究院近代史研究所
倉橋正直　1994　『従軍慰安婦問題の歴史的研究』共栄書房
呉文星　1996　「日本統治下における台湾社会エリート構造の変容について」立命館大学国際言語文化研究所シンポジウム〈台湾現代化の諸問題〉
呉密察　1999　「台湾史研究はいかにして成立するか――台湾ナショナリズムの歴史記述戦略」『日本台湾学会会報』1
洪郁如　1995　『日本の台湾支配と婦人団体――愛国婦人会台湾支部を中心にして』東京大学大学院総合文化研究科修士論文
――――　1997　「求められる新女性像――日本統治初期における台湾の社会変容をめぐって」『中国女性史研究』7
――――　1998 a　「女性たち」若林正丈編『もっと知りたい台湾』第二版、弘文堂
――――　1998 b　「〈書評〉陳芳明著　森幹夫訳『謝雪紅・野の花は枯れず――ある台湾人女性革命家の生涯』」『図書新聞』2409号
――――　1999 a　「日本の台湾統治と婦人団体―1904-1930年の愛国婦人会台湾支部に関する一試論」丹野美穂訳『立命館言語文

化研究』10-5・6（合併号）
―――― 1999b 「明治・大正期植民地台湾における女子教育観の展開」中国女性史研究会編『論集中国女性史』吉川弘文館
黄氏鳳姿 1944 『台湾の少女』東都書籍株式会社台北支店
黄昭堂 1988 『台湾総督府』教育社歴史新書
高等女学校研究会プロジェクトチーム 1995 『高等女学校卒業生に対するアンケート調査資料 No.5 （台湾の高等女学校の分）』
孤蓬万里 1994 『台湾万葉集』集英社
―――― 1995 『台湾万葉集 続編』集英社
―――― 1997 『孤蓬万里半世紀』集英社
駒込武 1996 『植民地帝国日本の文化統合』岩波書店
小山静子 1993 『良妻賢母という規範』勁草書房
―――― 1999 『家庭の生成と女性の国民化』勁草書房
佐伯順子 1998 『「色」と「愛」の比較文化史』岩波書店
司馬遼太郎 1994 『台湾紀行』朝日新聞社
鈴木裕子 1992 『従軍慰安婦・内鮮結婚――性の侵略・戦後責任を考える』未来社
―――― 1993 『従軍慰安婦問題と性暴力』未来社
瀬地山角 1996 『東アジアの家父長制――ジェンダーの比較社会学』勁草書房
台北第三高等女学校同窓会学友会編印 1933 『創立満三十年記念誌』
台湾教育会編 1939 『台湾教育沿革誌』台湾教育会（復刻版は南天書局、1995年）
台湾総督府警務局編 1938 『台湾総督府警察沿革誌II』（復刻版は緑蔭書房、1986年）
―――― 1939 『台湾総督府警察沿革誌賛III』（復刻版は緑蔭書房、1986年）
台湾総督府臨時台湾戸口調査部 1908 『明治38年臨時台湾戸口調査記述報文』
台湾総督府官房臨時台湾戸口調査部編 1918 『大正4年第二次臨時台湾戸口調査記述報文』
台湾新民報社編 1937 『改訂台湾人士鑑』台湾新民報社（復刻版は『台湾人名辞典』日本図書センター、1989年）
台湾通信社編 1931 『台北市史』台湾通信社
竹中信子 1996 『植民地台湾の日本女性生活史 大正篇』田畑書店
張 競 1997 『恋の中国文明史』筑摩書房
陳菊芳 1988 『台湾女性における近代的自覚――日本植民統治期を中

心にして』東京大学大学院総合文化研究科修士論文
――――　1991　「解纏足運動（1900-1915）の一考察――日本植民地下の台湾において」『地域文化研究』第２号　東京大学地域文化研究会
中里英樹　2000　「主婦の役割と家計簿」『近代日本文化論８　女の文化』岩波書店
橋本白水　1930　『台湾統治と其功労者』南国出版協会
春山明哲編　1990　『台湾島内情報・本島人の動向　十五年戦争極密資料集19』不二出版
深谷昌志　1998　『良妻賢母主義の教育』黎明書房
堀場清子　1988　『青鞜の時代』岩波新書
本田和子　1990　『女学生の系譜』青土社
萬年宜重　1931　『民法対照　台湾人事公業慣習研究』台法月刊発行所
牟田和恵　1996　『戦略としての家族』新曜社
本山文平　1971　『夢の九十年』自費出版
森山昭郎　1989　「日本統治下台湾の婦人解放運動――『台湾民報』と女性解放」『東京女子大学比較文化研究所紀要』50
柳本通彦　2000　『台湾先住民・山の女たちの「聖戦」』現代書館
山本礼子　1997　「植民地末期における台湾キリスト教主義学校の相剋」『アジア文化研究』第4号、国際アジア文化学会
――――　1999　『植民地台湾の高等女学校研究』多賀出版
游鑑明／金丸裕一訳　1994ｂ　「植民地期の台湾籍女医について」『歴史評論』8
楊千鶴　1998　『人生のプリズム』南天書局
吉見義明　1995　『従軍慰安婦』岩波新書
――――・林博史編　1995　『共同研究　日本軍慰安婦』大月書店
頼香吟　1996　『台湾文学の成立・序説――社会史的考察（1895-1945）』東京大学大学院総合文化研究科地域文化研究専攻修士論文
李登輝　1999　『台湾の主張』ＰＨＰ研究所
若林正丈　1978　「台湾総督府秘密文書『文化協会対策』」台湾近代史研究会編『台湾近現代史研究』１、龍渓書舎
――――　1983　『台湾抗日運動史研究』研文出版
――――　1997　『台湾の台湾語人・中国語人・日本語人』朝日選書
渡辺洋子　1997　『近代日本女子社会教育成立史――処女会の全国組織化と指導思想』明石書店

著者略歴
1969年　台湾彰化県生まれ
1991年　台湾大学法学院政治学系卒業
2001年　東京大学大学院総合文化研究科地域文化研究専攻博士課程修了学術博士
現　在　明星大学人文学部専任講師
主論文　「求められる新女性像」（『中国女性史研究』第７号、1997年）
「明治・大正期植民地台湾における女子教育観の展開」（『論集　中国女性史』吉川弘文館、1999年）ほか

近代台湾女性史　日本の植民統治と「新女性」の誕生

2001年11月20日　第１版第１刷発行
2002年10月５日　第１版第３刷発行

著　者　洪《こう》　郁《いく》　如《じょ》
発行者　井　村　寿　人

発行所　株式会社　勁《けい》　草《そう》　書　房
112-0005　東京都文京区水道2-1-1　振替　00150-2-175253
（編集）電話 03-3815-5277／FAX 03-3814-6968
（営業）電話 03-3814-6861／FAX 03-3814-6854
図書印刷・牧製本

ISBN4-326-60147-7　Printed in Japan